W0404119

I ZIELE VON A BIS Z

42 Bad Hindelang · ★★ Mariä Himmelfahrt und St. Jodok
48 Bad Wörishofen
50 ● Heilendes Wasser
54 Bad Wurzach
58 ★ Bregenz
64 ★★ Füssen
73 Immenstadt
80 ★ Isny · ★★ Eistobel
86 ★ Kaufbeuren · ★★ Kloster Irsee
92 ★★ Kempten
103 ★ Kleinwalsertal · ★★ Hoher Ifen
106 ● Alpen, Kühe, Milch und Käse
113 Leutkirch · ★ Wolfegg
122 ★★ Lindau
132 Lindenberg
136 ● Käseland
139 Marktoberdorf
143 ★★ Memmingen · ★★ Klöster Buxheim und Ottobeuren
152 ● Der »Schwäbische Escorial«
159 Mindelheim
163 ★★ Oberstaufen
166 ● Allgäuer Kräuter
171 Oberstdorf · ★★ Allgäuer Alpen
185 ★ Pfronten · Nesselwang
191 ★ Ravensburg · ★★ Kloster Weingarten
202 ★ Schongau
205 Schwangau · ★★ Neuschwanstein
210 ● Ludwigs Traumschloss
213 Sonthofen
221 Steingaden · ★★ Wieskirche
226 ★★ Wangen

HINTERGRUND

236 Die Region und ihre Menschen
248 ● Das Allgäu auf einen Blick
255 Geschichte
268 ● Ein ewig Rätsel
272 Kunst und Kultur
283 Traditionen
286 ● Allgäuer Bauernhäuser
290 ● Von Alphorn und Scherrzither
293 Interessante Menschen

ERLEBEN & GENIESSEN

304 Bewegen und Enstpannen
306 ● Über Berg und Tal
312 ● Dem Himmel so nah
315 Essen und Trinken
318 ● Blumen in der Suppe
320 ● Gutes und Typisches aus der Allgäuer Küche
323 Feiern
331 Shopping
334 ● Dirndl, Janker & Co.
337 Übernachten
338 ● Ganz besondere Schlafplätze

PRAKTISCHE INFORMATIONEN

344 Kurz & bündig
344 Anreise · Reiseplanung
345 Auskunft
347 Lesetipps
349 Medien
350 Preise und Vergünstigungen
350 Reisezeit
352 Verkehr

ANHANG

354 Register
361 Verzeichnis der Karten und Grafiken
362 Bildnachweis
363 Impressum

PREISKATEGORIEN

Restaurants
Preiskategorien
für ein Hauptgericht

€€€€	über 25 €
€€€	15 – 25 €
€€	10 – 15 €
€	bis 10 €

Hotels
Preiskategorien
für ein Doppelzimmer

€€€€	über 180 €
€€€	120 – 180 €
€€	80 – 120 €
€	bis 80 €

BAEDEKER

A
ALLGÄU

»

Die Natur ist die beste Apotheke.

«

Sebastian Kneipp

baedeker.com

DAS IST ... ... DAS ALLGÄU

8 Von Klausen, Kräuterboschen & Alpenschamanen
12 Der Vater aller Kuren
16 Käse vom Feinsten
20 Die Vermessung der Bergwelt
24 Etwas Adrenalin gefällig?

TOUREN

30 Unterwegs Im Allgäu
31 Deutsche Alpenstraße
33 Oberschwäbische Barockstraße
36 Im Unter- und Ostallgäu

LEGENDE

Baedeker Wissen
- Textspecial, Infografik & 3D

Baedeker-Sterneziele
★★ Top-Reiseziele
★ Herausragende Reiseziele

AGISCHE MOMENTE

Baumgeister
Zeit zum Träumen
Vogelwecker
Am Dengelstein
Gipfelglück
Ein schöner Jüngling
Einladung zur Meditation
Das Geheimnis der Tränen
Alpsommer

ÜBERRASCHENDES

47 **6 x Unterschätzt**
Genau hinsehen, nicht daran vorbeigehen, einfach probieren!

76 **6 x Für Kinder**
Langeweile verboten!

182 **6 x Einfach unbezahlbar**
Erlebnisse, die für Geld nicht zu bekommen sind

219 **6 x Erstaunliches**
Hätten Sie das gewusst?

285 **6 x Typisch**
Dafür fährt man ins Allgäu.

n die Sonne die Wieskirche in ein überirdisches Licht taucht, scheinen die Putten zu tanzen ...

D
DAS IST …

… das Allgäu

Die großen Themen
rund um die Genussregion
zwischen Bayern und Schwaben.
Lassen Sie sich inspirieren!

Ein großßarrtiges Panorama bei Oberstdorf:
grüne Bergwiesen, majestätische Gipfel und der Seealpsee
hoch über dem Oytal am Südosthang des Schattenbergs ►

VON KLAUSEN, KRÄUTER-BOSCHEN & ALPEN-SCHA-MANEN

Das Allgäu besitzt Magie, und die speist sich aus alten, vorchristlichen Riten. Ob Sie nun daran glauben oder nicht – die Begegnung hinterlässt tiefe Eindrücke.

◄ Ursprünglich eine Apotheke für zu Hause, heute eine Augenweide: ein Kräuterboschen aus bunten Blumen, Heilpflanzen und Wildkräutern

FURCHTERREGENDE Bärbele und Klausen versammeln sich in vielen Allgäuer Gemeinden an den Abenden zwischen dem 4. und 6. Dezember: Gehüllt in ein **Häs** aus Fellen, das ein Gürtel aus Schellen oder Glocken zusammenhält, das Gesicht hinter einer Furcht erregenden Maske mit Stierhörnern oder Hirschgeweih verborgen und mit langen Ruten in der Hand, jagen sie unvorsichtige Zuschauer. Dieser uralte alemannische Brauch, den Winter zu vertreiben, erlebt seit einigen Jahren eine Wiederauferstehung. Das liegt auch an dem großen touristischen Interesse an derlei Schabernack, und dennoch wirkt es sehr authentisch. Ähnlich die **Larven**, wie die bizarren Fastnachtsmasken heißen: Sie waren nahezu vergessen, werden aber heute bei den Faschingsumzügen wieder getragen. Im Gegensatz zu den **Klausen** besitzen sie keine Hörner, und ihre Träger fallen auch niemanden an, sehen aber trotzdem ganz schön gruselig aus. Zu den Winteraustreibungsriten gehören auch die Funkenfeuer, die immer mehr Gemeinden am Sonntag nach Aschermittwoch entzünden, um darauf eine Funkenhex' aus Stroh zu verbrennen. Auch dieser schon vorchristliche Brauch geht auf ist ein Besuchermagnet.

Die meisten Winterbräuche sind aus dem Mittelalter überliefert, jedoch wohl wesentlich älter. Viele gerieten im 17./18. Jh. in Vergessenheit und erfuhren im 19. Jh. (Larven im Ostrachtal) und teils erst im 20. Jh. (Klausen) ihre Renaissance. Die Dorfjugend liebte vor allem das Klausen- (Männer) und Bärbelelaufen (Frauen), waren sie doch meist mit heftigem Bier- und Schnapskonsum (und manchmal auch mit ungezügeltem Kräftemessen) verbunden. Inzwischen stellen die Gemeinden Regeln und Ordner auf, um Exzesse zu verhindern.

Mit Furcht erregenden Masken und viel Lärm vertreiben bereits die Alemannen den Winter. Heute ist dieses Klausentreiben wie hier in Oberstdorf noch ganz lebendig.

Alte Riten, Christentum und Alpenschamanen

Dass die Klausen um den christlichen Nikolaustag ihr Unwesen treiben, ist kein Zufall. Die Kirche sah keinen anderen Weg, den »abergläubischen« Brauch unter Kontrolle zu bekommen, als ihn an ihren eigenen Festtag zu binden. So kam der hl. Nikolaus zu seinen wilden Begleitern Krampus und Klausen. Ähnlich erging es dem **Binden von Kräuterboschen** – Sträuße aus Wildblumen und Kräutern des Allgäus. Mitte August bis Mitte September sammelten heilkundige Frauen Kräuter, banden sie zu Sträußen und hängten sie in der Stube zum Trocknen auf, eine mobile Apotheke und Schutz vor Bösem zugleich. Das Miteinander von Magie und Naturmedizin war der Kirche ein Dorn im Auge, daher verbot sie den Brauch im 8. Jh. Als das nichts half, vereinnahmte sie ihn, und da Mariä Himmelfahrt am 15. August ohnehin einer der großen christlichen Feiertage ist, passte es gut, den heidnischen Kräuterboschen zu dieser Gelegenheit den kirchlichen Segen zu geben. Die Zeit zwischen 15. August und 12. September, in der die Heilkräuter gesammelt werden, heißt im Volksmund »Frauendreißiger«. »Weise« Frauen, die es im Allgäu immer noch geben soll, begehen diese Zeit mit einer Reihe von christlichen und vorchristlichen Riten an besonderen Kraftplätzen.Ein solcher Kraftort ist **die alte Eibe von Balderschwang**. Sie soll schon von den Kelten als heilig verehrt worden sein.

Auch mystische Vorstellungen aus anderen Kulturkreisen fallen im Allgäu auf fruchtbaren Boden. Daher ist das Angebot an Seelenwanderungen, Krafttieren, Trommelritualen und Schwitzhütten groß. Kräuter spielen auch hier eine Rolle, manchmal nach dem Vorbild indianischer Riten, ergänzt um die halluzinogene Kraft von Pilzen. Für die einen ist das alberner Hokuspokus, für andere eine Offenbarung. Schamanen und Heiler vertritt das Alpenschamanische Netzwerk (www.alpenschamanismus.de), auf der Homepage sind auch Mitglieder im Allgäu gelistet.

BAEDEKER DAS IST ...

GRÜN UND GESUND

Zertifizierte Allgäuer Wildkräuter-Führerinnen wie Sieglinde Walser-Weber (www.kraeutertopia.de) oder Ina Tenhündfeld (https://naturwunderwerk.de) veranstalten u. a. »Frauendreißiger«-Workshops (meist Anfang September), Kräuterführungen, Kochen mit Wildkräutern, Binden eines Kräuterboschen und vieles mehr. Dabei werden nicht nur Käuter gesammelt, sondern auch zu Salben, Ölen und Tinkturen verarbeitet. Möchten Sie einen eigenen Kräuterboschen anfertigen? Einen Tag vor Mariä Himmelfahrt trifft man sich im Bauernhofmuseum in Illerbeuren (►S. 150) zum Sammeln und Binden. Und vergessen Sie nicht die Weihe tags drauf in der Kirche!

DER VATER ALLER KUREN

Kur oder Wellnessurlaub – wenn nicht im Allgäu, wo sonst? Hatte doch hier Pfarrer Sebastian Kneipp mit kalten Wassergüssen und Fünf-Säulen-Lehre unzähligen Menschen zu Gesundheit und Wohlbefinden verholfen!

◄ 1855 kam der junge Pfarrer Sebastian Kneipp nach Bad Wörishofen. Zu seinem ganzheitlichen Konzept einer gesunden Lebensführung gehört auch die Heilkraft von kaltem Wasser. Hier Anhänger seiner Lehre beim Wassertreten in Bad Wörishofen um 1935.

LEICHT hatte er es zunächst nicht mit seinen eigenwilligen Heilmethoden, der gute Pfarrer Kneipp (▶ Interessante Menschen S. 298). Was ihn in jungen Jahren von der damals unheilbaren Tuberkulose befreite – Bäder in der eiskalten Donau – hatte die Schulmedizin anfangs heftig bekämpft: Die Kur des **»Wasserdoktors«** setzt auf eine Kombination von Warm- und Kaltwasseranwendungen, Güssen und Wassertreten. Die unterschiedlichen Reize sollten die Abwehr- und Selbstheilungskräfte des Körpers mobilisieren. Darüber hinaus empfahl Kneipp viel Bewegung an der frischen Luft und bei Sonne, das Barfußlaufen auf morgentaunassen Wiesen, die Anwendung von Heilkräutern als Wickel, Tinkturen, Salben oder Tees sowie ausreichend Schlaf und eine ausgewogene, vitaminreiche und kalorienarme Kost.

Nach **Bad Wörishofen**, dem Mittelpunkt seines heilenden Wirkens, kam Kneipp 1855 als junger Geistlicher, um den durch die Säkularisierung verzagten Nonnen des Dominikanerinnenklosters Mut zu machen. Ob er auch sie mit kalten Wassergüssen behandelte, ist nicht überliefert, doch sein Ruf als Heiler machte schnell die Runde, und so beförderte er nicht nur das Klosterleben, sondern auch den Ruf des Dorfes Wörishofen als Kurort. 1886 erschien sein Buch »Meine Wasserkur«, und ab 1889 leitete Kneipp gar den Kurbetrieb – Schwarz-Weiß-Aufnahmen zeigen den etwas streng wirkenden Wasserdoktor bei den Anwendungen mit Gießkanne und Schlauch. 1920, 23 Jahre nach Kneipps Tod, bekam Wörishofen das Prädikat »Bad«. Und seit 2016 zählt das Kneippen zum immateriellen Kulturerbe der UNESCO.

Kur contra Wellness

Nun sind Wassertreten im Storchengang oder Kaltwasserduschen mit dem Schlauch nicht gerade sexy. Medizinische Kuren in Kliniken mussten »Wellnessanwendungen« in fantasievoll und meist auch etwas esoterisch eingerichteten Räumen mit Duftkerzen und sphärischen Klängen weichen. Dieser Geschmackswandel sowie die Budgetkürzungen der Krankenkassen zwangen alle Kurorte und auch Bad Wörishofen, sich ein moderneres Image (mit ent-

BAEDEKER DAS IST …

WILLKOMMEN IM KNEIPP-HOTEL

Im Bad Wörishofener Kurpark gibt es noch alle Elemente der Kneipp'schen Lehre: Becken zum Wassertreten und für Armbäder, einen Barfußpfad, Besinnungsstationen und Heilkräutergarten. Ausprobieren macht Spaß, und vielleicht checken Sie dann doch in einem »klassischen« Kneipp-Hotel ein wie der »KurOase im Kloster« (www.kuroase-im-kloster.de, ▶ S. 49); dort wird des Meisters Lehre noch wörtlich genommen.

sprechendem Angebot) zuzulegen. Diesem **Facelifting** verdankt Bad Wörishofen seine riesige Wellnesslandschaft mit jodid-, fluorid- und solehaltigem Wasser, das mit angenehmen 37 °C aus der Erde sprudelt und mit Kneipp'schen Wechselbädern nicht mehr viel gemein hat. Fast 700 000 Übernachtungen im Jahr 2018 scheinen dieser Verbesserung Recht zu geben. Auch andere Allgäuer Kneippkurorte wie Bad Grönenbach, Scheidegg, Bad Hindelang, Ottobeuren, Oy-Mittelberg und Füssen modernisieren ihr Angebot.

Was sonst noch heilt

Gekurt wird im Allgäu übrigens nicht nur nach Sebastian Kneipp: **Johann Schroth** entwickelte in der ersten Hälfte des 19. Jh.s in Oberstaufen eigene Vorstellungen: Salz- und eiweißarme sowie fettlose Kost und warme Wickel bringen den Säure-Basen-Haushalt wieder ins Gleichgewicht, aktivieren die Selbstheilungskräfte und helfen gegen Gelenkschmerzen und Arthrose. Unter dem Schlagwort Detox ist die **Schrothkur** heute wieder trendy und im Allgäu, besonders aber in Oberstaufen, wird sie von mehreren Kurhotels angeboten. **Bad Wurzach** hat sich als **Moorheilbad** einen Namen gemacht, **Scheidegg** dagegen setzt auf die **Darmsanierung nach F. X. Mayr**. **Pfronten** empfiehlt sich mit einer **Heukur**. Das gesunde Grün, über 60 Arten Blumen, Gräser und Heilkräuter, wächst auf naturbelassenen Bergwiesen. Heilsame Wirkung, sagen die Pfrontener Spezialisten, entfalte der Rohstoff von der Wiese u. a. bei Schlaflosigkeit, Erschöpfung, schlechter Durchblutung, Rheuma und Hexenschuss. Zur Heukur gehören warme Heuwickel und Heustempelmassagen, bei denen ätherische Öle und Aromen über die Haut aufgenommen werden.

Kneipps Vermächtnis

Während der Wellnesstrend die Allgäuer Kurorte verjüngt, erlebt die klassische Kur ihren Niedergang und mit ihr auch altehrwürdige Institutionen wie das Bad Wörishofener Kneippianum, dessen Schließung Ende 2018 einen Aufschrei auslöste. Das noch von Pfarrer Kneipp gegründete Sanatorium erwies sich als zunehmend defizitär. Auch der Orden der Barmherzigen Brüder, der Kneipps Erbe weiterführt, ist Marktgesetzen unterworfen. So bleibt dem Kurort eine einzige Kureinrichtung, die noch direkt auf des Wasserdoktors Wirken zurückgeht, das **Sebastianeum**.

Schon Kleopatra schwor auf (Esels-) Milch. Auch heute sorgen Milch-, Molke- oder Sahnebäder für samtweiche Haut und gute Laune.

KÄSE VOM FEINSTEN

Käse ist gleich Käse? Im Allgäu ganz gewiss nicht, denn die Vielfalt der Weiden sorgt für einen ebenso vielfältigen Geschmack.

Ohne Käser kein Käse, egal ob Traditionsbewahrer oder junge Wilde. Andreas Gentner schmiert seine Käselaibe auf der Buchrainer Alpe ein (www.alpe-buchrainer.de). ▶

KNAPP 40 Minuten gemütliche Wanderung sind es von Birgsau-Eschbach bei Oberstdorf zur **Buchrainer Alpe** am Eingang zum Rappenlochtal, wo Familie Gentner mit Kind, Kegel und 14 Milchkühen den Sommer verbringt. Vor der Terrasse der über 300 Jahre alten Alphütte türmen sich Mädelegabel, Tettach und Hochfrottspitze zu einer imposanten Bergkulisse; auf dem Teller macht ihnen eine Scheibe herzhaftem Sennalp-Bergkäse mit reschem Brot Konkurrenz. Die Gentners gehören zu den wenigen Alpsennern, die ihren Käse noch in einem Kupferkessel über offenem Feuer zubereiten, und wer das Glück hat, ausgerechnet dann auf der Alp zu sein, darf vielleicht zusehen, wenn die Sennerin die frisch gemolkene Rohmilch erhitzt und mit Lab und Käsekulturen dicklegt. Mindestens drei Monate, möglichst sogar ein Jahr reifen die Laibe – aufmerksam beobachtet und gepflegt. Das Ergebnis, ein Käse, der nach Kräutern der Bergweiden duftet und schmeckt, erfreut dann hungrige Wanderer (www.alpe-buchrainer.de).

Immer dem Käse nach

Man könnte im Allgäu einen Sport daraus machen, das Wandern mit Käseverkostungen zu verbinden und dabei immer neue Geschmacksrichtungen zu entdecken. Über Sennalpwege durchs Oberallgäu gibt es sogar eine eigene Broschüre, bei deren Lektüre dem Leser schon das Wasser im Munde zusammenläuft (www.sennalpen.de/). Entlang der **Käsestraße** durch das Westallgäu radeln Käseliebhaber zu beliebten Ausflugszielen, Badeseen und vor allem von Sennerei zu Sennerei (www.allgäuer-käsestrasse.de). In einigen Betrieben dürfen sie sogar einen Blick in die Käseküche werfen. Verkostet wird ohnehin, und auch hier im »Flachland« erstaunt die Geschmacksvielfalt der Käsesorten.

Das Geheimnis heißt **Heumilch**: Beim Wandern zu einer Sennalpe oder beim Radeln entlang der Käsestraße sieht man sie ja live: Die Kühe weiden draußen, und was sie dabei abgrasen, ist weit entfernt von dem Futter, das ihre bedauernswerten Artgenossinnen in der Stallhaltung vorgesetzt bekommen. Nur wer auf Silage und Kraftfutter verzichtet und seine Kühe mit Frischfutter im Sommer und Wiesenheu im Winter verwöhnt, darf das Gütesiegel Heumilch der ARGE Heumilch Deutschland führen, die 23 Betriebe vorrangig aus Oberbayern und dem Allgäu vertritt (www.heumilch.de). Andere sichern die hohe Qualität ihrer Milchprodukte, indem sie nach Demeter-Prinzipien biologisch-dynamisch wirtschaften.

Gemeinsam sind sie stark

Die **Sennalpe Sonnhalde** bei Oberstaufen ist so ein Demeter-Betrieb und einer mit besonderer Geschichte: Als die Alpe in den 1990er-Jahren zum Verkauf stand, gründete sich der »Verein zur Erhaltung Allgäuer Kulturlandschaften« und erwarb das Gelände. Unterstützer des Projekts zeichneten Anleihen und bekommen seither »Käse statt Zinsen«. Nicht nur die historische Alphütte wurde so gerettet, sondern auch Kulturlandschaft bewahrt. Dass dabei auch noch feinster Allgäuer Bergkäse entsteht, ist ein wunderbarer Nebeneffekt. Übrigens: Spezialität hier ist gebackener Ziegenkäse oder »bachana Goißakäs«. Mit Kräutern gewürzt ein unvergesslicher Genuss (www.alpe-sonnhalde.de).

Die älteste genossenschaftlich geführte Sennerei des Allgäus gibt es im **Gunzesrieder Tal**. Dort schlossen sich bereits 1892 die Bauern zusammen, um gemeinsam eine Sennerei zu betreiben. Zwölf Milchbauern gehören heute der Genossenschaft an, die jährlich 1,5 Millionen Liter Heumilch zu Hart- und Weichkäse verarbeitet (www.gunzesrieder-bergkaese.de).

Der Käseflüsterer

Rund 50 Sennalpen produzieren im Allgäu den von der EU mit Herkunftsbezeichnung geschützten Bergkäse, doch für manchen Käselaib ist der Weg zur Delikatesse damit noch nicht zu Ende. Wenn Thomas Breckle vorbeiradelt, besteht die Chance, zu den Erwählten zu gehören. Breckle ist Affineur, also »Käseveredler«. Mit dem Mountainbike grast er die Sennalpen ab, verkostet Käse und sucht aus – allerdings nur Käse von nicht enthornten Rindern. Diese ausgewählten Laibe haben eine weitere Reifephase in seinem Kemptener Gewölbekeller vor sich und werden dabei von ihm und seinen Mitarbeitern liebevoll mit Salzlake »eingeschmiert«. Bis zu zehn Jahre kann der Reifeprozess dauern. Wenn Breckle zufrieden ist, kommt das Ergebnis in die Auslage des **Käseladens »Jamei Laibspeis«** am Kemptener Hildegardplatz. Es kann sich wahrlich schmecken lassen (www.jamei-laibspeis.de, ▶ S. 94).

Im Laden Jamei Laibspeis in Kempten gibt es viele Käsekreationen zur Auswahl.

BAEDEKER DAS IST ...

SAG'S DURCH DEN KÄSE

Sind Sie auf den Geschmack gekommen? Dann wäre die **Allgäuer Käseschule** das Richtige für Sie: Im Dorfhaus Thalkirchdorf erwarten Sie 10 Mini-Kupferkessel und ein Käser zu einem unterhaltsamen wie lehrreichen Kurs. Nach 2 1/2 Stunden haben Sie 3 l Milch in 350 g Weichkäse verwandelt, den Sie nach weiteren 1 1/2 Stunden für ihre Liebsten daheim mitnehmen dürfen (Käseschule Allgäu, Kirchdorfer Str. 7, 87534 Oberstaufen, Preise und Termine auf www.kaeseschule.de).

DIE VERMESSUNG DER BERGWELT

Seit Adam und Eva ist es Thema: Wie sehr greift der Mensch ein in die Natur? Was schadet? Was nützt? Im Allgäu mit jährlich 3,8 Millionen Feriengästen führen diese Fragen schon mal zu erbittertem Streit. Der auch beigelegt werden kann ...

◄ Das 2224 m hohe Nebelhorn gehört zu den Top-Reisezielen in den Allgäuer Alpen. Was einst todesmutigen Abenteurern vorbehalten war, kann nun als Familienausflug mit Kinderwagen und Rollator bewältigt werden. Das neue Restaurant direkt unter der Spitze passt sich geschickt in die Szenerie ein.

BAEDEKER DAS IST ...

ENDE GUT, ALLES GUT?

Bei dieser leichten Wanderung (2 Std., 350 hm) auf das Riedberger Horn (1787 m) erleben Sie die wundervoll-sanfte Landschaft der Grasberge und ihre mögliche Bedrohung durch die Freizeitindustrie. Start ist die Grasgehren-Hütte auf 1447 m Höhe (► S. 184). Auf breitem Weg wandert man nordwärts durch Hochmoorlandschaft: Stellen Sie sich vor, wie hier ein 24 000 m³ großes Kunstschnee-Speicherbecken ausgesehen hätte. Dieses Megaprojekt ist vom Tisch; Liftbetreiber und Naturschützer arbeiten seit Ende 2019 an einem Gesamtkonzept für ein »etwas anderes Skigebiet«.

EXEMPLARISCH ist der Konflikt um die Skischaukel am **Riedberger Horn**, in dem persönliche Interessen, politisches Kalkül und touristische Großprojektplanung so offensichtlich miteinander verwoben waren, dass der Ministerpräsident das zuvor auch von der Landesregierung begrüßte Projekt im April 2018 per Dekret beendete.

Besonders der Skitourismus und der dafür nötige Ausbau der winterlichen Infrastruktur fordern die Kritik der Naturschützer heraus, denn **Jahr für Jahr kommt weniger Schnee, und der immer später**. Daher müssen Kanonen entsprechend heftig mit künstlichem Weiß nachhelfen. Was schon hoch gelegenen Skigebieten in der Schweiz und Österreich Probleme bereitet, bedeutet für das Allgäu mit seinen höchstens auf um die 2000 m reichenden Pisten eine Katastrophe. Nicht umsonst gehen Liftbetreiber wie 2017 am Grünten in die Insolvenz, auch der Eigner der Grasgehren-Lifte kam 2019 in Schwierigkeiten, und dachte um. Umso lauter werden die Rufe nach mehr Beschneiungsanlagen und Speicherbecken. Diese künstlichen Seen reißen wie neue Lifte und Bergstationen tiefe Wunden in die Landschaft – nicht zu vergessen die Bedrohung, die der Wintertourismus für die durch die Kälte geschwächten Tiere bedeutet. Dabei besitzt Bayern ein vorbildliches Instrument, um zu viele Eingriffe zu beschränken. Der 1972 ins Leben gerufene »Alpenplan« teilt den bayerischen Teil des Gebirges in unterschiedliche Schutzzonen, in denen keine oder nur eine abgestufte wirtschaftliche Nutzung erlaubt ist. In der Zone C, zu der auch jener Bereich des Riedberger Horns gehört, der für die Skischaukel vorgesehen war und der diesen Status verlieren sollte, sind menschliche Eingriffe nicht geduldet.

Berge mit Unterhaltungswert

Auch andere Formen der touristischen Landnahme stehen in der Kritik– die »Eventisierung der Alpen«: Das **Nebelhorn** zieht mit seinem toll designten Gipfelrestaurant und dem Nordwandsteig nicht nur Bergfexe an, sondern auch solche, für die ein Selfie über dem Abgrund zum Lifestyle gehört. Die alte Seilbahn bewältigt den Ansturm nicht mehr, eine weitaus effektivere muss her und katapultiert in Zukunft noch mehr Turnschuh-Touristen in die Felsenwelt

Am Riedberger Horn werden nun keine Wälder gerodet oder Felsen gesprengt.

des Zweitausenders. Am **Alpspitz** sorgen Alpspitz Coaster und ZIP-Line für das ultimative Hochgefühl bei der rasanten Abfahrt. Für massive Eingriffe in die Natur sind oft nicht einmal technische Hilfsmittel nötig. Ein Bild des malerischen **Schrecksees** verbreitete sich rasant über Social-Media-Kanäle und führte dazu, dass die zuständige Gemeinde Bad Hindelang Feierwütige aller Nationen am Campieren dort hindern muss. Alphirten wurden die Zäune eingerissen, um Lagerfeuer zu entzünden, der Müll blieb liegen, und die alpin unerfahrenen Schrecksee-Heimsucher brachten sich selbst in Gefahr. Denn das Wetter kann hier rasant umschlagen, immer wieder gibt es Lawinenabgänge.

Falsch oder richtig?

Nun tragen aber 3,8 Millionen Besucher im Jahr mit 1,3 Milliarden Euro zum Bruttoinlandsprodukt des Allgäus bei, das sind knapp 20 % der Wirtschaftsleistung. Sie erwarten ein möglichst umfangreiches und perfektes Urlaubsangebot. Das bietet u. a. auch **Center Parks mit künstlichen Ferienwelten**, seit 2018 mit einem Ableger bei Leutkirch. Den Mittelpunkt der Anlage mit tausend Hauseinheiten bildet eine **überkuppelte Aqua- und Erlebniswelt**, in der nicht einmal Dauerregen die darin herrschende Tropenidylle stört. Positiv ist, dass der künstliche Urlaubsort auf einer Brache entstanden ist, auf der seit 1939 Wehrmacht, US-Army und Bundeswehr Waffendepots mit teils hochgiftigen Stoffen unterhielten. Die Beseitigung der Altlasten war äußerst aufwendig, und der Bau des Parks störte weder geschützte Natur noch Landwirte, auch wenn der Bund Naturschutz protestierte. Schließlich hatten sich auf seltene Vögel und Insekten niedergelassen.

Letztendlich ist alles eine Frage der Sichtweise. Die Menschen, die vom Tourismus leben, befürworten (fast) alle Schneekanonen, Skywalks und Sommerrodelbahnen. Diejenigen, die die Bergwelt ohne Kniffe und Hilfsmittel selbst als Erlebnis empfinden, müssen sich andere Ziele suchen. Und davon gibt's im Allgäu noch genug!

SKYWALK

ETWAS ADRENA-LIN GE-FÄLLIG?

Wandern und Radfahren – schön und gut, aber das Allgäu hat mehr zu bieten: Schluchtenklettern, Gleitschirmfliegen, Rafting und Tubing finden immer mehr Anhänger, weil sie das sportliche Element um den Thrill bereichern.

◄ Frei wie ein Vogel ... Für Gleitschirmflieger bieten sich im Allgäu viele Aussichtsberge wie hier der Tegelberg bei Füssen als Startrampe an. Manche nehmen auch Passagiere mit.

DIE Topografie der Allgäuer Alpen mit von Bächen und Flüssen tief eingeschnittenen Schluchten, im Allgäu **Tobel** genannt, kommt besonders dem **Canyoning** entgegen. Dabei klettern die Teilnehmer über steile Felswände hinunter in den Tobel und folgen ihm schluchtabwärts. Sie springen im Flussbett von Felsblock zu Felsblock, rutschen über Wasserfälle, schwimmen, tauchen oder lassen sich vom Wasser mitreißen. Kletterausrüstung, Helm und Neoprenanzug gehören zur Basisausstattung. Canyoning erfordert sehr gute Ortskenntnis, genaue Wetterbeobachtung und absolute Sicherheit in Klettertechniken. Unerfahrene sollten dieses Abenteuer nur mit einem verantwortungsvollen Führer unternehmen.

BAEDEKER DAS IST ...

SICHERES ABENTEUER

Sie möchten etwas ausprobieren, aber erst einmal auf die sanfte Tour? In den besten Händen sind Sie bei den Canyoning-Guides von Purelements, die großen Wert auf gute Vorbereitung legen. Das Abseilen wird so lange geübt, bis die Teilnehmer wirklich sicher darin sind. Dann geht's hinunter in die Starzlachklamm, und auf einem leichten, aber nicht unspannenden Abschnitt dürfen Sie nach Herzenslust springen, rutschen und klettern – und das alles mit Respekt vor der Natur (Purelements, Burgweg 11 a, 87527 Sonthofen, Tel. 08321 78 04 79-0, https://purelements.eu).

Wo bleibt die Natur?

Verantwortung trägt der Guide nicht nur **für dieTeilnehmern** sondern auch **gegenüber der Natur.** Canyoning steht im Ruf, das ökologische Gleichgewicht der Tobel massiv zu schädigen, da Routen begangen werden, die Wanderer sonst nicht erreichen. Klettern an moosbewachsenen Fällen, die Wasseramseln Schutz bieten, Schritte im von Kleinstlebewesen besiedelten Kiesbett und das Aufwirbeln von Steinen greifen in den Lebensraum Tobel ein, so die Kritiker. Doch eine im Auftrag des Alpenvereins erstellte Studie kam zu einem (teils) anderen Ergebnis: Solange die Begehung nicht überhandnimmt, halten sich die Schäden im Rahmen und sind zum Beispiel nicht mit den Zerstörungen zu vergleichen, die Hochwasser jedes Jahr anrichtet. Also: Augen auf bei der Wahl des Veranstalters!

Je mehr es schäumt, desto besser

Auch **Kajakfahren** und Rafting sind immer beliebter. Im Allgäu bietet sich dafür die **Iller** an: Im Oberlauf gurgelnd und schäumend, fließt sie weiter nördlich deutlich sanfter, sodass auch unerfahrene Kanuten unter Anleitung damit zurechtkommen. **Raftingtouren** im kippstabilen Schlauchkanadier oder in einem größere Gruppen fassenden Gummiboot hat so gut wie jeder Allgäuer Sportveranstalter im Programm, ebenso wie sanfte Kajaktouren für Einsteiger. Wer bereits mit Boot und Paddel umzugehen weiß, testet den bewegteren Oberlauf der Iller oder gar den im benachbarten Tirol gelegenen, wilden Abschnitt des **Lechs**. Wenn auch das nicht genügt: Im **Sit-on-Top** sitzen Sie, wie der Name sagt, nicht im Kajak und sind mit ihm durch die Spritzwasserdecke verbunden, sondern in einer Kuhle obenauf. Gleichgewicht, Geschicklichkeit und eine gute Portion Glück sind vonnöten, denn es erwartet Sie ein Parforce-Ritt durchs Wildwasser und im Falle des Kenterns der Verlust des Bootes. Dass es nicht zu ernsthaften Problemen kommt, dafür sorgt das begleitende Team. **Mehr Spaß als Sport** verspricht das **Tubing** in überdimensionalen Schwimmreifen. Ein Paddel hilft, Hindernissen auszuweichen, aber letztendlich ist man im Tube der Naturgewalt ausgeliefert.

Aus der Adlerperspektive

Weitaus **stiller und sanfter** ist der Flug mit einem Gleitschirm über die Allgäuer Bergwelt. Erfahrene Paragliding-Piloten nehmen dabei einen Passagier im Tandem mit. Beliebte Startplätze fürs **Tandem-Paragliding** sind das **Nebelhorn** (Oberstdorf) und die Bergstation der **Hörnerbahn** (Bolsterlang). Vom Nebelhorn erleben Sie das grandiose Panorama der Allgäuer Hochalpen und das Oberstdorfer Tal; von der Hörnerbahn fliegen Sie entlang der Hörner- und der Nagelfluhkette, was vielleicht noch eindrucksvoller ist.

Runter vom Berg

Eines der neuesten Trendsportgeräte heißt **ZIP-Line.** Diese gehören in Hochseilparks häufig zum Parcours. Allerdings sind die üblichen kurzen Passagen nicht mit dem Erlebnis zu vergleichen, das die ZIP-Line des **AlpspitzKICK** verspricht: Sicher ins Drahtseil eingeklickt, erreicht man auf der 1,2 km langen Strecke ins Tal (mit Halt an einer Zwischenstation) eine Geschwindigkeit von bis zu 120 km/h. Nichts für Ängstliche, aber es macht Riesenspaß. Das Tempo im Griff haben die **Downhill-Rollerfahrer** am Ofterschwanger Horn. An der Bergstation des Weltcup-Express wählt man zwischen gemächlichem Monster-Roller und flottem Mountain-Skyver, setzt den Helm auf und los geht's – auf Asphaltwegen – hinunter nach Bolsterlang ...
Die Zahl der Veranstalter, die im Allgäu und besonders im Oberallgäu solche Aktivitäten anbieten, wird immer größer. Paragliding bieten u. a. www.vogelfrei.de, www.himmelsritt.jetzt und www.oa se-paragliding.com. Verschiedene Wassersportarten finden sich im Programm von https://canyoningallgäu.de, www.map-erlebnis.de und www.rafting zentrum.de.

Wem Wandern zu harmlos ist: eine Fahrt mit der ZIP-Line vom Alpspitz zurück ins Tal

T
TOUREN

Durchdacht, inspirierend, entspannt

Mit unseren Tourenvorschlägen lernen Sie die besten Seiten des Allgäus kennen.

Der Weg ist das Ziel, und Wege gibt es im Allgäu in Hülle und Fülle, auch zum Gipfelkreuz am Riedberger Horn. ►

Grasgehren
über Riedbergpass
Wannenkopf
Oberallgäuer
Rundwanderweg
Grauenstein
Dreifahnenkopf
NATURPARK
NAGELFLUHKETTE
Höllritzereck
Bleicherhorn
Siplingerkopf
Balderschwang
Grasgehren-Alpe
Obere Mittel-Alpe
Hörnle Alpe

UNTERWEGS IM ALLGÄU

Das Auto auch mal stehen lassen!

Mit einer eindrucksvollen Bergszenerie und einem sanften Vorland bietet das Allgäu ein reichhaltiges Programm für jeden Geschmack: Naturgenießer werden ebenso fündig wie Kunstfreunde und Outdoor-Enthusiasten.

Die meisten Allgäu-Urlauber sind mit dem eigenen fahrbaren Untersatz unterwegs, mit Auto, Motorrad oder Campingmobil. Doch schafft das, besonders in den schmalen Tälern der Alpen, zu den Hauptreisezeiten unübersehbare Probleme: Zu viele sind es, die Bequemlichkeit und Flexibilität schätzen und sie damit verlieren, abgesehen von den negativen Effekten auf die Umwelt, die doch alle so schätzen. (Das Kleinwalsertal z. B. hat große Auffangparkplätze in

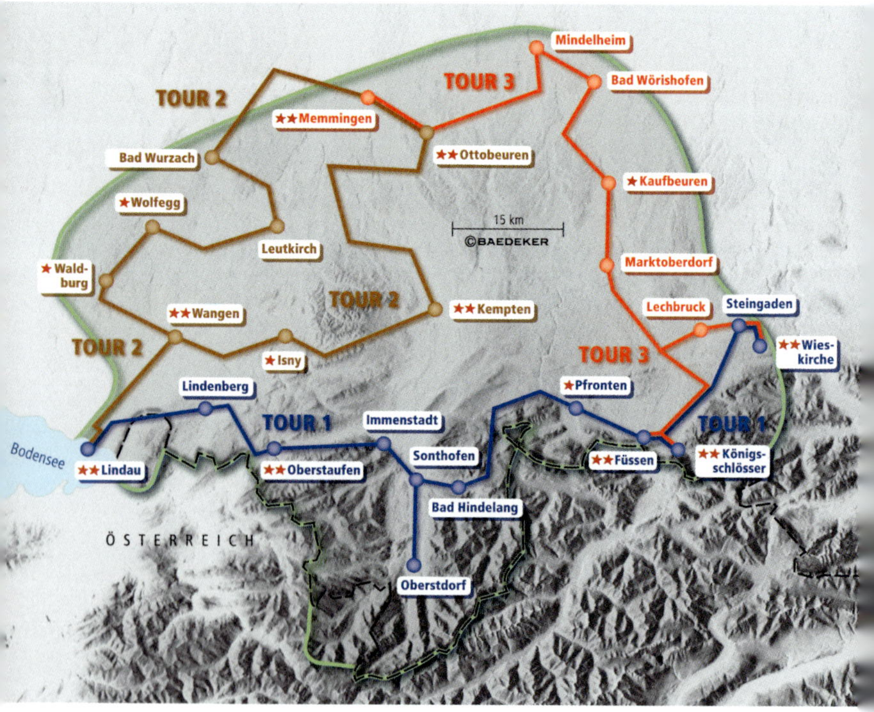

Oberstdorf eingerichtet.) Daher der Appell, möglichst oft **Bahn und Bus** zu benutzen. Das Streckennetz ist gut ausgebaut, und mit der Optimierung durch Taktfahrpläne (Allgäu-Schwaben-Takt, www.allgaeuschwabentakt.de) hat sich der Reisegenuss deutlich verbessert. Der unmittelbare Gewinn ist das Urlaubsgefühl: sich ohne Parkplatz- und Stauprobleme chauffieren lassen, Zeit haben, viel zu Fuß gehen und sich stressfrei in der herrlichen Landschaft bewegen.

Auch mit dem Rad

Die im Folgenden vorgestellten Entdeckungsfahrten durch wunderbare Landschaften, zu sehenswerten alten Städten, prachtvollen Klöstern und Kirchen sind auch für Radtouren gut geeignet (▶ S. 310), wobei man gegebenenfalls auf radelfreundliche Varianten und Nebenwege ausweicht, die in den topografischen Karten der Landesvermessungsämter und den Radtourenkarten ausgewiesen sind.

DEUTSCHE ALPENSTRASSE

Start und Ziel: Von Lindau nach Steingaden | **Länge:** 165 km | **Dauer:** 7 – 10 Tage

Tour 1

Traumhafte Berglandschaften, Kunstschätze in Kirchen und Kapellen und die berühmten Schwangauer Königsschlösser begleiten die Deutsche Alpenstraße auf ihrem 160 km langen Weg durch das Allgäu. Und immer wieder lockt die herrliche Natur zum Wandern oder Biken.

Vom Bodensee nach Oberstaufen

Die Reise beginnt »im« Bodensee, und zwar auf der zauberhaften Insel ❶★★ **Lindau** mit ihrer prunkvollen Maximilianstraße. Nicht nur für die ehemalige Freie Reichsstadt mit dem von bayerischem Löwen und Leuchtturm bewachten Hafen, sondern auch für die idyllische Umgebung sollte man sich etwas Zeit nehmen. Eine Fahrt auf dem See, ein Ausflug ins Hinterland und nach Bregenz gehören dazu. Auf der B 308 geht es, mit schönem Blick auf den Pfänder, nach Scheidegg; unterwegs kurvt man das Rohrach hinauf, die einzige Serpentinenstraße des Westallgäus. Nach der Stippvisite im reizvollen ❷ **Lindenberg**, der Hutstadt mit begeisterndem Museum, hat man auf der Weiterfahrt wunderschöne Ausblicke zurück auf die Schweizer Berge. Der beliebte Kur- und Wintersportort ❸★★ **Oberstaufen** ist

Ausgangspunkt für Touren über die Nagelfluhkette, Kunstfreunde werden in der Umgebung fündig, zum Beispiel mit dem einzigartigen Kirchlein St. Stephan in Genhofen.

Durch das Illertal nach Oberstdorf

Im breiten Tal der Konstanzer Ache und am schönen Alpsee vorbei erreicht man ❹ **Immenstadt**, das mit dem benachbarten ❺ **Sonthofen** das wirtschaftliche Zentrum am Eingang des Illertals bildet. Von hier lassen sich lohnende Ausflüge unternehmen: etwa in die Bergstätte nördlich von Immenstadt, auf den Grünten – der den Taleingang wie ein mächtiges Bollwerk überragt – und ins sanfte Gunzesrieder Tal, die Geburtsstätte des Allgäuer Emmentalers. ❻ **Oberstdorf** im oberen Illertal ist der größte und bedeutendste Ferienort des Allgäus mit entsprechend gut ausgebauter Infrastruktur und hochklassigem kulturellen Angebot. Seine großartige alpine Umgebung mit dem markanten Nebelhorn macht es zum Dorado für den Berg- und Wintersport; aber auch die Natur- und Kulturdenkmäler in der Umgebung sollte man nicht auslassen, etwa die Loretokapellen und das Museumsdorf Gerstruben im Süden, die St.-Anna-Kapelle in Rohrmoos und die Breitachklamm. Viele weitere hervorragende Ausflugs- und Tourenziele bietet das zum österreichischen Bundesland Vorarlberg gehörende Kleinwalsertal mit seiner besonderen Geschichte und Kultur sowie dramatischen Bergriesen wie dem Hohen Ifen.

Von Oberstdorf zur Wieskirche

Nun zurück nach Sonthofen und in östlicher Richtung weiter zum beliebten Kur- und Ferienort ❼ **Bad Hindelang**. Hier ist ein Abstecher ins Ostrach- bzw. Hintersteiner Tal angezeigt, mit dem einzigartigen Lederer-Altar in der Kirche Mariä Himmelfahrt und St. Jodok in Bad Oberdorf und interessanten Zeugnissen alter Industrie. Anschließend kurvt man die Jochstraße – einen veritablen Pass – hinauf nach Oberjoch und steuert über Wertach Nesselwang an. Die Alpenstraße führt südlich am Grüntensee entlang, wo man im Gasthaus »Zum alten Reichenbach« schön Rast machen kann. 8 ★ **Pfronten** und **Nesselwang** bieten viele schöne Ausflugsziele, darunter vor allem Maria Trost und Maria Rain, Falkenstein und Breitenberg. Kunstliebhaber statten der Barockkirche St. Ulrich in Seeg einen Besuch ab, auch ein Gang zur Alpe Beichelstein könnte auf dem Programm stehen. Nach dem Besuch der Altstadt, des Schlosses und der Benediktinerabtei im hübschen 9 ★★ **Füssen** wartet ein absoluter Höhepunkt: die fantastisch gelegenen 10 ★★ **Königsschlösser** Hohenschwangau und Neuschwanstein, letzteres eine der berühmtesten Sehenswürdigkeiten der Welt. An einem der kleineren und größeren Seen rund um Füssen – ganz idyllisch Alat-, Ober- und Alpsee – kann man einen Ruhetag einlegen. Die Fahrt geht auf der B 17 nordöstlich weiter, wobei man bei der wunderbar gelegenen, schönen Wallfahrtskirche St. Coloman noch einmal den Blick auf die Königsschlösser vor dem Tegelberg auf sich wirken lässt. Ein Abstecher von Halblech über Roßhaupten nach Sameister mit seiner ungewöhnlichen Kapelle lohnt nicht nur für Kunstfans (► Tour 3). Im Pfaffenwinkel, der schon zu Oberbayern gehörenden zauberhaften Kulturlandschaft, liegt 11 **Steingaden**; mit dem Besuch seines Welfenmünsters und der nahe gelegenen 12 ★★ **Wieskirche**, der herrlichsten Schöpfung des deutschen Rokoko, findet diese Tour ihren Abschluss.

OBERSCHWÄBISCHE BAROCKSTRASSE

Start und Ziel: Lindau | **Länge:** 275 km | **Dauer:** 7 – 10 Tage

Tour 2

Hier jubilieren Barock und Rokoko: Im Westen und Norden des Allgäus entführt die Oberschwäbische Barockstraße in hübsche alte Reichsstädte, schmucke Dörfer, zu großen Kunstwerken und idyllischen Landschaften.

Von Lindau nach Isny

Von 1 ★★ **Lindau** im Bodensee (► Tour 1) geht's auf der B 12 in Richtung Wangen. Von Weißensberg aus sollte man den kleinen Gang auf die Weißensberger Halde machen, um den großartigen Ausblick zu genießen. Etwas später verlässt man die B 12 und steuert über Esseratsweiler das einstige Deutschordensschloss Achberg an, das hoch über der Argenschlucht thront und ein Kulturzentrum des Landkreises Ravensburg beherbergt (Ausstellungen, Konzerte). Von hier kann man auch die Rundwanderung zum Zusammenfluss von Oberer und Unterer Argen unternehmen (▶ Wangen). Nächste Etappe ist die einstige Freie Reichsstadt ❷★★ **Wangen**, die einen längeren Halt wert ist; ihre zauberhafte Altstadt steht unter Denkmalschutz, auch interessante Museen lohnen einen Besuch. Östlich vor Wangens Toren liegt Deuchelried, das über eine der schönsten barocken Madonnenstatuen verfügt. Im Tal der Oberen Argen gelangt man wieder auf die B 12, die vorbei am Waldburg-Zeil'schen Schloss Syrgenstein nach Eglofs führt, dem Hauptort der »Allgäuer Toskana« mit ungewöhnlicher Geschichte. Auf der B 12 erreicht man dann ❸★ **Isny**, ebenfalls einstige Reichsstadt mit gut erhaltenem mittelalterlichen Stadtbild; nicht auslassen sollte man hier auch die Prädikantenbibliothek und das Schloss mit einer Galerie des »Phantasten« Friedrich Hechelmann. Herausragende Ausflugsziele in der Umgebung sind der Eistobel, die Adelegg mit dem Schwarzen Grat und das Sonneck mit der Burgruine Alttrauchburg.

Von Isny nach Kempten

Für die Weiterfahrt biegt man vor Kleinweiler-Hofen von der B 12 ins Tal der Wengener Argen ab und steuert den Luftkurort Buchenberg an. Kunstfreunde sollten von hier den kleinen Umweg südöstlich nach Wirlings machen, dessen Kirche St. Nikolaus besonders schön ausgestattet ist: Der Hochaltar mit lebensgroßen Figuren stammt von den Kemptener Brüdern F. F. und H. L. Ertinger, das Ursulaschiff im rechten Seitenaltar vom Meister des Imberger Altars (um 1470). ❹★★ **Kempten**, die Metropole des Allgäus, verdient einen ausgiebigen Besuch: Von der prunkvollen Residenz der Fürstbischöfe über die Bürgerstadt um das Rathaus und hervorragende Museen (vor allem zu den Themen Allgäu und Berge) bis zum Archäologischen Park Cambodunum spannt sich der Bogen des Sehenswerten; wenn möglich, sollte man eine der Veranstaltungen auf dem Burgberg nicht versäumen. Für Ausflüge in die Umgebung bieten sich besonders Wiggensbach mit dem Blender (Bergpanorama), die idyllischen Seen südlich von Kempten und die Burgruine Sulzberg an, die größte im Allgäu.

Von Kempten nach Memmingen

Der nächste Abschnitt der Tour folgt im Zickzack der mäandernden Iller flussabwärts. Wenige Kilometer nördlich von Kempten, bei Altusried, der Heimat des Allgäukommissars Kluftinger, bildet sie ein Durchbruchstal mit 60 m hohen Steilwänden, das man auf Wanderungen erkunden kann. Nun nördlich durch heitere Landschaft nach Legau, Sitz der bekannten Firma Rapunzel, die öko-biologisch erzeugte Lebensmittel vertreibt. Prachtvolles Rokoko erlebt man dann 4 km nördlich in der Kirche Maria Steinbach. Hier ist man schon im reizvollen Illerwinkel: Unten am Fluss liegt Illerbeuren mit dem erlebenswerten Schwäbischen Bauernhofmuseum, östlich auf der Höhe das Schloss Kronburg, von dem man eine herrliche Aussicht hat; zur Rast empfiehlt sich in Kronburg der Brauereigasthof Zur Krone. Wer

möchte, kann sich den Kneippkurort Bad Grönenbach mit Hohem Schloss und Kreislehrgarten ansehen, bevor man nach 5 ★★ **Ottobeuren** fährt: Mit seinem Benediktinerkloster, dem »Schwäbischen Escorial«, verfügt der kleine Kurort über eines der eindrucks- und prachtvollsten Meisterwerke des süddeutschen Barock. Ihren Abschluss findet diese Etappe im 10 km entfernten 6 ★★ **Memmingen**, dem politischen, wirtschaftlichen und kulturellen Zentrum des Unterallgäus. Als einstige Freie Reichsstadt besitzt es ein hübsches, teils mittelalterliches Stadtbild mit bezauberndem Marktplatz, dazu einige bedeutende Sehenswürdigkeiten wie die gotische Martinskirche mit großartigem Chorgestühl, Werke der berühmten Memminger Künstlerfamilie Strigel und das Siebendächerhaus.

Von Memmingen nach Lindau

Der letzte Abschnitt dieser Tour beginnt mit einem Höhepunkt: In Buxheim, dem westlichen Vorort Memmingens, bezaubert die Kirche der ehemaligen Reichskartause mit dem schönsten, prachtvollsten Chorgestühl des süddeutschen Barock; auch die Kirche selbst und die Annakapelle, gestaltet von den Brüdern Dominikus und Johann Baptist Zimmermann, sowie das Kartausenmuseum sind zu beachten. Nach dem Abstecher zur klassizistischen Prämonstratenserkirche in Rot an der Rot (8 km westlich) – das nicht mehr zum Gebiet dieses Reiseführers zählt – geht die Fahrt südwestlich nach 7 **Bad Wurzach**, einem reizvollen kleinen Residenzstädtchen und bekannten Moor- und Thermalkurort. Zu den Juwelen der Barockstraße zählen hier das Treppenhaus im ehemaligen Waldburg-Zeil'schen Schloss, die Kapelle im Kloster Maria Rosengarten und die Kirche St. Verena; am 2. Juli-Freitag wird das Heilig-Blut-Fest mit großer Reiterprozession gefeiert. Nun geht es südöstlich zum **Schloss Zeil**, seit dem 14. Jh. Sitz der Truchsessen bzw. Fürsten von Waldburg-Zeil, von dem man einen großartigen Blick übers Allgäu hat. Nächstes Ziel ist wieder ein reizvolles altes Reichsstädtchen, 8 **Leutkirch**, Hauptort des württembergischen Allgäus. Westlich von Leutkirch erwarten zwei echte Kleinodien den Besucher, Kißlegg und Wolfegg. Kißlegg besitzt außer einer prächtigen Barockkirche sogar zwei Schlösser. Der Kurort 9 ★ **Wolfegg**, Residenz der Fürsten von Waldburg-Wolfegg und Waldsee, ist nicht nur für das Schloss mit seiner Kirche und das Bauernhausmuseum bekannt, sondern auch für sein Kulturleben; v. a. die Konzerte im Rittersaal ziehen Gäste aus weitem Umkreis an. So spektakulär – wenn auch aus anderem Grund –, wie diese Etappe begann, ist ihr Beschluss: die 10 km südwestlich von Wolfegg ganz zauberhaft gelegene 10 ★ **Waldburg**, der Stammsitz der gleichnamigen Truchsessen, von der man einen großartigen Blick über den Bodensee, nach Oberschwaben und ins Allgäu hat. Über Wangen kehrt man nach Lindau zurück.

IM UNTER- UND OSTALLGÄU

Start und Ziel: Von Memmingen nach Füssen | **Länge:** 160 km | **Dauer:** 3 – 5 Tage

Tour 3

Die wohltuende, teils flache, teils hügelige Bauernlandschaft des Unter- und Ostallgäus liegt ein wenig im touristischen Schatten. Es lohnt sich aber, sie kennenzulernen: Man kann hier nicht nur erhol- und geruhsam urlauben, sondern findet auch eine ganze Reihe sehenswerter Städte und Bauwerke. Und der Abschluss hat's in sich: König Ludwigs Märchenschloss Neuschwanstein.

Von Memmingen nach Kaufbeuren

Ausgangspunkt dieser Tour ist 1 ★★ **Memmingen**, von dem man das 2 ★★ **Kloster Ottobeuren** ansteuert (► Tour 2). In östlicher Richtung geht es weiter – man versäume nicht, von Guggenberg noch einmal einen Blick auf Ottobeuren zu werfen – nach Markt Retten-

bach, wo linker Hand die hübsche Rokokokirche Maria Schnee empfängt. Von der Straße nach Mindelheim biegt man bei Eutenhausen (auch dieses mit stattlicher Kirche) zur Katzbrui-Mühle ab, der ältesten funktionsfähigen Mühle Bayerns mit gutem Gasthaus. Jenseits der Autobahn A 96 begrüßt die weit sichtbare Mindelburg den Besucher der »Frundsbergstadt« ❸ **Mindelheim**. In dem freundlichen schwäbischen Städtchen lohnen einige ungewöhnliche Sakralgebäude und Kunstwerke den Besuch. Alle drei Jahre herrscht in Mindelheim beim großen Frundbergsfest das Mittelalter. Wenige Kilometer südöstlich liegt ❹ **Bad Wörishofen**, das durch den »Wasserdoktor« Sebastian Kneipp zum weltbekannten Kurort wurde; sehenswert sind die Gotteshäuser und das Sebastian-Kneipp-Museum.

Nächstes Ziel ist der beeindruckende barocke Komplex des ehemaligen Klosters Irsee mit einer der schönsten Kirchen Süddeutschlands. Die Konventsbauten bieten einem Bildungszentrum des Regierungsbezirks Schwaben einen prachtvollen Rahmen, dem Passanten ist das Klosterbräu eine willkommene Station. Über Kleinkemnat erreicht man ❺★ **Kaufbeuren**, eine weitere atmosphärereiche alte Freie Reichsstadt. Vom Kemptner Tor fährt man am besten gleich hinauf zur Blasiuskapelle an der Stadtmauer, dem bedeutendsten Sakralbau der Stadt mit großartigem Altar von Jörg Lederer, einem Hauptwerk der oberschwäbischen Spätgotik, und anderen Kostbarkeiten. Hier

Premium und Prost!
RAD-PAVILLON

hat man auch einen schönen Blick über die Stadt. Der nordöstliche Stadtteil Neugablonz ist Zentrum der deutschen Modeschmuckindustrie, hier kann man glitzernde Klunker bestaunen (und kaufen) und Einblick in ihre Produktion gewinnen.

Von Kaufbeuren nach Füssen

Weiter geht es in Richtung Berge. In Altdorf neben der B 16 sollte man sich die Kirche Mariä Himmelfahrt mit ihren ungewöhnlichen Fresken ansehen, bevor man 6 **Marktoberdorf** erreicht, die Musikmetropole des Allgäus. Im Schloss der Augsburger Fürstbischöfe ist die Bayerische Musikakademie ansässig, die ganzjährig hochklassige Konzerte veranstaltet. Sehr schön ist der Gang vom Schloss nach Bertoldshofen mit seiner Kirche St. Michael, die ebenso verschwenderisch wie ungewöhnlich ausgestattet ist. Von Marktoberdorf weiter in südöstlicher Richtung führt der Weg über Stötten auf den »Wächter des Ostallgäus«, den Auerberg, wo man die großartige Aussicht auf die Allgäuer und oberbayerischen Berge genießt und einen Eindruck davon bekommt, welche Schönheiten noch warten. Die Fahrt nach Füssen gestaltet sich dann etwas windungsreicher. Von Lechbruck aus sollte man unbedingt den kleinen Abstecher in den Pfaffenwinkel nach 7 **Steingaden** und zur Wieskirche machen (▶ Tour 1). Nun zurück nach Lechbruck und südwestlich nach Sameister mit der einzigartigen Kapelle, die der hier gebürtige J. J. Herkomer erbaute (und gutem Gasthof). Östlich von Roßhaupten überquert man die einstige Lechschlucht (Kraftwerk) und fährt dann in wunderhübscher Landschaft am Illasberg entlang nach Buching sowie auf der B 17 nach 8 ★★ **Füssen** und Schwangau – mit dem in aller Welt berühmten ★★ **Königsschlössern** (▶ Tour 1) als abschließendem Höhepunkt.

Beliebte Flanier- und Einkaufsstraße in Mindelheim: die Kornstraße

Z
ZIELE

Magisch, aufregend, einfach schön

Alle Reiseziele sind alphabetisch geordnet. Sie haben die Freiheit der Reiseplanung.

Zwischen Bodensee, Neuschwanstein, Memmingen und den Allgäuer Alpen gibt es viel Schönes zu entdecken, etwa St. Coloman bei Schwangau. ►

BAD HINDELANG · ★★ MARIÄ HIMMELFAHRT UND ST. JODOK

Landkreis: Oberallgäu | **Höhe:** 825 m ü. d. M. | **Einwohner:** 5150

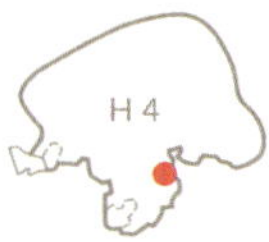

«Drei Seelen wohnen ach in meiner Brust« – auf Bad Hindelang im malerischen Ostrachtal trifft das sprichwörtlich zu: Das flotte Hindelang umwirbt seine Kurgäste mit moderner Alpinarchitektur im »Heidi Style«, der Ortsteil Bad Oberdorf hingegen mit schönen alten schindelverkleideten Häusern. Und im gemächlichen Oberjoch (1136 m), etliche Haarnadelkurven auf der Jochstraße höher, finden Allergiegeplagte Ruhe und Erholung.

Karriere als Kurbad

Schon 1902 ernannte Prinzregent Luitpold den heutigen Ortsteil **Oberdorf** wegen seines Schwefelmoorbads zum »Bad«.1965 wurde **Hindelang** das Prädikat »Heilklimatischer und Kneippkurort« verliehen, 2002 der Titel »Bad«. Das heilkräftige Klima und die Schwefelmoorbäder werden bei Herz-Kreislauf-Krankheiten, rheumatischen Beschwerden und Allergien geschätzt. **Oberjoch** ist praktisch frei von Allergenen. Man zählt im Jahr ca. 1 Mio. Übernachtungen, dazu kommen nochmal so viele Tagesgäste. In früheren Zeiten brachten der Erzbergbau im Hintersteiner Tal – das südlich tief bis zum Hochvogel vordringt (▸ unten) – und der Salztransport auf der Jochstraße Wohlstand; im 18. Jh. kamen täglich 60 bis 80 Wagen durch den Ort. Heute legt man Wert auf die Verbindung von sanftem Tourismus und ökologischer Landwirtschaft; in dem Projekt **»Hindelang – Natur & Kultur«** werden die Produkte aus dem Umkreis vermarktet, u. a. auf dem Bauernmarkt im Zentrum von Hindelang. Die 1899 erbaute **Jochstraße** gilt übrigens mit 105 Kurven auf 7 km Länge als **Deutschlands kurvenreichste Straße**. Gesundheitsfördernde Erfrischung in ziemlich natürlicher Umgebung kann man sich in Oberjoch im Hochmoorbad gönnen (auch ein Kinderbecken gehört zur Anlage) – der Eintritt ist frei. Rund um das Schwimmbad vermittelt ein Lehrpfad Interessantes über Hochmoore und ihre Nutzung.

Wohin in und um Bad Hindelang?

★★ Mariä Himmelfahrt und St. Jodok

Kunstvielfalt in ländlichem Ambiete

Einer der wenigen erhaltenen historischen Bauten in Hindelang, das Jagdschloss der Augsburger Fürstbischöfe (1660), dient heute als Rathaus. Die Kirche **Mariä Himmelfahrt und St. Jodok** in **Bad**

Oberdorf wurde zwar erst 1938 errichtet, aber ihrer Ausstattung wegen muss man sie besuchen: ein geschnitzter Flügelaltar des Kaufbeurer Meisters Jörg Lederer von 1519 (Marienkrönung, Abb. S. 275), eine anmutige Madonna von Hans Holbein d. Ä. (1493) und ein geschnitzter Palmesel mit Jesus (1470). Themen und Motive seiner Heimat auf Leinwand gebannt, Stillleben und Akte – in seinem Kunsthaus präsentiert der Künstler Kilian Lipp aktuelle Arbeiten. Kunst und Handwerk in Perfektion verbindet Christoph Finkel in Vorderhindelang zu Schalen und Objekten aus dem Holz uralter Bergahornbäume.

Kilian Lipp: Gailenberg 13 | Mi. – Sa. 14 – 17 Uhr, Juli/Aug. einige Wochen geschl. | Eintritt frei | Tel. 08324 95 22 37, www.kilianlipp.de
Christoph Finkel: Hauptstr. 16, Vorderhindelang | Tel. 08324 9 73 82 23 | Mi., Fr. 14 – 17 Uhr oder nach Voranmeldung, www.finkel-bowls.com

BAEDEKER MAGISCHE MOMENTE

BAUMGEISTER

Bis Sie die einzigartigen Holzschalen in Christoph Finkels Vorderhindelanger Galerie bestaunen können, haben die einen langen Weg hinter sich. Gewachsen als Bergahorn, uralt geworden und von einer Lawine gefällt, wurden sie vom Künstler aus dem Wald geholt. Mit Augen und Händen befragte er das Holz, welche Gestalt sich in ihm verbirgt, und formte es um. Auch jetzt noch scheint es zu leben.

BAD HINDELANG ERLEBEN

Bad Hindelang Tourismus
Unterer Buigenweg 2
87541 Bad Hindelang
Tel. 08324 89 20
www.badhindelang.de

Jan.: Internationales Schlittenhunderennen; Ski-Trail Tannheimer Tal – Bad Hindelang. Febr.: Internationale Hörnerrennen im »Schliermoos«, Vorderhindelang. Juni/Juli: Alpfeste, Waldfeste, Bergmessen. Anf. Aug.: Hindelanger Marktfest. 11. Sept.: Viehscheid. Okt.: Jochpass Memorial & Historic Rallye; Musikfestival »Ein Ort wird Musik«. Ende Nov./Anf. Dez.: Weihnachtsmarkt.
Eisenpfannen für perfekte Steaks oder knusprige Kartoffeln findet man in der Hammerschmiede Neßler in Bad Oberdorf (Ostrachstr. 46, Mo.–Fr. 7.30–12, 14–18 Uhr, http://nessler-metallverarbeitung.de).

BAD HINDELANG PLUS

220 Gastgeber offerieren ihren Gästen die Karte Bad Hindelang Plus, mit der v. a. Bergbahnen und Skilifte, Linienbusse, Schwimmbäder, Eisbahnen und Parkplätze kostenlos zu nutzen sind.

WIRTSHAUS KEMATSRIED €–€€

Schöne Einkehr nach der Wanderung oder einem Skitag: denkmalgeschützte Alpe (1430 erwähnt) mit geschmackvoll modernisierten Stuben ohne DekoFirlefanz. Beste einheimische Küche, u. a. mit Fleisch von Schwäbisch-Hällischem Schwein und Hohenloher Lamm, das der kreative Koch gerne auch zeitgemäß zubereitet.
Oberjoch, Ornachstr. 31
Tel. 08324 973 49 79
www.wirtshaus-kematsried.de
Mi. ab 17, Do.–Mo. ab 11 Uhr, Di. geschl.

OBERE MÜHLE €€€

Außen ein uraltes, schönes Allgäuer Haus, innen prachtvolle Stuben aus dem 17. Jahrhundert. Die Küche vereint Allgäuer Bodenständigkeit mit französischer bzw. mediterraner Eleganz.
Bad Oberdorf, Ostrachstr. 40
Tel. 08324 28 57
www.obere-muehle.de (▶ unten)
Mo. ab 18, Mi.–So. ab 16 (Nov.–April ab 17) Uhr geöffnet

ROMANTIK-HOTEL SONNE €€€

Zentral gelegenes 4-Sterne-Hotel in schönem altem Haus, stilvolle, großzügige Zimmer z. T. mit Bergblick, das Wellnessangebot umfasst u. a. ein »Kräuterbad für zwei«. Das hauseigene Restaurant »Beim Sunnewirt« kredenzt feine regionale Küche.
Bad Hindelang, Marktstr. 15
Tel. 08324 897-0
www.sonne-hindelang.de

HOTEL PRINZ-LUITPOLD-BAD €€€€

»Das« Hindelanger Traditionshaus mit Flair – ein über 150 Jahre altes Grandhotel mit modernen Erweiterungen und herrlichem Ausblick. »Medical Wellness« mit Badeärztin und Physiotherapie sowie Fitnesstraining à la Turnvater Jahn. Die Schwefelmineralquelle speist auch das Hallen- und das Freibad des Hauses.
Bad Oberdorf, Andreas-Groß-Str. 7
Tel. 08324 890-0
www.luitpoldbad.de

HOLZHAUS BESLER €€
In dem über 200 Jahre alten Holzhaus am Ortsrand von Hinterstein kommen Gruppen von bis zu 15 Personen einfach, aber sehr urig unter. Geheizt wird mit Holzöfen, und wer mag, für den bereitet die Köchin Suzana ein typisches Allgäuer Abendessen zu.
Hinterstein, Im Schlauchen 17
Tel. 06421 620 07 01
www.holzhaus-besler.de

Ski und Wandern gut

Wintersport und Bergwandern

Hervorragende Reviere finden Wintersportbegeisterte in **Oberjoch** (Skipisten am Iseler mit Sesselbahn und Liften), im Ostrachtal (insgesamt 46 km Loipen) und am **Imberger Horn** (Gondelbahn; dazu drei je 3,5 km lange Rodelbahnen).
Im Sommer sind der Iseler und das Imberger Horn beliebte Wanderberge. Zum Gipfel des **Imberger Horns** braucht man von der Bergstation ca. 1 Std.; durchaus lohnend ist der längere Rückweg (ca. 3 Std.) hinunter zum Strausbergsattel (► S. 221) und zur Alpe Mitterhaus, dann durch das Retterschwanger Tal zurück ins Ostrachtal. Der 1876 m hohe **Iseler** ist sehr schön von Hinterstein aus – vorbei an den eindrucksvollen Zipfelsbachfällen – über die Zipfelsalpe zu erklimmen (ca. 3 1/2 Std.); je nach Kondition zurück mit der Iselerbahn oder zu Fuß nach Oberjoch bzw. Bad Oberdorf (ca. 2 1/2 Std.). Im Sommer kann man samstags mit fachkundiger Begleitung zu den Steinadlern wandern und – durchs Fernrohr, ohne die Adler zu stören – die faszinierenden Greifvögel und ihre Nachbarn beobachten.
Wanderung zu den Steinadlern: Mai – Sept. samstags, Anmeldung (spätestens Freitagmittag) und weitere Informationen bei Bad Hindelang Tourismus | 8 €, bis 14 Jahre gratis

Ein Tal wie anno dazumal

★ Ostrachtal und Hinterstein

Im **Ostrachtal** wurde ab 1471 Eisenerz verhüttet und vor allem zu Waffen – Lanzen und Hellebarden für das kaiserliche Heer – verarbeitet; bis zu 75 Nagelschmieden stellten das wichtige Material her. Entlang der Ostrach gibt es einige Sehenswürdigkeiten, u. a. eine Sämischleder-Gerberei, drei wassergetriebene Hammerschmieden und das Heimatmuseum, eine Antiquitätensammlung in der 500 Jahre alten Oberen Mühle in Bad Oberdorf (► oben), einem schönen alten Komplex; dort kann man auch beim Käsen zuschauen. **Hinterstein** prunkt mit historischen Bauernhäusern. Im Kneipp-Kurgarten lockt die **Prinze-Gumpe**, eine schöne alte (modernisierte) Badeanstalt, die schon Prinzregent Luitpold im 19./20. Jh. gerne besuchte (das alemannische Wort »gumpe« bedeutet sowohl »Wasserloch« als auch »springen«); der Eintritt ist frei.
Am südöstlichen Ortsrand von Hinterstein ist mit dem Holzhaus Besler ein etwa 200 Jahre alter stattlicher, wettergegerbter Bauernhof

mit ungewöhnlichem Krüppelwalmdach erhalten, der auch gemietet werden kann (► S. 45). Der **Alpabtrieb** (Viehscheid) findet in Bad Hindelang am 11. Sept. statt (wenn das ein Sonntag ist, dann am 10. Sept.), das Vieh kommt dabei aus dem Hintersteiner Tal. Begleitet wird das Ereignis von einem bunten Krämermarkt mit Festzelt, Fahrgeschäften und Musik.

Aktiv im Ostrachtal

Bergtouren vom Ostrachtal aus

Am südlichen Ortsrand von Hinterstein (Parkplatz) beginnt der nicht schwierige Weg hinauf zur urtümlichen **Willersalpe** (1460 m, 11/2 Std.), die schön am Bschießer liegt und ebenso für ihren Käse berühmt ist wie für ihre Atmosphäre. Mit dem Bus (www.wechs.net) kann man ins Hintersteiner Tal hineinfahren bis zum Gasthaus Giebelhaus, Ausgangspunkt für leichte Wanderungen (z. B. zur **Sennalpe Laufbichl**, 45 Min., und zur Bärgündele-Alpe, ca. 11/2 Std.) und für anspruchsvolle Bergtouren, inbesondere auf den majestätischen, schönen **Hochvogel** (2592 m). Er ist zwar nur der dreizehnthöchste Gipfel der Allgäuer Alpen, überragt aber in diesem Bereich alle anderen und erscheint von vielen Punkten aus als höchster Gipfel des Allgäus. Die Tour schließt eine Übernachtung im Prinz-Luitpold-Haus in 1847 m Höhe ein (Info unter www.prinz-luitpoldhaus.de). Vor dem Aufstieg sollte man sich allerdings über die aktuelle Situation am Gipfel informieren; durch einen ständig größer werdenden Felsspalt droht ein massiver Steinsturz. Das Prinz-Luitpold-Haus ist Stützpunkt für eine Reihe weiterer großartiger (Kletter-)Touren, etwa auf den Schneck und die Fuchskarspitze, und daher gut besucht. Auch Klettersteiggeher und Kletterer nutzen begeistert die Möglichkeiten, die zahlreiche Felswände sowie drei Klettersteige – SALEWA-, Hindelanger- und als jüngster Neuzuwachs der Ostrachtaler Klettersteig oberhalb der Jochpassstraße – bieten. Eine Broschüre mit genauer Beschreibung ist in der Hindelanger Touristeninfo erhältlich.

Der schönste Bergsee der Alpen?

Schrecksee

Wer auch immer dem in 1813 m Höhe zwischen schroffen Gipfeln des Rauhhorns und des Kugelhorns geschmiegten Schrecksee diesen Namen verpasst hat, er hat dem See keinen Gefallen getan. Das Foto der eisblauen Wasserfläche mit einem Inselchen in der Mitte ging durch die sozialen Medien um die Welt und lockt Fans aus aller Herren Länder an, die am See zelten und feiern (was im Naturschutzgebiet der Allgäuer Hochalpen verboten ist). Aber einen besonders schönen Anblick bietet er schon! Wer einigermaßen konditionsstark und trittsicher ist, bewältigt den teils sehr steilen Anstieg von 1000 Höhenmetern in etwa 2 3/4 Stunden. Ausgangspunkt ist der Parkplatz Auf der Höh in Hinterstein. Oben angekommen, belohnt ein Sprung ins wirklich kalte Wasser. Auf gleichem Weg kehrt man nach Hinterstein zurück.

BAEDEKER ÜBERRASCHENDES

6X UNTERSCHÄTZT

Genau hinsehen, nicht daran vorbeigehen, einfach probieren!

1. DER SEE RUFT

Alle wollen ihn sehen, den dank Social-Media-Hysterie »schönsten Bergsee der Alpen«. Doch der Weg zum **Schrecksee** ist nicht ohne: 1000 Höhenmeter und Passagen mit Drahtseilsicherung fordern Erfahrung und Kondition! (▶ **S. 46**)

2. COOLE KIRCHE

Der Majestät der Kreuzigungsgruppe in Oberstaufens **St. Peter und Paul** kann man sich kaum entziehen. Dabei wirkt die Kirche kühl und so, als hätte man einen neutralen Rahmen für das Renaissance-Kunstwerk erbaut. (▶ **S. 165**)

3. EXZENTRISCH

Hinsichtlich der Berühmtheit ist **Schloss Hohenschwangau** im Vergleich zu Neuschwanstein ein Aschenputtel. Dabei ist die Ausstattung nicht weniger exzentrisch. (▶ **S. 208**)

4. IHR KINDERLEIN KOMMET

Das **Mindelheimer Krippenmuseum** zeigt verschiedenste Krippen-Szenen, von einfach-bäuerlichen über die Krippe der bayerischen Königsfamilie bis hin zum Krippen-Cartoon. Und das das ganze Jahr über! (▶ **S. 161**)

5. RARITÄT

Die außen eher unscheinbare Landkirche **St. Remigius** in Rohrdorf birgt einen Schatz. Das Halbrelief im linken Seitenaltar stellt den Tod Mariens dar, ein eher seltenes Motiv. Wer es schuf, ist nicht überliefert. Aber ungemein bewegend ist es dennoch. (▶ **S. 84**)

6. STERNE-KANTINE

Im Industriegebiet westlich von Wangen bespielt ein wilder Jungkoch das Restaurant **Schattbuch** und die Kantine nebenan. Seit 2018 wird ein Michelin-Stern gehalten! (▶ **S. 228**)

BAD WÖRISHOFEN

Landkreis: Unterallgäu | **Höhe:** 626 – 670 m ü. d. M. |
Einwohner: 16 700

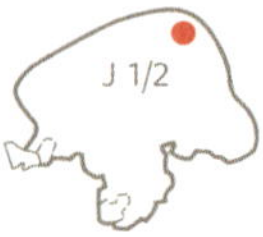

Wassertreten, Barfußgehen, Wechselgüsse – hat in Zeiten von Lomi Lomi und Ayurveda überhaupt noch Bedeutung, was einst ein junger Pfarrer als heilsam und wohltuend propagierte? Wellness-Trends kommen und gehen, doch die fünf Säulen der Kneipp'schen Gesundheitslehre haben Bestand bis heute. 2021 feiert die Stadt seinen 200. Geburtstag

Der Guru mit der Gießkanne

Der 34-jährige Kaplan Sebastian Kneipp sollte 1855 dem nach der Säkularisation Anfang des 19. Jh.s Not leidenden Dominikanerinnenkloster wieder auf die Sprünge helfen, und das tat der erstaunliche Mann mit großer Tatkraft. Er betätigte sich nicht nur als Seelsorger für die Nonnen, sondern brachte unter anderem die Landwirtschaft auf Vordermann, richtete Schulen ein und entwickelte sein – wie man heute sagt – ganzheitliches Konzept einer gesunden Lebensführung: ausgewogene Ernährung, körperliche Tätigkeit und seelische Ordnung, ergänzt durch die Heilkraft von kaltem Wasser und Kräutern (► Das ist das Allgäu S. 12 und Baedeker Wissen S. 50).

Am Kneippen führt kein Weg vorbei

In Bad Wörishofen kuren

Sebastian Kneipp ist in Bad Wörishofen allgegenwärtig, sei es mit einem eigenen Museum, das die Stationen seines Lebens (► Interessante Menschen S. 298) dokumentiert, sei es in Denkmälern oder mit vielfältigen Produkten. Mehr als 100 Hotels und Pensionen – kaum ein Haus, das keine Kuren anbietet – sowie sieben Sanatorien sorgen für die Gäste, auch solche, die gesund sind und es bleiben wollen. Ein **herrlicher Park** mit Rosen- und Heilkräutergarten lädt zum Flanieren ein, eine große moderne **Therme** zu wohltuender Bewegung im Wasser. Weil es hier stets um Gesundheit geht, stehen auch Kneippanlagen, Barfußpfad und ein Osteo-Walk, der die Beweglichkeit speziell in der zweiten Lebenshälfte trainieren soll, kostenlos zur Verfügung. Das Kurhaus sorgt für Kurzweil: Musik aller Art, Tanztee, Theater, Lesungen etc.; ebenso wird Sport großgeschrieben, vom geruhsamen Wandern in der sanften Landschaft des Unterallgäus über sportliches Nordic Walking bis zu Langlauf und Golf.

Wo der Wasserdoktor wirkte

Auf Kneipps Spuren

In der **Pfarrkirche St. Justina** war Kneipp von 1881 bis zu seinem Tod 1897 Seelsorger. Ihr Backsteinturm und der Chor stammen noch vom spätgotischen Vorgängerbau (1520), das Langhaus entstand um 1700, seine Stuckierung und Deckenfresken im Jahr 1780. Im Westteil

BAD WÖRISHOFEN ERLEBEN

Gäste-Information im Kurhaus
Hauptstr. 16
86825 Bad Wörishofen
Tel. 08247 99 33-55, -56
www.bad-woerishofen.de

Mai: Maifest mit Kunsthandwerkermarkt. Juli: Stadtfest und Sommerkonzerte. Ende Sept.: Jazz goes to kur (Jazz- und Bluesfestival). Ende Sept./Anf. Okt.: Festival der Nationen (http://festivaldernationen.de). Dezember: Weihnachtsmarkt.

Das Gastronomieangebot im Kurort besticht leider nicht durch besondere Kreativität oder Qualität. Ausnahme sind die Restaurants der hochklassigen Hotels.

GASTHOF RÖSSLE €€

Ein gemütlicher Gasthof mit schönem Biergarten und schwäbisch-gutbürgerlicher Küche mit großem Schnitzel-Angebot. Dazu wird süffiges Augustiner-Bier ausgeschenkt.
Hauptstr. 14, Tel. 08247 53 97
https://gasthof-roessle-bw.de
Okt. – März Mi. Ruhetag

GASTHOF ADLER €€

Das Haus von 1492 gilt als Wörishofens ältestes, heute setzt man auf Neuzeitlich-Rustikales. Gutbürgerliche Küche mit saisonal-regionalen Gerichten zu sehr gehobenen Preisen, die die Qualität nicht immer rechtfertigt.
Hauptstr. 40, Tel. 08247 96 36-0
Tgl. geöffnet, www.adler-bw.de

LA STAZIONE €€

Zur Abwechslung nicht bayerisch-rustikal sondern minimalistisch-kühl: Das Restaurant im Bahnhof ist todschick und hält auch im internationalen Speiseangebot – von Pasta über Tapas bis Rinderbacken –, was das Ambiente verspricht.
Bahnhofsplatz 1
Tel. 08247 395 96 29; So. geschl.
http://la-stazione-bw.de

CONFISERIE SCHWERMER €

Seit 1945 verwöhnt die 1894 in Königsberg gegründete Konditorei Bad Wörishofen mit Baumkuchen, Königsberger Marzipan, Pralinen und anderen Verführungen. Beliebt ist die hübsche Café-Terrasse.
Königsberger Straße 3
Tel. 08247 35 08-0
Mo. – Fr. 9 – 12.30, 14 – 18, Sa. 9 – 13 Uhr, www.schwermer.de

STEIGENBERGER SONNENHOF €€€€

Wer beim Kuren auf ein luxuriöses Ambiente nicht verzichten will, ist im Steigenberger am Kurpark richtig. Umfassendes Wellness- und Fitnessprogramm, auch mit Personal Trainer. Stilvoll speist man in den Restaurants (französisches Bistrot Petit Plaisir und CALLA mit Fusion-Küche (Letzteres Mo./Di. geschl.), informeller geht's in der König-Ludwig-Lounge zu (So. geschl.).
Hermann-Aust-Str. 11
Tel. 08247 959-0
www.spahotel-sonnenhof.de

KUROASE IM KLOSTER €€€

Das freundliche Hotel im Kloster der Dominikanerinnen verbindet moderne Ausstattung, Kneipp'sche Lehre, Wellnessangebot und meditative Atmosphäre – hier wandeln die Gäste buchstäblich auf Pfarrer Kneipps Spuren.
Klosterhof 1, Tel. 08247 96 23-0
www.kuroase-im-kloster.de

NATÜRLICH GESUND

BAEDEKER WISSEN

»Ein kalter Kneippguss am Morgen schützt vor Krankheit und Sorgen.«
Die Maßnahmen von Sebastian Kneipp steigern die Abwehr- und Selbstheilungskräfte des Körpers, schützen vor Krankheiten und lindern Beschwerden. Seit über 100 Jahren gehören sie zu den bekanntesten Naturheilverfahren und ihr ganzheitlicher Ansatz ist heute so aktuell wie damals.

▶ **Kneippkuren**
Die bekanntesten sind das Wassertreten und die Kneippgüsse.

Kneippgüsse, z. B. Armguss

Die Behandlungen mit kalten oder Wechselgüssen folgen einem festen Muster. Sie regen die Durchblutung und den Stoffwechsel an und wirken abhärtend.

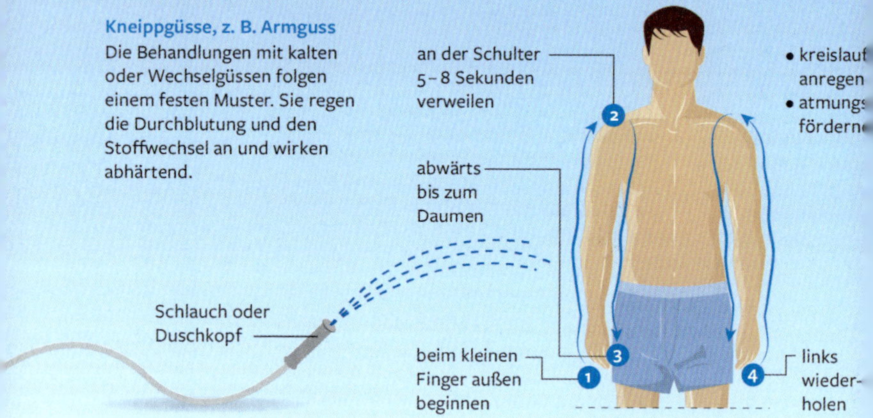

Wassertreten

Man stapft im waden- bis kniehohen Wasser im »Storchengang«.
Dabei wird das Bein komplett aus dem leitungskalten Wasser gehoben.

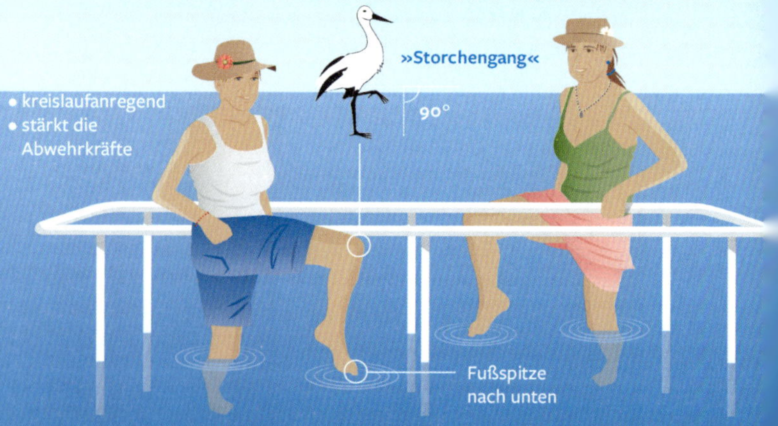

lgäuer Gesundheitsorte

om Unterallgäu bis zu den Berggipfeln bietet as Allgäu ideale Voraussetzungen für esundheitsbewusste Besucher. Die nwendungen reichen von der aturkraft aus Heu und Moor ber den therapeutischen nsatz von Wasser s zur modernen terpretation aditioneller ehren von Pfarrer ebastian Kneipp der Johannes Schroth.

uristische Übernachtungen in Kneippheilbädern d Kneippkurorten in Bayern in Millionen

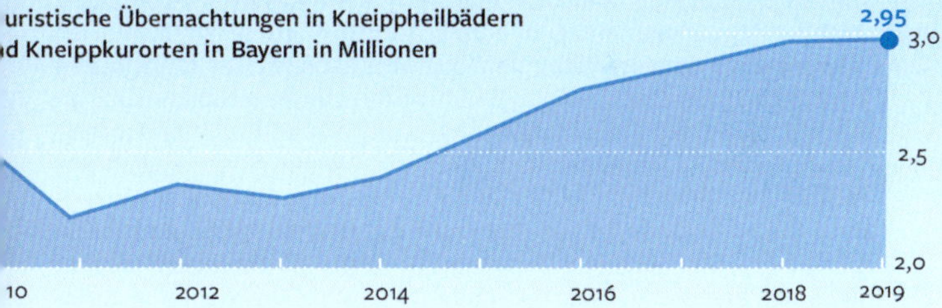

e fünf Säulen der Kneippkur

sser
ssertherapie
Güsse mit
mem und
em Wasser,
er, Wickel,
ssertreten

Pflanzen
Heilkräuter-therapien; Pflanzenextrakte in Arznei-, Lebensmitteln und Körperpflegeprodukten

Bewegung
z.B. Barfußlaufen, Bewegung im Alltag, Ausdauersportarten an der frischen Luft

Ernährung
Bewusste, ausgewogene Ernährung, v.a. fettarm; Vollwertkost

Balance
Ordnungstherapie: Gleichgewicht zwischen Aktivität und Entspannung ist Voraussetzung für ein seelisches Gleichgewicht

des Langhauses predigt Pfarrer Kneipp von der Decke (1936). Nebenan steht der Pfarrhof, der ab 1881 Kneipps Domizil war. Das vierflügelige **Dominikanerinnenkloster**, heute zum Teil als Hotel genutzt, erbauten berühmte Vorarlberger Meister, Franz Beer und sein Sohn Johann Michael (1719 – 1723); für die Ausgestaltung sorgten die nicht minder berühmten Brüder Zimmermann.

In der sehenswerten Kirche **Maria Königin der Engel** vereinen sich der Stuck von Dominikus Zimmermann und die Fresken von Johann Baptist Zimmermann mit den prächtigen Altären des Augsburger Dominikanerbruders Valentin (um 1722) – ungewöhnlicherweise aus Holz, mit feinsten Intarsien – zu einem überwältigenden Eindruck. In der Marienkapelle (vom Vorraum zugänglich) sind nicht nur eine Kopie der Madonna von Einsiedeln (17. Jh.) und ein »Prager Jesuskind« zu sehen, sondern auch ein »Blumen- und Kräuterhimmel«, gemalt 1956 von Mater Donatilla von Eckhard. Das **Sebastian-Kneipp-Museum** im Ostflügel des Klosters lässt Leben und Werk des Wasserpfarrers wiedererstehen. Noch aus Kneipps Zeiten datieren das Alte Badehaus und die Wandelhalle an der Promenadenstraße; das Badehäuschen (Hartenthaler Str. 10) stand ursprünglich im Kreuzgarten des Klosters.

Kneipp-Museum: Febr. – 15. Nov. Di.– So. 15 – 18, Mi. 10 – 13 Uhr | Eintritt 3 € | www.kneippmuseum.de

Ausflüge zu Kunst und Architektur

Rund um Bad Wörishofen

Für die Kurgäste sind in der Umgebung diverse Rad-, Spazier- und Wanderwege eingerichtet, u. a. zum gezielten Kreislauftraining. Der **Kneipp-Wanderweg** führt von Bad Wörishofen über Ottobeuren nach Bad Grönenbach (40 km). Kunstinteressierte steuern – auch zu Fuß zu empfehlen – **Schlingen** (3 km südlich von Bad Wörishofen) an; in der reich ausgestatteten Kirche St. Martin (ursprünglich Anfang 15. Jh., Umbau bis 1697) sind die Fresken des Tirolers F. A. Zeiller (1763) hervorzuheben, der auch die Basilika Ottobeuren ausgestaltete. Das westlich benachbarte **Untergammenried** besitzt eine interessante Wallfahrtskirche (St. Rasso). Die Wallfahrt zu einem Gnadenbild und Reliquien des hl. Rasso, eines Grafen von Dießen-Andechs († 953), machte einen Neubau notwendig (geweiht 1756); außer der gemalten Scheinarchitektur und -dekoration und den Fresken des Augsburgers J. Hartmann mit Szenen aus der Rasso-Vita ist der mächtige zweistöckige Hauptaltar bemerkenswert. Eine Rarität ist die Schrankorgel (um 1720). Nach der Kunst empfiehlt sich der Weg hinauf nach **Hartenthal**; im beliebten Biergarten des Hartenthaler Hofs (Okt.– März Fr. geschl.) sitzt man schattig mit schöner Aussicht. Für den Rückweg nach Bad Wörishofen über das »Versunkene Schloss« braucht man eine gute Stunde.

Architekturhistorisch Interessierte machen einen Ausflug zum **Georgenberg** südöstlich von Bad Wörishofen, jenseits der B 12: Auf dem aussichtsreichen Buckel thront einsam eine romanische Kirche (um 1180) aus unverputzten Tuffquadern mit spätgotischem Backsteinturm (15. Jh.). Ihre beachtliche Ausstattung umfasst u. a. eine hölzerne Kassettendecke des 17. Jh.s im Langhaus, Wandmalereien aus dem 13. – 16. Jh. und ein großes Kruzifix von ca. 1170 (Kopie). Den Weg auf den Berg säumen alte Linden und sechs Kapellen vom Ende des 17. Jahrhunderts.

Spaß, Spannung, Adrenalin

An der A 96 (Ausfahrt Bad Wörishofen) lockt der Allgäu-Skyline-Park mit seinen Attraktionen für Kinder und Erwachsene.

Allgäu-Skyline-Park

Ende März – Mai Sa., So., Osterferien tgl. 9.30 – 18, Pfingstferien 9.30 bis 17, Juni – Mitte Sept. tgl. 9.30 – 18, Mitte Sept./Okt. Sa., So. 9.30 – 18, wochentags bis 17 Uhr | Tel. 01805 88 48 80, www.skylinepark.de | An Pfingstmontag, Himmelfahrt und Mariä Himmelfahrt (14./15. Aug.) ist der Park besonders gut besucht. | Eintritt 35 €, bis 150 cm 28 €, bis 110 cm Eintritt frei, Kombikarte für 4 Personen 105 € (zwei über, zwei unter 150 cm)

▶ Mindelheim

Katzbrui

Bad Wörishofen verdankt Sebastian Kneipp seinen Aufstieg zu einem beliebten Kurort; im Kurpark blickt er auf das Treiben, das er ausgelöst hat.

BAD WURZACH

Landkreis: Ravensburg | **Höhe:** 653 m ü. d. M. | **Einwohner:** 14 600

Schon Paracelsus pries die heilende Wirkung des Torfs, und so nutzte Wurzach die Gunst der Lage an Europas größtem Hochmoor und wurde Moorheilbad. Die kleine charmante Kurstadt an der Oberschwäbischen Barockstraße bezaubert zudem mit elegantem Barock und Rokoko.

Die Heilkraft des Moors

Das Moor hatte Wurzach schon lange geprägt, aber erst die Moorbäder, erstmals 1936 von den Nonnen im Kloster Maria Rosengarten angewendet, setzten einen wahren »Moorboom« in Gang. Der Torf und das 34 °C warme, fluoridhaltige Natrium-Hydrogencarbonat-Wasser werden therapeutisch genutzt. So kann man im Kurhotel am Reischberg heilende warme Moorpackungen genießen und die Bade- und Saunalandschaft in seiner **Therme »Vitalium«** trägt mit 34 °C warmem Thermalwasser zu Fit- und Wellness bei.

Kriegsherren und Ökopioniere

Die Waldburger

Über viele Jahrhunderte gehörte der 1273 erstmals erwähnte Ort den Grafen Waldburg-Wolfegg bzw. Waldburg-Zeil. Ihr bekanntestes Mitglied war der berüchtigte »Bauernjörg«, Georg III. Truchsess von Waldburg-Zeil (1488 – 1531), ein »Warlord« reinsten Wassers, der für den Schwäbischen Bund den Aufstand der schwäbischen Bauern mit aller denkbaren Brutalität niederschlug, u. a. am 14. April 1525 in der Schlacht am Leprosenberg bei Wurzach.

Größter Arbeitgeber ist die Glasfabrik Verallia Deutschland AG, deren Werksgelände den westlichen Ortsrand dominiert. Das Unternehmen, das sich 1946 wegen des Energieträgers Torf hier ansiedelte, war Vorreiter in Sachen Altglassammlung und Recycling. Heute stellt es, in Deutschland auf diesem Gebiet führend, umweltfreundliche Getränkeflaschen und Glasverpackungen für die Nahrungsmittelbranche her.

Wohin in Bad Wurzach?

Stairway to Herkules

★ Schloss

Das 1723–1728 von den Waldburgs erbaute Barockschloss, eine um einen Ehrenhof gruppierte Dreiflügelanlage, ist berühmt für sein **herrliches Treppenhaus** (Abb. S. 56), das zu den Juwelen der Oberschwäbischen Barockstraße gehört. Von zwei elegant geschwungenen Treppenläufen sieht man zum Deckengemälde empor, in dem Herkules mit seinem Wagen in den olympischen Götterhimmel

BAD WURZACH ERLEBEN

Bad Wurzach Info
Rosengarten 1
88410 Bad Wurzach
Tel. 07564 30 21 50
www.bad-wurzach.de

Jan./Febr.: Alemannische Fasnet, Höhepunkte am »Gumpigen Donnerstag« und am Rosenmontag. Anf. Juli: Schnakenfest (Sommerfest) mit Feuerwerk.
2. Juli-Freitag: Hl.-Blut-Fest mit großer Reiterprozession. Letztes Aug.-Wochenende: Stadtfest. Ganzjährig Konzerte.

GASTHAUS ADLER €

Der Adler nordöstlich von Bad Wurzach ist mehr als ein Gasthaus, er ist eine Institution: reelle, sehr preiswerte Küche auf ökologischer Basis, dazu eine beliebte Kleinkunstbühne und ein Biergarten.
Dietmanns
Ochsenhausener Str. 44
Tel. 07564 912 32, Mo., Do.–Sa. ab 17, So. ab 11.30 Uhr
www.adler-dietmanns.de

SENNERSTÜBLE €€

Die Gaststube der alteingesessenen Käserei ist urgemütlich und es gibt alles nur Erdenkliche rund um den hauseigenen Käse.
Bad Wurzach, Simon-Göser-Str. 11
Tel. 07564 35 83
Mo., Di. 8 – 12, 15 – 18, Mi. 9 – 12, Do. – So. 9 – 19 Uhr
www.kaeserei-vogler.de

KURHOTEL AM REISCHBERG €€€

Ob Wellness oder medizinische Kur – hier findet jeder Entspannung, Anregung und aufmerksame Betreuung. Die Gäste haben direkten Zugang zur Vitalium-Therme.
Bad Wurzach
Karl-Wilhelm-Heck-Str. 12
Tel. 07564 30 40
www.kurhotel-am-reischberg.de

GASTHOF ADLER €€

Komfortable, modern eingerichtete Zimmer. Das hübsche Restaurant ohne Folklore (Fr. – Mi. 11.30 – 22.30 Uhr) wird vom Guide Michelin mit einem »Michelin-Teller« gewürdigt.
Bad Wurzach, Schlossstr. 8
Tel. 07564 930 30
www.hotel-adler-bad-wurzach.de

rauscht. Der Urheber des 1728 gemalten Freskos ist – wie der des Gebäudes – nicht dokumentiert; vielleicht war es Pietro Scotti, der das Deckenfresko im Ordensbau des Schlosses in Ludwigsburg schuf. Früher war das Treppenhaus eine Traumkulisse für höfische Feste, wegen der guten Akustik finden heute gelegentlich **Konzerte** statt.
Tgl. 8 – 18 Uhr frei zugänglich

Weißer Stuck und roter Marmor

Das Stadtbild wird vom Turm der Pfarrkirche St. Verena dominiert, die eine in Deutschland seltene Form des Spätbarocks aufweist: fran- Stadtkirche St. Verena

Barockes Meisterwerk: das Treppenhaus im Wurzacher Schloss

zösischen Klassizismus. Erbaut wurde sie 1775–1777 nach dem Vorbild der Bad Buchauer Kirche von Michel d'Ixnard, das 22 m lange Deckenfresko schuf der aus Langenargen am Bodensee stammende Andreas Brugger. Prachtvoll ist auch der Hochaltar mit einem kostbaren Tabernakel von Konrad Hegenauer (um 1775). In der Kirche ist Truchsessin Helena († 1515) bestattet, die Mutter des »Bauernjörgs«.

Verborgene Rokoko-Schönheit

Kloster Maria Rosengarten

An St. Verena schließt das 1513 begründete Kloster Maria Rosengarten an, dessen Rokokokapelle (1763) als **schönste Hauskapelle der Welt** gilt. Bis 2007 wurde es von den Armen Schulschwestern genutzt, nach der Modernisierung und Erweiterung sind hier u. a. die Bad Wurzach Info und das **Naturschutzzentrum Wurzacher Ried** ansässig; in der Erlebnisausstellung »Moor Extrem« erfährt man alles über das Moor, seine Entstehung und seine Nutzung.

Naturschutzzentrum: April–Okt. tgl. 10–18, sonst bis 17 Uhr | Tel. 07564 30 21 90, www.wurzacher-ried.de | Eintritt Ausstellung »Moor Extrem« 5 €

Der Moormaler

Leprosenhaus

Ein Sohn der Stadt ist der »Moormaler« Sepp Mahler (1901 – 1975), der in den 1920er-Jahren mit dem Galeristen Herwarth Walden in Berlin bekannt war. Geboren wurde er im Leprosenhaus, dem ältesten Haus des Orts (13. Jh.). Hier sind Werke von ihm ausgestellt, interessant ist auch das Gebäude selbst. Im Wohnhaus Mahlers, errichtet 1903 als Domizil des Torfmeisters, gewinnt man weiteren Einblick in Leben und Werk des »Maler-Poeten«.

Leprosenhaus: Ravensburger Str. 10 | April – Okt. So., Fei. 14 – 17 Uhr, Führung am 3. Sa. des Monats 15 Uhr | www.leprosenhaus.de
Sepp-Mahler-Haus: Ravensburger Str. 21 | Sa. 14 – 17 Uhr

Prozession mit Reliquie

Gottesbergkapelle

Die barocke Wallfahrtskapelle (1709) auf dem Gottesberg südlich des Orts (699 m, herrlicher Ausblick zu den Bergen) birgt seit 1764 eine **Heilig-Blut-Reliquie**. Am 2. Freitag im Juli wird das Heilig-Blut-Fest gefeiert, bei dem eine Prozession mit über 1500 Reitern zum Gottesberg pilgert. Das Fest beginnt um 7 Uhr morgens, wenn die Reliquie in der Stadtkirche abgeholt wird.

Geheimnisse des Moors

★ Wurzacher Ried

Das Heilbad Wurzach verdankt alles dem Ried nördlich der Stadt. Wo einst der Rheingletscher ein Becken formte, in dem sich das Schmelzwasser zu einem See aufstaute, der später verlandete, entstanden im Lauf der Jahrtausende dicke Torfschichten. Mit ca. 8 km Länge und 3,5 km Breite – 18 km² stehen unter Naturschutz – ist es eines der größten und wertvollsten Moore Europas. Etwa ein Drittel ist Niedermoor, ein Drittel unberührtes Hochmoor und ein weiteres Drittel Hochmoor, in dem über 200 Jahre (bis 1996) Torf abgebaut wurde. Insbesondere das nährstoffarme Hochmoor ist reich an spezialisierten, seltenen Pflanzen, von denen ein großer Teil als Relikt der Eiszeit gilt. Auf ausgeschilderten Wegen lässt sich das stille Ried wunderbar erwandern und erradeln. Das **Oberschwäbische Torfmuseum** im 1880 gegründeten Zeiler Torfwerk (an der B 465) informiert über den Lebensraum Moor, die Geschichte des Torfabbaus, die Arbeitsbedingungen der Torfstecher und über die Heilkraft des Badetorfs. Besucher können auf einem 1,5 km langen Lehrpfad spazieren gehen, das **Torfbähnle** pendelt zwischen dem Zeiler Torfwerk und dem Torfwerk Haidgau.

Torfbahn und Museum: Fahrten: April – Okt. 2. So. und 4. Sa. im Monat um 13.30, 14.30, 15.30 Uhr | Museum: an den genannten Tagen 13 – 17 Uhr geöffnet | Fahrkarte 3 €, Museum 3 €, Kombiticket 5 €
Wurzacher Ried: Info & Führungen ► oben, Naturschutzzentrum

Wolfegg

► Leutkirch

★ BREGENZ

Staat: Österreich | **Höhe:** 395 m ü. d. M. | **Einwohner:** 29 000

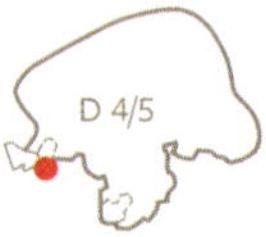

Im Rücken den dominierenden Pfänder, vor sich den Spiegel des Bodensees, ist Bregenz mit einer wunderbaren Lage gesegnet. Dank seiner einzigartigen Seebühne und der Bregenzer Festspiele ist die Stadt weit über Vorarlbergs Grenzen hinaus berühmt, und das nicht nur bei Musik- und Opernfreunden.

Grandiose Bühne

Die Hauptstadt und zweitgrößte Stadt des österreichischen Bundeslandes Vorarlberg liegt zu Füßen des Pfänders auf einem Plateau, das in Stufen zum Bodensee abfällt. Ab 15 v. Chr., als die Römer die keltische Siedlung Brigantium eroberten, war Bregenz ein bedeutender Handels- und Hafenplatz am See. Im Mittelalter begründete der Holzhandel einen gewissen Wohlstand, nach dessen Niedergang der Kornhandel. Neuen wirtschaftlichen Aufschwung brachte die Industrialisierung im 19. Jh.; im Jahr 1884 wurden die Arlbergbahn und die österreichische Dampfschifffahrt auf dem Bodensee eröffnet, die Handel und Tourismus förderten. Seit 1860 Sitz des Landtags von Vorarlberg, avancierte Bregenz 1923 zur Landeshauptstadt.

Wohin in Bregenz?

Das Tor zum Bodensee

Uferanlagen

Die weitläufigen Parkanlagen mit herrlichem Blick über den See, die schon 1888 geschaffen wurden, laden zum Flanieren, Radfahren und Inlineskaten ein. Vom **Hafen** im Osten legen die Schiffe der Weißen Flotte zu Linien- und Ausflugsfahrten ab; im Westen findet man das Spielcasino, das Festspiel- und Kongresshaus mit der Seebühne und ein Freizeitareal mit Strand-/Hallenbad und Sporthafen.
An dieser »Pipeline« genannten Uferpromenade liegt auch die **»Mili«,** der Favorit unter den Bregenzer Strandbädern. Das ehemalige Militärbad wurde 1825 auf Holzpfählen in den See gebaut und verbreitet bis heute jede Menge Nostalgie. Natürlich fehlt's aber auch nicht an modernem Komfort wie Sprungbrett, Slackline und SUP-Verleih.
Reichsstr. | Tel. +43 5574 44 24 20, www.stadtwerke-bregenz.at | Mai, Sept. 11 – 18, Juni 10 – 19, Juli, Aug. bis 20 Uhr | Eintritt 5,10 €

Festspiel- und Kongresshaus mit Seebühne

Größte Seebühne der Welt

Seit 1946 – damals dienten zwei Kieskähne im Gondelhafen als Bühne – haben sich die **Bregenzer Festspiele** im Juli/Aug. zum festen Bestandteil des internationalen Musiktheaters entwickelt. Die heutige Seebühne, die größte der Welt, ruht auf 200 Pfählen. Die Tribüne

Die Schauseite von Bregenz mit Hafen, Kunsthaus und Vorarlberg Museum

fasst an die 7000 Zuschauer, die sich von den hochkarätigen, fantasievollen Operninszenierungen vor dem wunderbaren Hintergrund des Sees verzaubern lassen. Musicals, Ballett und Konzerte ergänzen das Programm. Bei Führungen kann man einen Blick hinter die Kulissen werfen. Das Festspiel- und Kongresshaus besticht mit schlichten, starken Formen; viel Glas sorgt für Transparenz.

Zwischen Postmoderne und Rokoko

Unterstadt

Mittelpunkt der geschäftigen Unterstadt, die durch Bahngleise und eine Durchgangsstraße vom Uferpark getrennt wird, ist der **Kornmarktplatz**, früher Zentrum des Getreidehandels (Di. u. Fr. ist vormittags Markt).

Zwischen klassizistischem Kornmarkttheater, dem postmodernen Kubus des Vorarlberg Museum und dem in »Schönbrunner Gelb« leuchtenden »Kaiserlich-Königlichen Postgebäude« (1895) steht das spektakuläre Kunsthaus Bregenz. Die zierliche Rokokokapelle **St. Nepomuk** (J. M. Beer, 1757) an der Kornmarktstraße ist dem Schutzpatron der in Wassernot Geratenen geweiht.

BREGENZ ERLEBEN

Bregenz Tourismus
Rathausstraße 35 a
A-6900 Bregenz
Tel. +43 5574 49 59-0
www.bregenz.travel

BREGENZER FESTSPIELE

Platz der Wiener Symphoniker 1
A-6900 Bregenz
Tel. +43 5574 407 6
www.bregenzerfestspiele.com
Karten der Kategorie 1 und Premiumtickets umfassen auch den Eintritt zu den halbszenischen Opernaufführungen im Schauspielhaus, die bei schlechtem Wetter die Aufführungen auf der Seebühne ersetzen.

PFÄNDERBAHN & SCHIFF

Tel. +43 5574 42 160-0
www.pfaenderbahn.at
Tel. +43 5574 428 68
www.bodenseeschifffahrt.at

In Bregenz hat die bekannte Firma Wolford ihren Sitz. Im Factory Outlet sind elegante Strümpfe und Wäsche oft zum halben Preis zu erstehen (an der B 202 Richtung St. Margrethen, Wolfordstraße 1/2, Mo.– Fr. 9 – 19.30, Sa. bis 17 Uhr, www.wolfordshop.de).

1 WIRTSHAUS AM SEE €€

Das große Plus des charmanten Hauses von 1906 ist die Lage am See mit Veranda, am schönsten vormittags (ab 9 Uhr) und zum Sonnenuntergang. Die Karte bietet allgemein Deutsch-Österreichisches ohne besondere Highlights.
Seepromenade 2
Tel. +43 5574 422 10, tgl. geöffnet
www.wirtshausamsee.at

2 GOLDENER HIRSCHEN €€

Das Traditionsgasthaus im Herzen der Stadt pflegt österreichische Schmankerl wie Tafelspitz oder Wiener Schnitzel und bereichert sie durch vegetarische Köstlichkeiten und knackig-frische Salate. Zum Abschluss sollten Sie unbedingt die Marillenknödel probieren!
Kirchstr. 8, Tel. +43 5574 428 15
Mi. – Mo. ab 11 Uhr
www.goldenerhirschen.at

3 BURGRESTAURANT GEBHARDSBERG €€–€€€

Speisen mit grandioser Aussicht über Bregenz und den See! Gehobene Küche mit Produkten aus der Region, die Weinkarte nennt exzellente Österreicher und einige Bodensee-Gewächse.
Gebhardsberg 1
Tel. +43 5574 425 15
www.greber.cc, Juli – Sept. tgl. ab 11, März – Juni, Okt. – Dez. Mo. geschl., Jan., Feb. Mo., Di. geschl., Mi. – Fr. ab 17, Sa., So. ab 11 Uhr

4 MANGOLD €€€

Das junge Pächterpaar verwandelt das altehrwürdige Restaurant in eine Gourmet-Oase mit frischen, regionalen Produkten, die Gault Millau mit zwei Hauben auszeichnete. Mit dem perfekt komponierten Menü wird jeder Gast glücklich; es gibt es sogar als vegetarische Variante!
Bregenz-Lochau, Pfänderstr. 3
Tel. +43 557 44 24 31
Mi. – So. mittags und abends
www.restaurant-mangold.at

Während der Festspiele sind die Hotelzimmer 20 – 60 % teurer als sonst.

1 WEISSES KREUZ €€€€

Gediegenes Domizil mitten in der Stadt mit modernen, großzügigen

Gästezimmern. Das »Stadtgasthaus« im Hotel (€€, Sa./So. geschl.) bietet kreative österreichische Küche. Zum Haus gehört auch der elegant-rustikale Goldene Hirschen (€–€€, Di. geschl.), in dem österreichische Hausmannskost serviert wird.
Römerstraße 5
Tel. +43 5574 4 98 80
www.hotelweisseskreuz.at

2 HOTEL BODENSEE €€

Ein freundliches, bestens gelegenes Hotel garni mit liebevoll gestalteten, gut ausgestatteten Gästezimmern, Blick zum See oder zum Pfänder. Gutes Frühstücksbuffet, für Fahrräder gibt es abschließbare Stellplätze.
Kornmarktstr. 22
Tel +43 5574 4 23 00
www.hotel-bodensee.at

Kunst im rechten Licht

Das 1997 eröffnete Kunsthaus Bregenz entstand nach den Plänen des renommierten Schweizer Architekten Peter Zumthor. Tagsüber nimmt der gläserne Kubus das Licht des Himmels und des Sees auf und strahlt es je nach Tageszeit, Witterung und Blickwinkel unterschiedlich zurück, nachts leuchtet er mystisch. In wechselnden Ausstellungen wird zeitgenössische Kunst präsentiert, mit den Schwerpunkten bildende Kunst, Architektur und Design.

Di.–So. 10–18, Do. bis 21, im Winter bis 20 Uhr | Eintritt 11 €, bis 18 J. frei; Kombiticket mit dem Vorarlberg Museum 17 € | www.kunsthaus-bregenz.at

★ Kunsthaus Bregenz

Kaleidoskop Bregenzer Geschichte

Vorarlberg Museum

Kultur- und kunstgeschichtliche Sammlungen von der Urzeit bis zur Gegenwart vereint das 2013 neu eröffnete Landesmuseum. Zu sehen sind u. a. Funde aus Stein-, Bronze- und Eisenzeit sowie aus dem römischen Brigantium (1.–4. Jh.), Musikinstrumente, Goldschmiedearbeiten, Bildteppiche und Kunst aus karolingischer Zeit, Romanik, Gotik und Renaissance. Unter den Malern sind Rudolf Wacker und Angelika Kauffmann hervorzuheben. Der gebürtige Bregenzer Rudolf Wacker (1893 – 1939) gilt als wichtigster Vertreter der Neuen Sachlichkeit in Österreich; Angelika Kauffmann (1741 – 1807), die aus Chur stammte und v. a. in Rom und London lebte, machte eine ungewöhnliche Karriere als Malerin von europäischem Rang. Wer mehr über sie wissen möchte: Im nahen Schwarzenberg, wo sie mit ihrem Vater die Kirche neu ausmalte, erinnert ein kleines Museum an sie (http://angelika-kauffmann.com/).

Di.– So. 10 – 18, Do. bis 20, Juli / Aug. tgl. 10 – 19, Do. bis 20 Uhr | www.vorarlbergmuseum.at | Eintritt 9 €, bis 19 J. frei

Bergauf ins Mittelalter

Oberstadt

Durch die Rathausstraße mit dem **Rathaus** (seit 1810, errichtet 1686 von Johann Georg Kuen als Getreidespeicher) kommt man zum lebhaften Leutbühel, schon früher Marktplatz und Verkehrsdrehscheibe und heute im Sommerhalbjahr Schauplatz des lebhaften Bregenzer Mittwochsmarkts. In der vom Leutbühel abgehenden Kirchstraße verbirgt sich mit 86 cm Breite die **schmalste Hausfassade der Welt**. Die kopfsteingepflasterte Maurachgasse endet am unteren, wappengeschmückten Stadttor der romantischen Oberstadt (Altstadt) mit ihren drei Gassen und hübschen Fachwerkhäuschen. Hier lag die keltische und später römische Stadt Brigantium. Der mächtige, 39 m hohe **Martinsturm** (1602) ist das Wahrzeichen von Bregenz, seine mit Schindeln gedeckte barocke Zwiebelhaube gilt als die größte in Mitteleuropa. Im Obergeschoss erläutert die Ausstellung »Bregentz. Stadt am Bodensee« die Stadtgeschichte; einfach herrlich ist von hier aus der Ausblick auf Stadt und See. Die an den Turm anschließende **Martinskirche** schmücken bedeutende Fresken aus dem 14./15. Jahrhundert.

Martinsturm: Mai – Okt. Di. – So. 10 – 18 Uhr | Eintritt 3,50 €

Ehret die Guta und Gottes Lob in barockem Prunk

Ehregutaplatz

Der Ehregutaplatz ist nach der sagenhaften Retterin der Stadt benannt: Als 1407 in den Appenzeller Kriegen Bregenz belagert wurde, soll die Bettlerin Guta die Planung des Angriffs belauscht haben; so konnte sie die Bregenzer rechtzeitig warnen. Noch in den 1920er-Jahren rief der Stadtwärter vom Martinsturm »Ehret die Guta«. Das Westeck des Platzes bildet das barocke **Deuringschlössle** (um 1690). Viele Maler, u. a. Egon Schiele, haben das schmucke Schlöss-

chen in Bildern verewigt; lange diente es als Hotel mit Gourmetrestaurant und wartet nach Insolvenz der Betreiber nun auf neue Pächter. Das Alte Rathaus in der Eponastraße, ein imposanter Fachwerkbau von 1662, wird als Wohnhaus genutzt.
Südwestlich der Oberstadt, jenseits des Thalbachs, liegt das **Kapuzinerkloster** mit der Kapuzinerkirche von 1636, die im 18. Jh. um eine Josephskapelle erweitert wurde. Bis in jüngere Zeit lebten hier noch Kapuzinermönche. Die Pfarrkirche **St. Gallus**, ein einfacher gotischer Bau (14./15. Jh.), wurde von Franz Anton Beer um 1740 erweitert und in jubilierendem Spätbarock ausgestattet; sie gilt als besonders schönes Beispiel für den Bodenseebarock. Eine der Hirtinnen auf dem Altarblatt »Anbetung der Könige« trägt die Züge der österreichischen Kaiserin Maria Theresia. Das mit reichem Schnitzwerk geschmückte barocke Chorgestühl von Johann Joseph Christian (► Ottobeuren) stammt aus der ehemaligen Klosterkirche Mehrerau.

Rund um Bregenz

Genießen mit Fernsicht

★ Gebhardsberg

Südlich ragt über Bregenz der ca. 600 m hohe Gebhardsberg auf, mit dem der Bergzug des Pfänders (► unten) schroff zum Tal der Bregenzer Ach(e) abfällt. Hier liegen die Reste der Burg Hohenbregenz, die 1647 von den Schweden zerstört wurde, und eine Wallfahrtskapelle aus dem 18. Jh. (Fresken um 1900). Von dem Platz, besonders von der Terrasse des Burgrestaurants (► S. 60), hat man einen überwältigenden Blick auf Bregenz, den See, ins Rheintal hinauf und über die Berge des Appenzellerlands – an klaren Tagen erkennt man die Türme von Konstanz. Ein lohnender Abstieg ist der »Ferdinand-Kinz-Weg« hinunter zur Langener Straße.

Viele Wege führen auf den Aussichtsbalkon

★ Pfänder

Ein beliebtes Freizeit- und Wanderrevier, dazu großartige Ausblicke auf den Bodensee und auf 240 Alpengipfel bietet der 1062 m hohe Bregenzer Hausberg. Mit einer Seilschwebebahn gelangt man in wenigen Minuten hinauf; die Talstation mit dem netten Pfänderbahn-Museum ist 5 Gehminuten vom Hafen und 15 Min. vom Bahnhof entfernt (Stadtbus Linie 1). Von Lochau führt ein Sträßchen über Haggen auf den Berg. Bei der Bergstation der Seilschwebebahn (1022 m) liegt das Berghaus Pfänder (Restaurant). Hier beginnt der Rundgang durch den ganzjährig täglich geöffneten **Alpenwildpark** mit Steinböcken, Hirschen, Mufflons, Murmeltieren etc. Den Gipfel erreicht man vom Berghaus in 10 Minuten. Für den Abstieg hat man einige Möglichkeiten: über das »Gschlief« zur Talstation (1.15 Std.), über Fluh zur Bregenzer Oberstadt (13/4 Std.) oder von Hintermoos nach Klausmühle und am See entlang nach Bregenz (2 Std.). Auch

Viel besuchter Aussichtspunkt: der Pfändergipfel aus der Vogelperspektive

Radfreunde finden auf dem Pfänder herrliche Wege (Downhill-Biken ist jedoch nicht gestattet!), die Pfänderbahn befördert das Gefährt und gibt Tipps für Touren. Für die Tour nach Scheidegg ► S. 138.

Pfänderbahn: tgl. 8 – 19 Uhr | Berg- & Talfahrt Sommer 13,90 €, Winter 11,60 € | www.pfaenderbahn.at

★★ FÜSSEN

Landkreis: Ostallgäu | **Höhe:** 803 m ü. d. M. | **Einwohner:** 15 500

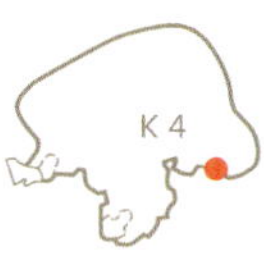

Schluss mit Neuschwanstein! Füssen hat Besseres verdient, als ständig im Schatten der zu Stein erstarrten Fantasien König Ludwigs II. zu stehen. Mit dem mächtigen Hohen Schloss und dem altehrwürdigen Kloster St. Mang versammelt es kunsthistorische Höhepunkte, und in seiner romantischen Altstadt lässt sich's nach Herzenslust bummeln, das Ganze eingerahmt von eindrucksvoller Gebirgskulisse.

Füssen ist eine der ältesten Siedlungen am Alpennordrand. Für die römische Provinz Raetia Secunda ist ein Ort namens »Foetibus« bezeugt, und auf dem Schlossberg fand man spätrömische Festungsmauern: Hier überwand die von Italien nach Augsburg führende Via Claudia Augusta den Lech. Aus der um 748 gegründeten Zelle des St. Galler Mönchs Magnus entwickelte sich ein bedeutendes Kloster, das für Jahrhunderte wirtschaftliches und kulturelles Zentrum der Gegend blieb. 1313 gelangten Kloster und Ort, der 1268/1274 Reichsstadt geworden war, an das Augsburger Hochstift, das sie bis 1803 in Besitz hatte. Die Lage an einem wichtigen Handelsweg sorgte auch in Mittelalter und früher Neuzeit für Prosperität. 1562 wurde in Füssen die **erste Lautenmacherzunft Europas** gegründet. In der Barockzeit entwickelte sich die Stadt zu dem neben Mittenwald bedeutendsten Zentrum des deutschen Geigenbaus. Heute stellen wieder drei Geigenbauer-Werkstätten und ein Zupfinstrumentenbauer hochwertige Instrumente her. Die Industrialisierung hielt im 19. Jh. mit einer Seilerwarenfabrik Einzug, für einen Aufschwung anderer Art sorgten zur selben Zeit die bayerischen Könige Max II. und Ludwig II., die im nahen ▶ Schwangau ihre prächtigen Schlösser um- bzw. erbauten.

Der Himmel voller Saiten

Wohin in Füssen?

Romantik und »Kini«-Kommerz

Altstadt

Die kleine bezaubernde Altstadt zwischen Sebastianstraße und Burg gruppiert sich um das Karree von **Reichenstraße**, die z. T. der römischen Via Claudia Augusta folgt, und **Brunnengasse**. Schöne Bürgerhäuser aus Spätgotik und Barock bilden den Rahmen für Straßencafés (vorzüglich das Eiscafé Hohes Schloss, Reichenstr. 14) und Läden. Lassen Sie sich nicht abschrecken – zwischen den vielen Souvenirshops mit Kini-Devotionalien verstecken sich auch originelle Geschäfte und Boutiquen. Einen Blick wert ist die **Krippkirche** St. Nikolaus (J. J. Herkomer, 1718) mit ihrem Hochaltar von Dominikus Zimmermann. Ums Eck liegt der Schrannenplatz, das spätgotische **Kornhaus** ist heute ein hübscher kleiner Markt, wo man auch feine Kleinigkeiten zu sich nehmen kann. Am Haus Brunnengasse 18 erinnert ein Relief von Anton Sturm (1690–1757) an diesen bedeutenden Barockbildhauer (u. a. Wieskirche, Ottobeuren), der hier wohnte. Weiter östlich bilden die Reste der **Stadtmauer** mit dem denkmalgeschützten Alten Friedhof ein hübsches Ensemble. Hier ist Domenico Quaglio bestattet, der das Schloss Hohenschwangau entwarf; das Sandsteingrabmal stiftete sein Auftraggeber Max II. Vom anschließenden Franziskanerkloster, erbaut um 1630 (Westflügel) bzw. 1714 (Südflügel), hat man einen schönen Blick auf Altstadt und Burg.

FÜSSEN ERLEBEN

FÜSSEN TOURISMUS

Kaiser-Maximilian-Platz 1
87629 Füssen im Allgäu
Tel. 08362 9 38 50
www.fuessen.de

Juni – Aug.: Kaisersaalkonzerte. Ende Juni: Historisches Fest. Mitte Aug.: Stadtfest. Ende Aug.: Festival »vielsaitig«. So. nach dem 6. Sept.: Magnusfest.

1 MADAME PLÜSCH €€

Nehmen Sie Platz in einem, ja, plüschigen Wohnzimmer der Gründerzeit und genießen Sie – freundlichst umsorgt – die gute, ehrliche regionale Küche. Angenehme Plätze vor dem Haus.
Drehergasse 48
Tel. 08362 930 09 49
tgl. 17 – 21.30 Uhr
www.madame-pluesch.de

2 LA PERLA €€

Die älteste Pizzeria im Ostallgäu hält nach wie vor, was sie seit 1970 verspricht: solide italienische Küche und gute Pizza.
Drehergasse 44, Tel. 08362 71 55
Feb. – Dez. Mo. geschl.
www.ristorante-la-perla.de

3 BEIM OLIVENBAUER €€

Hier wird jeder glücklich: Mediterrane Gerichte mit großer Liebe zu Italien, aber auch Deftig-Allgäuerisches stehen auf der Mittags- und Abendkarte.
Ottostr. 7, Tel. 08362 62 50
www.beim-olivenbauer.de

4 FISCHERHÜTTE €€–€€€

Gute schwäbische und Allgäuer Küche, auch frischer Fisch und internationale Gerichte. Eine prachtvolle Aussicht hat man von der Terrasse am See.
Hopfen am See, Uferstr. 16
Tel. 08362 9 19 70
https://fischerhuette-hopfen.de

1 ALTSTADTHOTEL ZUM HECHTEN €€

Zentral, aber ruhig gelegenes ehrwürdiges Haus, sehr geschmackvoll modernisierte Zimmer. In der zum Teil ziemlich schrill gestalteten Gaststube wird gediegene heimische Kost serviert (€).
Ritterstr. 6, Tel. 08362 91 60-0
www.hotel-hechten.com

2 FANTASIA €

Design und »nur« zwei Sterne – eine interessante Mischung. Farbe müssen Sie mögen, wenn Sie in der Jugendstilvilla mit zeitgeistigem Innenleben absteigen, denn die Einrichtung ist wirklich bunt! Die Lage mit Blick auf Berge und Hohes Schloss sowie kostenfreies WLAN und ein leckeres Frühstücksbuffet machen einfach Spaß!
Ottostr. 1, Tel. 08362 90 80
www.hotelfantasia.de

3 BIOHOTEL EGGENSBERGER €€€€

Eine schöne Anlage für nachhaltige Wellness-Ferien in ruhiger Lage mit Hopfensee-Panorama, denn »Bio« wird großgeschrieben, von den Betten über das Restaurant (u. a. Zutaten vom eigenen Hof) bis zum umfassenden Fitness- und Medical-Wellness-Angebot.
Hopfen am See, Enzensbergstr. 5
Tel. 08362 91 03-0
www.eggensberger.de

1 Madame Plüsch
2 La Perla
3 Beim Olivenbauer
4 Fischerhütte

1 Zum Hechten
2 Fantasia
3 Biohotel Eggensberger

Fürstbischöflicher Prunk

Das Hohe Schloss – prächtig an der höchsten Stelle zwischen Stadt und Kloster gelegen – entstand ab 1291 auf den Grundmauern eines spätrömischen Kastells und war ab 1313 Residenz der Stadtherren, der Augsburger Fürstbischöfe. 1494–1503 wurde es erweitert und seitdem wenig verändert. Einzigartig sind die **Illusionsmalereien** an den Fassaden, die Fidelis Eichele aus Hechingen 1499 schuf und als eine der frühesten »Lüftlmalereien« in Bayern gelten. In den Repräsentationsräumen des 2. Stocks mit reich geschnitzten Kassettendecken zeigt eine Filiale der **Bayerischen Staatsgemäldesammlungen** hervorragende Kunstwerke des 15./16. Jh.s aus Schwaben, im 1. Stock präsentiert die **Städtische Galerie** Zeichnungen von Franz Graf von Pocci, Werke der Münchner Schule des 19. Jh.s und Füssener Künstler.

★ Hohes Schloss

Beide Galerien: April – Okt. Di. – So. 11 – 17, sonst Fr. – So. 13 – 16 Uhr | Eintritt je 6 €, Kombiticket für alle Füssener Museen 7 €

Fresken, Stuck und Totentanz

★★ Kloster St. Mang

Am Südfuß des Schlossfelsens liegt der mächtige Komplex der einstigen Benediktinerabtei, die auf die Zelle des »Allgäu-Apostels« Mag-

nus zurückgeht. Die **Stiftskirche St. Mang**, die über dessen Grabstätte steht, hat eine lange Geschichte; aus romanischer Zeit (936 bis 1074) stammen das Untergeschoss des Turms, die **Ostkrypta mit den ältesten Fresken Bayerns** (um 980; ▶Abb. S. 273) – den gleichzeitigen Buchmalereien der Insel Reichenau verwandt – und der Westchor. Die heutige Kirche wurde auf dem Grundriss der Basilika des 11./12. Jh.s (deshalb die ungewöhnliche doppelchörige Anlage) von Johann Jakob Herkomer 1701 – 1717 in festlichem, recht kühlem Barock ausgeführt. Herkomer hatte in Italien die venezianische Architektur des 16. Jh.s studiert, insbesondere Palladio. Von ihm stammen auch Stuck und Fresken; das Gemälde in der östlichen Langhauskuppel, auf dem Magnus bei Roßhaupten den Drachen besiegt, schuf Franz Georg Hermann (1720). Auch die beiden Drachenleuchter vor dem Hochaltar (Thomas Seitz, 1724) beziehen sich auf diese Legende: Der hl. Magnus soll die Drachen gezwungen haben, ihm das Licht zu tragen – so wird der doppelte Sinn des Namens Lucifer symbolisiert, »Lichtträger« und »Teufel«. Sehr ausdrucksvoll sind im Hochaltar die Marmorfiguren der hll. Kolumban, Benedikt, Scholastika und Gallus, vorzügliche Werke des Füsseners Anton Sturm. Ein Kleinod ist auch die **Magnuskapelle** unter der Orgelempore.
In den prachtvollen Konventsräumen – u. a. Kaisersaal, Bibliothek, Refektorium – dokumentiert das **Museum der Stadt Füssen** die Geschichte des Klosters und des Füssener Geigenbaus. Es bezieht auch die St.-Anna-Kapelle mit dem großen, beeindruckenden **Totentanz** von Jakob Hiebeler (1602) ein, bei dem Jung und Alt, Arm und Reich mit Gevatter Tod ein Tänzchen wagen müssen.

April – Mitte Nov. Di.–So. 11 – 17, sonst Fr.–So. 13 – 16 Uhr | Eintritt 6 €, Kombikarte für alle Füssener Museen 7 €

Kunterbunte Lüftl-Kirche

Spitalkirche

Bei der Lech-Brücke steht die barocke Spitalkirche (1748 – 1750), deren ganz bemalte Fassade mit den Figuren des hl. Christophorus und des hl. Florian bei Föhn fast surreal in Farben aufgelöst erscheint. Innen beherrschen die Fresken von A. J. Walch (1749) das ebenso farbenprächtige Bild; an der linken Wand eine beachtliche kleine Schutzengelgruppe von Anton Sturm (um 1750). Von der anderen Seite des Lechs hat man einen schönen Blick auf das Schloss.

Rund um Füssen

Am wilden Lech

Lechfall und Kalvarienberg

Südwestlich der Füssener Altstadt bricht der Lech 15 m tief (einst waren es 100 m) durch das Gebirge und braust durch eine enge Schlucht. Den besten Blick hat man vom König-Max-Steg an der Tiroler Straße (B 17). Oberhalb des Stegs, am rechten Ufer über dem

OBEN: Füssens romantische Altstadt, eingerahmt von Lech und eindrucksvoller Bergkulisse
UNTEN: Füssens gute Stube ist die Reichenstraße mit dem Hohen Schloss und dem Kloster St. Mang

Parkplatz, ist eine Gletschermühle mit einer Vertiefung in Form eines Fußes zu sehen: der **Magnustritt**. Von bösen Heiden verfolgt, soll der hl. Magnus hier über die Klamm gesprungen sein. Von der nahen Kirche Unserer Lieben Frau aus kann man den **Kalvarienberg** erklimmen und den Ausblick auf die Stadt und die Ostallgäuer Seen genießen. In gut 20 Min. geht man von dort zum idyllischen **Schwansee** hinunter (►Schwangau); nach seiner Umrundung kehrt man auf dem Alpenrosenweg in 1 Std. zurück zum Lechfall.

Ein See sieht rot

Salober und Faulenbachtal

Wenige Hundert Meter westlich des Klosters liegt der Ortsteil **Bad Faulenbach**, ein Moorbad mit Schwefelquellen und Kneippanlagen. Er markiert das östliche Ende des **Salobers**, des Höhenzugs zwischen Füssen und Pfronten-Steinach, der nach Norden zum Weißensee und nach Süden zum Vilstal steil abfällt. Seine vielfältige Gestalt verdankt er der komplexen Geologie: Das Faulenbachtal mit **Mitter-, Ober- und Alatsee** entstand durch die Auslaugung gipshaltiger »Raibler Schichten«; die Höhen nördlich bestehen aus Hauptdolomit, diejenigen südlich mit dem 1267 m hohen **Falkenstein** (►Pfronten) aus Wettersteinkalk. Von Bad Faulenbach kann man im idyllischen Tal in 1 Std. zum verträumten **Alatsee** spazieren und auf der Terrasse des gleichnamigen Hotelrestaurants (Mo., Di. 11–18, Mi.–So. ab 11 Uhr, in der Nebensaison Di. geschl., Tel. 08362 62 05, www.hotel-alatsee.de) ausgezeichnete Küche genießen. Mit Blick auf den geheimnisvollen See, auf dessen Grund Purpuralgen für die gelegentlich auftretende blutrote Färbung sorgen, empfiehlt sich die Lektüre des Kluftinger-Krimis »Seegrund« (► S. 348), der hier an-

BAEDEKER MAGISCHE MOMENTE

ZEIT ZUM TRÄUMEN

Wenn sich die Abenddämmerung über den Alatsee senkt und die Tannen am Ufer gegenüber nichts als tiefe Schatten sind, scheint die Welt in ein mystisches Licht getaucht. Der Himmel leuchtet rot, lila und blau, das Wasser glitzert silbern und geheimnisvoll. Hütet es einen Schatz auf dem Seegrund? Leben Undines Töchter dort unten? Die märchenhafte Stimmung, die über allem liegt, verführt zum Innehalten und zum Träumen.

gesiedelt ist. Baden kann man in allen drei Seen. Wunderbare Ausblicke ins Vilstal und auf die nördlich vorgelagerten Seen lohnen die Überschreitung des **Zirmgrats**: vom Alatsee zur bewirtschafteten Salober-Alm (1150 m, 45 Min., Fr. – So. 10 – 18 Uhr) und weiter über Zwölfer- und Einerkopf zum Falkenstein (11/2 Std).

Ein See verschwindet

Forggensee

»Das« Allgäuer Paradies für Freizeit und Wassersport ist der Forggensee nördlich von Füssen. 1954 wurde der Lech mit einer 41 m hohen Talsperre zu Bayerns größtem künstlichen See gestaut, der jedes Jahr im Winter abgelassen wird und nach dem Weiler Forggen benannt ist, der in ihm Wasser unterging. Bei einer Schiffsfahrt (Anf. Juni–Mitte Okt.) kann man den herrlichen Blick auf die Königsschlösser und die Allgäuer Alpen genießen (Anlegestellen: Füssen, Festspielhaus, Osterreinen, Dietringen, Tiefental, Roßhaupten Kraftwerk, Brunnen, Waltenhofen).

Auf einer künstlichen Terrasse am Ostufer überblickt das **Festpielhaus Neuschwanstei**n (bis Juli 2020: Ludwigs Festspielhaus) den Forggensee. Obwohl die erste Produktion, das Musical »Ludwig II. – Sehnsucht nach dem Paradies« recht erfolgreich war, musste man 2007 Insolvenz anmelden. Seitdem kamen und gingen Investoren und Produktionen, 2018 erreichte das Theater durch Mischnutzung – Musical Ludwig², Gastspiele und Festivals – eine bessere Auslastung, die Corona vorläufig gestoppt hat. Eine 32 km lange, familientaugliche **Radroute** führt rings um den See, in der Region werden Mountainbiker auf über 20 beschilderten Routen über passendes Terrain geführt. Themenwanderungen, Führungen, Workshops für Erwachsene und Kinder bietet das **Walderlebniszentrum**. Dazu gehört ein Baumkronenweg (barrierefrei), auf dem man zwischen dem Lech und dem dichten Auwald in luftiger Höhe einen halben Kilometer gehen und tolle Ausblicke genießen kann.

Walderlebniszentrum Ziegelwies: Tiroler Str. 10 | Tel. 08362 938 75 50 | **Baumkronenweg:** Mai – Okt. 10 – 17, April, Nov. bis 16 Uhr | Eintritt ab 16 Jahren 5 € | www.walderlebniszentrum.eu

Königsschlösser

▶ Schwangau

Zur Schlupfwallfahrt

★ Sameister

Nördlich des Forggensees, abseits des Trubels von Füssen und Schwangau, breitet sich zwischen Halblech, Roßhaupten und Lechbruck ein idyllisches Ländchen mit prachtvollem Panorama aus, das man zu Fuß oder auf dem Rad genießen sollte. Schöne Badeplätze findet man etwa an Illasbergsee, Schmutterweiher und Sameisterweiher. In Sameister – 1287 als »Saummeister« dokumentiert, was auf die Rolle als Poststation verweist – steht eines der ungewöhnlichsten Bauwerke des Allgäus, die **Kapelle Mariä Sieben Schmerzen und**

zum Hl. Grab, das erste Werk Johann Jakob Herkomers in seiner Heimat (geweiht 1688; ▸Füssen, St. Mang): italienischer Frühbarock, geprägt von der Tradition Palladios. Typisch dafür sind der Grundriss in Form eines griechischen Kreuzes und die halbrunden, dreigeteilten Fenster (»Thermenfenster«). Herkomer, der auch Stuck und Ausmalung größtenteils besorgte, ist hier bestattet. Als Wallfahrtskirche besitzt das Gotteshaus eine Besonderheit: Um zur Heilig-Grab-Kapelle hinter dem Altar zu gelangen, müssen die Gläubigen durch ein niedriges Türchen kriechen (Besichtigung: Frau Hummel, Tel. 08367 447). Der benachbarte **Gasthof Adler**, ehemals Tafernwirtschaft und Posthalterei, ist das Geburtshaus Herkomers (*1648 oder 1652) und heute eine gemütliche Einkehr mit feiner Regionalküche (€€, Mo./Di. geschl., Tel. 08367 392, www.adler-sameister.de).

Seehopping leicht gemacht

Füssener Seenland

Der **Hopfensee** ist, da maximal 12 m tief, einer der wärmsten Seen im Voralpenland (bis 25 °C) und besitzt schöne Badestrände. Dank seiner sonnigen Uferpromenade wird er als »Riviera des Allgäus« gerühmt. An seinem Nordrand liegt der Luft- und Kneippkurort Hopfen am See. **Schloss Hopferau** etwas nordwestlich vom See wurde 1468 als Jagdschloss erbaut und ist das älteste erhaltene Ritterschloss im Ostallgäu (Hotel, www.schloss-hopferau.com, Tel. 08364 98 48 9-0). Eine Idylle ist der kleine **Faulensee** westlich von Rieden mit einem

»Das« Allgäuer Paradies für Freizeit und Wassersportler: der Forggensee nördlich von Füssen

Badeplatz. Der ländliche Luftkurort **Weißensee** ist nach dem See benannt, der sich entlang einem bewaldeten Berghang erstreckt. In ca. 2 Std. ist die lohnende Runde um den See zu schaffen. Vom Südufer kann man zum Alatsee hinaufgehen (40 Min., ▶ S. 70).

IMMENSTADT

Landkreis: Oberallgäu | **Höhe:** 728 m ü. d. M. | **Einwohner:** 14 000

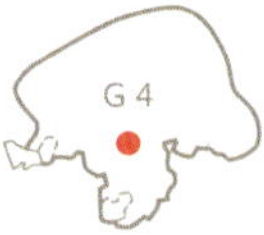

Wussten Sie, dass auch Städte Viehscheid feiern – Immenstadt jedenfalls tut's und ist damit die einzige Stadtgemeinde Deutschlands mit Almabtrieb. Das sollte aber nicht der einzige Grund für einen Besuch sein: Ein romantisches Zentrum und der nahe Alpsee verbinden Kultur, Shopping und Erholung.

Schon immer tüchtig

Geschäftig war Immenstadt bereits im 13. Jh. – damals war es ein Stapel- und Umschlagplatz für Salz und Leinwand. 1855 zog mit einer »Mechanischen Bindfadenfabrik« die Industrialisierung ein. Heute füllen die Steuern von Unternehmen wie Bosch und Kunert den Gemeindesäckel. Im Gegensatz zum ersten, von Gewerbebetrieben an der Peripherie geprägten Eindruck besitzt Immenstadt eine richtig ländliche Seite: Über 100 Vollerwerbsbauern gehen im Stadtgebiet ihrem Beruf nach – daher auch der Viehscheid im September!

Wohin in Immenstadt?

Geschäftig und entspannt

Altstadt

Den Marienplatz – hier wird am Samstag Markt gehalten – mit einer Mariensäule (1773) beherrscht das Renaissance-**Schloss** der Grafen Montfort und Königsegg-Rothenfels (1550/1620, heutige Form von 1746), das sich mit Café, Restaurant und Ladenpassage zu einem von den Immenstädtern gerne genutzten Mittelpunkt der Altstadt entwickelt hat. Auch Besucher haben Spaß am Angebot von originellen Wohnaccessoires, Geschenken und Antiquitäten. Südlich am Platz steht das Rathaus (1649, 1753 umgebaut). Das Erdgeschoss diente einst als Kornschranne; im ersten Stock wurde die kaiserlich gefreite Immenstädter Leinwandschau, der Handel mit Leinen, abgehalten. Die Kirche **St. Nikolaus** weiter östlich mit ihrem hübschen Zwiebelturm ist nicht zufällig dem Patron von Fuhr- und Kaufleuten geweiht; das heutige Bild ist v. a. durch den Barock-

IMMENSTADT ERLEBEN

TOURISTENINFORMATION ALPSEEHAUS
Seestraße 10
87509 Immenstadt-Bühl
Tel. 08323 99 88 77
www.alpsee-gruenten.de

Juni – Nov.: Immenstädter Sommer mit diverser Musik und bekannten Kabarettisten (auch Open Air). Im Sommer Konzerte auf der Seebühne in Bühl. Ende Juli: »DraußenLesen« – in der Lesenacht verwandelt sich der Marienplatz in der Altstadt in ein Freiluft-Wohnzimmer. Letzter Juli-Sa. in Bühl: Seenachtsfest mit Feuerwerk. Am 3. Sept.-Sa.: Viehscheid.

Im AlpseeOutlet sind internationale Mode- und Sportlabels bis zu 70 % unter der UVP zu bekommen (Julius-Kunert-Str. 49, Mo. – Fr. 9 – 21, Sa. bis 18 Uhr, www.alpseeoutlet.de). Die SchlossPassage lädt zum Stöbern ein, u. a. mit Antiquitäten und hübschen Accessoires (Di. – Fr. 9.30 – 18, Sa. 9 – 13.30 Uhr, www.schloss-immenstadt.de).

1 HISTORANT €€
Alpine Küche lautet das Konzept des sympathischen Restaurants, das heißt Spezialitäten aus allen Alpen-Anrainerländern! Schmeckt sehr lecker, und die Atmosphäre ist angenehm.
SchlossPassage
Tel. 08323 999 56 22
www.schloss-immenstadt.de
So., Mo. geschl.

2 ZUM LUSTIGEN HIRSCHEN €–€€
Ausflug in die Bergstätte nördlich von Immenstadt: hübsches rustikales Dorfgasthaus (früher hieß es nur »Hirschen«) mit guter Regionalküche, besonders Wild. Angenehme, preiswerte Zimmer. Der Kässpatzenabend am Donnerstag ist Kult!
Akams, Tel. 08323 49 15
Di. geschl.

3 BRAUEREIGASTHOF SCHÄFFLER €€
Prächtiger Gasthof ca. 10 km nordwestlich von Immenstadt mit eigenem Bier (ein knappes Dutzend Sorten). Viel »Folklore« und »Events«, die Karte bietet aber reelle Dinge wie »Wilderer-Duo«, Krustenbraten und Bavaria-Burger. Auch die Kässpatzen werden gerühmt. Mit rustikalen Zimmern (€€–€€€).
Missen, Hauptstr. 15
Tel. 08320 920 15
Fr. – Di. ab 10, Mi., Do. ab 15 Uhr

4 BRAUEREIGASTHOF ENGEL €–€€
In dem historischen Gasthof 8 km östlich von Immenstadt gibt's Krautkrapfen, Coq au Bier, in Bier geschmorte Ochsenbacke und saisonale Spezialitäten wie Spargel, Pilze und Wild.
Rettenberg, Burgberger Straße 9
Tel. 08327 206, Di. geschl.

1 DREI KÖNIG €–€€
Traditionsreicher, familiärer Gasthof in angenehmem Landhausstil. Das Restaurant mit Terrasse am autofreien Hauptplatz serviert Allgäuer Spezialitäten.
Marienplatz 11
Tel. 08323 86 28
www.drei-koenig.de

Historant
Zum lustigen Hirschen
Brauereigasthof Schäffler
Brauereigasthof Engel
Drei König
Krone

❶ Historant
❷ Zum lustigen Hirschen
❸ Brauereigasthof Schäffler
❹ Brauereigasthof Engel

❶ Drei König
❷ Krone

❷ KRONE €€

Modernes, gepflegtes Haus im Alpinstil 3 km nördlich von Immenstadt. Das Restaurant (mit Terrasse) legt u. a. Wert auf Leichtes und Vegetarisches. Im Wellness- und Fitnessbereich lässt es sich an trüben Regentagen wundervoll entspannen. Vom ADFC als »Bett+Bike«-Hotel zertifiziert.
Stein, Rottachbergstr. 1
Tel. 08323 96 61-0
www.hotel-krone-stein.de

bau (1707) und die Umgestaltung (1908) bestimmt. Die wertvollsten und schönsten Stücke der Ausstattung sind eine Madonna aus der Werkstatt des Memmingers Ivo Strigel (1470) an der Südwand des Langhauses und die Figuren der hll. Rochus und Sebastian (um 1520) im Chor.
In der alten **Hofmühle** an der Aach nördlich des Zentrums – einst eine große Getreide- und Sägemühle, später Teil der Mechanischen Bindfadenfabrik – wird die Stadtgeschichte vom Mittelalter bis heute anschaulich erzählt; auch zwei Exemplare des legendären leichten Motorrads »Riedel-Imme«, das 1949–1952 in Immenstadt gebaut wurde, sind hier zu sehen.
Mi. – So. 14 - 17 Uhr | Eintritt 3 € | www.museum-hofmuehle.de

BAEDEKER ÜBERRASCHENDES

6X FÜR KINDER

Langeweile verboten!

1. LOS GEHT'S

Auf den Schlitten und los! Auf dem **Alpsee Coaster** erleben Kinder ab acht Jahren den ultimativen Geschwindigkeits-, Kurven- und Jump-Rausch. Und wenn das nicht reicht, wird im Kletterwald Bärenfalle getobt. (▶ **S. 77**)

2. DIE WELT DER TIERE

Die einen können sich nicht von den Streicheltieren trennen, die anderen finden den begehbaren Kuhmagen den Hit. Im Allgäuer **Bergbauernmuseum Diepolz** hat jedes Kind Spaß, und die Erwachsenen mit. (▶ **S. 78**)

3. VIELLEICHT ZIEHT DAS?

Sind Ihre Sprösslinge Wandermuffel? Wie wär's mit einer Wanderung zur **Burgruine Alttrauchburg** mit tollem Abenteuerspielplatz? Die eineinhalb Stunden hält jedes Kind klaglos durch, denn das Ziel ist einfach super. (▶ **S. 84**)

4. WELT DER PUPPEN

Im **Puppentheater-Museum** Kaufbeuren vergeht ein Regen-Urlaubstag im Nu: Drehorgeln, Marionetten, sizilianische Theaterpuppen, Puppen aus Indien, Thailand und China, auch Erwachsene haben Spaß. (▶ **S. 90**)

5. SPUCKEN SIE?

Das können Jung und Alt bei einer Schnupperwanderung mit den freundlichen Lamas des **Lamahofs Kaufbeuren** selbst herausfinden. Und erfahren dabei viel Wissenswertes über die geduldigen Tiere (www.pichincha-llamas.de).

6. WAS, SCHON VORBEI?

Dieses Klagen hören sich fast alle Eltern an, die den Tag mit ihren Kindern im **Ravensburger Spieleland** verbracht haben, denn er vergeht wie im Flug. Spiel, Spaß und natürlich auch Kommerz. Aber so kindgerecht! (▶ **S. 197**)

Rund um Immenstadt

Spaß rund ums Jahr am Alpsee

★ Alpsee

Mit angenehmen 24 °C im Sommer ist der Alpsee, der größte natürliche See des Allgäus (2,5 km²), ein Paradies zum Baden und für den Wassersport, in kalten Wintern kann man eislaufen und eisstockschießen. Auf einer Rundwanderung (8 km) genießt man die schöne Landschaft. Im Luftkurort **Bühl am Alpsee** sind die Pfarrkirche St. Stephan (1668) mit der darunterliegenden Hl.-Grab-Kapelle sowie die aneinandergebauten Kapellen Maria Loreto (1666) und St. Anna (1716) einen Besuch wert. Erstere enthält eine Nachbildung der Casa Santa im Dom von Loreto (Italien). Mit seiner wegweisenden Architektur (Michael Felkner, 2011) und dem ökologischen Konzept bildet das **AlpSeeHaus** ein ebenso auffälliges wie spannendes Symbol für den Naturpark Nagelfluhkette. Hier sind dessen Naturparkzentrum mit der Erlebnisausstellung »Natur mit anderen Augen sehen« sowie die Tourismusinformation untergebracht. Baumaterialien sowie nachwachsende Rohstoffe und der »Herrgottsbeton« genannte Nagelfluh bescheren dem Haus eine positive Energiebilanz; ein nettes Café sorgt fürs leibliche Wohl. Gleich nebenan lockt ein gut gesichertes Klettererlebnis am **Alpsee Skytrail**: In dem bis zu 11 m hohen Hochseilgarten kann man, einmal in die Sicherung eingehängt, nach Herzenslust herumklettern; eine eigene Anlage empfängt Mini-Climber von drei bis sechs Jahren. Rothenfels und Hugofels, die Reste der **Burgen** der einstigen Immenstädter Herren, der Grafen Montfort und Rothenfels, ragen östlich von Bühl auf (Rundweg vom Parkplatz beim Hotel Rothenfels, knapp 1 Std.). Im Bühler Hafen startet die **»Santa Maria Loreto«**, der Nachbau einer Lädine, zu ihren Rundfahrten.

Erlebnisausstellung: Sommer 10 – 18, Winter 10 – 16 Uhr | Eintritt 3,50 €, bis 16 Jahre frei | **Alpsee Skytrail:** Winter Do. – So. 10 – 16, Sommer tgl. 10 – 18 Uhr | Erw. 9,50 (ab 120 cm), Kiddy-Parcours 4 € | www.alpsee-skytrail.com | **Santa Maria Loreto:** Anmeldung bei der Wassersportschule Oberallgäu, Tel. 0176 74 14 44 40 | 10 €, bis 12 Jahre 5 €, Familienkarte 22 € | www.alpseesegler.de

Schwindelfrei klettern oder rasant ins Tal

Alpsee Bergwelt

Ein wenig Abenteuer gefällig? Von Ratholz westlich des Alpsees bringt eine Sesselbahn in ein kleines Wander- und Skigebiet rund um die Berghütte Bärenfalle (1100 m). Der **Alpsee Coaster**, Deutschlands längste Ganzjahres-Rodelbahn (3 km), lässt hier mit 30 % Gefälle, 68 Kurven, 23 Wellen und 7 »Jumps« den Blutdruck steigen. Nicht weniger aufregend ist es, im Kletterwald Bärenfalle herumzuturnen.

Mitte April – Okt. tgl. 10 – 16.30 Uhr, sonst nur an den Wochenenden (außer in den Ferien) | Alpsee-Coaster-Talfahrt 7,50 €, Kinder 6 – 13 Jahre 6,50 €, Kletterwald 23,50 €, Kinder 6 – 13 Jahre 18,50 € | www.alpsee-bergwelt.de

Die höchste Erhebung im Allgäuer Alpenvorland

Hauchenberg

Mit 1242 m Höhe ist der 5 km lange Hauchenberg die höchste Erhebung des Allgäuer Alpenvorlands. Eine ganze Reihe von markierten Wegen führt auf diesen mächtigen Walfischbuckel, der zwischen dem Iller- und dem Weitnauer Tal eine überaus reizvolle Landschaft überragt und bei Wanderern und Mountainbikern entsprechend beliebt ist. Egal ob man ihn von Wilhams, Missen oder Diepolz (s. u.) aus oder von Norden über den Jägersteig erklimmt, eine Überschreitung des ganzen Grats ist mit Rückkehr an einem halben Tag möglich.

Spaziergang durch den Kuhmagen

Bergstätte und ★ Allgäuer Bergbauernmuseum

Nördlich von Immenstadt steigt die Bergstätte über 1000 m hoch an, ein zauberhaftes Wandergebiet mit prachtvollem Blick übers ganze Oberallgäu. Eine schöne kleine Runde geht von Zaumberg über Luitharz nach Akams, dann westlich nach Knottenried und zurück nach Zaumberg (gesamt 2–2 1/2 Std.). Im 1035 m hoch gelegenen **Diepolz** am Hauchenberg bietet das besuchenswerte **Allgäuer Bergbauernmuseum** etwas für die ganze Familie. Hier gibt es einen Bauernhof mit Braunvieh und anderem Getier, eine Alphütte mit Käsküche, einen Kräutergarten, einen begehbaren Kuhmagen, der erklärt, wie die Verdauung eines Rinds funktioniert, Kinderspiele sowie zur Einkehr die Höfle-Alpe mit großartiger Aussicht (im Sommer tgl.). Die benachbarte **Bergkäserei Diepolz** verarbeitet pro Tag ca. 4000 l beste Milch von kleinen Erzeugern; nach Absprache kann man beim Käsen zuschauen.

Bergbauernmuseum: Ende März–Anf. Nov. tgl. 10–18 Uhr | Eintritt 7 €, bis 16 J. 4,50 €, Familien 14 € | www.bergbauernmuseum.de
Bergkäserei: Sommer Mo.–Sa. 9–18, So. ab 14; Winter Mo.–Sa. 9–12, 14–17, So. erst ab 14 Uhr | offene Führungen während der bayerischen Ferien Di., Do. 9.30 Uhr; 3 € | Tel. 08320 480 | https://bergkaeserei-diepolz.de

Wandern und Kirchenkunst

Niedersonthofener See

Überaus idyllisch liegt der Niedersonthofener See (10 km nördlich von Immenstadt) mit mehreren Badeplätzen, man kann sogar segeln und windsurfen. Sehr schön ist auch die kleine Wanderung von Niedersonthofen westlich zum **Falltobel**, dann nördlich nach Rieggis, nordöstlich auf den **Stoffelberg** (1063 m) und zurück nach Niedersonthofen (gesamt ca. 3 Std.). Dort lohnt sich ein Blick in die Pfarrkirche St. Alexander und Georg (frühes 16. Jh., Ausstattung 18./19. Jh.) wegen der »Franzosenstühle«: Die geschnitzten Gestühlwangen im Mittelgang (von S. Petrich aus Missen, 1819) erinnern an den Abzug der Franzosen im Jahr 1796, die dank des sprachkundigen Anton Imler aus Wollmuths den Ort unangetastet ließen.

Aufs Horn gekommen

Die »Hörner«

Südlich des Alpsees sind das **Immenstädter Horn** (1489 m) und das **Gschwender Horn** (1450 m) interessante Wanderreviere. Letzteres wurde schon in den 1990er-Jahren renaturiert, d. h. veraltete Skilifte wurden abmontiert und überflüssige Liftschneisen aufgeforstet. Von Gschwend kann man eine abwechslungsreiche Wanderung unternehmen: südwestlich zur Kesselbergalpe und zum Immenstädter Horn (mit einem Kruzifix in Lebensgröße und herrlichem Blick auf den Alpsee), dann zum ganzjährig bewirtschafteten Kemptener Naturfreundehaus (Mo. geschl.) und nördlich zum Gschwender Horn. Zurück geht es über die Gschwenderberg-Alpe nach Gschwend (gesamt 4 – 5 Std., 770 hm, nicht schwierig, aber anstrengend).

Käsen und Rodeln am Mittag

Mittag

Am 1451 m hohen Mittag (Sesselbahn) liegen einige Alpen wie die Alpe Hochried, deren Kühe ihre Hörner behalten dürfen. Von der Mittelstation der Mittagbahn ist es ein kurzer Weg bergab zur Alphütte, wo eine Brotzeit mit Käse und Schinken so richtig herzhaft schmeckt. Vom Gipfel des Mittag hat man eine herrliche Aussicht. Ein winterliches Highlight ist die nicht weniger als **5,2 km lange Schlittenbahn** hinunter nach Immenstadt. Vom Mittag kann man die sehr anspruchsvolle Nagelfluh-Tour über die Nagelfluhkette zum Hochgrat unternehmen (7 Std., ▶Oberstaufen). Auch die kürzeren Touren vom Mittag zum Stuiben mit Abstieg durchs Steigbachtal nach

Das Herz von Immenstadt: der Marienplatz

Winterliche Tour über den Stuiben

Immenstadt (gesamt 4 – 5 Std., für Trittsichere und Schwindelfreie) oder an der Südflanke der Nagelfluhkette zur Gunzesrieder Säge bzw. nach Gunzesried (▶Sonthofen) sind überaus reizvoll. Im Winter lockt die panoramareiche Schneeschuhwanderung von der Bergstation am Mittag zum Bärenköpfle (4 km); bei guter Sicht sieht man angeblich bis zu 100 km weit!
Ein besonderes Vergnügen ist die Kammwanderung nördlich von Alpsee und Konstanzer Aach. In ca. 5 Std. geht man von Wengen bei Oberstaufen hinauf zur Salmaser Höhe (1254 m) mit legendärer Aussicht, weiter über Thaler Höhe und Zaumberg nach Bühl.

★ ISNY · ★★ EISTOBEL

Landkreis: Ravensburg | **Höhe:** 705 m ü. d. M. | **Einwohner:** 14 000

Isny von oben: ein fast perfektes Oval, eingerahmt von einem Mauer- und Baumgürtel und von den beiden Hauptstraßen in vier Viertel geteilt. Mittelalter live? Nicht ganz, denn eine Chronik verheerender Epidemien, Brände und Kriegsschäden sorgte dafür, dass die Stadt immer wieder neu aufgebaut werden musste. Das historische Straßenraster aber blieb; es verleiht dem Städtchen wunderbare Nostalgie.

Im 3. Jh. sicherte in der Nähe von Isny ein Kastell die Römerstraße von Bregenz nach Kempten. In der frühesten Urkunde (1096) ist die Siedlung als »Villa Ysinensis« erwähnt. Beim Kloster der Hirsauer Mönche, die sich 1096 hier niederließen, entwickelte sich ein Markt, der mit Flachsanbau und Leinenproduktion prosperierte; 1365 kauften sich die Bürger frei. Die reichsunmittelbare Stadt bekam 1507 das Münzrecht und schloss sich 1529 der Reformation an, wobei die humanistisch gebildeten Prediger der Stadt eine wichtige Rolle spielten. 1803 kam Isny an die Grafen von Quadt-Wykradt, 1806 zum Königreich Württemberg. Mittelständische Unternehmen wie der Wohnmobilbauer Dethleffs sowie Gesundheits- und Aktivtourismus stärken die Wirtschaft der Stadt, die zu den sonnenreichsten Städten Deutschlands gehört.

Von der Sonne verwöhnt

Wohin in Isny?

Rund um den Marktplatz

★ Altstadt

Die mittelalterliche Stadtmauer mit einigen stattlichen Türmen und spätgotische bis barocke Bürgerhäuser prägen die denkmalgeschützte Altstadt rund um den zentralen Marktplatz (Markt ist donnerstags). Dort versammeln sich markante Bauten: das schöne **Rathaus**, das um 1685 aus Patrizierhäusern des 15. Jh.s entstand; der schlanke, himmelstürmende **Blaserturm** aus dem 16. Jh., auf dem ein Türmer Feuerwacht hielt; diesem benachbart das Hallgebäude, bis ins 19. Jh. Tuchhaus, in dem die Leinwandprodukte amtlich bewertet wurden; und diesem gegenüber das Heiliggeistspital (15. Jh.), heute evangelisches Gemeindezentrum (Paul-Fagius-Haus). Nordwestlich wacht an der Stadtmauer das trutzige **Espantor** von 1467 (»Espan« bedeutet »Gemeindeanger«), in dem im Sommer Kunst ausgestellt wird. Das **Wassertor** im Nordosten der Altstadt beherbergt das Heimatmuseum, in dem u. a. eine alte Schuhmacherwerkstatt zu sehen ist.

Städtische Galerie im Turm (Espantor): Mai – Aug. Mi. – Sa. 15 – 18, So. 11 – 17 Uhr | Eintritt 5 €

Wassertor-Museum: Führung Mai – Okt. Sa. 14 Uhr | Eintritt 3 €

Am Kirchenhügel

Klosterbezirk

Im Nordosten der Altstadt liegt der geistliche Bezirk, der auf die Stadtkirche von 1042 und das im Jahr 1096 gegründete Kloster zurückgeht. Dem Wassertor benachbart ist die evangelische **Nikolaikirche**, eine gotische Pfeilerbasilika (1288, Chor 1455), die nach dem Stadtbrand 1631 erneuert wurde. Neben Renaissance-Kassettendecke (1641) und Taufstein (1640), dessen schöner Deckel dem Ulmer Schnitzer S. Hescheler zugeschrieben wird, prägt karge Schlichtheit das protestantische Gotteshaus. Im Chor kontrastiert die wie ein Lettner aufgestellte Kreuzigungsgruppe von Ulrich Henn (1925 – 2014) mit dem gotischen Kreuzgratgewölbe. Auch die modernen Glasfenster sind Werke zeit-

ISNY ERLEBEN

ISNY MARKETING

Unterer Grabenweg 18,
88316 Isny
Tel. 07562 975 63-0
www.isny.de

2. Juni-Hälfte: Opernfestival. Am 2. Juli-Wochenende wird das Isnyer Kinderfest gefeiert, das ins Jahr 1620 zurückgeht. Ende Juli/Anf. Aug.: Theaterfestival. 1. Aug.-Wochenende: Töpfermarkt. 2. Sept.-Wochenende: Viehscheid in Maierhöfen. Anfang Dez.: Schlossweihnacht (Weihnachtsmarkt). Am 26. Dez. Stephansritt in Eisenharz.

Käsküche Isny: In der Sennerei am südlichen Ortsrand von Isny wird Biomilch zu Joghurt und verschiedenen Käsesorten verarbeitet. Im Laden kann man sie verkosten, zu guten Preisen einkaufen – und sich auch gleich ein Butterbrot mit köstlichem Käse machen lassen. Kostenlose Führung freitags, Juli, Aug. auch dienstags um 10.30 Uhr (Maierhöfener Str. 78, Tel. 07562 91 27 00, Mo.–Fr. 9–12.30, 14–18.30 Uhr, Fr. durchgehend, Sa. 9–14, So. 14 – 18 Uhr, www.kaeskueche-isny.de).

Outdoor Sport: Markenartikel bekannter Hersteller von Wanderkleidung und Sportbedarf gibt es hier deutlich ermäßigt, außerdem witzige T-Shirts, Taschen und Accessoires des Allgäuer Labels »Freistaat Allgäu« (Obertorstr. 16, Tel. 07562 91 17 92, http://www.outdoor-rudhart.de, Mo. – Fr. 9 – 13, 14 – 18, Sa. nur bis 13 Uhr).

BRAUEREIGASTHOF ENGEL

€–€€

Im gemütlichen Bräustüble und in der Hopfenstube genießt man Bier der Brauerei Stolz und Allgäuer Klassiker, darunter auch Gerichte rund ums Bier. Die Gästezimmer im Landhausstil laden zu erholsamen Urlaubstagen in gemütlicher Atmosphäre ein (Restaurant Mi./Do. geschl.).
Bahnhofstr. 36
Tel. 07562 97 15 10
www.engel-isny.de

genössischer Künstler. Durch den Chor gelangt man, nur im Rahmen einer Führung, in die überaus wertvolle **Prädikantenbibliothek**, eine der wenigen erhaltenen spätmittelalterlichen Kirchenbibliotheken.
Die katholische Pfarrkirche **St. Georg und St. Jakob**, einst Kirche des Benediktinerklosters, entstand ebenfalls nach 1631 neu; um 1750 bekam die lichtdurchflutete dreischiffige Hallenkirche ihr Rokoko-Gewand. Kanzel und Altäre schuf der Wurzacher Jakob Ruetz (um 1760). Rechts vor dem Chor führt ein Gang zur **Marienkapelle** (1645 – 1680) mit reicher Ausstattung aus dem 18. Jh.; ihre großen Sehenswürdigkeiten sind der Hochaltar (K. Hegenauer, um 1760), das Chorgestühl (um 1730), die bemalte Kassettendecke (um 1680) und die 48 Porträts Isnyer Äbte, die meisten von F. G. Hermann (um 1760). Die schlichten **Konventsgebäude**, das »Schloss«, stammen vom Vor-

ZUM SCHWARZEN GRAT €

Mitten in Bolsternang – südöstlich von Isny Richtung Kempten – liegt der stattliche Gasthof mit netten, gut ausgestatteten Zimmern. Gutbürgerliche Küche, serviert in der Bauernstube, im Restaurant oder draußen im Hof.
Isny-Bolsternang, Talstraße 1
Tel. 07562 84 70
www.landgasthof-schwarzer-grat.de

62 ° €€€

Ein neues Team sorgt im alteingesessenen Hotelrestaurant für frischen Wind und frische Küche. Von der Nase bis zur Schwanzspitze wird alles verwertet, verspricht die Karte. Saisonale, regionale Zutaten und die Kreativität des Küchenchefs nehmen es mühelos mit der grandiosen Aussicht von der Terrasse auf. Auch die Zimmer sind angenehm.
Im Allgäuer Terrassen-Hotel
Alpenblickweg 3
Tel. 07562 97 10-0
www.terrassenhotel.de

NATURLANDHAUS KRONE €€–€€€€

Das gemütliche Haus und seine großzügigen Gästezimmer sind in modern-geradlinigem alpinen Stil mit viel Holz und Naturstein gestaltet. Im Restaurant setzt Inhaber und Küchenchef Frank Übelhör auf beste regionale Küche (mit ebensolchen Zutaten) im Zeichen von Slow Food und der Vereinigung »LandZunge«, der virtuose Umgang mit heimischen Kräutern gibt seinen bodenständigen Gerichten Raffinesse. Ein schöner Garten, Sauna, Kneippen, Massagen etc. sorgen fürs Wohlbefinden.
Maierhöfen, Kirchweg 2
Tel. 08383 254
www.naturlandhaus-krone.de
6 km südlich von Isny
Restaurant €€, Mo. – Sa. ab 14.30 Uhr, warme Küche Mo. – Sa. ab 17.30 Uhr und So.mittag

HOTEL ELGASS/HOFWIRTSCHAFT ELGASS ZUM LÖWEN €€–€€€

Der typische Allgäuer Gasthof und das von einem Südtiroler Architekten entworfene Hotel im modernen Holzdesign bilden ein spannendes Duo: Geschmackvoll in Erdtönen eingerichtete Zimmer, ein gemütlicher Leseraum und Tiefgarage auf der einen, feine Küche, u. a. aus dem Fleisch von den selbst gezüchteten Pinzgauer-Weiderindern, auf der anderen Seite.
Argenbühl-Eglofs, Dorfplatz 10
Tel. 07566 15 78
https://hotel-ellgass.de
Hofwirtschaft im Sommer Do., im Winter So. geschl.

---

arlberger Baumeister Michael Beer (1657). Nach der Säkularisation 1803 wohnten hier die Grafen von Quadt-Wykradt. Heute residieren hier drei Museen: Die Kunsthalle ist dem in Isny geborenen Illustrators Friedrich Hechelmann gewidmet, die Städtische Galerie präsentiert Wechselausstellungen, 2021 hinzugekommen ist das Stadtmuseum. Der südlich benachbarte **Pulverturm** aus dem 13. Jh., eines der ältesten Stadttore, ist seit einem Brand 1631 verstümmelt.

Prädikantenbibliothek: Führungen Ostern bis 31. Okt. Mi. 10.30 und 1. Sa. im Monat 15.30 Uhr | Eintritt 3 €
Städtische Galerie im Schloss: Mi. – Fr. 14 – 18, Sa., So. 11 – 18 Uhr | Eintritt mit Kunsthalle | **Kunsthalle Schloss:** Öffnungszeiten siehe Städtische Galerie, aber Jan. – März geschl. | https://kunsthalle-schloss-isny.de | Eintritt mit Städtischer Galerie 5 €

Rund um Isny

Wer war der »Meister von Rohrdorf«?

Rohrdorf

In Rohrdorf, 5 km nordöstlich von Isny am Rand der Adelegg (▶ unten) birgt die Pfarrkirche **St. Remigius** (1501, 1746 barockisiert) gotische Kostbarkeiten: Im Chor steht ein hl. Augustinus, ein Frühwerk des bedeutenden Ulmer Bildhauers und Malers Hans Multscher (um 1450), im linken Seitenschiff berührt die einst farbig gefasste Terrakottagruppe »Marientod« eines unbekannten »Meisters von Rohrdorf« (um 1480); auch der »Ölberg« am Kirchenaufgang mit verschließbaren Flügeltüren und farbigen Figuren stammt von ihm. Von Rohrdorf lohnt sich der Gang durch den **Rohrdorfer Tobel** und auf der »Himmelsleiter« hinauf zur Rudershöhe, dann auf dem Forststräßchen Richtung Herrenberg und vorbei an der Bildtanne hinunter nach Rohrdorf (ca. 2 1/2 Std.).

Der Gipfel Württembergs

Adelegg und ★ Schwarzer Grat

Östlich von Isny reicht die Adelegg, geologisch ein Ausläufer der Allgäuer Alpen, weit ins Vorland hinaus. Bis ins 17. Jh. streiften nur Jäger und Hirten durch die Wälder; bis 1898 dienten diese dann als Rohstoff- und Energielieferant für die Glasindustrie (▶ Leutkirch, Schmidsfelden); auf den abgeholzten Flächen ließen sich Anfang des 18. Jh.s Bauern nieder, sodass hier die **einzigen Hochalpen Württembergs** entstanden. Nachdem auch sie aufgegeben waren, wurden weite Teile wieder aufgeforstet und wirken heute mit den dunklen Wäldern fast unheimlich.

Von Isny, Großholzleute, Bolsternang und Wengen führen Wanderwege und Sträßchen auf den **Schwarzen Grat**, der höchsten Erhebung Württembergs (1118 m, Aussichtsturm) mit legendärem Blick auf die Alpen – von den Schweizer Bergen und dem Bodensee über die Zugspitze bis zu den Stubaier Alpen. In Großholzleute steht der legendäre, 500 Jahre alte Gasthof Adler (tgl. außer Mi. ab 11.30 Uhr geöffnet; Tel. 07562 623 96 74, www.adler-grossholzleute.com), in dem sich im Oktober 1958 die **Gruppe 47** traf. Der junge Schriftsteller und spätere Literaturnobelpreisträger Günter Grass stellte damals das Anfangskapitel eines Romans vor, der unter dem Titel »Die Blechtrommel« weltberühmt werden sollte.

Die Burg ist das Ziel

Weitnau

Der geschichtsreiche Luftkurort 12 km südöstlich von Isny (B 12) besitzt eine überraschend prunkvolle neogotische Kirche (St. Pelagius, 1872), im Hochaltar Figuren aus der Multscher-Schule (um 1490). Empfehlenswert ist die Wanderung über den Grat des **Sonnecks** (1050 m) zur **Ruine Alttrauchburg** mit Burggaststätte, anschließend auf dem Gratweg nach Osten, hinunter nach Engelhirsch und zurück nach Weitnau (ca. 3 Std.).

Wo freie Bauern lebten

»Allgäuer Toskana«

Streuobstwiesen mit glücklichen Kühen und gepflegten Bauernhöfen, urtümliche Moore mit blinkenden Weihern zwischen dunklen Wäldern, dazu ein sonniges, mildes Klima (der Bodensee ist nicht weit): So präsentiert sich der Landstrich zwischen Isny und ▶Wangen, zwischen Unterer und Oberer Argen. Die Gemeinde **Argenbühl** umfasst sechs Dörfer, darunter Eglofs, das für seine schöne Anlage mehrfach ausgezeichnet wurde: Im Mittelalter eine reichsunmittelbare Stadt freier Bauern (ein sehr ungewöhnlicher Status), besitzt es einen **stattlichen Hauptplatz** mit Rathaus und den Gasthöfen Rose und Löwen. Das Museum des Geschichtsvereins informiert über die Historie und besonders die Musik im Allgäu und in Oberschwaben. Die Kirche St. Martin – vom Vorplatz hat man einen herrlichen Ausblick über das Tal der Oberen Argen – ist ein Werk von J. G. Specht (1751), der später die berühmte Klosterkirche Wiblingen bei Ulm entwarf; im prachtvollen frühklassizistischen Hochaltar ein Gemälde »Mariä Himmelfahrt« (F. A. Weiß, 1780). Beim »Gerichtstag« am Freitag nach Aschermittwoch werden öffentliche Angelegenheiten augenzwinkernd verhandelt.

Musikmuseum Eglofs: April – Okt. So. 10 – 12, 13.30 – 16 Uhr | Eintritt 2,50 €

Spektakuläres Naturschauspiel: Der Eistobel wurde von der Oberen Argen aus dem Untergrund ausgesägt, dabei entstanden Wasserfälle und Strudellöcher.

★★ Eistobel

Eisige Wasserspiele
Ca. 7 km südlich von Isny, zwischen Maierhöfen und Grünenbach, hat die Obere Argen den wildromantischen Eistobel in das Nagelfluhgebirge gesägt – ein Paradies für Naturfreunde ebenso wie für Kinder: Man erlebt hier 10 Mio. Jahre Erdgeschichte, mit etwas Glück sieht man einen Eisvogel oder eine Wasseramsel fischen, hier blühen über 30 Orchideenarten und weitere seltene Pflanzen. Von der 204 m langen und 54 m hohen **Argentobelbrücke** westlich von Riedholz geht man hinunter in die gut 3 km lange, im Winter vereiste – daher der Name – besonders bizarre Schlucht mit tosenden smaragdgrünen Wassern, mächtigen Gletschertöpfen und stiebenden Wasserfällen (im Winter offiziell geschl.; Begehen auf eigene Gefahr). Anschließend hinauf nach Hohenegg und auf die **Riedholzer Kugel** (1066 m) mit fantastischer Aussicht. Westlich geht es zurück nach Riedholz (Gesamtgehzeit ca. 3 Std.).

Eistobel: Mai – Okt. 9 – 17 Uhr | Eintritt 2,50 € | www.eistobel.de

★ KAUFBEUREN · ★★ KLOSTER IRSEE

Höhe: 681 m ü. d. M. | **Einwohner:** 43 400

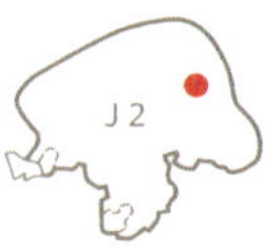

Zum Tänzelfest herrscht Ausnahmezustand in Kaufbeuren: Mehr als 1800 Kinder ziehen dann in historischen Gewändern durch die Altstadt, und das historische Lagerleben verzaubert die nächtlichen Gassen mit Trommeln und Tanz. Aber auch ohne dieses traditionsreiche Fest atmet die lebhafte Ostallgäuer Stadt aus jedem Stein lebendiges Mittelalter!

Metropole des Ostallgäus

Die kreisfreie Stadt im freundlichen Wertachtal – 1126 erstmals und 1240 in der ersten deutschsprachigen Königsurkunde erwähnt – war ab 1286 Freie Reichsstadt, die bis 1301 »Buron«, dann »Kufburun« hieß. Die Namensänderung verweist auf die große Bedeutung des Handels; zur wirtschaftlichen Blüte im 15. Jh. trugen auch die Leinenweber und die Waffenschmiede bei. Im 16. Jh. hielt sich Kaiser Maximilian I. insgesamt 14-mal in der Stadt auf. 1839 wurde hier die erste mechanische Baumwollspinnerei des Allgäus gegründet, schon 1847 kam der Anschluss ans Bahnnetz. Nach dem Zweiten Weltkrieg wurde für die Vertriebenen aus dem böhmischen Gablonz der Stadtteil Neugablonz gegründet, auch heute noch das deutsche Zentrum der Modeschmuckindustrie. Aus Kaufbeuren stammen einige große Namen der deutschen Literatur: Sophie von La Roche, Ludwig Ganghofer (der Verfasser »urbayerischer« Romane) und Hans Magnus Enzensberger. Der aus Füssen gebürtige Jörg Lederer (1475 – 1550), einer der bedeutendsten Bildschnitzer der Zeit, arbeitete ab 1503 hier.

Wohin in Kaufbeuren?

Bummel durch Kaufbeurens »gute Stube«

Kaiser-Max-Straße

Seit dem 13. Jh. (!) wird in der großzügig angelegtenen Kaiser-Max-Straße donnerstags Markt gehalten; die Stände mit ihrem bunten Obst-, Gemüse- und Blumenangbot beleben dann die Hauptachse der Altstadt mit ihren farbigen Schirmen und Auslagen. Den östlichen Abschluss bildet das würdevolle **Rathaus**, das Georg Hauberrisser – der später das Neue Rathaus in München entwarf – von 1879 bis 1881 erbaute. Schräg gegenüber befindet sich das Haus des Patriziers Hörmann (um 1530) mit Renaissance-Portal. Einen schönen Akzent setzt der Neptunbrunnen (1753) des Augsburgers J. W. Schindel vor der evangelischen **Dreifaltigkeitskirche**: Ein Haus aus dem 14. Jh., das Kaiser Maximilian als Quartier diente, wurde ab 1604 – als den Protestanten verboten wurde, die Martinskirche mitzubenutzen – zum Predigtsaal umgestaltet; der großzügige Raum mit dreiseitig umlaufender Empore ist auf die Kanzel (1764) ausgerichtet, die großen Gemälde zwischen den Fenstern stammen von dem Augsburger Hans Ulrich Franck (1659). Das Weberhaus auf der anderen Seite diente bis 1805 als Zunfthaus der wichtigsten Handwerkervereinigung Kaufbeurens und beherbergt seit Langem »das« Traditionscafé das Stadt.

Ein Besuch in St. Martin

★ St. Martin

Das Zentrum der Stadt markiert die Kirche St. Martin mit ihrem 68 m hohen Turm. Die gotische Basilika (1438 – 1443) wurde um 1895 neogotisch restauriert und ausgestattet. Von einem romanischen Vorgängerbau sind v. a. das Südportal, die Rundapsiden unter dem Chor und der Taufstein erhalten. Das bedeutendste Ausstattungsstück ist das **Relief »Anbetung der Hl. Drei Könige«** des Füsseners Hans Kels d. Ä. (um 1520) am nördlichen Seitenaltar, das im Wechsel mit dem Relief »Das Wirken des Hl. Geistes« von O. Kobel (1990) als Antependium im Volksaltar ausgestellt wird; bemerkenswert auch die Heiligenfiguren im Chor, die Michael Erhart zugeschrieben werden (um 1480), und die Apostel Petrus und Johannes an der Südwand (vermutlich von Ivo Strigel aus Memmingen, um 1500).

Neben St. Martin, im Haus Kirchplatz 8, kam 1855 **Ludwig Ganghofer** zur Welt. In seiner Autobiografie »Lebenslauf eines Optimisten« schildert er auch seine Kindheit in Kaufbeuren.

St. Martin: Nov. – April Mo. – Sa. 8 – 17, So. 9 – 20, Sommer Mo. – Sa. 8 – bis 18, So. 9 – 20 Uhr

① Adlerkeller	③ Gifthütte	① Goldener Hirsch	③ Irseer Klosterbräu
② Platzl		② Landgasthof Hubertus	

Kruzifixe und Reliqien

Stadtmuseum und Crescentia-Kloster

Vom Salzmarkt führt das malerische Kaisergässchen nach Westen. Im Haus 12 – 14 ist das schön ausgestattete **Stadtmuseum** untergebracht. Außer der Geschichte von Stadt und Region ist es der Allgäuer Volkskunst und Kaufbeurer Schriftstellern wie Hans Magnus Enzensberger und Ludwig Ganghofer gewidmet. Besonders wertvoll ist die umfangreiche Kruzifixsammlung. Wenige Schritte nördlich liegt das **Crescentia-Kloster**, in dessen Kirche die verehrten Reliquien der 2001 heiliggesprochenen hl. Crescentia ruhen (Anna Höß, 1682 bis 1744). Das dreiflügelige Gebäude des Franziskanerinnenklosters entstand 1471/1472, der Tänzelfestbrunnen davor feiert die gleichnamige alte Kaufbeurer Traditionsveranstaltung. Der Kirche gegenüber zieht sich der idyllische Klostergarten mit besinnlichen Verweilstationen den Afraberg hinauf bis zu den Resten der Stadtmauer.

Stadtmuseum: Di. – So. 10 – 17 Uhr | https://stadtmuseum-kaufbeuren.de | Eintritt 5 € | **Crescentia-Klosterkirche:** Di. – Fr. 7 – 18.15, Sa., So. 6.45 – 18.30, Mo. 6.45 – 18.15 Uhr | **Bergklostergarten:** tgl. 9 – 19 Uhr

Höhepunkte an der Stadtmauer

★ **St. Blasius**

Auf einer Anhöhe im Westen – sie bietet einen schönen Blick über Kaufbeuren – ragt das Wahrzeichen der Stadt auf, der mächtige **Fünfknopfturm** von 1420. Eine Initiative engagierter Bürger bemüht sich

KAUFBEUREN ERLEBEN

TOURISMUS- UND STADTMARKETING
Kaiser-Max-Str. 3 a
87600 Kaufbeuren
Tel. 08341 437-190
www.kaufbeuren-tourismus.de
Offene Stadtführung Mai–Okt. Mi. und Sa. 11 Uhr von der Touristeninformation aus, Nov. – April So. 14.30 Uhr

Anfang Mai: Kunsthandwerkermarkt. Mitte Juli: Beim 12-tägigen Tänzelfest, dem ältesten Kinderfest Bayerns, spielen Kinder Szenen aus der Stadtgeschichte nach (www.taenzelfest.de). Erstes Augustwochenende: Art & Vielfalt Sunset Festival, Musik und Streetart mit Indie, Hiphop, Reggae und Chill-Out-Lounge (https://de-de.facebook.com/artundvielfalt). 1.– 4. Advents-Wochenende: Weihnachtsmarkt auf dem Kirchplatz. Die Kulturwerkstatt macht ganzjährig Theater (www.kulturwerkstatt.eu).

1 ADLERKELLER €€
Beliebtes schwäbisch-bayerisches Wirtshaus mit Biergarten und einem Jazz-Keller in bester amerikanischer Tradition
Kemnater Str. 2
Tel. 08341 24 41, So.-Fr. 10-14 und ab 17, Sa. ab 17.00 Uhr
www.adlerkeller.de/

2 PLATZL €
Bier- & Weinstube im Stil einer Alphütte, handfest-einfache Karte und immer gut gelauntes Personal
Neue Gasse 8, Tel. 08341 161 61, Di. - Sa. ab 19 Uhr
www.weinstube-platzl.de

3 GIFTHÜTTE €€
Obacht, wir duzen, steht zuoberst auf der Speisekarte, und dass alles regional und möglichst bio ist. Das originelle Restaurant steht für Frischeküche von allen Kontinenten, vor allem aber aus dem Allgäu. Viel Salat und Fleischloses, aber natürlich auch ordentliche »Allgäuer Steaks«.
Schelmenhofstr. 1
Tel. 08341 715 35 37, Di. - Sa. ab 17 Uhr; www.gifthuette.com

1 GOLDENER HIRSCH €€
Traditionsreiches Haus mit freundlichen, geschmackvollen Zimmern sowie Sauna und Fitnessraum. Süßmäuler finden in der eigenen Konditorei das Nötige.
Kaiser-Max-Straße 39 - 41, Tel. 08341 430 30, tgl. geöffnet; www.goldener-hirsch-kaufbeuren.de

2 LANDGASTHOF HUBERTUS €€
Landgasthof ca. 6 km südwestl. mit gehobener schwäbischer Küche. Köstlich ist das selbst gebraute Bier (Besichtigung). Gemütliche Zimmer und Appartements im Landhausstil (€€).
Apfeltrang, Wenglinger Straße 2
Tel. 08341 819 76
www.hubertus-apfeltrang.de
Mo., Di. ab 17, sonst ab 11 Uhr

3 IRSEER KLOSTERBRÄU €€
Historischer, neuzeitlich-rustikaler Brauereigasthof mit Gewölben, schönem Garten und bayerisch-Allgäuer Küche. Etwas Besonderes sind die geschmackvoll modernisierten Zimmer hinter dicken Wänden (€€-€€€).
Irsee, Klosterring 1
Tel. 08341 43 22 00
www.irsee.com, tgl. geöffnet

zurzeit, ihn wieder begehbar zu machen (https://fuenfknopfturm.de). Ein Teil der Stadtmauer mit überdachtem Wehrgang, der begehbar ist (Schlüssel im Tourismusbüro), verbindet ihn mit der **Kapelle St. Blasius** aus dem 15. Jh., einem durch Stilreinheit und Harmonie bestechenden dreischiffigen Hallenbau. Ihr großartiger **Hauptaltar von Jörg Lederer** (1518) gilt als ein Hauptwerk der oberschwäbischen Spätgotik. Außerdem sind die 66 Tafelbilder vom Ende des 15. Jh.s (darunter 20 mit teils grausigen Szenen aus dem Leben des hl. Blasius), ein Bildteppich (hl. Blasius mit Vögeln und wilden Tieren) vom Anfang des 16. Jh.s und ein Baumkreuz aus dem 14. Jh. bedeutend. Jörg Lederer wohnte und arbeitete im Haus an der Ecke Ludwigstraße/ Am Breiten Bach gegenüber dem Irseer Klosterhof.

St. Blasius: Di. – So. 10 – 11, 14 – 16 Uhr | www.blasiuskirche.de

Puppentheatermuseum

Wo die Puppen tanzen

Bei Jung und Alt beliebt sind die Vorstellungen des Puppentheaters im Spielbergerhof, auf dem Spielplan stehen bekannte Märchen und auch Opern wie Mozarts Zauberflöte. Im Museum sind u. a. Spielpuppen und Theaterbühnen aus verschiedenen Kontinenten ausgestellt.

Puppentheater: Wagenseilstr. 14 a | Tel. 0 83 41 25 55 | Kindervorstellungen Kinder/Erwachsene 3/4 €, Abendvorstellungen Jugendliche/Erwachsene 6/8 € | **Museum:** Ludwigstr. 41 a | Do. – Sa. 10 – 12, 14.30 – 17 Uhr | Eintritt 3 €

Rund um Kaufbeuren

Neugablonz

Es ist nicht alles Gold, was glänzt

Nordöstlich von Kaufbeuren entstand nach dem Zweiten Weltkrieg eine neue Stadt für 18 000 Menschen, die aus Gablonz im Sudetenland (heute Jablonec) vertrieben wurden. Obwohl viele wieder abwanderten, werden in Neugablonz noch die Traditionen gepflegt, der Dialekt ist da und dort noch zu hören. Gablonz war ein Zentrum der Herstellung von Glas und Modeschmuck, eine Rolle, die auf Neugablonz überging. Technische Metall-, Kunststoff- und Glasverarbeitung sind dazugekommen. Das **Haus der Gablonzer Industrie** mit kleiner Schmuckausstellung und Verkauf gibt einen Überblick über das kreative Schaffen. Im Kulturzentrum Gablonzer Haus stellt das **Isergebirgs-Museum** die 400-jährige Kultur- und Industriegeschichte des Isergebirges und den Neubeginn der von dort Geflüchteten nach 1945. Ferdinand Porsche, der Schriftsteller Ottfried Preußler und der Maler Markus Lüpertz stammen bzw. stammten von dort.

Haus der Gablonzer Industrie: Neue Zeile 11 | Mo.– Do. 9.30 – 12 u. 14 – 17 Uhr, Fr. nur vormittags | Eintritt frei |

Isergebirgs-Museum: Bürgerplatz 1 | Di.– So. 14 –17 Uhr | Eintritt 4 € | www.isergebirgs-museum.de

Jubilierender Stuck und bedrückende Bilder

★★ Kloster Irsee

Der kleine Marktort nordwestlich von Kaufbeuren – in dem sich einige Kunsthandwerker niedergelassen haben – ist berühmt für sein einstiges Benediktinerkloster, das 1182 am Platz einer Einsiedelei entstand. Seit dem Mittelalter entwickelte es sich durch zahlreiche Schenkungen zum Zentrum einer eigenen Herrschaft, die 1521 zur Reichsabtei wurde (1802 aufgehoben). Von der Basilika des 13. Jh.s sind nur einige Teile der Ausstattung erhalten.

Die **Klosterkirche Mariä Himmelfahrt** wurde 1699 – 1702 unter Franz Beer von Bleichten aus Au im Bregenzerwald erbaut, einem der bedeutendsten Barockbaumeister; innen zeigt sie das reine Schema der Vorarlberger Wandpfeilerhalle mit Emporen. Urheber des wunderbaren weißen Stucks war der erst 20-jährige Wessobrunner Joseph Schmuzer; die Figuren in den prachtvollen Altären schuf um 1725 der Türkheimer Ignaz Hillenbrand, ebenso die einzigartige Kanzel: ein Schiffsbug, den Schalldeckel bildet ein blaues Segel mit Mast, Wanten und Mastkorb. Eine Kostbarkeit sind auch die neun »Fastentücher« aus dem 18. Jh. mit Szenen aus der Passion Christi, mit denen früher in der Fastenzeit die Altäre verhängt wurden. Großartig gestaltet sind auch die **Klostergebäude**. Höhepunkt ist das Treppenhaus im Westflügel mit zartfarbigem Stuck (um 1730), der zu den besten Zeugnissen der Wessobrunner Schule zählt (zugänglich). Nach der Säkularisierung Anfang des 19. Jh.s diente das Kloster als

Die Schiffskanzel in der Klosterkirche bezitht sich auf den »Menschenfischer« Petrus.

Nervenheilanstalt, und in der NS-Zeit wurde hier ein Euthanasieprogramm umgesetzt, dem ca. 2000 Menschen, darunter viele Kinder, durch Verhungern lassen oder Giftspritze zum Opfer fielen – bis Mai 1945!. Eine Gedenkstätte in der Prosektur (hinter dem Kloster, Schlüssel an der Rezeption des Tagungszentrums) erinnert daran. Im Konvent ist heute das **Schwäbische Tagungszentrum Kloster Irsee** ansässig. In Kirche und Festsaal finden Konzerte statt.

Die »kleine Wies«

Stöttwang

In Stöttwang 5 km östlich von Kaufbeuren überrascht die prachtvoll ausgestattete Kirche **St. Gordian und Epimachus** (1745), die oft mit der Wieskirche verglichen wird. Schon zu Beginn des 9. Jh.s existierte hier ein Reichskloster, das 831 von der Abtei Kempten übernommen wurde. Stuck und Kanzel sind das Werk von Franz Xaver Feichtmayr, Franz Georg Hermann schuf die fantastische Scheinarchitektur des Langhaus-Deckenfreskos. Placidus Verhelst zeichnet für den Hochaltar verantwortlich (1763); sein Vater Ägidius, der u. a. für seine Figuren in der Wieskirche bekannt ist, schnitzte das Kruzifix (1745).

Unterwegs auf zwei Rädern

Auf der Bahntrasse

Eine schöne Möglichkeit, das Ostallgäu kennenzulernen, ist der 77 km lange Rad-Rundweg »Dampflokrunde« zwischen Kaufbeuren und Lechbruck, der zu großen Teilen auf stillgelegten Bahnstrecken verläuft – also nur mit sanften Steigungen. Auskunft u. a. beim Tourismusbüro Kaufbeuren und bei Ostallgäu Tourismus (www.tourismus-ostallgaeu.de).

★★ KEMPTEN

Höhe: 646 – 915 m ü. d. M. | **Einwohner:** 70 700

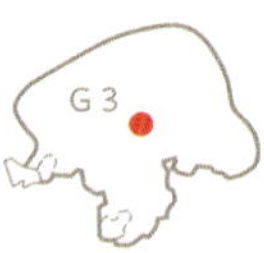

Fast schon eine Großstadt und dabei so gemütlich geblieben – Kempten verbindet mit spielerischer Leichtigkeit Mittelalter und Moderne, Kultur und Geschäftssinn. Zu danken ist das der so wunderbar erhaltenen Unter- und Oberstadt und der Lage in hügeliger Voralpenlandschaft an der munter mäandernden Iller.

Das alles bietet eine der ältesten Städte Deutschlands. Der griechische Geograf Strabo erwähnte 18 n. Chr. den keltischen Ort »Kambodunon« (lat. Cambodunum), was so viel heißt wie »befestigte Siedlung an der Flussbiegung«. Keltische Reste hat man zwar nicht

Mittelalter trifft Moderne in Allgäuer Gemütlichkeit

gefunden, wohl aber die einer großen römischen Stadt, die unter Kaiser Tiberius (14 – 37 n. Chr.) angelegt wurde. Um das Jahr 752 gründeten Mönche aus St. Gallen ein Kloster, das 1213 Reichslehen wurde. Die erstarkende Stadt – 1289 erhielt sie reichsstädtische Privilegien, 1361 wurde sie Freie Reichsstadt – geriet bald in Konflikt mit dem Fürstabt; jahrhundertelang war Kempten durch das spannungsreiche Nebeneinander von Reichsstadt (tiefer liegende Altstadt mit Rathaus und St. Mang) und Fürstabtei (um die hoch gelegene Residenz mit St.-Lorenz-Basilika) geprägt. 1525 konnte sich die Stadt – die sich 1527 der Reformation anschloss – im »Großen Kauf« vom Stift unabhängig machen. Im Dreißigjährigen Krieg ging das Gemetzel zwischen den Bürgern und den Schweden einerseits und dem Fürstabt und den Kaiserlichen andererseits hin und her, wobei 1632 das Stift zerstört und 1633 ein Drittel der Bevölkerung getötet wurde. Dass Kempten 2018 als eine der ältesten Städte Deutschlands erst das 200-jährige Jubiläum feiern konnte, liegt an dieser von Feindseligkeiten geprägten Stadtgeschichte: Erst 1818 wurden Reichs- und Stiftsstadt vereint, nachdem Kempten 1803 bayerisch geworden war, und noch Anfang des 20. Jh.s heiratete man nicht »hinauf« bzw. »hinunter«. 1898 lief in der Zündholzfabrik der erste Industrie-Dieselmotor der Welt, und seit 1921 ist Kempten Sitz der Süddeutschen Butter- und Käsebörse. Die Institution hilft Produzenten, Angebot, Nachfrage und Preise aufeinander abzustimmen.

BAEDEKER MAGISCHE MOMENTE

VOGELWECKER

Baumhäuser sind etwas für Kinder? Weit gefehlt! Spätestens wenn Sie im Schlafzimmer Ihres Urlaubsquartiers im Baumhaushotel Allgäu aufwachen, werden Sie merken, dass Sie schon lange nicht mehr so gut geschlafen haben. Es ist noch früh; auf dem Ast vor dem Fenster zwitschert ein Fink, tief unten äst ein Reh auf der von Morgentau glitzernden Wiese. Von der Terrasse blicken Sie in ein grünes Meer von Buchenkronen und fühlen sich fast eins mit der Natur (► S. 96, Abb. S. 337)!

KEMPTEN ERLEBEN

TOURISTENINFORMATION

Rathausplatz 24, 87435 Kempten
Tel. 0831 96 09 55-0
www.kempten-tourismus.de
Klassische Stadtführungen ganzjährig Sa., Mai–Okt auch Mo./Do. 11 Uhr. Außerdem werden viele Thementouren veranstaltet.
Gästeinformation
Hauptstraße 18, 87452 Altusried
Tel. 08373 70 51, www.altusried.de

RUNDFLÜGE

Vom Flugplatz Durach südöstlich der Stadt hebt man zu Flügen über die Welt des Allgäus und der Alpen ab:
Deutscher Alpenflug
Tel. 0831 5 70 04 14
www.lu-bergmann.de
allgäuERfly, Tel. 08374 3 23 30 2
www.allgaeuerfly.de (mit Tragschrauber)

Konzerte in St. Lorenz und in der Residenz. Ende April/Anf. Mai: Jazz-Frühling an vielen Spielorten, auch auf Alphütten (www.klecks.de). Erstes Juli-Wochenende: Stadtfest. Juni–Sept.: APC-Sommer (Musik und Theater im Archäologischen Park, www.klecks.de). Mitte Aug.: Allgäuer Festwoche (größte Wirtschaftsausstellung der Region, Kultur, Volksfest, www.festwoche.com). Ende Okt.: Kathreinemarkt (Jahrmarkt mit Rummelplatz). Börwang 9 km nordöstlich: alle 4 Jahre (2022) am letzten November-Wochenende Auftakt zum Klausentreiben mit Klausen, Bärbele und Perchten aus dem gesamten Alpenraum. Bodelsberg bei Durach, 4. April-So.: Georgi-Ritt. Altusried: Juni – Aug. Freilichtspiele (www.freilichtbuehne-altusried.de).

Auf dem Hildegardplatz findet Mi. und Sa. 7.30–13.30 Uhr der Wochenmarkt statt (im Winter in der Markthalle am Königsplatz). Wenige Schritte weiter bekommen Sie bei Jamei Laibspeis (Hildegardplatz 3, Mi., Sa. 8 – 13, Fr. 12 – 18 Uhr, www.jamei-laibspeis.de) besten Allgäuer Käse. Am August-Fischer-Platz lockt das Forum Allgäu mit Läden; nebenan die bigBox Allgäu (U-Musik-Konzerte). Das moderne Frei- und Hallenbad CamboMare bietet Freizeitspaß im und ums Wasser (im Westen der Stadt, Aybühlweg 58, www.cambomare.de).

❶ BRAUEREIGASTSTÄTTE ZUM STIFT €

Schönes altes Brauhaus am Platz vor St. Lorenz mit urigen Gewölben und Biergarten. Die Küche ist bodenständig und schnörkellos.
Stiftsplatz 1
Tel. 0831 223 88, tgl. geöffnet
www.zum-stift.de

❷ RENDEZ-VOUS À QUIBERON €–€€

Im Londoner Hof: französisches Kontrastprogramm zu Kässpatzen & Co. – die Patronne stammt aus Quiberon, der bretonischen Partnerstadt Kemptens. Ambiente, Küche und Service sind gleichermaßen erfreulich.
Rathausplatz 2
Tel. 0831 520 81 16
Mo. – Sa. 11.30 – 21.30 Uhr

❸ NOVA ESSEN & TRINKEN €€

Wenn Ihnen einmal nicht der Sinn nach Allgäuer Kost steht, ist das NOVA die richtige Wahl: Fusionsküche mit mediterran-orientalischem Schwerpunkt, viele leichte Gerichte,

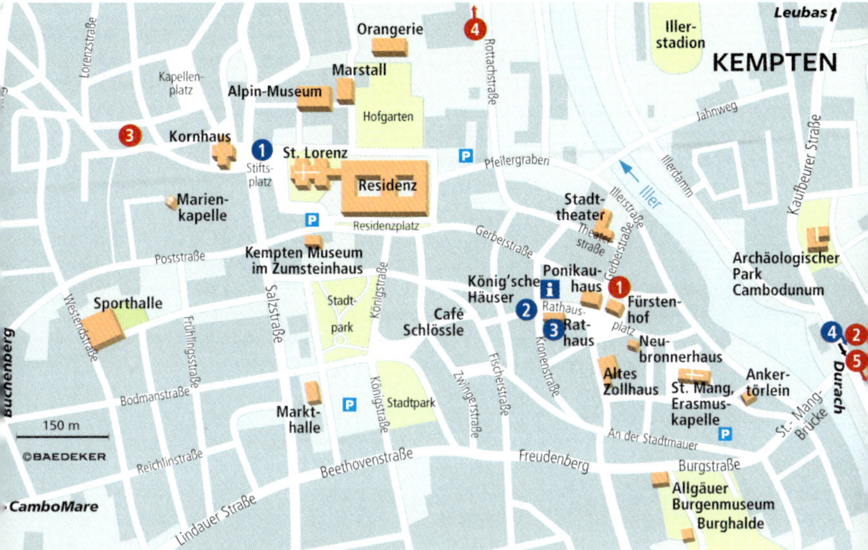

❶ Zum Stift	❸ Nova
❷ Rendez-vous à Quibéron	❹ Alte Bleiche

❶ Fürstenhof	❹ Zum Bären
❷ Bayerischer Hof	❺ Ferienhof & Baumhaushotel Allgäu
❸ Gästehaus Stiftsstadt	

Vegetarisches und Veganes. Auch das Frühstück ist lecker.
Rathausplatz 21
Tel. 0831 57 07 22 88, So. Abend geschl.
http://nova-kempten.de

❹ ALTE BLEICHE €–€€

5 km südlich, an der Iller und am Illerradweg gelegen: Am schönsten sind die Plätze auf der Terrasse, im Sommer stehen am kleinen Flussstrand Liegen zum Relaxen bereit. Die Speisekarte unternimmt eine Weltreise durch italienische und asiatische Suppentöpfe, bietet aber auch Allgäuer Klassiker.
Albert-Einstein-Straße 2
Tel. 0831 580 01 98
Mo. geschl., Di. – Fr. mittags und abends, Sa., So. durchgehend
www.alte-bleiche.de

❶ FÜRSTENHOF €€

Beim Rathaus wohnt man zentral und das zu angenehmen Preisen. Großzügige Zimmer im altenglischen Stil. Die Osteria Antica im Haus kredenzt Italienisches (tgl. ab 17.30 Uhr).
Rathausplatz 8, Tel. 0831 25 36-0
www.fuerstenhof-kempten.de

❷ BAYERISCHER HOF €€€

Das komfortable Haus mit Zimmern im modischen Alpinstil und einem hübschen Garten empfiehlt sich auch mit sehr guter Küche. Der Käse für die Spätzle und die Käseplatte kommt von Jamei Laibspeis (► S. 19, 94).
Füssener Str. 96
Tel. 0831 571 80
www.bayerischerhof-kempten.de

3 GÄSTEHAUS STIFTSSTADT €€
Ein kernsaniertes historisches Haus und ein moderner Anbau bieten in unmittelbarer Nähe der Basilika St. Lorenz ruhige und modern ausgestattete Zimmer und Apartments mit TV, WLAN und gutem Frühstück.
Herbststr. 10
Tel. 0831 57 53 18 00
www.gaestehaus-stiftsstadt.de

4 ZUM BÄREN €–€€
Schön bemalter, gemütlicher Gasthof ca. 12 km nordwestlich von Kempten mit jüngst modernisierten angenehmen Zimmern. Gute Allgäuer Küche nach den Jahreszeiten sowie Internationales wie Schnecken oder Hamburger.
Altusried, Hauptstraße 20
Tel. 08373 333, Mo./Di. geschl.
www.zumbaeren-altusried.de

5 FERIENHOF & BAUMHAUS-HOTEL ALLGÄU €€–€€€€
So originell wohnt man selten. In den Baumhäusern des Ferienhofs bei Betzigau (8 km östlich, Abb. S. 337) sind Sie (fast) gänzlich Teil der Natur, müssen dafür aber nicht auf Komfort verzichten. Es gibt auch eine Ferienwohnung und einen Campingplatz.
Betzigau, Kaisersmad 6
Tel. 0830 451 02
www.baumhaushotel-allgaeu.de

Wohin in der Bürgerstadt?

Die Freien da unten

★ Rathausplatz

Kern der Freien Reichsstadt und ihre stimmungsvolle gute Stube ist der Rathausplatz. Sommers lässt sich in einem der Straßencafés »italienisches« Flair genießen, im Dezember zieht Glühweinduft über den Weihnachtsmarkt. Stattliche Patrizierhäuser umgeben das beherrschende hübsche **Rathaus**, das 1474 aus einem Kornhaus des 14. Jh.s entstand und um 1565 seine Türmchen erhielt. Nr. 2 ist der **Londoner Hof** mit prächtiger Rokokofassade (1764); im Alten Zollhaus (Nr. 3) sind gotische Wandmalereien erhalten. Das Neubronnerhaus (Nr. 5, 1796) beherbergt das Stadtarchiv. Nr. 10, das Ponikauhaus (16./18. Jh.), besitzt ein prächtiges barockes Treppenhaus und einen ebensolchen, nicht öffentlich zugänglichen Festsaal. Eine für Kempten einzigartige barocke Fassadenmalerei schmückt die **König'schen Häuser** in der Kronenstraße (Nr. 29, 31). Vom Rathaus führt eine – als Symbol der Verbindung von Bürger- und Stiftsstadt – 1903 angelegte Freitreppe hinauf zum Schlössle, einem Patrizierhaus von 1624.

Treppab in die Geschichte

St. Mang und Erasmuskapelle

Die um 1430 entstandene evangelische Kirche **St. Mang** mit ihrem dominierenden 66 m hohen Turm verlor im Bildersturm des Jahres 1533 ihre gotischen Altäre und wurde später mehrmals umgestaltet. Bemerkenswert ist der Schnitzaltar im Chor, der nach Werken Tilman Riemenschneiders 1894 für die Weltausstellung in Chicago geschaffen wurde. Vom St.-Mang-Platz geht es 23 Stufen hinunter in die Unterwelt: Bei der Neugestaltung des Areals wurde der mittel-

alterliche Friedhof der Reichsstadt entdeckt und archäologisch erforscht. Dabei fand man das überraschend gut erhaltene Untergeschoss der Doppelkapelle für St. Erasmus und St. Michael mit Resten von Wandmalereien und zahlreichen Ausstattungsdetails. In der mystisch erleuchteten **Erasmuskapelle** erzählt eine Multivisionsschau aus der 800-jährigen Stadtgeschichte.
Do.–Di. 11 – 17 Uhr | Einlass zur vollen Stunde | Eintritt 4 €

Burgen live und museal
Stimmungsvolle historische Handwerkerhäuser und Reste der Stadtmauer begleiten auf dem Gang durch die **Bäckerstraße** hinunter zum Illertor. Südlich geht es zur Burghalde hinauf, wo die Römer im 3. Jh. ein Kastell errichteten und von karolingischer Zeit bis 1362 der Vogt des kemptischen Stifts residierte. Freilichtbühne und -kino dort sind beliebte Plätze für sommerliche Veranstaltungen. Sehr interessant wird wieder das Allgäuer Burgenmuseum im alten Wärterhaus, wenn es nach Ende wichtiger Baumaßnahmen wieder öffnet.
Burgenmuseum: z.Z. geschlossen | www.allgaeuer-burgenmuseum.de

Burghalde

Salve – Besuch bei den Römern
Jenseits der Iller, auf dem Lindenberg, sind im Archäologischen Park Cambodunum (APC) die Reste und rekonstruierten Bauten der römischen Stadt zu bewundern. Aufgrund der großen öffentlichen Gebäude gilt Cambodunum als erste Hauptstadt der römischen Provinz Rätien. Zu sehen sind u. a. der gallo-römische Tempelbezirk, die Große und die Kleine Therme und das Forum mit der Basilika, dem größten Versammlungsbau der Römerstadt.
März – Nov. Di.– So. 10 –17 Uhr | Eintritt 4 €, am 1. So. des Monats frei, Forum frei zugänglich | www.apc-kempten.de

★ Cambodunum

★★ Stiftsstadt, Residenz und Klosterkirche

Der Klerus da oben
Die politische und wirtschaftliche Macht der Kemptener Fürstäbte wird in der Residenz sichtbar. Baubeginn war kurz nach dem Dreißigjährigen Krieg, als das bisherige Kloster zerstört und von den ursprünglich 6000 Einwohnern der Stadt im Jahr 1618 kaum mehr 1000 übrig waren. Es entstand eine etwa 145 × 80 m große Anlage mit dem Klosterbau im Osten und dem Residenzbau im Westen, jeweils annähernd quadratisch; vor die Residenz ist die Basilika gestellt. Diese Konzeption wurde zum Vorbild für die süddeutsche Stiftsarchitektur, wie sie u. a. in Obermarchtal zu sehen ist und 100 Jahre später in Ottobeuren (▶Memmingen) vollendet wurde. Baumeister war ab 1651 der Vorarlberger Michael Beer, ab 1654 der Graubündner Johann Serro. 1664 standen alle vier Flügel.

Residenz

Ihre reiche **Ausstattung in französischem Rokoko** (Abb. S. 100) erhielten die Privat- und Repräsentationsräume 1733 – 1742, inspiriert durch die etwa gleichzeitigen Prunkräume von François Cuvilliés in der Münchner Residenz. Den Stuck schufen Künstler aus dem Wessobrunner Kreis – Johann Schütz, A. und J. Bader, A. Rauch, Johann Georg Üblher –, die qualitätvollen Wand- und Deckengemälde stammen großenteils von Franz Georg Hermann, der u. a. auch Maria Steinbach (▶Memmingen) und St. Mang in ▶Füssen gestaltete. Heute wird die Residenz von Justizbehörden genutzt. Auf dem großen Wandgemälde (1991) im Eingangsbereich illustrierte der aus Memmingen stammende Grafiker und Architekt Josef Löflath mit teils drastischen Darstellungen die Geschichte des Stifts.

Führungen durch die Prunkräume alle 45 Min.: April – Sept. Di. – So. 9 – 15.45, Okt. 10 – 16, Nov., Jan.– März Sa., So. 10 – 16 Uhr, im Dezember während des Weihnachtsmarkts 12.15 – 16 Uhr | Eintritt 3,50 €

★ Klosterkirche St. Lorenz

Von der Renaissance bis zum Rokoko

Die ursprüngliche Stiftskirche, die den 1632 zerstörten romanischen Bau ersetzte (Bauzeit 1652 – 1670), wurde 1969 in den Rang einer »Basilica Minor« erhoben. Michael Beer und Johann Serro lieferten auch für sie die Pläne. Beers Grundriss verbindet ein Langhaus im Vorarlberger Münsterschema und einen oktogonalen Zent-

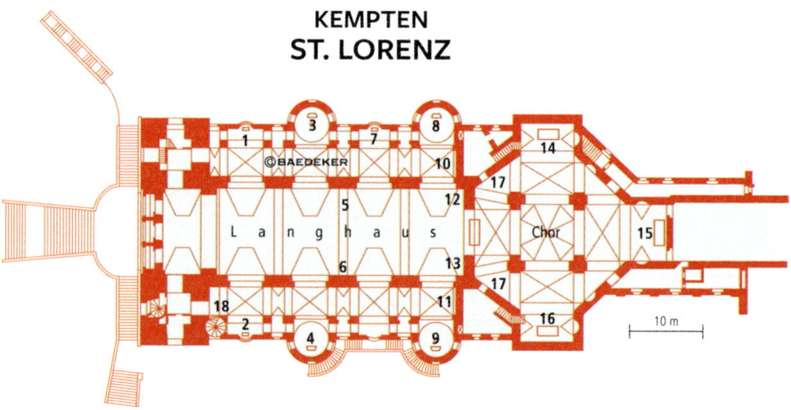

1 Stephansaltar
2 Johann-Nepomuk-Altar
3 Nikolausaltar
4 Martinsaltar
5 Kanzel / Christus stürzt unter dem Kreuz
6 Kruzifixus
7 Sebastiansaltar
8 Benediktusaltar
9 Schutzengelaltar
10 Anbetung der Hirten
11 Anbetung der Hl. Drei Könige
12 Rosenkranzaltar
13 Lorenzaltar
14 »Ablösaltar«
15 Hochaltar
16 Castulus-Altar
17 Chorgestühl
18 Astkreuz

ralraum als Chor: eine ungewöhnliche Anlage, die – eine ungewöhnliche Kombination – die Gemeinde- und Mönchskirche unter einem Dach vereinen sollte. Der Bau mit 65 m hohen Fassadentürmen, mächtigem Oktogon und seitlich vor das Langhaus gestellten Kapellen lässt noch italienische Renaissance bzw. Frühbarock erkennen: Das Oktogon folgt dem Dom in Pavia, das Langhaus S. Maurizio in Mailand, die Schallarkaden der Türme sind Sebastiano Serlio nachempfunden, die dreiteiligen Emporenöffnungen Andrea Palladio (bemerkenswert auch die Ähnlichkeit mit der Kathedrale auf dem Wawel in Krakau).
Auch das feierlich-ernste Innere steht zwischen den Stilen. Der feine vergoldete Stuck des Graubündners Johann Zuccalli ist der italienischen Spätrenaissance verpflichtet. Die Deckenfresken, die um das Thema der »Lobpreisung Gottes« kreisen, schuf um 1670 der Konstanzer Andreas Asper. Die eindrucksvollsten Teile der Kirche sind das 42 m hohe **Choroktogon** mit seiner ausgeklügelten Lichtführung und das **Chorgestühl** mit hervorragenden, seltenen Scagliola-Intarsien von Barbara Hackl (um 1670; Scagliola ist polierter farbiger Stuckmarmor). Besonders bemerkenswert sind auch die beiden eleganten Rokoko-Seitenaltäre vor dem Chor von J. G. Üblher (1750), der kreuztragende Christus unter der Kanzel (Jörg Lederer zugeschrieben, um 1530) und das gotische Astkreuz unter der Westempore (um 1350). Der »Ablösaltar« im Chor links ist der einzige aus der Entstehungszeit der Kirche.

Kemptener Museumslandschaft

Rund um die Residenz

Das schöne **Zumsteinhaus** am Residenzplatz ließ sich die aus Savoyen stammende Familie de la Pierre – eben »Zumstein« – 1802 erbauen. Seit Ende 2019 beherbergt es das neue **Stadtmuseum**. Die Geschichte Kemptens wird – von der Antike bis heute – zeitenübergreifend anhand verschiedener Themen wie Stadtentwicklung, Macht und Ohnmacht, Glaube, Verkehr, Migration, Handel, Freizeit, Wohnen und Gesundheit anschaulich präsentiert. Gegenüber der Stiftskirche steht das mächtige **Kornhaus** (um 1700).
Im **Marstall** (um 1730), wo einst die Pferde und Kutschen der Fürstäbte standen, stellt das **Alpinmuseum** den »Lebensraum Alpen« und seine Geschichte von der Erschließung bis zum heutigen Tourismus vor. In der **Orangerie** (1780) am Nordrand des Hofgartens ist die Stadtbibliothek ansässig. Wem der Sinn weniger nach Kultur denn nach Käse steht – bei Jamei Laibspeis (Hildegardplatz 3), reifen mit die besten Käselaibe des Allgäus ihrer Vollendung entgegen (► Das ist das Allgäu S. 19, 94).

Kempten-Museum Zumsteinhaus: Di. – So. 10 – 18 Uhr | Eintritt 4 € | www.kempten-museum.de | **Alpinmuseum:** März – Mitte Nov. Di. – So. 10 – 16 Uhr | Eintritt 4 € | www.kempten.de/alpin-museum
Am 1. Sonntag im Monat freier Eintritt in allen Einrichtungen.

OBEN: Das Selbstbewusstsein der Kemptener Fürstäbte war grandios – die Prunkräume in ihrer Residenz entsprechend prachtvoll.

UNTEN: Großer Auftritt beim Tänzelfest, dem ältesten Kinderfest Bayerns

Rund um Kempten

Biokäse und grandiose Aussicht

Wiggensbach

Der sehr schön vor der Alpenkulisse gelegene Ort 10 km westlich von Kempten besitzt die ungewöhnliche Kirche St. Pankratius: J. G. Specht, der Architekt der Klosterkirche Ulm-Wiblingen, erweiterte 1770/1771 die Reste eines spätgotischen Baus um ein Rokoko-Langhaus. Die prachtvollen Deckenfresken gelten als Hauptwerk von Franz Joseph Hermann (1772), Sohn des Kemptener Hofmalers Franz Georg Hermann. In der Biokäserei kann man beim Käsemachen zusehen (Kempter Str. 9). Der **Golfplatz Waldegg-Wiggensbach** ist der höchstgelegene Deutschlands (1011 m; golf-wiggensbach.de).

Vom 1072 m hohen **Blender** südlich von Wiggensbach – insbesondere seinem unbewaldeten Südwestteil, dem Rauhenstein (mit riesigem Fernmeldeturm) – hat man eine grandiose Aussicht bis zur Zugspitze und zum Säntis. Eine schöne Rundwanderung führt durch die Bilderbuchszenerie mit Weilern und Einödhöfen, teils auf dem »Allgäuer Käseweg«: Wiggensbach – Ermengerst – Wagenbühl – Masers – Rauhenstein/Blender – Holdenried – Wiggensbach (ca. 3 Std.).

Von Schlachten und Seen

Buchenberg

In Buchenberg (Fahrtrichtung Wengen) ist ein Stück Römerstraße samt Fahrrinnen zu bestaunen. Am Ortsrand erinnert eine Kapelle an die Schlacht auf dem Buchenberg 1460, bei der rund 300 Schweizer Söldner das 1400 Soldaten starke Heer des Fürstabts von Kempten besiegten. Die Schweizer kämpften an der Seite des Verwalters des Abts, nachdem dieser von seinem Herrn zu Unrecht des Betrugs bezichtigt worden war. Zwischen den Hügeln und Wäldern liegen zwei besonders schöne Seen, der Eschacher Weiher (in einigen Bereichen FKK) und der Moorweiher Buchenberg mit Kneipptretbecken und Moorlehrpfad.

Auf Kluftis Spuren

Altusried

In der stattlichen Marktgemeinde 15 km nordwestlich von Kempten (722 m, 10 000 Einw.) finden seit 1879 alljährlich im Sommer die sehenswerten **Allgäuer Freilichtspiele** statt, ergänzt durch ein ganzjähriges Programm mit Konzerten, Theater etc., v. a. im Theaterkästle (www.altusried.de). Weit übers Allgäu hinaus bekannt wurde der Ort als »Heimat« des **Kommissars Kluftinger** in den Allgäu-Krimis von Klüpfel/Kobr; klar, dass in »Krimi-Führungen« interessierten Gästen die Schauplätze der Geschichten präsentiert werden (auch die Domizile von Familie Kluftinger und Dr. Langhammer ...). Einen Besuch wert ist auch die Kirche St. Blasius und Alexander (1681) mit Wessobrunner Stuck von 1728.

Besondere Blicke

Iller-durchbruch

Ein im Allgäu unerwartetes Bild bietet sich östlich und nördlich von Altusried: In vielen Windungen hat sich die Iller mit bis zu 60 m hohen Felswänden in die fossilreichen Sand- und Mergelschichten der Oberen Süßwassermolasse eingegraben. Wanderwege erschließen die eindrucksvolle Landschaft. Eine empfehlenswerte Rundtour von Altusried aus (ca. 2 1/2 Std.): nördlich über Hörgers nach Fischers, dann westlich zur Burgruine Kalden; weiter in Richtung Betzers hinunter zur Iller und den Resten der mittelalterlichen Knochenstampfmühle. Dann hinauf nach Betzers und südlich über Strobels zurück nach Altusried. Die Fußgänger-Hängebrücke Fischers – Pfosen ermöglicht die Ausweitung der Runde zur Ostseite der Iller.

Grüße aus der Eiszeit

Kempter Wald

Südöstlich von Kempten dehnt sich der Kempter Wald aus, ein mit Mooren und Feuchtwiesen durchsetzter Fichtenwald in einer Höhe von 800–940 m ü. d. M. Obwohl seit Hunderten von Jahren wirtschaftlich genutzt, bezaubert er mit einer je nach Gemütslage romantischen bis unheimlichen Urwaldatmosphäre. In die Sagen, die sich um den Wald ranken, gingen auch die vielen eiszeitlichen Findlinge ein, die in dem Waldgebiet verstreut liegen; besonders beeindruckend der **Dengelstein** nahe Betzenried, der größte Findling, und derjenige, auf dem die **Burg Baltenstein** stand. Nordwestlich von Görisried öffnen sich weite Weiden, auf denen die »Schumpen« (Jungrinder) grasen. In der urigen **Mehlblock-Alpe** gibt es handfeste Brotzeit, dann und wann macht jemand Musik. Bewirtschaftet ist die Alpe vom späten Frühjahr bis in den Herbst (Mo. geschl.). Auf

BAEDEKER MAGISCHE MOMENTE

AM DENGELSTEIN

Auch ohne die Sage von dem Tierquäler, der nachts an einen riesigen Hund gekettet durch den dichten Forst reitet und ein schauriges Geheul ertönen lässt, wäre der Kemptener Wald ein bisschen unheimlich. Das liegt an den Findlingen, die eiszeitliche Gletscher hier hinterlassen haben. Am Dengelstein schärft, so erzählt man, Gevatter Tod seine Sense. Ein Ort zum Gruseln!

den Forstwegen lässt sich der Kempter Wald zu Fuß und per Fahrrad schön durchstreifen. Eine Runde mit dem Rad (25 km, ca. 2 1/2 Std.): Von Betzigau nach Osten über Jägerhaus und Kempter-Wald-Kapelle bis zur Abzweigung nach Görisried, dort südlich am Naturschutzgebiet »Teufelsküche« entlang, auf der Kreisstraße nach Bodelsberg; dann durchs Sinkmoos zur beliebten Waldwirtschaft Tobias, über Schönberg nach Betzenried und schließlich hinunter nach Betzigau.

Einmal Ritter sein

★ Sulzberg

Bei Sulzberg (712 m, 4600 Einw.) 8 km südlich von Kempten steht die Ruine einer der größten Burgen des Allgäus, errichtet im 12. Jh. von den Herren von Sulzberg. Im Bergfried ist ein Museum eingerichtet (Mai–Nov. So./Fei. 13.30–16.30 Uhr), seine Terrasse bietet einen herrlichen **Ausblick über das Oberallgäu**. In der näheren und weiteren Umgebung locken reizvolle Seen, v. a. Öschlesee, Rottachsee und Niedersonthofener See, alle mit Badeplätzen.

★ KLEINWALSERTAL · ★★ HOHER IFEN

Staat: Österreich | **Höhe:** 1089 – 2533 m ü. d. M.

Wissen Sie, was Strickbau ist, was man unter Sühnekreuz versteht oder wie Schrattenkalk aussieht? Das sind nur einige der vielen Besonderheiten bzw. Rätsel des Walsertals. Doch allem voran lockt die herrliche Gebirgslandschaft südwestlich von Oberstdorf: im Sommer mit fantastischen Wandertouren und im Winter mit einem schneesicheren Skiparadies.

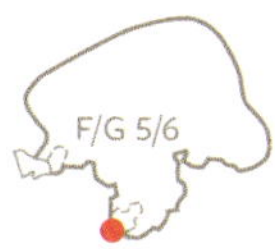

Österreichische Enklave

Das ca. 15 km lange, von der Breitach durchflossene Tal gehört zum österreichischen **Bundesland Vorarlberg**, ist aber durch mächtige Zweitausender – Widderstein, Untschenspitze, Hoher Ifen – von ihm getrennt; es gibt keine Straßen- oder Bahnverbindung, die Anreise ist nur von Oberstdorf möglich. Man verwendet österreichische Briefmarken, die Autos haben österreichische Kennzeichen; Postleitzahlen gibt es österreichische und deutsche, beim Telefonieren muss man die österreichische Ländervorwahl verwenden. Rund 1,5 Mio. Gästeübernachtungen zählt man hier im Jahr. Lange galt das Kleinwalsertal als Steueroase, doch seit deutsche Finanzämter Zugriff auf Bank- und Steuerdaten haben, gehört das der Vergangenheit an.

KLEINWALSERTAL ERLEBEN

KLEINWALSERTAL TOURISMUS
Walserstraße 264
A - 6992 Hirschegg
Tel. +43 5517 51 14-0
www.kleinwalsertal.com

Der Walserbus verbindet mit kurzen Taktzeiten die Orte und kleinen Weiler untereinander und mit Oberstdorf (das Bayernticket gilt hier nicht). Mit der Allgäu-Walser-Card (▶S. 350) ist der Walserbus gratis (nicht jedoch zwischen Oberstdorf und Walserschanz), ebenso das Parken auf den Auffangplätzen in Oberstdorf.

Jeden Freitag Hofmarkt mit regionalen Produkten in Hirschegg. Am 1. Fastensonntag wird in Mittelberg-Bödmen ein 30 m hoher »Funken« (Holzstoß) abgebrannt (in ungeraden Jahren). Fronleichnam wird mit Prozessionen in schönen Trachten begangen. Mitte Sept.: Internationales Alphorn-Festival in Baad. Um den 20. Sept.: Viehscheid in Riezlern, in manchen Jahren mit »Internationaler Älplerletze« an der Bergstation der Kanzelwandbahn: ein Fest mit Bergmesse, Alphorn- und anderer Musik, das abwechselnd mit Oberstdorf (Fellhorn) und dem Tannheimer Tal gefeiert wird.

Wandertipps gibt Kleinwalsertal Tourismus (s. o.), der auch geführte Touren anbietet (mit Gästekarte gratis). Die Bergschule Kleinwalsertal (Tel. +43 5517 210 17, bergschule.at) hat Touren aller Sportarten im Programm. Mountain- und E-Bikes gibt es bei Sport Kessler in Riezlern (Tel. +43 5517 36 85 40, www.sport-kessler.com) und Sport Hilbrand in Mittelberg (Tel. +43 5517 55 90, https://sport-hilbrand.com); geführte Touren: WalserBikeTours, Riezlern (+43 6767 56 29 09, www.walserbiketours.com).

Eine Reihe von Kabinen- und Sesselbahnen macht die abwechslungsreichen Wanderreviere des Kleinwalsertals leichter zugänglich. Mit fast 130 km Abfahrten aller Schwierigkeitsgrade ist die **Skiregion Oberstdorf-Kleinwalsertal** an Fellhorn und Kanzelwand, an Ifen und Walmendinger Horn die höchstgelegene und größte im Allgäu (Skipass). Erschlossen wird sie durch die Kanzelwandbahn von Riezlern (zum Fellhorn führt von der ▶Oberstdorfer Seite eine Kabinenbahn hinauf), die top-modernen Ifen-Bergbahnen von Hirschegg ins Schwarzwassertal und die Walmendingerhornbahn von Mittelberg. Als vorbildlich gilt der naturverträgliche Ausbau von Schneeschuh- und Skitouren um den Hohen Ifen. Es gibt schöne Loipen von insgesamt 45 km Länge, mehrere Rodelbahnen und eine Reihe großartige Winterwanderwege sowie zahlreiche Möglichkeiten zur Einkehr, darunter das neue Biorestaurant **»Tafel & Zunder«** an der Bergstation am Ifen.

Häufig werden Zimmer nur mit Halb- oder »3/4«-Pension angeboten. In der Wintersaison liegen die Hotelpreise 20 – 60 % höher als im Sommer.

WIRTSHAUS HOHENECK €€
Das preisgekrönte Restaurant serviert ausschließlich heimische Produkte und Rezepte wie z. B. Fleischchüachle vom Rind – sehr schmackhaft.
Mittelberg, Walserstr. 365
Tel. +43 5517 552 25
www.hoheneck.at

ALMHOF RUPP €€€€

Zentral, dennoch ruhig gelegenes »Genießer-Hotel« im Landhausstil an der Talstation der Kanzelwandbahn. Die rustikal bis schnörkelig gestalteten Zimmer und Appartements muss man mögen. Ein Höhepunkt ist das mehrfach ausgezeichnete Gourmetrestaurant mit hervorragender Weinkarte.
Riezlern, Walserstr. 83
Tel. +43 5517 50 04
www.almhof-rupp.at

HOTEL WALSERSTUBA €€€

Abseits des Dorfzentrums schön gelegenes Hotel mit alpenländischem Charme. Hervorragende, feine Küche nach Walser Art des vielfach ausgezeichneten Kochs Jeremias Riezler mit heimischen und Bioprodukten, auch Vegetarisches. Auf der Weinkarte sind vor allem Gewächse aus Österreich und Italien vertreten.
Riezlern, Eggstr. 2
Tel. +43 5517 534 60
www.walserstuba.at
Das Haus ist ca. 10. Juni – 20. Okt. und 20. Dez.–20. März geöffnet, das Restaurant Mi. – So. ab 18.30 Uhr.

GASTHOF BERGBLICK €€

Sehr hübsch 2 km vom Ortskern gelegener Gasthof mit gemütlichen Zimmern, netter Gaststube und schöner Terrasse
Riezlern, Außerschwende 36
Tel. + 43 5517 526 10
https://gasthof-bergblick.at

DAS KLEINE BERGHOTEL €€

Oberhalb von Riezlern am Skihang (Schwandlift) gelegenes kleineres Haus, angenehme moderne Zimmer. Man ist besonders auf Hunde und MTB-Fans (Touren und Räderverleih) eingestellt, und nach dem Sport geht's in die Sauna und/oder in den Weinkeller.
Riezlern, Westeggweg 6
Tel. + 43 5517 533 80
www.das-kleine-berghotel.at

EBERLEHOF €€

In dem schönen alten Waldlerhaus mit schnörkelloser regionaler Küche ist die rustikale Bauernstube stets voll besetzt, deshalb empfiehlt es sich zu reservieren. Kinder haben ihren Spaß an den vielen Streicheltieren.
Riezlern, Mahdtalweg 8
Tel. + 43 5517 2 00 73
www.eberlehof.com

CANTINA VERTICAL €

Das beliebte Café gegenüber der Talstation der Kanzelwandbahn ist die Anlaufstelle für besten Kaffee, leckere Kuchen und kreativ kombinierte Sandwiches.
Riezlern, Walserstr. 70
Tel. + 43 650 607 31 45, So. 10 – 19, Winter 9 – 18 Uhr

NATURHOTEL CHESA VALISA €€€€

Mit herrlicher Aussicht oberhalb von Hirschegg gelegenes Biohotel mit elegantem Ambiente – in einem alten Haus und einem modernen Trakt in Vorarlberger Holzbauweise. Die Küche ist auf der Höhe der Zeit, inkl. vollwertig und vegetarisch. Großes Programm für Fit-/Wellness (auch Pool) und Kinder. Nur mit »Bio-Vitalpension« zu buchen.
Hirschegg, Gerbeweg 18
Tel. + 43 5517 541 40
www.naturhotel.at

NATUR-ERLEBNISHOF €€€

Alleine der schöne Hof ist eine Freude und die vier in schlicht-modernem Alpinstil eingerichteten Ferienwohnungen erst recht. Im Restaurant Hofstube verkosten Sie regionale Produkte, die mit heimischen Kräutern verfeinert sind.
Hirschegg, Wäldelestraße 34
Tel. + 43 5517 201 04
www.natur-erlebnishof.at

ALPEN, KÜHE, MILCH UND KÄSE

BAEDEKER WISSEN

Hübsche braungraue Rinder auf leuchtend grünen, steilen oder weiten, meist buckligen Wiesen, der herzhafte Duft von Kuhdung, sahnige Milch und würziger Käse, dazu mächtige Portionen nahrhafter Kässpatzen – nicht zu Unrecht sind dies die tragenden Elemente im landläufigen Bild vom Allgäu (siehe auch S. 16 und Baedeker Wissen S. 136).

Man kann sich kaum vorstellen, dass das Allgäu nicht schon immer »grün« war, ein Land der Kühe, Weiden und Senner. Wohl hielt man seit ältesten Zeiten Rinder, die Fleisch, Milch und wertvolle Rohstoffe zu vielfältigster Verwendung lieferten. Käse produzierte man aber praktisch nur für den Eigenbedarf; für eine Vermarktung in größerem Stil gab es weder die geeigneten Produkte noch die technischen und logistischen Einrichtungen. Dennoch muss er einen guten Ruf gehabt haben – der römische Kaiser Antoninus Pius soll sich im Jahre 161 n. Chr. an Allgäuer Käse zu Tode gegessen haben.

Eine Erfolgsgeschichte

Es war eine echte Fügung des Schicksals. Gerade in einer Zeit, als die wirtschaftliche Basis der Bauern im Oberland – die nie üppig war – mit der Leinenproduktion zusammenzubrechen drohte, traten vor allem zwei Männer auf den Plan, die mit Tatkraft für das Allgäuer Wirtschaftswunder des 19. Jh.s sorgten. Der Oberstaufener Händler und Spediteur **Josef Aurel Stadler**, der Käse aus dem schweizerischen Emmental importierte, holte von dort den Sennen **Johann Althaus**, der schließlich 1827 im Gunzesrieder Tal den ersten vollgültigen »Allgäuer Emmentaler« herstellte. 1830 entstand in Wilhams bei Immenstadt der erste Limburger Käse, ein »Werk« von **Carl Hirnbein** (►S. 296), der Käser aus Belgien geholt hatte. Die große Leistung bestand aber nicht nur darin, konkurrenz- und transportfähige Produkte zu entwickeln, sondern auch für breite Nachfrage und den Vertrieb zu sorgen. Die Stadlers verschifften von Ulm aus ihre Ware bis nach Wien und Budapest; Hirnbein richtete Niederlassungen in Mannheim, Kassel und Stuttgart ein, bis nach Franken und Sachsen wurde sein Käse verkauft.

Im Lauf weniger Jahre wurden Ackerbau und Leinwand aufgegeben und die Landwirtschaft fast ganz auf die Produktion von Milch und Käse umgestellt. Welche gewaltigen Auswirkungen das hatte, wird etwa an der Alp Laufbichl im Ostrachtal deutlich, die ihren Ertrag innerhalb von zwei Jahren annähernd verzwanzigfachte.

1872 zählte man im Allgäu nicht weniger als 34 Käsehandelsfirmen, 1885 gab es über 1100 Talsennereien. 1890 wurde in Weiler eine **Lehranstalt für Emmentalerkäserei** gegründet. Rund um Milch und Käse entstand ein ganzes System von Einrichtungen für die Ausbildung und die Qualitätssicherung, die heute ihr renommiertes Zentrum in der **Milchwirtschaftlichen Untersuchungs- und Versuchsanstalt** in Kempten hat. Wie bedeutend die Milchwirtschaft für das Allgäu auch heute noch und im anhaltenden

Auf der Demeter-Alpe Sonnhalde heißt es zupacken.

Niedergang der Landwirtschaft ist, lassen einige Zahlen erkennen: 99 % der Landwirtschaftsfläche im Oberallgäu sind Dauergrünland, im Unterallgäu sind es noch 70 %; der Anteil der Nebenerwerbsbetriebe liegt deutlich unter dem bayerischen Durchschnitt von 55 %, ebenso der Rückgang der Zahl der Milchkühe.

Vom Dachs zum Braunvieh

Jahrhundertelang genoss die Allgäuer Viehzucht einen guten Ruf. Der heimische Schlag des alpinen Braunviehs, der **Allgäuer Dachs**, war klein, genügsam und unempfindlich bei guter Milchleistung. Die Rinderpest um 1800 und der Boom des Allgäuer Käses führten jedoch dazu, dass man die Zucht vernachlässigte und billige Rinder verschiedener Rassen aus dem Ausland kaufte. Erst um 1890 wurden Zuchtverbände gegründet und unter Rückgriff auf Schweizer Braunvieh wieder eine einheitliche Rasse geschaffen: eine robuste »milchbetonte Zweinutzungsrasse«, die also auch gutes Fleisch liefert, mit den rauen alpinen Bedingungen klarkommt und deren Milch eine hohe Käseausbeute ermöglicht. Ab etwa 1966 wurde, um die Milchleistung zu erhöhen, die amerikanische Rasse Swiss Brown eingekreuzt, und zwar so vehement, dass um 1990 das alte Braunvieh fast völlig verdrängt war. Heute jedoch hat man erkannt, dass dieses für das Allgäu eine ideale Rasse ist, und es wird nun unter der Bezeichnung **Original Allgäuer Braunvieh** wieder verstärkt gezüchtet. Außer seiner Konstitution und der guten Käsereieignung der Milch schätzt man auch das hervorragende Fleisch; eine extensive Viehwirtschaft mit landschaftspflegerischem Wert trifft sich mit der wachsenden Nachfrage nach hochwertigem Fleisch – auch aus der Gastronomie, z. B. aus den Gasthöfen, die sich in der »LandZunge« zusammengeschlossen haben (►S. 317). In diesem Zusammenhang bekamen auch die Alpbetriebe im Allgäu neue Bedeutung, denn viele Züchter erkennen die Vorteile der Älpung des Jungviehs, wie Gesundheit, Robustheit und Fruchtbarkeit, und honorieren sie entsprechend.

Emmentaler, Romadur & Co.

»Allgäuer Emmentaler« und »Allgäuer Bergkäse« sind heute von der EU als Herkunftsbezeichnung geschützt. Beide sind Hartkäse und werden nach demselben Verfahren hergestellt: Rohe Abend- und Morgenmilch wird mit Milchsäurebakterien und Lab dickgelegt, der »Bruch« von der Molke getrennt und in Formen gepresst. Nach einem Salzbad reifen die Käse mehrere Monate. Die Unterschiede – der **Emmentaler** ist größer, hat kirschgroße Löcher und schmeckt mild-nussig, der kleinere **Bergkäse** hat wenige erbsengroße Löcher und ein würzigeres Aroma – beruhen v. a. auf unterschiedlichen Formaten und Reifebedingungen. Anders der **Romadur**, dessen größere Varianten als Limburger (um 250 g) und Backsteinkäse (um 500 g) bezeichnet werden: Er ist ein Weichkäse mit Rotschmiere, der nur 2 bis 4 Wochen reift, wobei das Bacterium linens für den charakteristischen roten (essbaren) Überzug und den ebenso typischen, herzhaften Geschmack sorgt. Berüchtigt für seinen kräftigen »Duft«, von Kennern jedoch heiß geliebt, wird

Vor knapp 200 Jahren wurde im Allgäu der erste »Schweizer Käse« hergestellt. Auf der Buchrainer Alpe wird der Käse traditionell im Kupferkessel dickgelegt.

der **Weißlacker**, der einzige echte Allgäuer Käse, der 1874 in Wertach erfunden wurde und ebenfalls als »Allgäuer Weißlacker« herkunftsgeschützt ist. Heute wird er nur noch von einer Molkerei hergestellt (Allgäuer Hof-Milch GmbH in Sonthofen). Den Namen hat der sonst dem Romadur ähnliche Käse von der weißlichen, lackartig glänzenden Schmiere, sein Geschmack ist leicht scharf und salzig. Wer Allgäuer Käse und seine Herstellung einmal aus der Nähe erleben will, kann das – unter anderem – auf der **Westallgäuer Käsestraße** tun (▶ S. 138).

Alpenkunde

So – und nicht »Almen« – heißen im alemannischen Allgäu die landwirtschaftlichen Betriebe in den Bergen. Gut 30 000 Stück Vieh verbringen auf über 680 Allgäuer Alpen (davon 48 Sennalpen) mit ca. 1500 km² Fläche, die sich in Privat-, Gemeinde- oder Genossenschaftsbesitz befinden, den Sommer. Die uralte Wirtschaftsform, die schon für das 8. Jh. dokumentiert ist, wurde ursprünglich dazu genutzt, das Jungvieh, das noch nicht gemolken werden muss, den Sommer über zu versorgen (**»Galtalpen«**) und das Gras in den Tälern für den Winter zu horten. Mit der Ausweitung der Käseproduktion im 19. Jh. kamen dann auch Milchkühe und Senner – die die Milch an Ort und Stelle zu Butter und Käse verarbeiten – auf die **»Sennalpen«**. Der dreimonatige Alpsommer war hart und wenig lukrativ, sodass im Zug der Industrialisierung der Milchwirtschaft viele Alpen nicht mehr »bestoßen« (mit Vieh beschickt) wurden. In heutigen Zeiten gelten handwerklich hergestellte Lebensmittel aus zuverlässigen und unverdorbenen Quellen wieder etwas, und so gab es eine Renaissance der Alpen und kleinen Sennereien, die oft auch den Weg der Direktvermarktung nutzen. Übrigens gilt fast das ganze Allgäu im Sinn der EU als »Berggebiet« und wird entsprechend subventioniert; bewusst fördert man damit auch die Pflege einer **einzigartigen Kulturlandschaft**, die Grundlage für den Tourismus ist, ein unverzichtbares wirtschaftliches Standbein der Region.

Alpsommer und Viehscheid

Etwa hundert Tage »sömmert« das Vieh auf den Allgäuer Alpen. Auftrieb ist je nach Wetterentwicklung im Juni; beendet wird die Sommersaison mit Alpabtrieb und Viehscheid zwischen dem 10. und dem 25. September, wenn in den Bergen der erste Schnee fällt. Jede Alp hat ihren traditionellen fixen Termin, der heute allerdings häufig auf ein Wochenende verlegt wird – berücksichtigend, dass der Viehscheid zu einer großen touristischen Attraktion geworden ist. Unter dem ohrenbetäubenden Tosen der Festtagsschellen streben die Rinder zu Tal. Wenn kein Verlust zu verzeichnen war, wird der Zug vom **Kranzrind** angeführt, das mit grünen Zweigen, Blumen, Flitter, Kreuz und Spiegel prächtig geschmückt ist. Die »Älpler« oder »Bergler« haben sich in Lederhosen und Dirndl gewandet. Ihr Ziel ist der Scheidplatz, auf dem die Kühe »geschieden«, d. h. an die Eigentümer verteilt werden. Natürlich wird das Ende des Sommers mit Festzelt, Musik und »Scheidball« gebührend gefeiert. Meist treffen die Herden zwischen 7.30 und 10 Uhr im Talort ein. Die aktuellen Termine findet man im Internet unter www.allgaeu-viehscheid.de und www.oberallgaeu.de.

Skiaufstieg zur Güntlespitze im Kleinwalsertal

★ Landschaft, Orte, Geschichte

Wer waren die Walser?
Der breite, wellige Talgrund wird von waldbedeckten Flanken eingefasst, über denen schroffe Kalkgipfel aufragen. Die Orte Riezlern, Hirschegg, Mittelberg und Baad, zur politischen Gemeinde Mittelberg zusammengefasst, liegen zwischen 1100 und 1250 m hoch und haben insgesamt etwa 5500 Einwohner. Ihre **alemannischen Vorfahren** sind – wie an der Kirche in Mittelberg verkündet – ab 1302 aus dem schweizerischen Goms, dem oberen Rhonetal, eingewandert. Die Alemannen waren im 9. Jh. ins Schweizer Rhonetal vorgedrungen, wo sie die Viehzucht mit Milch- und Käseproduktion sowie die sog. Wiesen-Alp-Wirtschaft entwickelten. Im 13. Jh. breiteten sie sich in die benachbarten italienischen Täler, ins Vorderrheintal und von dort bis nach Vorarlberg aus. Zum ersten Mal taucht der Name »Walser« 1319 in einer Galtürer Urkunde auf. 1451 eroberte Herzog Sigmund von Tirol das Tal, das seit 1453 mit einigen Unterbrechungen zu Österreich gehört. 1891 erhielt es Zollanschluss an das Deutsche Reich.
Durch die jahrhundertelange Abgeschlossenheit hat sich **Walser Eigenleben** erhalten können, die »Schwizer« Mundart wird ebenso gepflegt wie das Brauchtum, zum Beispiel die überaus reiche Frauentracht. Besondere Erlebnisse sind auch die Hochzeiten und die Fronleichnamsprozessionen. Interessant ist der Baustil der Walserhäuser: Auf einem Steinfundament sind sie im so genannten Strickbau aus

Holzbalken gefügt. Auch traditionelle Gerichte werden bewahrt bzw. wiederbelebt. Dafür machen sich Walser Spitzenköche in der Vereinigung Önsche Walser Chuche (http://www.walser-chuche.at) stark. Über die Volkskunde des Kleinwalsertals informiert das Walsermuseum in Riezlern, das jedoch vorläufig für einen Ausstellungsumbau geschlossen ist (► unten) und der **Walser Kulturweg**. Er verbindet schöne alte Häuser, Kirchen und andere Kulturdenkmäler. Man kann ihm in einzelnen Ortsrunden wie etwa in Mittelberg oder Hirschegg folgen oder ihn auch in einer 13 km langen Tour von Riezlern über Sölleck und Walserschanz erwandern. Jede Station ist markiert und erläutert; Hintergrundinformationen enthält außerdem das Büchlein »Originales und Originelles«, das bei den Tourismusbüros erhältlich ist. Beschreibungen der Wanderungen auf www.walsertal.com.

Die schönste Sackgasse Österreichs

Ausgangsort für den Besuch des Kleinwalsertals ist ►Oberstdorf. 6 km hinter dem Ort erreicht man beim Gasthof Walserschanz die Grenze; hier hat man Zugang zur wildromantischen **Breitachklamm** (►Oberstdorf). Der Weg führt talaufwärts mit schönem Blick auf den **Hohen Ifen und die Gottesackerwände** (► unten). Man passiert Unterwestegg, dessen Maria-Hilf-Kapelle von 1796 einen eindrucksvollen Kruzifixus an der Fassade (um 1680) und einen schönen **gotischen Flügelaltar** besitzt; er stammt vermutlich aus dem Pustertal.

An der Einmündung des Schwarzwassertals breitet sich **Riezlern** (1100 m) aus, der größte und lebhafteste Ort des Tals mit Geschäften, Cafés, Spielcasino, Freizeiteinrichtungen wie Freibad, Kurpark etc. und dem derzeit leider geschlossenen **Walsermuseum**, das Geschichte und Brauchtum des Tals illustriert.

Auf einer Anhöhe über dem Leidtobel, wo einst ein Hirsch mit einem Bären gekämpft haben soll, steht die Pfarrkirche von **Hirschegg** (1806) mit ihrem hoch aufragenden Turm. Im Dorf sind noch einige schöne alte Bauernhäuser zu sehen. Das **Walserhaus** beherbergt das Tourismusbüro und ist Spielstätte des **Bauerntheaters**. Interessant ist hier die »Bergschau 1122«, die Flora und Fauna in den Allgäuer Alpen und das Zusammenwirken von Mensch und Natur in den Bergen vorführt. Im Skimuseum, ebenfalls im Walserhaus, führt die Ausstellung »Die Pionierzeit des Skilaufs von 1895 bis 1940« durch die Geschichte des beliebten Wintersports.

Walsermuseum: Termin der Wiedereröffnung unkklar | Information: https://museenvorarlberg.at

Walserhaus: Bergschau Sommer tgl. 8 – 18, Nov. Mo.–Fr. ab 9, Sa., So. bis 12 Uhr | Skiausstellung Sommer tgl. 9 – 17, Nov. Mo. – Fr 9 – 17 Uhr | www.walserhaus.at/

Mittelalterliche Sühnekreuze

Mittelberg

Im 14. – 16. Jh. mussten Kapitalverbrecher am Ort ihrer Tat »Sühnekreuze« aus Stein meißeln und aufrichten. Ein solches steht unterhalb der Pfarrkirche **St. Jodok** von 1371 (1463 verändert, 1694 barockisiert). An deren Turm sind die Jahreszahlen 1371 und 1374 eingemeißelt, im Chor die Zahl 1302 – in **arabischen Ziffern**, eine erstaunliche Tatsache, denn im schwäbischen Raum beginnt sich diese Schreibweise erst etwa 150 Jahre später durchzusetzen. Auch in den Fresken aus dem 14. Jh. sind arabische Schriftzüge erkennbar. Im Wallis hatten sich im 10. Jh. Sarazenen niedergelassen, und es könnte sein, dass die Walser dieses Wissen von dort mitgebracht hatten. Interessant ist auch der Kräutergarten bei der Kirche. Am Ende des Tals – überragt von dem eindrucksvollen Widderstein – liegt der Weiler **Baad** (1251 m) mit einigen schönen Walserhöfen, Ausgangsort für eine Wanderung durchs wildromantische Bärgunttal.

Der markante, wie ein Schiffsbug ansteigende Hohe Ifen – hier vom Walmerdinger Horn aus gesehen

Winterlicher Hochgenuss

★★ Hoher Ifen und Gottesackerplateau

Im Westen wird das Kleinwalsertal von dem eigenartig-markanten, wie ein Schiffsbug ansteigenden Hohen Ifen (2229 m) mit den senkrechten Gottesackerwänden überragt. Nördlich schließt sich ein nicht weniger beeindruckendes Naturphänomen an, das ca. 2000 m hoch liegende Gottesackerplateau. Das von Natur aus leicht saure Regenwasser hat das Kalkplateau aus dem Helvetikum zu **»Schrattenkalk«**, zu »Karren« mit tiefen Rinnen und scharfen Graten zerfressen. In der auf den ersten Blick unwirtlichen Steinwüste lebt eine überaus reiche kleinwüchsige Flora, weshalb 24,3 km² unter Naturschutz gestellt wurden. Am einfachsten (und daher meist sehr frequentiert) ist die Tour von der Auenhütte: mit dem Sessellift zur Ifenhütte, dann südlich des Skilifts durch die Ifenmulde zum Gipfel (Abstieg auf demselben Weg, gesamt ca. 3 Std.). Im Winter ist, von der Bergstation ausgehend, ein 3 – 5 km langer Wanderweg übers Gottesackerplateau gebahnt – bei schönem Wetter ein Hochgenuss.

Über allen Gipfeln ist Ruh'

Weitere Touren

Herrliche Ausblicke auf die Allgäuer und Lechtaler Alpen gewährt die Gratwanderung von der Kanzelwandbahn-Bergstation über das **Fellhorn** zur Bergstation der Söllereckbahn (ca. 3 Std., ▶Oberstdorf). Auch die südliche Rundtour von der Kanzelwand-Bergstation über den Schüsser zur **Hochgehrenspitze** ist interessant (2 Std.). Ein Leckerbissen für ausdauernde Berggeher ist die Besteigung des 2533 m hohen **Widdersteins**, der das Kleine Walsertal im Süden abschließt: von Baad über Bärgunt-Alm und Hochalppass (1938 m) zum Gipfel, weiter über die Widdersteinhütte und durch das Gemsteltal nach Bödmen (leichte Wanderung um den Widderstein 5 – 6 Std., sehr anspruchsvolle Gipfelbesteigung zusätzlich weitere ca. 2½ Std.).

LEUTKIRCH · ★ WOLFEGG

Landkreis: Ravensburg | **Höhe:** 654 m ü. d. M. | **Einwohner:** 23 000

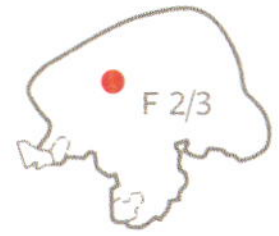

Allein um die beschwingte Rokokodecke im Rathaussaal zu sehen, lohnt der Besuch dieses bezaubernden Städtchens, das seine Attraktionen etwas unvorteilhaft hinter einem Ring von Gewerbegebieten verbirgt. Doch spätestens am romantischen Gänsbühl ist die Welt der Barockfassaden und Walmdächer wieder in Ordnung!

Eine Kirche für zwei Dörfer

Seinen Namen verdankt Leutkirch der »Leutekirche« St. Martin, die schon im Jahr 848 dokumentiert ist und einst gleich für zwei Dörfer läutete. Leinweberei und -handel trugen zum Wohlstand der ab 1293 Freien Reichsstadt bei, um 1500 zählte man hier über 200 Weber. Heute präsentiert sich die Große Kreisstadt als lebhaftes Wirtschaftszentrum der Region Bodensee-Oberschwaben mit einer liebevoll restaurierten, denkmalgeschützten Altstadt.

Wohin in Leutkirch?

Tugendhaft

Am Gänsbühl

Durch die Kornhausstraße – hier das spätgotische Kornhaus (1533 erwähnt), heute Stadtbibliothek – erreicht man das Herz der Altstadt, den Gänsbühl mit dem modernen Gänseliesel-Brunnen. Hier steht auch das rot verputzte **Rokoko-Rathaus** mit Laubengängen (1741) und schönen Stuckdecken des Wessobrunners Johannes Schütz, eines Schülers von Dominikus Zimmermann, der auch in Kempten, Wolfegg und Kißlegg arbeitete. Schönster Raum ist der prachtvoll ausgestattete Ratssaal im zweiten Stock. Beachtenswert sind außer der Wandtäfelung die stuckierte Decke mit Allegorien und Darstellungen weltlicher und religiöser Tugenden – in der Mitte der Decke herzen sich zwei anmutige Damen, die Gerechtigkeit und Frieden verkörpern. Neben dem Rathaus die Kanzlei von 1617.

Ratssaal: zugänglich während der Bürozeiten, wenn nicht gerade »belegt«: Mo.– Fr. 8 – 12, Sa. 9.30 – 11.30, Do. auch 14 – 17.30 Uhr

Schützenscheiben und Webstühle

Haus zum Bock

Folgt man dem sanft ansteigenden Gänsbühl, erreicht man den auffälligen, hoch aufragenden rechteckigen Bockturm mit markantem Glockenreiter. Er ist der größere von zwei erhaltenen Türmen der mittelalterlichen Stadtbefestigung. Links von ihm steht das spätgotische **Haus zum Bock** mit mächtigem Barock-Walmdach (die Herkunft des Namens ist unklar). Das hier untergebrachte **Museum im Bock** führt die Geschichte von Stadt und Umgebung anschaulich vor Augen; Schwerpunkte sind Volkskunst, Glasmacherei und Handwerk, besondere Beachtung verdienen die vielen Schützenscheiben und die Skulpturen des Rokoko-Bildhauers Konrad Hegenauer (1734 –1807). Wenige Schritte entfernt ist ein langes Stück Stadtmauer erhalten. In den bescheidenen, an der Mauer klebenden Häusern der Schneegasse wohnten Weber; die Außentreppen führten hinunter zum »Dunk«, dem im Keller gelegenen Arbeitsplatz, der feucht sein musste, um das Garn geschmeidig zu halten. Eine solche ehemalige Werkstatt ist in der Schneegasse 1 zu besichtigen.

Museum im Bock: Mi. 14 – 17, So., Fei. 10 – 12, 14 – 17 Uhr | Eintritt 3 € | **Werkstatt:** Mi. 14 – 17, So., Fei. 10 – 12, 14 – 17 Uhr | Eintritt 3 €

LEUTKIRCH ERLEBEN

TOURISTENINFORMATION
Marktstraße 32
88299 Leutkirch
Tel. 07561 87-154
www.leutkirch.de

WOLFEGG INFORMATION
Rötenbacher Str. 11
88364 Wolfegg
Tel. 07527 96 01 51
www.wolfegg.de

Leutkirch: Große Fasnet mit »Gumpigem Donnerstag« und Narrensprung am Fasnetsonntag. 3. Juli-Wochenende, 4 Tage: großes Kinder- und Heimatfest mit Umzug am Dienstag. 1. Aug.-Hälfte, 12 Tage: Altstadt-Sommerfestival mit Kindertag, Quietscheentenrennen und MegaDanceNight.
Wolfegg: Die barocken Veranstaltungsorte Rittersaal, Stiftskirche St. Katharina und die spätgotische Alte Pfarr bilden den herrlichen Rahmen für vier renommierte Konzertreihen: die Internationalen Wolfegger Konzerte um den 20. Juni (www.konzerte-wolfegg.de),Konzerte der Ludwigsburger Schlossfestspiele im September (www.schlossfestspiele.de), die Ostermusik und die Wintermusik (beide www.wolfegg.de) um die Jahreswende. Besucher der Internationalen Wolfegger Konzerte kommen auch in den Genuss einer Führung durch sonst nicht zugängliche Teile des Wolfegger Schlosses, zu sehen sind dann u. a. die wertvollen Kunstsammlungen. Infos und Tickets bei der Wolfegg Information.

GASTHAUS RÖSSLE €–€€
Ein Haus mit dem Charme vergangener Zeiten. Im behutsam renovierten Gasthaus (»LandZunge«-Mitglied) wird zum Bier von fünf Brauereien Regionales serviert. Mit idyllischem Biergarten.
Leutkirch, Haselburg 1
(4 km südlich)
Tel. 07561 983 45 01
Mo., Di. geschl.
www.roessle-haselburg.de

BRAUEREIGASTHOF MOHREN €–€€
Stattlicher, gepflegter Traditionsgasthof, laut »Feinschmecker« eines der besten Bierlokale Deutschlands, mit vorzüglicher schwäbisch-bayerischer Küche (»LandZunge«-Mitglied). Modern eingerichtete Zimmer für 1–4 Personen.
Leutkirch, Wangener Str. 1
Tel. 07561 985 70, Di. geschl.

HOTEL-GASTHOF OCHSEN €€
Familiengeführter Gasthof in der Ortsmitte mit modernen, teils nach Feng Shui gestalteten Zimmern und schickem Spa. Auch im Restaurant trifft Moderne auf Tradition.
Kißlegg, Herrenstr. 21
Tel. 07563 91 09-0
www.ochsen-kisslegg.de

HOTEL POST €–€€
Ruhig gelegener Gasthof mit familiärer Atmosphäre und Biergarten. Neurustikale Zimmer im Haupthaus, das neue Holzhaus bietet edle, geradlinig-moderne Zimmer in »100 % Holz«.
Wolfegg, Rötenbacher Str. 5
Tel. 07527 961 40, tgl. geöffnet
www.hotel-post-wolfegg.com

Ein Blick in den Hinterhof

Marktstraße

Die Achse der Altstadt und seit dem Mittelalter die **Hauptgeschäftsstraße** ist die einst von Toren abgeschlossene Marktstraße (Markt ist am Montag). Unter den mal trauf-, mal giebelständigen Bürger- und Wirtshäusern fällt das große **Gotische Haus** auf (Nr. 32). Das älteste Haus der Stadt und eines der ältesten Gebäude Oberschwabens, mit Bohlenständerkonstruktion über einem Steinsockel, wurde 1377 –1379 erbaut. Es ist Sitz des Tourismusbüros und wird für Ausstellungen genutzt. Interssant ist der Blick auf die Fassade im Hinterhof: Dort ist die ursprüngliche Bauweise noch deutlich sichtbar.

Harmonie von Alt und Neu

St. Martin

Vom Rathaus Richtung Süden geht es ins »geistliche Viertel« der Stadt. Wo einst die »Leutekirche« stand, wurde 1514 – 1519 die Pfarrkirche St. Martin errichtet, eine spätgotische Hallenkirche mit schönen Netz- und Sterngewölben. Als sich die Reformation in Leutkirch durchsetzte (1546), blieb St. Martin den 25 Katholiken erhalten, die in der Stadt weiterhin leben durften. Im lichten Gotteshaus harmonieren moderne Glasfenster und Skulpturen mit den Resten der gotischen Ausstattung wie eine **Anna Selbdritt** (um 1490, rechter Seitenaltar) und eine Muttergottes (linkes Seitenschiff).

Folgt man vom Rathaus dem westlichen Weg über den Marktplatz durch die bereits erwähnte Kornhausstraße, stößt man auf die Evangelische Kirchgasse und die **Dreifaltigkeitskirche** (Trinitatis), der ersten evangelischen Kirche zwischen Donau und Bodensee (1613 – 1615). Man erkennt sie an ihrem markanten schlanken Turm. Leider ist das Innere des dreischiffigen Predigtsaals nicht original erhalten.

Ab ins Grüne

Weitere Sehenswürdigkeiten

Hinter dem Pfarrhaus erhebt sich am Südende der Stadtmauer der Pulverturm (1693), der zweite erhaltene Turm aus der Stadtmauer. Von hier geht man zur **Wilhelmshöhe** hinauf, der grünen Lunge der Stadt mit prächtigen Bäumen, wo u. a. das Kinderfest stattfindet. Lohnend ist auch der Gang vom Pulverturm zum barocken **Schlösschen Hummelsberg**, das sich der Bürgermeister Jakob von Furtenbach 1636 errichten ließ (heute Kinderheim St. Anna).

Rund um Leutkirch

Im Garten der Waldburgs

Schloss Zeil

Etwa 5 km nördlich von Leutkirch grüßt – über dem Tal der »Leutkircher Haid« – das imposante Schloss Zeil von der Höhe. Eine Burg stand dort wohl schon im 10. Jh., und seit 1337 gehört sie ununterbrochen den **Truchsessen von Waldburg**, einem Adelsgeschlecht,

Ein beliebter Treffpunkt: der Gänseliesel-Brunnen in Leutkirchs Altstadt

das mit der Geschichte Oberschwabens und des Allgäus untrennbar verbunden ist. Heutiger Chef des Hauses ist Erich Fürst von Waldburg zu Zeil und Trauchburg, milliardenschwer und einer der größten Grundbesitzer Deutschlands. Die Residenz, eine Vierflügelanlage mit nicht vorspringenden Eckpavillons, entstand ab 1598 nach dem Vorbild italienischer Renaissance-Palazzi. Sie ist nicht zugänglich, anders als die Parkanlagen und die Terrasse, die eine **herrliche Aussicht übers Allgäu** bietet. Zum Schloss gehört auch der über 400 Jahre alte Gasthof »Grüner Baum« mit gemütlichem Wirtsgarten und Zimmern (Mo. geschl., Tel. 07561 60 07). Einen Blick sollte man in die Pfarrkirche Mariä Himmelfahrt (1609/1784) werfen, ihre Altäre stammen von J. A. Feichtmayr (1784) und das hochbarocke Chorgestühl von J. Bendel (1611).

Glasbläser einst und heute

Schmidsfelden

In Schmidsfelden (12 km südöstlich von Leutkirch) wurde bis 1898 Glas produziert. Das Glasmacherdorf ist mit Glashütte, Herrenhaus und Glasmacherhäusern komplett erhalten, die historische **Glashütte** als Museum zugänglich. Seit einigen Jahren gehen hier wieder Glasbläser ihrer Arbeit nach. Große Attraktionen sind der Markt am 2. Mai-Wochenende (Muttertag) und das Glashüttenfest Anfang Oktober. Wer den Ausflug in die Wirtschaftgeschichte mit einem Naturerlebnis verbinden will, folgt dem 22 km langen **Glasmacherweg** durch das wildromantische Waldgebiet der Adelegg: von Unterkürnach nach Schmidsfelden und weiter über Eisenbach und die Alpe Wenger Egg nach Wengen.

Glasmuseum: April – 15. Nov. Di.–Fr. 10 –12.30, 14 –17, Sa. 14 –17, So. 10 –17 Uhr | Eintritt 5,50 €, mit Vorführung 6,50 € (jeweils mit 2-€-Gutschein für den Glasladen) | www.schmidsfelden.net

Pack die Badehose ein

Seen und Moore

Die Gegend zwischen Leutkirch, ▶Bad Wurzach, ▶Wangen und ▶Isny ist reich an urtümlichen Moorgebieten. Als der eiszeitliche Rheingletscher abschmolz, blieben in den Schottern der Endmoränen Toteisseen und Sümpfe zurück, die verlandeten und als Hoch- und Niedermoore einer interessanten Vegetation und Tierwelt Lebensraum bieten. Hervorzuheben sind das **Taufach-Fetzach-Moos** südlich von Leutkirch und das **Gründlen-/Rötseemoos** nördlich von Kißlegg. Wanderwege sind überall angelegt. Groß ist auch die Zahl hübscher kleiner Seen mit Badeplätzen wie das Moorfreibad in Herlazhofen, der Ellerazhofer Weiher, der Argensee, der Hinterweiher und der Badsee in Beuren.

Schöne neue Ferienwelt

Center Parc Allgäu

Ende 2018 eröffnete der »Center Parc Allgäu« 6 km südlich von Leutkirch auf dem Gelände eines ehemaligen Munitionsdepots. Angeboten werden 1000 teils luxuriöse Ferienhäuser, eine überkuppelte, wetterunabhängige Spiel- und Aqua-Welt sowie ein Spa- & Country Club (www.centerparcs.de). Von dem Projekt verspricht sich Leutkirch weiteren touristischen Aufschwung.

Kißlegg

Barock im Überschwang

In schöner Voralpenlandschaft, 12 km südwestlich von Leutkirch, liegt dieser Marktflecken mit 8600 Einwohnern zwischen zwei Moorseen (am nördlichen Obersee gibt's ein Strandbad). Vor allem Natur- und Wanderfreunde schätzen Kißlegg, aber auch Kunstliebhaber kommen auf ihre Kosten: Da sich um 1300 der Ortsadel in die Linien Waldburg-Wolfegg-Waldsee und Waldburg-Wurzach-Zeil teilte, besitzt der Ort gleich zwei Schlösser, dazu kommt die prachtvolle Kirche St. Gallus und Ulrich.

Das am Zeller See aufragende und nicht zugängliche **Alte Schloss** der Grafen Waldburg-Wolfegg-Waldsee aus dem 16. Jh. mit Staffelgiebel und runden Ecktürmen barockisierte 1717 – 1721 der Füssener Baumeister Johann Georg Fischer. Gleichzeitig errichtete er das **Neue Schloss** der Grafen Waldburg-Wurzach-Zeil. An der reichen Ausstattung arbeiteten mehrere Künstler, u. a. Josef Anton Feichtmayr, von dem auch die acht lebensgroßen Sibyllenfiguren (1726) im Treppenaufgang stammen. Besonders schön ist die Schlosskapelle (1722) mit einem Antependium in Scagliola-Technik (Einlegearbeit aus Stuckmarmor) am Altar. Im Schloss ist heute das Fremdenverkehrsamt sowie ein **Heimatmuseum mit Käsereimuseum** eingerichtet. Einen Besuch lohnt die Friedhofskapelle St. Anna (J. G. Fischer, 1718) mit Deckenfresken des berühmten oberbayerischen Künstlers Cosmas Damian Asam, der zu dieser Zeit die Basilika in Weingarten (▸ Ravensburg) ausmalte.

Neues Schloss: April – Sept., Di., Do., Fr. 14 – 17, So. 13 – 17 Uhr | Eintritt mit Heimatmuseum 4 € | Führung So. 15 Uhr (ohne weitere Gebühr)
Heimatmuseum: So. 14 –17 Uhr

Romanik in barockem Kleid

★ St. Gallus und Ulrich

Auch die romanische Basilika St. Gallus und Ulrich wurde 1734 –1738 von Johann Georg Fischer barock umgestaltet. Im reich mit vergoldetem Bandelwerk-Stuck von Johann Schütz (siehe Rathaus in Kißlegg) geschmückten Inneren hervorzuheben sind die Kanzel und der Taufstein, beide von dem Türkheimer J. W. Hegenauer (um 1745). Das riesige Deckenfresko von F. A. Erler (1737) thematisiert den »Triumph der Kirche«. Der kostbare **Silberschatz**, 21 Figuren aus einer Augsburger Werkstatt (1741 – 1755), ist bei Kirchenführungen oder nach Vereinbarung unter Tel. 07563 936 142 zu bewundern.

Führungen April – Okt. Do. 10.30 Uhr | Eintritt 3 €

Der Zellersee bei Kißlegg; im Hintergrund der Kirchturm von St. Gallus und Ulrich

★ Wolfegg

Musik liegt in der Luft

Kurort

Schön auf der Höhe über dem schmalen, windungsreichen Tal der Ach liegt 7 km nordwestlich von Kißlegg der Kurort Wolfegg (3400 Einw.), der einmal als »schönstes Dorf von Baden-Württemberg« ausgezeichnet wurde. Außer dem Heilklima und den modernen Kureinrichtungen sind es die Atmosphäre eines kleinen **barocken Residenzorts** und die hochkarätigen Konzerte, die viele Gäste anziehen.

Verborgene Schönheit

★ Schloss

Auf einem Geländesporn über der Ach erhebt sich das Schloss der Fürsten von Waldburg-Wolfegg. Am Platz der Burg aus dem 13. Jh. und des spätmittelalterlichen Schlosses wurde 1580 – 1586 eine mächtige **Renaissance-Vierflügelanlage** erstellt und nach teilweiser Zerstörung 1646 durch die Schweden erneuert. Die Fassaden des Innenhofs überraschen durch ihre Farbigkeit. Das Schloss ist nur bei denn Internationalen Wolfegger Konzerten und den Gastkonzerten der Ludwigsburger Schlossfestspiele zugänglich, auch der 52 m lange, 14 m breite und 9 m hohe **Rittersaal** mit rocaillegerahmten Deckenfresken zur Herkulessage und Allegorien der Erdteile bzw. der Elemente. Sie stammen vermutlich von Johann Martin Zick, der 1749 die vier Jahreszeiten über den Scheinkaminen malte. An den Wänden

Der barocke Rittersaal von Schloss Wolfegg gibt den Konzerten der Ludwigsburger Schlossfestspiele einen prachtvollen Rahmen.

stehen 24 überlebensgroße Holzfiguren der Truchsessen von Waldburg, nach Vorlagen des Dürer-Schülers Hans Burgkmair d. Ä. (1473 – 1531) um 1740 von Balthasar Crinner und Johann Wilhelm Hegenauer geschnitzt. Erinnerungen an die 1960er- bis 1980er-Jahre werden im **Automuseum** in Nebengebäuden des Schlosses wach. Dazu gehört auch die größte Einradanhängersammlung der Welt.

Automuseum: April – Mitte. Nov. tgl. 10 – 18, Mitte. – März Mi. – Fr. 13– 17, Sa. und So. 10 - 17:00 Uhr | Eintritt: 8,50 €

Ein sakrales Meisterwerk

★ St. Katharina

Die zum Schloss gehörende Kirche St. Katharina, erbaut 1733 – 1742 und bis 1806 Stiftskirche, gilt als spätes **Hauptwerk des Füsseners Johann Georg Fischer**. Sie glänzt mit spätbarocker Dekorationsfreude und gestalterischer Harmonie. Das Vorarlberger Münsterschema mit Wandpfeilern und Emporenumgang erhält durch die gerundeten Ecken des Langhauses am Chor, vor allem aber durch das **überwältigende Deckenfresko**, das das ganze Langhausgewölbe einnimmt und unmittelbar über der Wandzone beginnt, die Wirkung eines Zentralraums. Der Wangener Franz Joseph Spiegler schildert hier die kriegerische Gründungsgeschichte des Chorherrenstifts. Den lebhaften Rokokostuck schuf Johannes Schütz (1735); den Hochaltar und den rechten Seitenaltar zieren Gemälde des Antwerpener Rubens-Schülers Caspar de Crayer (1660). Beachten Sie in Letzterem links unten die zauberhaften **»Wolfegger Blumenschmecker«** (schwäbisch »schmecken« = »riechen«). Auch die Kanzel (J. W. Hegenauer, 1749) und das intarsierte Chorgestühl (1755) sind feine Arbeiten. Von Aschermittwoch bis Karsamstag wird das »Wolfegger Fastentuch« von 1620 ausgestellt.
In der **Alten Pfarr** (12. Jh.) im Mesnergässle im Süden Wolfeggs, sind Reste von Wandmalereien aus dem 11., 13., 15. und 17. Jh. erhalten.

Landleben wie es einmal war

★ Bauernhausmuseum

Im Achtal unterhalb des Schlosses gruppieren sich im Bauernhausmuseum um das fürstliche Fischerhaus ein prachtvolles Fachwerkgebäude von 1788 und eine Reihe von eingerichteten Höfen – u. a. Hühnerhaus, Bienenstand, Viehwaage – aus der Zeit seit dem 18. Jh. und aus verschiedenen Orten Oberschwabens. Kühe und Schafe, Hühner, Enten und Gänse laufen durchs Gelände, bei Führungen und Kursen (wie Dreschen und Mahlen, Backen und Kochen, Mähen mit der Sense) erfahren Besucher, wie man früher lebte und arbeitete. Ein Muss ist die Rast in der Museumsgaststätte (mit Biergarten) im schönen **Fischerhaus**, die für ihre ausgezeichnete Allgäuer und schwäbische Küche bekannt ist (Mo. geschl., Tel. 07527 9 60 37 90).

Mai – Sept. tgl. 10 – 18, März, April, Okt. – Anf. Nov. Di.– So. 10 – 17 Uhr | Eintritt 6 €, Familienkarte 13 € | www.bauernhausmuseum-wolfegg.de

★★ LINDAU

Landkreis: Lindau | **Höhe:** 400 m ü. d. M. | **Einwohner:** 25 000

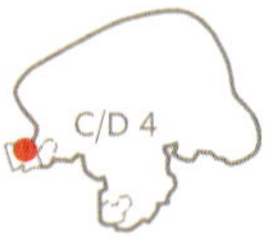

»Glückseliges Lindau!« Die überschwänglichen Gefühle Friedrich Hölderlins bei seiner Heimkehr aus der Schweiz 1801 sind ohne Weiteres nachzuvollziehen: Das zauberhafte »schwäbische Venedig« im Bodensee, vor der herrlichen Kulisse der Vorarlberger und der Appenzeller Alpen gelegen, sucht seinesgleichen.

Insel im Bodensee

Lange ruhte sich das zauberhafte Lindau auf seiner wunderbar erhaltenen Altstadt aus. Doch nun kommt Schwung in die historischen Mauern: Eine schicke Inselhalle, eine Landesgartenschau, ein neu konzipiertes Stadtmuseum und viele andere Projekte tragen zum spannenden Facelifting der alten Dame bei.
Die ehemalige Reichsstadt besteht aus der »Gartenstadt« auf dem Festland – mit diversen Wohnvororten und kleineren Industriearealen – und der malerischen **Altstadt** auf der knapp 70 ha großen **Insel**, die eine Straßenbrücke und ein 1853 angelegter Bahndamm mit dem Festland verbindet. Nur zu verständlich, dass Lindau seit Langem ein gut besuchtes Ferienziel ist; dennoch hat es ein angenehmes Flair bewahrt. Auch als Tagungsort ist die Inselstadt beliebt: So treffen sich hier seit 1950 jedes Jahr Nobelpreisträger aus aller Welt. Die Verlegung des Fernbahnhofs von der Insel nach Lindau-Reutin zieht größere städtebauliche Veränderungen nach sich, die Lindau bis Anfang/Mitte der 2020er-Jahre prägen werden.

Stiftsdamen, Kaufleute und viel Gezänk

Ein wenig Geschichte

Der Name des aus einer Fischersiedlung hervorgegangenen Orts geht auf das im 9. Jh. gegründete Damenstift »Unserer Lieben Frau unter den Linden« zurück (1802 aufgehoben). Um 1079 verlegten die Stiftsdamen den Markt zum besseren Schutz von Aeschach auf die Insel und ermöglichten so im 13. Jh. den Aufstieg Lindaus zur Reichsstadt (erstmals 1241 als solche erwähnt). Schon damals war Lindau ein überaus wichtiger Umschlagplatz zwischen Süddeutschland und den Alpenpässen. In den folgenden Jahrhunderten florierte der Handel mit Getreide, Salz, Vieh, Pferden und Leinen in die Schweiz und nach Italien, in entgegengesetzter Richtung mit Textilien, Gewürzen und Südfrüchten. Dass die Patrizier dabei gut verdienten, ist an den schönen Häusern der Altstadt zu sehen, insbesondere in der Maximilianstraße. Die reichen Händler und Handwerker der Freien Reichsstadt blieben jahrhundertelang im Konflikt mit den Stiftsdamen, insbesondere nachdem Lindau 1528 protestantisch geworden war. Nach den Stadtbränden 1720 und 1728 bekam die Altstadt ihr barockes Gesicht. Nach der Eröffnung der Dampfschifffahrt

Lindau, die Inselstadt im Bodensee

1837 und dem Anschluss an die Ludwigs-Süd-Nord-Bahn 1853 – die die Infrastruktur für die Wirtschaft erheblich verbesserten – nahm auch der Fremdenverkehr seinen Aufschwung.

Wohin in Lindau?

Bayerns Löwe am Hafen

★ Hafen

Auf der stimmungsvollen, an Sommerabenden beleuchteten Hafenpromenade trifft sich alle Welt. Hier starten die Schiffe der Bodenseeflotte zu Linien- und Ausflugsfahrten, hier liegen viele Sportboote. 1811/1812 angelegt, erhielt der Hafen zwischen 1853 und 1856 sein heutiges Gesicht. An seiner Nordseite steht der **Alte Leuchtturm** (Mangturm), ein Rest der Stadtbefestigung des 13. Jh.s. Die Molen, die den Hafen umschließen, werden von den Wahrzeichen Lindaus bekrönt, dem **Neuen Leuchtturm** und dem 6 m hohen **bayerischen Löwen** aus Kelheimer Marmor (beide 1856). Wer die 139 Stufen des 33 m hohen Leuchtturms überwindet, wird mit einer herrlichen Aussicht belohnt.

LINDAU ERLEBEN

LINDAU TOURISMUS
Alfred-Nobel-Platz 1, 88131 Lindau
Tel. 08382 26 00 30
www.lindau.de

PARKEN
Am besten parkt man auf dem Festland vor der Seebrücke (P 1, P 3; von dort zu Fuß oder mit dem Stadtbus auf die Insel), bei der Inselhalle (P 4) oder auf der Hinteren Insel (P 5).

SCHIFFFAHRT
Die »Weiße Flotte« versieht nicht nur Liniendienste, sie veranstaltet auch beliebte Sonderfahrten, z. B. Gourmet- oder Tanzfahrten, Fahrten zu den Bregenzer Festspielen und zu den Seenachtsfesten. Höhepunkt ist die Nostalgietour mit dem 1913 in Dienst genommenen Schaufelraddampfer »SD Hohentwiel«. Infos auf www.hohentwiel.com und www.bsb.de

Bodensee-Schiffsbetriebe
Hafenplatz 4
Tel. 07531 364 00, www.bsb.de

Schiffsbetrieb Wiehrer (Rundfahrten)
Auf dem Wall, Oskar-Groll-Anlage
Tel. 08382 781 94
www.ms-bayern.de

Anf. Juni: Nacht-Segelregatta »Rund Um« mit Hafenfest. Anf. Juli: »Komm und See« (offene Weinkeller im Landkreis Lindau). Mitte Juli: Stadtfest. Im Juli (Mi. vor den Sommerferien) feiern die Kinder seit 1655 ihr großes Fest: Vormittags ziehen sie zum Alten Rathaus auf der

Insel, nachmittags gibt es in den Stadtteilen Volksbelustigungen; traditionell erhalten die Kinder eine sog. Butschelle aus Hefeteig. Ende Juli: »Umsonst und draußen« auf der Hinteren Insel. Anfang Nov.: Jahrmarkt auf der Insel. Advent: Romantische Hafenweihnacht. Ein besonderes Erlebnis ist eine Vorstellung der Marionettenoper, die Klassiker wie »Carmen« und »Die Zauberflöte« im Repertoire hat. Im Stadttheater, Fischergasse 37, Tel. 08382 911 39 11, www.marionettenoper.de. 2021 richtet Lindau auf der Hinteren Insel die Landesgartenschau aus.

Neben dem großen Strandbad »Lindenhofbad« in Bad Schachen besitzt Lindau zwei echte alte Badeanstalten: das Römerbad auf der Insel östlich des Hafens (leider nur für Vereinsmitglieder, www.roemus.de) und das Aeschacher Bad am Festlandsufer beim Bahndamm (Lotzbeckweg, Sommer tgl. 10 – 19 Uhr). Das ehem. Strandbad »Eichwald« in Reutin eröffnet im Mai 2021 als moderner Freizeitkomplex mit Therme.

❶ ALTE POST €€
Sehr gepflegtes, gemütlich-edles Restaurant mit Wirtsgarten; bodenständige Küche mit feinem Touch. Es gibt auch einige schöne Gästezimmer (€€€).
Fischergasse 3 (Insel)
Tel. 08382 93 46-0
www.alte-post-lindau.de
Nov. geschl.

❷ ZUM SÜNFZEN €€
Echtes Traditionsgasthaus mit bayerischen und schwäbischen Schmankerln, auf der Patriziertafel stehen Spezialitäten aus sieben Jahrhunderten.
Maximilianstr. 1 (Insel)
Tel. 08382 58 65, tgl. geöffnet
www.suenfzen.de

❸ WEINSTUBE FREY €€
Eine der ältesten Weinstuben Deutschlands. In der getäfelten Stube mit Kachelofen – im ersten Stock, das Erdgeschoss fungierte als Keller – genießt man eine gutbürgerliche Bodensee-Allgäu-Küche.
Maximilianstr. 15 (Insel)
Tel. 08382 9 47 96 76, Mo. geschl.

❹ MOLE 3 STOFFELS €€
»Mehr See« geht kaum, besonders auf der Terrasse mit fabelhaftem Panorama. Auf der Karte stehen feine Dinge aus der Region, auch Bodenseefisch. Preisgünstige kleine Gerichte zu Mittag.
Segelhafen 3 (Insel)
Tel. 08382 9 47 44 14
Mo./Di. geschl.
http://mole3.de

❺ DECK 12 €€
Das Café-Restaurant in der Inselhalle besticht durch seine wunderbare Sonnenterrasse und moderne Küche, die von der Malzbiersuppe bis zum WeideOx-Gulasch reicht.
Zwanzigerstr. 12, Inselhalle (Insel)
Tel. 08382 889 96 50
www.deck12-lindau.de
Mo., Di. geschl.

❻ SCHACHENER HOF €€€
Schwäbische, bayerische und internationale Haute Cuisine, alles vom Feinsten – vom Guide Michelin mit einem »Bib Gourmand« ausgezeichnet. Besonders schön speist man im großen Garten unter den Kastanien. Mit stilvoll eingerichteten Gästezimmern.
Schachener Str. 76 (Festland)
Tel. 08283 31 16
Café ab 15, Restaurant ab 18, So./Fei. ab 12 Uhr; Di./Mi. geschl.
www.schachenerhof-lindau.de

7 VALENTIN €€€
Beste Fusion-Küche aus hauptsächlich Bio- oder regionalen Zutaten in der Altstadt. Die Gerichte sind ein kulinarischer und visueller Genuss.
In der Grub 28 a (Insel)
Tel. 08382 504 37 40
https://valentin-lindau.de
So., Mo. geschl.

8 VILLINO €€€€
Ein Paradies für Genießer. Das »italienische Landhaus« mit herrlichem Garten liegt inmitten von Obstplantagen am Nordhang des Hoyerbergs. Die michelin-besternte Küche ist italienisch-asiatisch geprägt, das große Weinangebot exzellent (tgl. ab 18 Uhr). Dem stehen die Gästezimmer nicht nach.
Hoyerberg 34 (Festland)
Tel. 08382 934 50
www.villino.de, Feb. geschl.

1 LINDAUER HOF €€€€
Stilvoll modernisiertes historisches Haus am Hafen mit Garten. Gutes Restaurant mit Wintergarten und Terrasse.
Dammgasse 2 (Insel)
Tel. 08382 40 64
www.lindauerhof.de

2 GASTHOF KÖCHLIN €€
Prächtiger historischer Gasthof mit gemütlichen, liebevoll modernisierten Zimmern. In holzgetäfelten Gaststuben und im schönem Wirtsgarten wird regionale Küche serviert. Stadtbus-Haltestelle vor dem Haus.
Kemptener Str. 41 (Festland)
Tel. 08382 96 60-0
Nov. – April Mo. geschl.
www.hotel-koechlin.de

3 MONTFORT-SCHLÖSSLE €€–€€€
Ein traumhafter Platz: Landgut von 1571, vier km von der Insel auf der Streitelsfinger Anhöhe gelegen. Die Zimmer sind in modernem Landhausstil eingerichtet, vom Garten eröffnet sich ein grandioses Panorama.
Streitelsfinger Str. 38 (Festland)
Tel. 08382 728 11
geöffnet April – Anf. Nov.
www.montfort-schloessle.de

4 HOTEL BAD SCHACHEN €€€€
Ein großartiges, 100-jähriges Grandhotel am See in wunderbarem alten Park, mit drei Restaurants und herrlichem Freibad
Bad Schachen 1 (Festland)
Tel. 08382 298-0
geöffnet Anf. April – Mitte Okt.
www.badschachen.de

Wo ein neues Lindau entsteht

Vom Bahnhof zur Peterskirche

Der Jugendstil-Bahnhof (1913 – 1922) lässt noch erkennen, welche Bedeutung Lindau einst als Endpunkt der Ludwigs-Süd-Nord-Bahn hatte. Im Zuge von Neu- und Umbau der Lindauer Bahn-Infrastruktur wird er ab 2021 nur noch als Bahnhof Lindau-Insel eine Rolle im Regionalverkehr spielen und in ein neues städtebauliches Projekt im ehemaligen Bahnbereich integriert. In der Nähe ragt ein weiteres Wahrzeichen Lindaus auf, der markante, schöne **Diebsturm** (Malefizturm, um 1370), ein Rest der Stadtbefestigung. Die benachbarte **Peterskirche**, die auf die Zeit um 1000 zurückgeht, wurde 1928 zur Gefallenen-Gedenkstätte umgestaltet. Die Nordwand zieren Fresken (um 1490), die **Hans Holbein d. Ä.** zugeschrieben werden (umstritten). Von den 19 Bildern stellen zwölf Passionsszenen dar; im 12. Bild auf dem Ärmel der Magdalena findet man die Signatur »HH«.

Schaulaufen historischer Fassaden

★★ Maximilianstraße

Die Straßen in der malerischen Altstadt sind von Gotik, Renaissance und Barock geprägt. Besonders schön ist die Maximilianstraße, die Hauptachse, mit **prachtvollen Patrizierhäusern** wie »Sünfzen«, »Regenbogen«, »Bären«, »Schnegg« und »Pflug«, mit Erkern, Laubengängen (»Brodlauben«), Brunnen und Cafés. Das Haus mit dem sprechenden Namen »Sünfzen« (das heißt so viel wie »schlürfen«), im Jahr 1358 urkundlich erwähnt, war die traditionelle Trinkstube der Lindauer Patrizier und ist auch heute ein gemütliches, beliebtes Lokal. Sehr malerisch ist das nur 2 m breite mittelalterliche **Zitronengässle**, das nördlich zur Grub hinunterführt.

Rathaus mit Bücherschatz

★ Altes Rathaus

Auf dem Bismarckplatz vor dem Alten Rathaus versammelt sich beim alljährlichen Kinderfest Lindaus Nachwuchs. Erbaut 1422 bis 1436, bekam es zwischen 1540 und 1578 den Treppenaufgang und die Ratslaube; die prächtige Gestaltung mit Szenen aus der Lindauer Geschichte hingegen ist eine Zutat des mittelalterbegeisterten 19. Jh.s (J. Widmann, 1885 – 1887). Der kostbare **gotische Ratssaal**, in dem 1496 ein Reichstag stattfand, wird heute noch benutzt. Im Alten Rathaus sind auch das Stadtarchiv und die Ehemalige **Reichsstädtische Bibliothek** untergebracht, die über 23 000 Werke vom 14. Jh. bis zur Gegenwart besitzt. Den Reichsplatz vor der ebenfalls reich bemalten Südfront – eigentlich die Hauptfassade – schmückt der Lindavia-Brunnen von 1884.

Reichsstädtische Bibliothek: ca. April – Okt. Di. – So. 14 – 17.30 Uhr | Eintritt frei

Markttreiben und Konzertevents

★ Marktplatz

Den **Marktplatz** mit einem Neptunbrunnen von 1841 – Markt ist Mittwoch und Samstag – dominiert das **Haus zum Cavazzen**, errichtet 1729 – 1730 von Jakob Grubenmann aus Teufen im Kanton Appenzell. Prachtvoll sind das Portal mit Pfeilern, Säulen und Volutengiebel sowie die rötlich-graue Scheinarchitektur, die allerdings bis voraussichtlich Mitte 2022 zeitweise hinter einem Baugerüst verschwinden wird, denn das Haus bedarf einer gründlichen Sanierung. Auch das darin untergebrachte **Stadtmuseum** bleibt bis dahin geschlossen. Es demonstriert Wohnkultur vom 15. Jh. bis zum Jugendstil, auch sind Gemälde und Skulpturen vom 15. bis 18. Jh. zu sehen. Eine Besonderheit ist die Sammlung mechanischer Musikinstrumente. Der reiche grafische Bestand wird in Wechselausstellungen gezeigt. Ein Kleinod ist der Innenhof mit dem Melusinen-Brunnen und dem Museumscafé. Grubenmann erbaute zur selben Zeit auch das noble **Haus zum Baumgarten** an der Nordseite des Platzes. Die Neugasse endet nach Norden am prestigeträchtigen und architektonisch spannenden Neubau der **Inselhalle** (Auer & Weber Architek-

Lindaus Hafeneinfahrt wird vom bayerischen Löwen bewacht.

ten), die Ende 2018 ihre Tore für Veranstaltungen und Konzerte öffnete (www.inselhalle-lindau.de), das darin untergebrachte Café Deck12 lädt zum Verweilen mit Blick auf den See ein.

Stadtmuseum: voraussichtlich bis Mitte 2022 geschlossen

Protestantisches Rokoko

St. Stephan

Dem Cavazzen gegenüber stehen links die evangelische Stadtpfarrkirche St. Stephan und rechts die katholische Stiftskirche. Erstere geht ins Jahr 1180 zurück und wurde 1781 – 1783 umgestaltet (die alte Ausstattung wurde 1530 in der Reformation zerstört). Der feine, recht unprotestantische Rokoko-Stuck, die Kanzel und der Taufstein datieren von 1781, ebenso das ungewöhnliche eichene Kirchengestühl mit umklappbaren Lehnen. Zu beachten sind die beiden großen Epitaphien im Chor für den kaiserlichen Rat Daniel Heider und dessen Sohn Valentin; Letzterer stiftete nach dem Dreißigjährigen Krieg 1655 das Kinderfest, »das« Lindauer Fest schlechthin.

Wo Lindaus Geschichte begann

Stiftskirche

Die Stiftskirche Mariä Himmelfahrt, das Gotteshaus des reichsfürstlich-freiweltlichen Damenstifts, entstand 1748 – 1752 aus der 1728 zerstörten Kirche des 12. Jh.s. Verantwortlich zeichnete der bedeutende Deutschordens-Baumeister Johann Caspar Bagnato, der rund um den Bodensee tätig war. Der Stuck und die Fresken der Rokokozeit stammen von F. Pozzi bzw. G. Appiani, die Altäre gestaltete der Wessobrunner Georg Gigl. Die ursprünglichen Appiani-Deckenfresken wurden nach einem Brand 1922 durch den Münchner Professor W. Kolmsperger vereinfacht ersetzt. Das Gebäude südlich der Kirche (Amtsgericht/Landratsamt) ist das **ehemalige Damenstift** von 1734; den Rokoko-Festsaal, der für Konzerte und andere kulturelle Veranstaltungen genutzt wird, ziert ein Deckenfresko von F. A. Spiegler (»Glaube, Liebe, Hoffnung«, 1736). Durch die Schmiedgasse – linker Hand das Heilig-Geist-Spital – flaniert man zum »Entree« der Insel, dem schönen Stadtgarten mit dem **Spielcasino**. Hier steht am Eck die **Heidenmauer** mit ihren dunklen Buckelquadern, ein Rest der Stadtbefestigung, vermutlich aus dem 9. Jahrhundert.

Bummel zum Hafen

Fischergasse

Die hübsche Fischergasse entlang und vorbei am dreiflügeligen Komplex der ehemaligen Maxkaserne (1805) erreicht man den stilvollen Gasthof **Alte Post**. Er geht auf die Poststation zurück, von der bis 1824 der »Mailänder Bote« jede Woche auf seine Reise über die Alpen ging. Ein wunderbarer Platz, um den Blick über den See zu genießen, ist die **Gerberschanze**, die zu Beginn des 17. Jhs. angelegt wurde. Das **Stadttheater** ist in der ehemaligen, 1798 profanierten Barfüßerkirche zu Hause.

Aus Alt mach Neu

Hintere Insel

Besonders am frühen Abend, zum Sonnenuntergang, lohnt der Spaziergang um die Hintere Insel, von der Leuchtturmmole am Ufer entlang. Der von den Bahngleisen abgetrennte Westteil der Insel war im Mittelalter Gemüse- und Weingarten und wurde erst im 16. Jh. in die Stadtbefestigung einbezogen. Im Rahmen des Umbaus des Inselbahnhofs wird dieses Gelände für die Landesgartenschau »Natur in der Stadt 2021« umgestaltet und in ein neues städtebauliches Projekt einbezogen.

An der »Bayerischen Riviera«

★ Bad Schachen

Nordwestlich der Insel erstreckt sich der Vorort Bad Schachen mit herrlichen alten Parks; hier ließen sich im 19. Jh. Mitglieder des bayerischen Königshauses und reiche Bürger prachtvolle Villen bauen. Das eindrucksvolle, noble **Hotel Bad Schachen** – mit Anlegestelle und wunderschönem Freibad – geht auf Eisen-Schwefel-Quellen zurück, die noch zu Bädern genutzt werden. Im öffentlich zugänglichen

Lindenhofpark steht die **Villa Lindenhof**, 1845 als Sommerresidenz des Kaufmanns Friedrich Gruber erbaut; heute ein lebendiges Forum und interaktives Museum für den Frieden, unterhalten von der Internationalen katholischen Friedensbewegung »Pax Christi«.
Museum friedens räume: Mitte April – Mitte Okt. Di.–Sa. 10–17, So. 14–17 Uhr | Eintritt 3 € | www.friedens-raeume.de

Rund um Lindau

Panorama mit Kapelle

Weißensberger Halde

Eine angenehme, einstündige Wanderung führt zum **schönsten Aussichtspunkt** im Lindauer Hinterland. Von der Brauerei Steig im Stadtteil Reutin (Steigstraße) nimmt man den Weg über Streitelsfingen oder durch den malerischen Rickenbach-Tobel, dann unter der B 31 hindurch und hinauf auf die Weißensberger Halde. Ein großartiges Panorama – Pfänder, Bregenzerwald, Bodensee und Appenzellerland mit dem Säntis – ist reicher Lohn für die kleine Mühe. Das Kapellchen dort oben stiftete 1870 Prinzregent Luitpold zum Andenken an seine Gemahlin Auguste, Prinzessin der Toskana und Erzherzogin von Österreich, die 1864 im Alter von 39 Jahren gestorben war. Von Weißensberg geht es mit dem Regionalbus zurück nach Lindau.

Von Buckel zu Buckel mit dem Rad

Drumlins und Obstbäume

Zwischen dem Bodensee und der Argen dehnt sich eine (besonders im Frühjahr, während der Obstblüte) zauberhafte, bucklige Welt aus. Die »Drumlins«, eigentümliche ovale Hügel, sind Produkte der eiszeitlichen Vergletscherung. Am besten lernt man sie auf einer schönen Runde mit dem Rad kennen, für die man etwa 3 Std. rechnen muss (30 km): Von der Insel am See entlang nach Kressbronn, dann nordöstlich über Gattnau zum **Schlein- und Degersee** (Badesachen mitnehmen!), über Oberreitnau und Hoyren zurück nach Lindau. In **Oberreitnau** lohnt ein Blick in die ursprünglich spätgotische Kirche St. Pelagius (Chor 1699, Langhaus 18. Jh.) mit barockem Hochaltar (um 1700); über dem Chorbogen das Wappen des Stifts Lindau. Anschließend kehrt man im gediegenen Gasthof Adler – in prachtvollem Fachwerkbau von 1560 – und seinem Biergarten ein (Do. geschl., Tel. 08382 52 68, www.adler-lindau.de).

Ein Schloss auch für die Kunst

Schloss Achberg

Nördlich von Esseratsweiler thront in schöner Umgebung das 1693 bis 1700 für den Deutschordenskomtur Franz Benedikt Freiherr von Baden erbaute Schloss. Im Schloss finden wechselnde Kunstausstellungen und andere Veranstaltungen statt. Unterhalb des Schlosses überspannt eine 48 m lange Hängebrücke von 1885 die idyllische Argen.
Info: www.schloss-achberg.de

Eine Idylle

Wasserburg

Ein überaus hübsches Ensemble bildet die **kleine Halbinsel** von Wasserburg (5 km westlich von Lindau) mit Kirche, Schloss und »Malhaus«. Bis 1705 war sie tatsächlich eine Insel. **St. Georg** geht, wie noch zu erkennen ist, auf eine Art Kirchenburg des 11. Jh.s zurück. Den schönen bayerischen Zwiebelturm bekam sie 1656; dessen Untergeschoss und der Chor der Kirche datieren vom Ende des 14. Jh.s, das Langhaus aus dem 16. Jahrhundert. Aufgrund des Brandes 1815 ist von der früheren Ausstattung wenig erhalten, so die Pietà von 1705 und der rechte Seitenaltar (1749). Stuck und Wandmalerei wurden 1918 bis 1920 erneuert. Im **Schloss**, heute ein nobles Hotel, residierten als Herren von Wasserburg ab 1537 die Grafen von Montfort, von 1592 bis 1755 die Fugger. Im **Malhaus** (1597) ist das Heimatmuseum untergebracht. Horst Wolfram Geißler (1893 – 1983), der das zauberhafte Buch vom »Lieben Augustin« schrieb – auch heute eine nette Urlaubslektüre –, ist auf dem Friedhof bestattet. Im Haus gegenüber dem Bahnhof, früher der Gasthof Walserhof, kam 1927 der Schriftsteller **Martin Walser** zur Welt. Sehr schön ist ein Spaziergang durch das Hinterland mit seinen Obstplantagen.

Museum im Malhaus: Mitte April – Okt. Di., Do., Fr., So. 10.30 bis 12.30, So. auch 14.30 – 17, Mi., Sa. nur 14.30 – 17 Uhr | Eintritt 3 € | www.museum-im-malhaus.de/

Drumlins und Obstbäume – zauberhafte Landschaft zwischen Bodensee und Argen

Weine und Heilige

Nonnenhorn

Gute Weine wachsen im benachbarten Nonnenhorn, der letzten bayerischen Gemeinde am See. Von der langen Weinbautradition zeugt in der Ortsmitte der **Torkel von 1591**, eine mächtige Traubenpresse, die älteste am Bodensee. Einen Blick wert ist auch die benachbarte spätgotische Kapelle St. Jakobus (15. Jh.) mit beachtlichen Schnitzfiguren; dem Meister des Imberger Altars (►S. 221, 276) werden der Johannes der Täufer und die hl. Katharina zugeschrieben (um 1480). Vor der Kapelle erinnert ein Gedenkstein an die »Seegfrörne« des Jahres 1880; zuletzt fror der Bodensee im Februar 1963 ganz zu.

LINDENBERG

Landkreis: Lindau | **Höhe:** 762 m ü. d. M. | **Einwohner:** 11 000

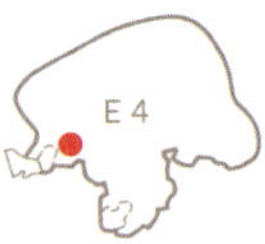

Ein freundliches Städtchen im buckligen, wald-und-wiesen-grünen Westallgäu: Was verbinden Sie damit? Kühe? Käse? Ja – aber elegante Damen- und Herrenhüte? Und doch schlug in Lindenberg fast dreihundert Jahre lang das Herz der süddeutschen Hutherstellung. Daran erinnern heute noch ein Laden der Hutfabrik Mayser und ein großartiges Hutmuseum.

Wohin in Lindenberg und Umgebung?

Falscher und echter Barock

Lindenberg

Der Luftkurort gehört zu den sonnigsten Orten Deutschlands und macht mit seiner Stadtpfarrkirche **St. Peter und Paul** Eindruck. Die »barocke« Pracht ist allerdings ein Werk des 20. Jh.s (Weihe 1914). Die alte Pfarrkirche **St. Aurelius** (1696) mit gotischem Satteldach-Turm besitzt hingegen eine echte Rokoko-Ausstattung. Auf dem Stadtplatz kann man am Samstagvormittag beim Markt in der großen Auswahl regionaler Produkte schwelgen. Der westlich gelegene **Waldsee**, ein herrlicher Moorsee, lockt im Sommer mit einem Freibad; im Winter führt eine 50 km lange Super-Loipe vom Waldsee bis zum Alpsee bei Immenstadt.

Hut ab!

★ Deutsches Hutmuseum

Lindenberger Pferdehändler – die ihre Tiere bis nach Italien lieferten – hatten im 17. Jh. vermutlich aus Florenz die Technik des Strohflechtens und Hutnähens mitgebracht; mit modebedingten

LINDENBERG ERLEBEN

TOURISTENINFORMATION
Museumsplatz 1, 88161 Lindenberg
Tel. 08381 92 84 31-0
www.lindenberg.de

SCHEIDEGG TOURISMUS
Rathausplatz 8, 88175 Scheidegg
Tel. 0800 8 89 95 55 (gebührenfrei)
www.scheidegg.de

TOURISTENINFORMATION
Hauptstr. 14, 88171 Weiler
Tel. 08387 3 91-50
www.weiler-simmerberg.de

Fasnachts-So.: Großer Umzug in Scheidegg. Anf. Mai: Lindenberger Huttag, ein Riesen-Stadtfest mit schön behüteten Menschen und Oldtimer-Parade. Anf. Juni: Parknacht Festival in Lindenberg (Rock & Pop). Letzter Fr./Sa. im Aug.: Käse- und Gourmetfest Lindenberg. 2. Sept.-So.: Kunsthandwerkermarkt in Weiler. Sept.: Kulturtage der Kulturfabrik Lindenberg. 2. Okt.-Sonntag: Wendelinsritt in Scheidegg (zum Kinberg).

Feiner Käse, teils in Bioqualität, vom Erzeuger: Käserei Gebr. Baldauf, www.baldauf-kaese.de (Zentrale in Goßholz 5, Richtung Heimenkirch, Tel. 08381 890 20), mit verschiedenen Standorten, darunter die Sennerei Hopfen in Stiefenhofen, Tel. 08386 28 33, Mo. – Sa. 8 – 12, 15.30 bis 18.30, So. 15.30 – 18.30 Uhr

LINDENBERGER HOF €€
Familiengeführter Traditionsgasthof in der Ortsmitte, mit adretten Zimmern (größer im modernen Anbau), freundlicher Service. Mehrfach ausgezeichnete Regionalküche – und Cantina Mexicana.
Lindenberg, Hauptstr. 50
Tel. 08381 30 40, Do. geschl.
www.lindenbergerhof.de

HOTEL WALDSEE €€–€€€
Feines Haus im Villenstil unmittelbar am schönen Moorsee, mit eleganter, dennoch heimeliger Atmosphäre. Das Restaurant (Mo. geschl.) überzeugt mit leichter internationaler und Allgäuer Küche.
Lindenberg, Austraße 41, Tel. 08381 92 61-0, www.hotel-waldsee.de

ZUM HIRSCHEN €€
Außen ein 300 Jahre alter Gasthof, innen – insbesondere in den Gästezimmern – modernstes Allgäuer Ambiente. »Beim Stöckeler« wird Feines aus der Region aufgetischt (Mi. geschl.).
Scheidegg, Kirchstr. 1
Tel. 08381 21 19
www.gasthaus-zumhirschen.de

TANNENHOF SPORT & SPA €€€
Großes, familiengeführtes Sporthotel in modernem Alpinstil mit schicker Einrichtung. Den Gast erwarten Badelandschaft, Therapie-, Fitness- und Beauty-Zentrum, Tennishalle- und plätze etc. sowie mehrere Restaurants.
Weiler, Lindenberger Str. 33
Tel. 08387 12 35
www.tannenhof.com

ADLER €
Das einstige Amtshaus des Deutschen Ordens von 1570, 7 km östlich von Lindenberg, ist heute ein familiärer ländlicher Gasthof mit angenehmen Zimmern. Es kocht der Chef.
Ellhofen, Neideggstr. 1
Tel. 08384 372
www.german-hefele.de

Höhen und Tiefen florierte dieser Wirtschaftszweig bis zum Zweiten Weltkrieg. Ende des 19. Jh.s zählte man 34 Strohhut-Fabriken, ein Höhepunkt war das Jahr 1913, in dem ca. acht Millionen Hüte produziert wurden. Heute existiert nur noch eine Hutfabrik, die Mayser GmbH (mit Laden, Bismarckstr. 2), die jedoch in der Slowakei produziert. Vergessen ist dieses wichtige Gewerbe dennoch nicht, denn das Deutsche Hutmuseum – in der einstigen Hutfabrik Ottmar Reich von 1923, die heute als »Kulturfabrik« fungiert – informiert umfassend und attraktiv über die Geschichte und Technik der Hutherstellung sowie über Moden und gesellschaftliche Entwicklungen rund um den Hut – eine vorbildliche und spannende Ausstellung!

Museumsplatz 1 | Di. – So. 9.30 – 17 Uhr | Eintritt 7 €, Familien 15 € | www.deutsches-hutmuseum.de

★ Scheidegger Wasserfälle

Es rauscht und gurgelt in tiefer Klamm

Die Scheidegger Wasserfälle, 5 km südwestlich, zählen zu den schönsten Biotopen Bayerns: Unterhalb der B 308 stürzt der Rickenbach in 2 Stufen 48 m tief in den wildromantischen Felskessel der **Rohrachschlucht**. Eine lohnende Rundwanderung (ca. 3 Std.) führt vom Waldsee nach Allmannsried, dann an der Rappenfluh vorbei südlich nach Kinberg und zu den Fällen. Etwas weiter östlich gibt es an der B 308 (Gretenmühle) einen Reptilienzoo mit Tropenhaus. Über Bieslings geht man dann nach Scheidegg (▶ unten), dort auf den Blasenberg und schließlich nordöstlich über Buflingsried zurück nach Lindenberg.

Scheidegger Wasserfälle: April – Okt. tgl. 9 – 19 Uhr | Eintritt 2 € | www.scheideggerwasserfaelle.de

Reptilienzoo in Scheidegg: Gretenmühle 9 | April – Sept. Sa. – Do. 10 – 18, Okt., Nov., Febr., März bis 17 Uhr, Dez./Jan. geschl. | Eintritt 8 € | http://reptilienzooscheidegg.reptilienzoo-scheidegg.com

Scheidegg

Aug' in Aug' mit Fink und Star

Der Kneippkurort Scheidegg (4200 Einw.) liegt gut 800 m hoch am Nordausläufer des Pfänders auf einem sonnenreichen Plateau vor großartigem Bergpanorama, das man besonders vom **Blasenberg** mit dem Restaurant Fünfländerblick (Mo. geschl., www.fuenf laenderblick.de) genießen kann. Im **Heimathaus** illustriert ein Handwerkermuseum die Vergangenheit des Orts. Einen Blick wert sind die Kirche St. Gallus (1798), die 1886 – 1918 ihre »Rokoko«-Ausstattung erhielt, und die Annakapelle mit einer spätgotischen Anna Selbdritt. In Richtung Scheffau ist das herrlich gelegene **AlpenFreibad** zu finden. In Oberschwenden, 8 km südwestlich von Lindenberg, vermittelt der **Skywalk** (Baumwipfelpfad, barrierefrei) in bis zu 40 m Höhe neue Eindrücke von der Natur. Sowohl die Struktur von Baumkronen und Ästen als auch das vielfältige Leben darin, von

OBEN: Auf Augenhöhe mit den Baumwipfeln, dazu ein großer Abenteuerspielplatz – der Skywalk bei Scheidegg erfüllt alle Voraussetzungen für einen spannenden Tag in der Natur.

UNTEN: Einst war Lindenberg der Nabel der Hutfabrikation – das Hutmuseum erinnert an die kurze, jedoch heftige Blüte.

KÄSELAND ALLGÄU

BAEDEKER WISSEN

Rund 15 % des deutschen Käses und fast 40 % des deutschen Hartkäses wird in den etwa 90 Allgäuer Käsereien produziert. Einen genussreichen Eindruck vom Allgäuer Käseangebot bekommt man bei den Sennereien an der Allgäuer Käsestraße und bei den Sennalpen in den Allgäuer Bergen.

▶ **Milchleistung einer Kuh**

Um 1800 gaben Kühe 2 – 3 l Milch pro Tag; Anfang der 1980er-Jahre waren es schon ca. 20 l. Heutige Hochleistungskühe geben täglich 30 bis 50 l – für die Versorgung eines Kalbs reichen 8 l.

Die Überproduktion hat gesundheitliche Folgen für die Kuh. Lag ihre Lebenserwartung früher bei 25 Jahren, so sind es heute nur noch ca. 5 Jahre.

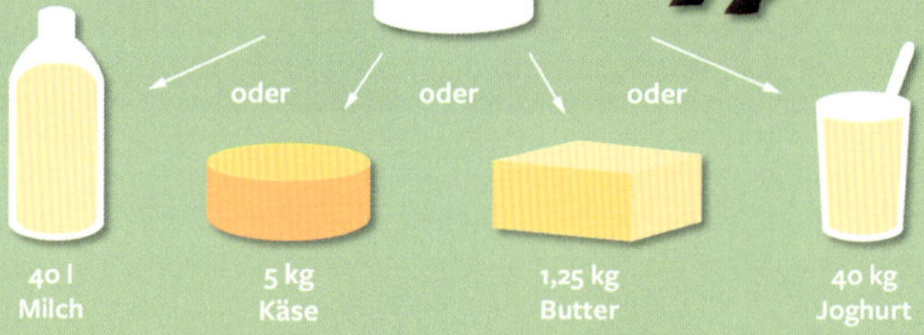

▶ **Käseherstellung**

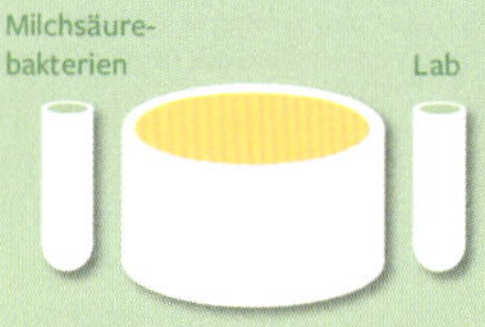

Vorbereiten
Die Milch wird gefiltert und auf 32 °C erwärmt) Den gewünschten Fettgehalt erreicht man durch die Zugabe von Magermilch oder Sauerrahm.

Dicklegen
Mithilfe von Milchsäurebakterien wird das Milchgemisch vorgereift und anschließend mit Lab (Enzym) zum Gerinnen gebracht. Die Milch spaltet sich in Molke und Bruch auf.

Bruchschneiden
Hat die »Dickete« die geeignete Festigkeit, wird mit der Käseharfe zerteilt. kleiner der Bruch, desto weniger Molke und umso härter wird der Käse.

äsereien und Sennereien im Allgäu (Auswahl)

- **Käserei Vogler**
  Bad Wurzach-Gospoldshofen
- **Hofkäserei Boschenhof**
  Leutkirch
- **Biokäserei Zurwies**
  Wangen im Allgäu
- **Käsküche Isny**
  Isny
- **Sennerei Rutzhofen**
  Stiefenhofen
- **Käs-Buind-Laden**
  Kranzegg bei Rettenberg
- **Bergkäserei Weizern**
  Weizern bei Eisenberg

▶ Bestoß* im Allgäu

*Art und Zahl des Weideviehs. Von insgesamt ca. 390 000 Tieren werden etwas mehr als 30 900 in der klassischen Alpwirtschaft gehalten.

Alpwirtschaft

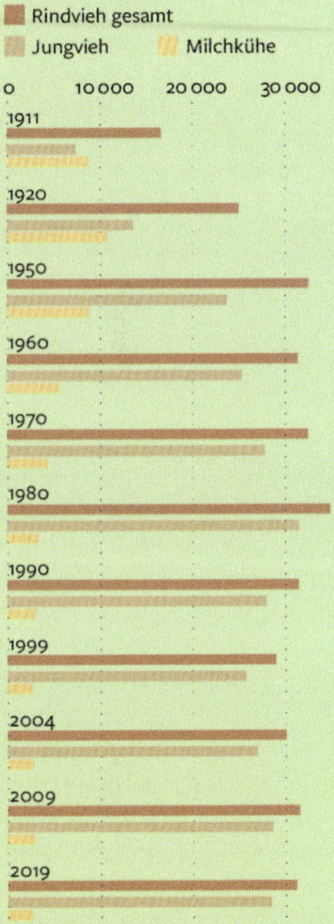

auptkäsesorten

lgäuer Emmentaler

wird aus Rohmilch in genau efinierten Regionen produziert. ie bis 130 kg schweren Laibe üssen mindestens drei Monate ifen. Charakteristisch sind die rschgroßen Löcher.

Allgäuer Bergkäse

... wird in 900 bis 1800 m Höhe auf Sennhütten hergestellt. Die Laibe wiegen höchstens 50 kg und auch die Löcher sind kleiner.

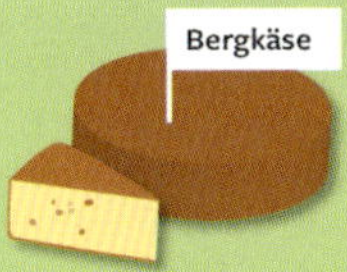

©BAEDEKER

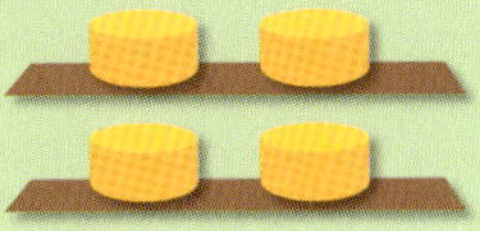

rmen

at der Bruch e richtige nsistenz, rd er in e Formen füllt.

Molkeentzug

Die restliche Molke wird durch Abtropfen, Pressen und Wenden vom Bruch getrennt.

Salzbad

Der Käselaib kommt für 72 Stunden in eine Salzlake. Sie fördert die Rindenbildung.

Reifung

Der Käse kommt vier bis 12 Monate in den Reifekeller und wird jeden zweiten Tag gebürstet, gewendet und mit Salzlake eingerieben.

Insekten bis zu Vögeln, lassen sich gut beobachten. Kinder toben danach auf dem Abenteuerspielplatz oder dem Geschicklichkeitsparcours. Für Wanderungen rund um Scheidegg sind die Kapellenwege zu empfehlen, ebenso der Gang zum Bilderbuchdorf **Scheffau** (über Unterstein oder Lindenau, gesamt ca. 10 km).

Skywalk: Oberschwenden 25 | April – Okt. tgl. 10 – 18 Uhr | Eintritt im Sommer 11,90 €, Kinder ab 1 m 9,50 € | www.skywalk-allgaeu.de

Der Pfänder ruft

★ Pfänder

Mit wunderbarem Blick auf den **Bodensee und die Schweizer Berge** (Säntis) geht man in ca. 31/2 Std. von Scheidegg über Möggers, Trögerhöhe und Fürberg hinauf zum Gipfel des Pfänders (1062 m). Mit der Seilschwebebahn fährt man nach ▶Bregenz hinunter, mit Bus, Bahn oder Schiff nach Lindau und wieder zurück mit dem Bus. Mit dem Fahrrad macht man die Runde in umgekehrter Richtung, denn so fährt man im großen Ganzen immer bergab (ca. 45 km/ 31/2 Std.).

Probelauf für den Allgäuer Emmentaler

Weiler

Im 600 bis 800 m hoch gelegenen Weiler versuchte sich 1821 **Josef Aurel Stadler** am den ersten Allgäuer Emmentaler, was aber erst 1827 dem Schweizer Senner Johann Althaus gelang (▶ S. 220). Diese Tradition wird bis heute hochgehalten. Am Kirchplatz stehen das Rathaus von 1681 und die Pfarrkirche St. Blasius (1796), ein klassizistischer Saalbau mit Deckenfresken von A. Brugger. Im **Kornhaus** sind bäuerliche und handwerkliche Geräte ausgestellt, außerdem Werke heimischer Künstler. Im einstigen Gasthof Löwen vermittelt das Westallgäuer Heimatmuseum die Volkskultur – ein echtes Schatzkästchen. Ein riesiger Findling nordöstlich und der Enschenstein südlich des Orts – von den Einheimischen meist als **Menschenstein** bezeichnet sind beliebte Ausflugsziele. Letzteren erreicht man am schönsten durch die wildromantische **Hausbachklamm**, zurück über Krähnberg oder Hagelstein (hin und zurück ca. 21/2 Std.).

Westallgäuer Heimatmuseum: Hauptstraße 2 | April – Sept. Mi. 10 – 12, 14.30 – 21 Uhr | Eintritt 3 € | www.westallgaeuer-heimatmuseum.de

Per Rad zum Käs

Allgäuer Käsestraße

Nirgendwo im Allgäu liegen so viele kleine Sennereien so dicht beieinander wie im Westallgäu. Auf schönen Radstrecken mit über 150 km Länge und vielen Wanderwegen ist die kulinarische Landschaft zu erleben: Handwerklich arbeitende Sennereien, Gast- und Bauernhöfe, Brauereien und eine Brennerei bieten ihre köstlichen Produkte an. Routenvorschläge und Tipps für Verkostung und Einkauf bei den Tourismusbüros und unter
www.allgäuer-käsestrasse.de

MARKTOBERDORF

Landkreis: Ostallgäu | **Höhe:** 727 – 790 m ü. d. M. | **Einwohner:** 18 100

Musik liegt in der Luft über dem Städtchen zwischen Schongau und Kempten: Die Bayerische Musikakademie belebt es mit Kursen, Konzerten und Wettbewerben, die das ganze Jahr über Teilnehmer und Zuhörer aus aller Welt anziehen. Auch als Standort für Besichtigungs- und Aktivtouren in die Umgebung liegt Marktoberdorf ideal.

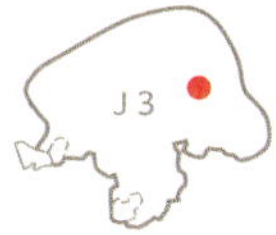

Nachdem »Oberdorf«, das ab 1299 dem Hochstift Augsburg gehörte, 1453 das Marktrecht erhalten hatte, nannte es sich »Markt Oberdorf«. Als dieser Ort genau 500 Jahre später zur Stadt aufgestiegen war, wurde nur die Schreibweise geändert. Nach dem Zweiten Weltkrieg ließen sich hier viele Flüchtlinge nieder, vor allem Sudetendeutsche aus dem Riesengebirge und Gablonz, wodurch sich die Einwohnerzahl in wenigen Jahren verdoppelte. 1930 bauten die Gebrüder **Hermann und Xaver Fendt** den ersten Kleinschlepper Europas mit 6 PS, heute ist die weltbekannte Firma Marktführer in Europa und beschäftigt allein in Marktoberdorf 1800 Menschen.

Gut geschleppt

Das Künstlerhaus Marktoberdorf zeigt nicht nur moderne Kunst – hier Skulpturen von Heiko Herrmann –, es ist auch beispielhaft für moderne Architektur im Allgäu.

Wohin in Marktoberdorf und Umgebung?

Johann Georg Fischer allüberall

Schlossberg

Über dem Städtchen thronen die Stadtpfarrkirche St. Martin und die einstige **Sommerresidenz der Augsburger Fürstbischöfe**. Architekt des Vierflügelbaus (1723 – 1728) war Johann Georg Fischer, ein später in Füssen ansässiger Sohn der Stadt. Seit 1985 ist hier eine der drei **Bayerischen Musikakademien** ansässig. Renommiert sind die Marktoberdorfer Festivals: das Festival Musica Sacra International und der Internationale Kammerchor-Wettbewerb.

St. Martin ist ebenfalls ein Werk von J. G. Fischer, erbaut 1732 – 1738. Ihr lichter Innenraum bezaubert mit feinem Stuck des Wessobrunners A. Bader (1733) und zartfarbigen Deckengemälden von F. G. Hermann, der u. a. für die Kemptener Fürstbischöfe tätig war; den mächtigen Hauptaltar schuf Leonhard Fischer 1747.

Marktoberdorfer Museumslandschaft

In der Stadt

Im **Martinsheim** unterhalb des Schlossbergs sind drei **Museen** untergebracht: Stadtmuseum (Geschichte und Kultur Marktoberdorfs), Riesengebirgsmuseum und Paul-Röder-Museum (v. a. Gemälde des Wahl-Marktoberdorfer). In der Ortsmitte sind das Alte Rathaus (1723 von J. G. Fischer umgestaltet) und das Künstlerhaus mit zeitgenössischer Kunst interessant. Aufsehen erregt seine kubische Form in Klinkerbauweise (Architekten Bearth & Deplazes).

Museen im Martinsheim (Stadtmuseum, Riesengebirgsmuseum, Paul-Röder-Museum): Eberle-Kögl-Str. 11 | Mi. 14 – 16, So. 10 – 12, 14 bis 16 Uhr | Eintritt frei | **Künstlerhaus:** Kemptener Str. 5 | bei Ausstellungen Di. – Fr. 15 – 18, Sa., So. 14 – 18 Uhr | Eintritt 5 € | www.kuenstlerhaus-marktoberdorf.de

Mit Zugkraft

Fendt Forum

»Schlepper« war einmal – im Fendt Forum (mit Shop und Restaurant) erfährt man, wie im modernsten Traktorenwerk weltweit Landmaschinen für alle denkbaren Zwecke gebaut werden.

Micheletalweg 14 | Mo. – Fr. 10 – 17 Uhr | www.fendt.com

Wie die Römer badeten

Römerbad

Beim Bau der Umgehungsstraße im Weiler Kohlhunden (3,5 km südlich) entdeckte man die Reste eines Römerbads aus dem 2. Jh. n. Chr., das wohl zu einem römischen Gutshof gehörte. Es ist frei zugänglich, da die Ausgrabungsstelle rundum verglast ist.

Führungen im Sommer So. 10 – 12 Uhr

Visionen der Crescentia

Altdorf

Die Kirche Mariä Himmelfahrt in Altdorf 4 km nördlich von Marktoberdorf besitzt ikonografisch und kirchengeschichtlich bemerkens-

MARKTOBERDORF ERLEBEN

TOURISTIKBÜRO
Richard-Wengenmeier-Platz 1
87616 Marktoberdorf
Tel. 08342 40 08-45
www.touristik-marktoberdorf.de

BAYERISCHE MUSIKAKADEMIE
Tel. 08342 96 18-0
www.modakademie.de
Konzertkarten bei Buchhandlung Pötzl, Salzstr. 2, Tel. 08342 403 54

In Marktoberdorf fertigt die Firma Rösle hochpreisiges Werkzeug für Hobbyköche, im Fabrikverkauf kann man aus 700 Geräten wählen
Johann-Georg-Fendt-Str. 38,
Mo. - Fr 10-18, Sa. bis 14 Uhr,
www.roesle.de.

1. Mai: Maibaum-Aufstellen. Pfingstwochenende: Festival Musica Sacra International (in geraden Jahren), Internationaler Kammerchor-Wettbewerb (in ungeraden Jahren). Ende Nov./Anf. Dez.: Landeswettbewerb »Jugend jazzt«. Auf dem Auerberg findet am So. nach dem 23. April der Georgiritt mit »römischen« Reitern statt.

GASTHOF ZUM HIRSCH €
Gemütlicher, recht gediegener Gasthof mit gut ausgestatteten Zimmern. Allgäuer sowie Crossover-Küche, u. a. Steaks in vielen Varianten (€€–€€€), große, anspruchsvolle Weinkarte. In der »Speisemeisterei« feiert man etwas ungezwungener in den Abend.
Marktoberdorf
Georg-Fischer-Str. 1
Tel. 08342 23 42, Restaurant
Di.-Sa. ab 18, So. 11.30-14 Uhr
https://blochum-marktoberdorf.de

VOGLERWIRT €
Paradies für Fleischesser (eigene Metzgerei) 5 km südwestlich mit preisgekrönter Hausmacherküche und gemütlichen Zimmern
Leuterschach-Fechsen
Mühlbichl 24
Tel. 08342 25 07
www.voglerwirt.de

werte Fresken von Matthäus Günther (1748): Im Chor empfängt der Heilige Geist als attraktiver junger Höfling, Maria als seine Braut. Diese sehr irdische Szene geht auf Visionen der hl. Crescentia zurück (▶Kaufbeuren), die auch andere Künstler inspirierten, ungeachtet des deutlichen Verbots des Papstes 1745. Zartfarbiger Wessobrunner Stuck, ein neobarocker Hauptaltar (1963) und die wunderbaren Figuren von Ignaz Hillenbrand aus Türkheim (Maria Immaculata mit Joachim und Anna, um 1740) vervollständigen die Ausstattung.

Padua im Allgäu

★ Bertoldshofen

Ein schöner einstündiger Spaziergang führt vom Marktoberdorfer Schloss auf dem Prälatenweg – zunächst durch eine alte Lindenallee – nach Bertoldshofen. Das Dorf überrascht mit der architektonisch un-

Stolze Rösser und Reiter vor Traumkulisse: Georgiritt auf dem Auerberg

gewöhnlichen und überreich gestalteten Pfarrkirche **St. Michael**, von J. G. Fischer 1727 – 1731 erbaut. Der Ortspfarrer wünschte sich, nach dem Vorbild von S. Antonio in Padua, eine **Kirche mit fünf Kuppeln**. Nur die Chorkuppel ist gemauert, die anderen sind aus Holz konstruiert. Bewegter Laub- und Bandelwerkstuck des Wessobrunners I. Finsterwalder umrahmt die Fresken von A. W. Haffe und M. Wolcker (1730–1733), die Figuren aller Altäre stammen von Ignaz Hillenbrand. Das Deckenbild im Oratorium über der Sakristei, ein Manifest der Gegenreformation, zeigt, wie der Papst die »Irrlehrer« Luther, Calvin, Zwingli und Hus überwältigt. Von 1692 datiert der überlebensgroße hl. Rochus. Wem es nach Natur verlangt, dem sei die Wanderung zu den Seen östlich empfohlen: über Hausen zu **Galgen-, Korb- und Bischofsee**, zurück über Selbensberg (gesamt ca. 3 Std.).

Auf die schwäbische Rigi

★ Auerberg

Der 1056 m hohe Auerberg, die »schwäbische Rigi«, erhebt sich ca. 10 km südöstlich von Marktoberdorf, und zwar halb in Schwaben, halb in Oberbayern – der Blick in alle Richtungen ist großartig. Bei klarem Wetter hat man nicht nur Hunderte von Gipfeln der Allgäuer und Bayerischen Alpen vor sich, selbst Augsburg und die Türme der Münchner Frauenkirche sollen zu erkennen sein. Von Osten kurvt ein Sträßchen hinauf, eine Herausforderung für Radsportler (von Bernbeuren ca. 280 m Anstieg). Die klassische Wanderung führt von

Bernbeuren in 11/2 Std. durch die wildromantische **Feuersteinschlucht** zum Gipfel. Schon zu keltischer Zeit war der Berg ein Wallfahrtsort; als Zentrum der Licatier war er mit einem gewaltigen Befestigungssystem gesichert. Dennoch wurde er um 15 v. Chr. von den Römern erobert, später lag hier eine Militärstation. Heute wird der Berg von der spätgotischen **St.-Georgs-Kirche** mit romanischem Turm bekrönt (auch dieser ist zugänglich – von oben soll man 230 Orte sehen können); im barocken Inneren sind die Holztäferdecke aus dem 17. Jh., die Altäre, eine Rosenkranz-Madonna von 1641 und die Mondsichel-Madonna des Kaufbeurer Schnitzers Jörg Lederer (um 1520) hervorzuheben. Es gibt auch einen guten Gasthof, berühmt sind seine Torten (www.auerberghotel.de, Tel. 08860 235, tgl. 9 – 21 Uhr). Am So. nach dem 23. April findet auf dem Auerberg der prachtvolle **Georgiritt** statt, mit einem Heiligen Georg und römischen Soldaten zu Pferd.

★★ MEMMINGEN · ★★ KLÖSTER BUXHEIM UND OTTOBEUREN

Landkreis: Unterallgäu | **Höhe:** 595 m ü. d. M. | **Einwohner:** 41 200

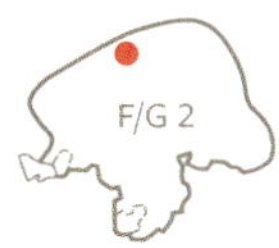

In der einstigen Freien Reichsstadt verbinden sich Historie und Moderne, schwäbisches Lebensgefühl und mondäne Internationalität, denn der nahe Flughafen spült Besucher aus aller Herren Länder ins bezaubernde Zentrum mit seinen verspielten Fassaden und strengen Gotteshäusern. Mit der Kartause Buxheim und dem Benediktinerkloster Ottobeuren warten in der nahen Umgebung grandiose Kunstschätze.

Tor zum Allgäu und in die Welt

Schon 1506 schickte die Memminger Handelsgesellschaft, im Verein mit den Augsburger Welsern, Schiffe nach Übersee. In dem Flecken an der Kreuzung der Straße von Ulm zum Fernpass und der ost-westlich verlaufenden Salzstraße hatte Herzog Welf VI. um 1160 eine Burg errichtet. 1268 erhielt Memmingen das Stadtrecht und 1438 die Privilegien der Freien Reichsstadt. Der Handel mit lebens- und kriegswichtigen Gütern – Leder, Eisen, Stoffe, Wein, Salz, Gewürze etc. – machte die Stadt reich; 1347 erzwangen die Handwerker die paritätische Besetzung des Rats durch Patrizier und Zünftler. 1525, im Schwäbischen Bauernkrieg, verabschiedeten die Bauern hier die **»Zwölf Artikel«**,

MEMMINGEN ERLEBEN

STADTINFORMATION
Marktplatz 3, 87700 Memmingen
Tel. 08331 850-172, -173
www.memmingen.de
Memmingen bietet eine große Zahl von Themenführungen an, z. B. »Auf den Spuren des Scharfrichters« (Anmeldung Tel. 08331 850-173).

GÄSTEINFORMATION
Marktplatz 5
87730 Bad Grönenbach
Tel. 08334 6 05 31
www.bad-groenenbach.de

TOURISTIKAMT
Marktplatz 14, 87724 Ottobeuren
Tel. 08332 92 19 50
www.ottobeuren.de

ALLGÄU AIRPORT
3 km östlich von Memmingen
Bus 2 vom Bahnhof Memmingen
Tel. 08331 98 42 00-0
www.allgaeu-airport.de

Mai/Juni: Memminger Meile (Kulturfestival, u. a. Folk Music Festival Mitte Juni). Stadtfest um den 10. Juni. Juli, letzte Woche vor den Ferien: Kinderfest (Do.) und Fischertag (Sa.).
Ende Juli, alle 4 Jahre (2024...): Wallensteinwoche.
Ottobeuren: Mai – Okt.: Konzerte im Kloster und an anderen Orten (Auskunft bei der Stadtinformation).
1. Advent bis Weihnachten: Christkindlesmarkt.

Rapunzel: Im Laden des Produzenten biologisch-ökologischer Lebensmittel kann man einkaufen; die Kantine ist auch für Gäste offen (Mo. – Fr.). Führungen für Einzelpersonen nach tel. Anmeldung am 1. Fr. des Monats um 13 Uhr, Legau, Rapunzelstr. 1, Tel. 08330 529-1151, www.rapunzel.de.

1 ZUM GOLDENEN LÖWEN €
Der über 500 Jahre alte Goldene Löwe gilt als älteste Weinstube Memmingens. Auf der Karte stehen einfache schwäbische Gerichte.
Schrannenplatz 2, Tel. 08331 52 90
Mo.–Sa. ab 18.00 Uhr, Sa. auch 10.30–14.00 Uhr zum Frühschoppen
www.weinstube-goldenerloewe.de

2 WEBER AM BACH €€
Gutbürgerliches, gediegenes Restaurant in über 600 Jahre altem Haus, mit gehobener, ideenreicher Crossover-Küche »vom Allgäu in die Welt«. Angenehme moderne Zimmer im neuen Anbau.
Untere Bachgasse 2
Tel. 08331 24 14
www.weber-am-bach.de
Di.–So. 11.00–14.00 und ab 17.30 Uhr, Mo. nur ab 17.30 Uhr geöffnet

3 PASTA FRESCA €€
Abwechslung gefällig? Dann ist dieses hübsche Lokal mit lauschigem Innenhof, temperamentvoller Bedienung und original sardischer Küche das Richtige. Köstlich!
Krautstr. 6 ½
Tel. 08331 49 55 72
www.pasta-fresca-doro.de
So., Di. geschl.

4 CHARLYS TOPFGUCKER €€–€
Regionale Küche modern verpackt und von Michelin gelobt ... der Topf-

1 Zum Goldenen Löwen
2 Weber am Bach
3 Pasta Fresca
4 Charlys Topfgucker

1 Weißes Ross
2 Zum Mohren
3 Hotel Hirsch
4 Schloss Kronburg

gucker kommt flott und zeitgeistig daher, das Crossover-Essen schmeckt und macht Spaß.
Bad Grönenbach, Marktplatz 8
Tel. 08334 25 97 25
www.topf-gucker.com
Mo., Di. geschl.

1 WEISSES ROSS €€–€

Gehobenes Hotel in einem stattlichen Haus aus dem 15. Jh., mit modern gestalteten Gästezimmern in zentraler Lage.
Salzstr. 12/Kalchstr. 16
Tel. 08331 936-0
www.hotelweissesross.de

2 ZUM MOHREN €

Der Gasthof ist über 400 Jahre alt, die Zimmer sind klein aber modern. Die Küche bietet schwäbisch-Allgäuer Schmankerln aus heimischen Produkten.
Ottobeuren, Marktplatz 1
Tel. 08332 921 30, tgl. ab 7.00 Uhr
www.gasthof-mohren.de

3 HOTEL HIRSCH €€
Das stattliche Gebäude unterhalb der Basilika ist eines der ältesten Gasthäuser Ottobeurens. Moderne, großzügige Gästezimmer mit freundlichem Ambiente. Zur schwäbisch-bayerischen Küche kann man sich das Bier aus der eigenen Kleinbrauerei schmecken lassen (€–€€).
Ottobeuren, Marktplatz 12
Tel. 08332 796 77-0
www.hirsch-ottobeuren.de
Tgl. mittags und ab 18 Uhr geöffnet

4 SCHLOSS KRONBURG €€
Fast herrschaftlich, aber zu bürgerlichen Preisen wohnt man in den elegant ausgestatteten Appartements im Gästehaus des Schlosses, und dies mit herrlichem Ausblick. Zum Haus gehört auch ein großer Garten mit Schwimmteich, Kneipp-Becken u. a. m.
Kronburg, Woringer Str. 5
12 km südlich von Memmingen
Tel. 08394 92 10
www.schloss-kronburg.de

eine Charta von Menschenrechten, die u. a. die Aufhebung der Leibeigenschaft, des Zehnten und der Frondienste forderte. Der Dreißigjährige Krieg brachte Hunger und Elend; das katholische Heer unter Wallenstein hielt sich 1630 vier Monate in der Stadt auf (daran erinnert die **Wallensteinwoche** alle vier Jahre), 1632 folgte sein Kontrahent, der Protestantenführer König Gustav Adolf II. von Schweden. Heute ist das wirtschaftsstarke Memmingen Sitz großer Speditionen und bedeutender Industrie, denen der nahe Allgäu Airport eine gute Infrastruktur bietet. Auch die Kulturszene mit dem Landestheater Schwaben, dem PIK (Parterretheater im Künerhaus) und den Memminger Meisterkonzerten muss sich nicht verstecken; die Stadthalle bietet den Rahmen für Musicals und Konzerte aller Art.

Wohin in Memmingen?

Prachtfassaden am Marktplatz

★ Marktplatz

Was für ein Bild muss das gewesen sein: Im 16. Jh. umgab eine knapp 3 km lange **Mauer mit 32 Türmen und Toren** die Stadt. Von der Stadtmauer sind im Westen noch etwa 1,5 km erhalten, von den Toren nur fünf: Ulmer Tor, Westertor, Lindauer Tor, Kempter Tor und Einlasstor. Im Norden der Altstadt liegt der schöne »schwäbische« Marktplatz, das repräsentative Zentrum der Freien Reichsstadt. Dienstags und samstags wird hier Markt gehalten, hier treffen sich die Bürger zum Stadtfest, zum Kinderfest und Fischertag. Das prachtvolle **Renaissance-Rathaus** von 1589 erhielt 1765 seinen Rokokoschmuck; links schließt sich das lang gestreckte **Steuerhaus** mit Arkaden an (1495, Aufstockung im 18. Jh., Fassadengestaltung 1909) und rechts die **Großzunft** (1719, Vorgängerbau 15. Jh.), einst das Versammlungs- und Ballhaus der Patrizier, heute von der Stadtverwaltung genutzt. Durch- und unterquert wird der Marktplatz im Westen von der Memminger Ach. In früheren Zeiten nutzten Handwerker das Wasser des »Stadtbachs«, heute säumen ihn nette Läden, Weinstuben und Cafés. Am letzten Samstag vor den Sommerferien wird er beim »Fischertag« leer gefischt – das älteste und größte Spektakel im Kalender der Stadt.

Reich dank Venedig

Hermansbau

Vom Marktplatz führt die von Laubengängen gesäumte Zangmeisterstraße, die älteste Handelsstraße der Welfenstadt (mit dem Laden der renommierten Confiserie Heilemann), zur Stadtpfarrkirche St. Martin. Gegenüber deren Chor steht der Hermansbau, ein spätbarockes Stadtpalais, erbaut 1765/66 für den im Venedighandel reich gewordenen Kaufmann Benedikt von Herman(n). In den original ausgestatteten, prächtigen Räumen illustriert das **Stadtmuseum** die Geschichte Memmingens und der sudetendeutschen Partnerstadt Freudenthal, außerdem präsentiert es Buchkunst und die sehenswerten Künersberger Fayencen.

Mai – Okt. Di. – Sa. 10 – 12, 14 – 16, So. 10 – 16, Nov. – Jan. Di. – So. 10 – 13, 14 – 17 Uhr | Eintritt 3,30 €

Eine feste Glaubensburg

★★ St. Martin

Die evangelische Stadtpfarrkirche St. Martin ist eine mächtige Basilika aus der Spätgotik. An ihr wurde über hundert Jahre gebaut, vom 14. Jh. bis 1500, als der Chor nach Plänen des Ulmer Münsterbaumeisters Matthäus Böblinger fertiggestellt wurde; Erweiterungen und Umgestaltungen folgten. Während der Reformation wurde die Bilderausstattung 1531 fast ganz zerstört. Der größte Schatz der Kirche ist das **grandiose Chorgestühl**, an dem mehrere Memminger Meister von 1501 bis 1507 arbeiteten. Die 22 Figuren an den Wangen porträtieren Bürgerinnen und Bürger der Stadt. Die beeindruckenden Wandmalereien, vor und nach der Reformation entstanden, sind ein wichtiges Zeugnis der **Memminger Malschule**, besonders der Familie Strigel. In Konzerten kann man die moderne Orgel erleben (Goll/Luzern, 1998). Der 66 m hohe **Turm**, ein Wahrzeichen der Stadt, bietet einen prachtvollen Ausblick über Stadt und Umgebung. Danach lädt nebenan in der Zangmeisterstraße die nette Memminger Kaffeestub' zur Pause.

St. Martin/Turmbesteigung: Mai – Okt. tgl. 15 Uhr

Mittelalterliche Wohltätigkeit

Antonierkirche und ★ Strigel-Museum im Antonierhaus

Der hübsche Martin-Luther-Platz, im Norden gesäumt von St. Martin und weiter südlich von der Antonierkirche, ist das geistliche Zentrum der Stadt. Die Antoniter waren im Mittelalter ein bedeutender Bettelorden – Ende des 15. Jh.s betrieb er etwa 370 Spitäler in Europa –, der sich der am »Antoniusfeuer« (Ergotismus) Erkrankten annahm. Diese im Mittelalter in Europa weit verbreitete, entstellende und unheilbare Krankheit war die Folge einer Vergiftung mit Mutterkorn, einem Pilz im Roggenmehl. Die 1378 – 1512 erbaute Antonierkirche

Blick vom Turm der Pfarrkirche St. Martin auf den Marktplatz in Memmingen

ist seit dem 16. Jh. die evangelische **Kinderlehrkirche**. Das Nordportal schmückt ein Werk von Bernhard Strigel (um 1520): die Kreuzigung Jesu sowie Szenen aus der Legende des hl. Antonius Eremita; links ist ein am Antoniusfeuer Erkrankter mit amputiertem Bein dargestellt. In dem westlich am Platz gelegenen, stattlichen vierflügeligen **Antonierhaus** (Spital) aus dem 15. Jh. sind außer der Stadtbibliothek noch zwei Museen ansässig: das **Antonitermuseum** und das **Strigel-Museum**. Letzteres ist der berühmten Memminger Künstlerdynastie Strigel gewidmet, die im 15./16. Jh. die süddeutsche Malerei und Bildhauerei prägte: Hans Strigel d. Ä. (geb. um 1400), seine Söhne Hans d. J. und Ivo (1430 –1516) sowie der bedeutendste, der Enkel Bernhard Strigel (um 1465 –1528), der v. a. als Porträtist Berühmtheit erlangte. Im atmosphärereichen Innenhof kann man sich an den vorzüglichen Kuchen aus dem Café Kunz gütlich tun.
Der mächtige Vierflügelbau gegenüber der Antonierkirche entstand bis 1591 im Auftrag von Jakob Fugger (nur der Innenhof ist zugänglich, da in Privatbesitz).

Kinderlehrkirche: Ostersonntag – 30. April tgl. 11 –14, Mai – Sept. 10 –17, Okt. 10 –16 Uhr | **Museen im Antonierhaus:** Di. – Sa. 10 – 12, 14 – 16, So. 10 – 16 Uhr | Eintritt frei

Bummel durch die Altstadt

Weitere Sehenswürdigkeiten

Die **Kreuzherrenkirche**, einst eine zweischiffige gotische Spitalkirche, bekam 1709 ihren großartigen Wessobrunner Stuck, der die Gewölbe wie eine Spitzendecke überzieht. Sie wird als Konzert- und Ausstellungsraum genutzt. Am **Weinmarkt** stehen etliche schöne Zunfthäuser, in der Kramerzunft (Nr. 15) wurden die »Zwölf Artikel« des Bauernkriegs verfasst. Das **Stadttheater**, bis 1802 Zeughaus, ist Heimat des Landestheaters Schwaben (Spielzeit Sept. bis Juni). Das markanteste Haus Memmingens steht am Gerberplatz: das **Siebendächerhaus** (1601). In seinen Dachböden hängten die Gerber die Häute zum Trocknen auf. Die erst 1891 wiederentdeckten sehenswerten Wandmalereien in der evangelischen **Stadtpfarrkirche Unser Frauen** (15. Jh.) in der südlichen Altstadt, geschaffen 1456–1460 von Hans Strigel d. J., zählten zu den bedeutendsten der Zeit in Süddeutschland; zu beachten sind auch die Vorhallen-Fresken von Hans Strigel d. Ä. und die zauberhafte »Hawanger Madonna« von Ivo Strigel (um 1500) links des Chorbogens.

Kreuzherrenkirche: April – Okt. Di. – So. 14 – 17, Sa. auch 10 – 12.30 Uhr | Eintritt frei – mit Café | **Stadtpfarrkirche Unser Frauen:** April bis Okt. tgl. 15 – 17 Uhr | Eintritt frei

Der schwäbische Gandalf

Mewo Kunsthalle, Parishaus

Das ehemalige Königlich Bayerische Postamt von 1901 neben dem Bahnhof fungiert heute als Mewo Kunsthalle. Zu sehen sind Wechselausstellungen zeitgenössischer Kunst, darunter Werke des Memmingers Max Unold (1885–1964), eines interessanten Vertreters der Neuen Sachlichkeit, und von **Josef Madlener** (1881 – 1967). Letzterer lebte und arbeitete in seinem Geburtsort Amendingen bei Memmingen. Nachdem bekannt wurde, dass J. R. R. Tolkien Gandalf im »Herrn der Ringe« nach einem Bild Madleners gestaltet hatte, wurde der romantisierende Landschafts- und Naturmaler »wiederentdeckt«. Einen Blick wert ist das **Parishaus** (Ulmer Str. 9), Memmingens erstes Barockgebäude von 1736.

Mewo Kunsthalle: Bahnhofstr. 1, Di., Mi., Fr.- So. 11 – 17, Do. 13 – 19 Uhr | Eintritt frei | www.mewo-kunsthalle.de

Rund um Memmingen

Ein Chorgestühl kehrt heim

★★ Kartäuserkloster in Buxheim an der Iller

Es bedurfte einigen Hin und Hers, umständlicher Verhandlungen und großer finanzieller Anstrengungen, bis das ehemalige **Kartäuserkloster** im westlich gelegenen Buxheim (3700 Ew.) wieder in Besitz seines berühmten Chorgestühls kam. Das im 13. Jh. gegründete Buxheimer Chorherrenstift ging 1402 an die Kartäuser, wurde 1548 reichsunmittelbar und kam nach der Säkularisation in den Be-

sitz der Grafen Waldbott-Bassenheim, die 1883 etliche Kunstschätze, darunter das Chorgestühl, verkauften, um ihre hohen Schulden loszuwerden. Dieses durchlief mehrere Stationen in englischen Konventen, u.a. das St. Saviour's Hospital in London und Hythe in Kent, wobei es teils auseinandergesägt und schwarz überstrichen wurde. 1980 schleßlich kaufte es der Regierungsbezirk Schwaben von den Schwestern in Hythe zurück.
Besucher können das restaurierte **Chorgestühl**, das schönste in Süddeutschland, das der damals noch junge und wenig bekannte Tiroler **Ignaz Waibel** von 1684 bis 1689 schuf, heute im Mönchschor der Klosterkirche bewundern. Außer überschwänglichen Schmuckformen sind es vor allem die ausdrucksstarken Figuren von Aposteln, Heiligen und Ordensstiftern, Dämonen und Propheten, die zum genauen Betrachten verführen. Auch sonst ist die Kirche eine Augenweide. Ihre Baugeschichte umfasst zwei Hauptphasen: Mönchschor (um 1300) und Langhaus (ab 1402) sowie Umbau und Barockisierung 1680 – 1712 mit Stuck und Fresken durch die berühmten Brüder Johann Baptist und Dominikus Zimmermann. Der Große Kreuzgang durchquerte die Klosterkirche und teilte sie in Mönchschor und Brüderkirche. 1957 wurde dieser Abschnitt des Kreuzgangs aus der Klosterkirche entfernt, der Eingriff aber beim Einbau des Chorgestühls 1992/93 zurückgenommen. Chor und Kirche erscheinen heute wieder als zwei voneinander durch eine Art Lettner, den Kreuzgang, getrennte Einheiten. Ein zauberhaftes Rokoko-Kleinod mit ungewöhnlicher, detailreicher Architektur ist die Anna-Kapelle. Dominikus Zimmermann gestaltete sie ab 1738.
Die ans Kloster gebaute **Pfarrkirche St. Peter und Paul**, ebenfalls ein Werk von Dominikus Zimmermann (ab 1725), ist mit Fresken des fürstkemptischen Hofmalers F. G. Hermann und Statuen des Füsseners Anton Sturm ausgestattet; besonders wertvoll ist die berühmte **Buxheimer Madonna**, eine überlebensgroße gotische Muttergottes aus Terrakotta im sog. Weichen Stil (um 1430). Südlich des Orts kann man am **Buxheimer Weiher** relaxen.

Kartause und Kirche: Ende März – 1. Nov. tgl. 10 – 17 Uhr (sonst nur mit Führung, Anmeldung online s. u.) | Führung ohne Anmeldung April bis Okt. So. 14 Uhr, Treffpunkt Kasse Brunohaus (Parkplatz Rathaus) | Eintritt 5 €, mit Führung 7 € | www.kartause-buxheim.de

★ Schwäbisches Bauernhofmuseum in Illerbeuren

Landleben anno dazumal

Im 13 km westlich von Kronburg gelegenen Illerbeuren entführt das Schwäbische Bauernhofmuseum mit über 30 liebevoll restaurierten Häusern aus dem 16. – 19. Jh. in früheres Landleben. Ort und Museum gehen nahtlos ineinander über, so wurde auch der stolze **Gromerhof** von 1702 Museumsgaststätte (www.gasthof-gromerhof.de).

Di. – So., März und 16. Okt.– Nov. 10 – 16, April – 15. Okt. 9 – 18 Uhr | Eintritt 6 € | www.bauernhofmuseum.de

OBEN: Die Wallfahrtskirche Maria Steinbach in Legau, eines der schönsten Beispiele des bayerisch-schwäbischen Rokokos

UNTEN: Ein andächtig ins Gebet versunkener Mönch am barocken Buxheimer Chorgestühl. Es erlebte eine wahre Odyssee, bevor es 1980 wieder zurückkehrte.

DER »SCHWÄBISCHE ESCORIAL«

Bei der Hauptweihe 1766 wurde das Riesenwerk – an dem über 50 Jahre lang gebaut worden war – als ein »schön geziertes Jerusalem« gerühmt. Über Monumentalität und Pracht hinaus gilt die Benediktinerabtei als Vollendung der barocken Klosterarchitektur in Süddeutschland.

1 Gesamtanlage
Der Ottobeurer Klosterbruder Christoph Vogt entwarf einen ca. 230 m langen Komplex (Kirche 89 m lang, Kloster 142 m lang, 128 m breit) mit axial vorangestellter Kirche. Diese ist aus der Längsachse des Klosters leicht nach Westen abgewinkelt – in Vollendung der Kreuzsymbolik der ganzen Anlage, so wie das Haupt Christi am Kreuz meist nach links geneigt dargestellt wird.

2 Nordfassade der Basilika
Die konvexe Nordfassade mit dem Zugang zwischen den 82 m hohen Türmen wird durch vier Dreiviertelsäulen gegliedert. Über dem Hauptportal steht die Inschrift »Haus Gottes und Pforte des Himmels«, über dem Mittelfenster ein hl. Michael von J. M. Feichtmayr (1762), in der Giebelnische schließlich der hl. Benedikt (J. Christian, 1759).

3 Deckenfresken
Das Bildprogramm der Brüder Johann Jakob und Franz Anton Zeiller aus Reutte in Tirol steht unter dem Thema der Erlösung. Die Langhauskuppel zeigt die Glorie des hl. Benedikt und des Benediktinerordens, die Vierungskuppel das Pfingstwunder und die Verehrung der Kirche durch die Erdteile, die Chorkuppel die Verkündung des Erlösungsplans an die neun Engelschöre. Über der Eingangsempore ist die Gründung des Klosters dargestellt, im rechten Querhaus Maria als Fürsprecherin der Christen, im linken das Martyrium der hl. Felicitas und ihrer sieben Söhne. Das beste Licht hat man am frühen Vor- und späten Nachmittag.

4 Taufe Christi
An den Pfeilern vor der Vierung prangt links über dem Taufstein eine »Taufe Christi« von J. M. Feichtmayr mit weißen Figuren von J. Christian.

5 Riepp-Orgeln
Die beiden Orgeln auf dem Chorgestühl schuf 1757 – 1766 Karl Joseph Riepp (1710 –1775) aus Eldern bei Ottobeuren. Die Dreifaltigkeitsorgel (rechts) hat 49, die Heilig-Geist-Orgel 27 Register; sie verbinden das französische mit dem deutschen Klangbild.

6 Theatersaal
Das Deckenfresko im Theatersaal (1724/1725) von F. J. Spiegler zeigt Apollo und Athena als Patrone der Tragödie bzw. der Komödie.

7 Kaisersaal
Dem größten Raum des Stifts verleihen 16 lebensgroße Statuen Habsburger Kaiser ernste Strenge; der Stuck italienischer Meister, u. a. Andrea Maini, umspielt ihn mit luftiger Leichtigkeit.

8 Bibliothek
44 Säulen stützen die Empore der barocken Bibliothek mit 15 000 Druckwerken aus dem 14. bis 18. Jh., eingerahmt von Stuck von J. B. Zimmermann und Deckengemälden des Memmingers Elias Zobel. Die Statue der Pallas Athene, Beschützerin des Hauswesens, schuf Anton Sturm (Abb. S. 156).

Plärrengele gesucht

★★ Maria Steinbach

Jenseits der Iller thront die Wallfahrtskirche Maria Steinbach, eines der **schönsten Beispiele des bayerisch-schwäbischen Rokokos** (Abb. S. 151). Von einem nicht dokumentierten Baumeister 1746 – 1754 in Anlehnung an Ideen von Dominikus Zimmermann im Vorarlberger Münsterschema errichtet, prunkt der weite, bewegt-festliche Raum mit Stuck und Altären des Wessobrunners Johann Georg Üblher, die Wand- und Altargemälde schuf der Kemptener Franz Georg Hermann. Einzigartig ist die Anlage der beiden Kanzeln, die Üblher einander gegenüber in die Emporen im 3. Joch integrierte. Die Gottesmutter am Chorbogen links ist das verehrte Gnadenbild. Genauer ansehen sollte man sich auch die sehr ausdrucksvollen Putten, so das »Plärr-« und das »Protzengele« zu Füßen des Gnadenbilds.

Tgl., im Sommer ca. 8 – 20, Erntedank bis April bis 18 Uhr

Bad Grönenbach

Der beliebte Kneippkurort (5200 Einw.) 14 km südlich von Memmingen – wo sich Sebastian Kneipp bei Kaplan Merkle aufs Studium vorbereitete – ist mit Kursanatorien und ähnlichen Einrichtungen gut ausgestattet. Den hübschen Marktplatz zieren Rathaus (1485), Kapelle (1723), Kriegerdenkmal und Dorflinde. Das mächtig aufragende **Hohe Schloss** geht auf die Herren von Grönenbach (13. Jh.) zurück und dient als Veranstaltungsort u. a. für die Kulturwochen im Sommer.

Ottobeuren

Besinnliches Kneippen

Kur- und Klosterort

Ottobeuren (7900 Einw.), 11 km südöstlich von Memmingen in angenehmer Voralpenlandschaft gelegen, ist ein kleiner Kneipp-Kurort – der berühmte »Wasserpfarrer« Sebastian Kneipp wurde hier geboren (▶S. 13, 298). Überschaubarkeit und Ruhe, interessante kulturelle Veranstaltungen und eine reizvolle Umgebung machen ihn zur Oase, um neue Kraft zu tanken. Der Kneipp-Aktiv-Park lädt zum Wassertreten und Entspannen, zu Aktivitäten auf der Gymnastikwiese und auf dem Kletterspielplatz ein.

Den kleinen **Marktplatz** mit Rathaus und Tourismusbüro säumen einige alte Häuser. Hinter dem Tourismusbüro liegt das 2014 eröffnete **Museum für zeitgenössische Kunst** des 1940 in Freiwaldau im Sudetenland geborenen Künstlers Diether Kunerth. Sowohl die Ausstellungen als auch die kühn mit dem barocken Kloster kontrastierende Architektur sind bemerkenswert.

Museum für zeitgenössische Kunst: April – Okt. Di. – Fr. 11 – 16, Sa., So. 12 – 17, 5. Dez. – März Do., Fr. 11 – 16, Sa., So. 12 – 17 Uhr | Eintritt 7,85 € | www.mzk-diku.de

Der »schwäbische Escorial« dominiert den kleinen Ort Ottobeuren.

Bescheidenheit sei eine Zier

★★ Abteikirche und Stift Ottobeuren

Was die meisten Besucher hierherführt, macht – besonders wenn man von Osten kommt – der erste Eindruck überwältigend klar: das 230 m lange Benediktinerkloster, der »schwäbische Escorial«. Das Kloster Uottinburra, das der Überlieferung nach von dem alemannischen Adligen Silach im Jahr 764 gegründet und mit Mönchen von der Reichenau und von St. Gallen besetzt worden sein soll, erlangte seit Karl dem Großen durch Schenkungen und Privilegien große Bedeutung. 1268 wurde es **Reichsstift**, eines der wohlhabendsten seiner Art. Im 12. Jh., zur Zeit des Humanismus und wieder nach dem Dreißigjährigen Krieg blühten hier Wissenschaft und Bildung; so gelang dem hier tätigen Mathematiker, Physiker und Geodäten Ulrich Schiegg 1784 der erste Heißluftballonstart in Deutschland. 1542 gründeten die schwäbischen Benediktinerklöster die Ottobeurer **Hochschule**, Keimzelle für die Jesuitenuniversität in Dillingen und die Benediktineruniversität in Salzburg. Nach dem Dreißigjährigen Krieg plante man einen Neubau, den der selbstbewusste Abt **Rupert II. Neß** (1710 bis 1740) begann und Abt Anselm Erb (1740–1767) fertigstellte. Besonders Neß scheute keine Kosten, um ein »modernes« und in jeder Hinsicht geordnetes, praktisch angelegtes, aber auch »angenehmes« Stift zu erstellen. Das fand damals keine allgemeine Anerkennung; der Abt von Neresheim rügte, dass Neß die gebotene Bescheidenheit »weit und unzulässig überschreite« – dieser tröstete sich jedoch damit, dass er »zur Ehre der hl. Dreifaltigkeit« baue und den Lohn »von dem lieben Gott allein erwarten« müsse. Nach der Säkularisation

1802 nahm das Kloster 1834 die Arbeit mit dem Segen König Ludwigs I. wieder auf (seit 1918 selbstständige Abtei). Heute leben hier um die 20 Benediktiner, die u. a. Schulen und ein Bildungshaus mit einem breiten Angebot für jedermann betreiben.
Im Klosterladen werden Produkte aus eigener Brennerei und Imkerei verkauft, im Kaisersaal und in der Basilika finden den Sommer über Konzerte statt.

Konzerte: Programm und Karten beim Touristikamt | www.ottobeuren.de

Schwebender Raum, jubilierender Stuck

Abteikirche

Später als die Konventsgebäude entstand die Kirche (heute Päpstliche Basilika und Pfarrkirche St. Alexander und St. Theodor). Die Anlage – Nord-Süd-Ausrichtung, Länge, kreuzförmiger Grundriss mit hoher Vierungskuppel in der Mitte – geht auf den Ottobeurer Pater **Christoph Vogt** zurück. 1737 wurde der Grundstein gelegt. Unter Abt Anselm Erb modifizierte der Münchner Hofbaudirektor Joseph Effner 1744 die Pläne im Sinn des französischen Klassizismus; 1727 übernahm Simpert Kraemer, ein Schüler Vogts, und 1748 schließlich der große **Johann Michael Fischer**, der vorher Zwiefalten erstellt hatte, die Bauleitung. Er änderte den Grundriss kaum, interpretierte aber den Raum durch die Verbindung von klarer Ordnung und lebhafter Bewegung völlig neu. Dessen wunderbares Charakteristikum ist die **Doppelstruktur**. Steht man unter der Eingangsempore, hat man ein tief gestaffeltes Langhaus vor sich, dessen breitenbetonter Zentralperspektive die Säulen vor den Seitenschiffen und die freskierten Kuppeln mit ihren Gurtbögen Rhythmus geben. Je weiter man nach vorn geht – und vollends in der Vierung –, desto mehr weitet sich aber ein gewaltiges Querhaus, das mit 58,3 m genauso lang ist wie die drei zentralen Joche des Langhauses. Unter der 35,6 m hohen Vierungskuppel erschließt sich der Grundriss als Zentralbau über einem griechischen Kreuz: Vier gleich majestätische Hallen mit rundem Abschluss erstrecken sich in die vier Himmelsrichtungen, und hier, in der Mitte – so schrieb G. Storz –, »scheint der Raum im Licht, zugleich aber auch im Überfließen seiner Fülle und Wohlgestalt wahrhaftig zu schweben«. Die uralte, weniger elegante Form der Basilika setzte sich hier noch einmal gegen den modernen längsovalen Zentralraum nach Art Dominikus Zimmermanns durch (dessen berühmte Wieskirche wurde ebenfalls 1766 vollendet); die Ottobeurer Kirche gilt daher als **Summe des Barocks**. Man beachte in diesem Zusammenhang auch das für Fischer typische ununterbrochene, undekorierte Gesims zwischen den Wandarkaden und den Gewölben, das den Grundriss nachzeichnet – wie das Weiß der Wandflächen ein

Die prunkvoll gestaltete Klosterbibliothek Ottobeuren. Die Statue der Pallas Athene, Beschützerin des Hauswesens, schuf der Füssener Anton Sturm.

Element der Ruhe gegenüber dem rauschhaften **Rokoko der prunkvollen Ausstattung**. Bis 1766 arbeiteten an ihr hervorragende Künstler aus dem süddeutschen Raum: Stuck von dem Wessobrunner Johann Michael Feichtmayr, Deckenfresken von den Tiroler Brüdern Johann Jakob und Franz Anton Zeiller (die beiden Brüder malten auch die meisten Altarbilder), Altäre, Kanzel und Taufgruppe von Feichtmayr mit Skulpturen von Joseph Christian. Das **Chorgestühl**, eines der großartigsten in Süddeutschland, ist das Werk von Feichtmayr (Entwurf), Martin Hermann aus Villingen (Schreinerarbeiten) und Joseph Christian aus Riedlingen (Skulpturen, Reliefs), die von 1754 bis 1766 daran arbeiteten. Die beiden **Orgeln** über dem Gestühl, Höhepunkte der barocken Orgelbaukunst, schuf Karl Joseph Riepp (►S. 152). Sie sind – als einzige Werke Riepps – in fast allen Teilen original erhalten. Das farbig gefasste romanische Kruzifixus (um 1200) ließ bereits Abt Anselm Erb auf dem Kreuzaltar unter dem Chorbogen aufstellen. Die Marienorgel auf der Empore ist ein epochemachendes Instrument von Steinmeyer/Oettingen 1957.

Basilika: tgl., Nov. – April 9 – 17, Mai – Okt. bis 19 Uhr | Führungen April – Okt. Sa. 14.15 Uhr | www.abtei-ottobeuren.de

Prunkvolle Mäßigkeit

Klostergebäude

Nicht weniger prachtvoll ausgestattet ist das in 20-jähriger Bauzeit (1711 – 1731) errichtete Klostergebäude, ein 142 × 128 m großes Geviert mit drei Höfen und einer als repräsentative Eingangsfront gestalteten Westseite. Gemäß den ausdrücklich zugrunde gelegten Zielen »Ordnung« und »Zweckmäßigkeit« sind weltliche und geistliche Bereiche angeordnet: Der Mönchskonvent nimmt den Ostflügel und die anstoßenden Querflügel ein, der mittlere Längstrakt enthält die Verwaltung des Reichsstifts und die Repräsentations- und Wohnräume des Abtes, der Westflügel den Schul- und Internatsbetrieb und die Repräsentationsräume für die vornehmen Gäste des Stifts. Den Plan lieferte auch hier Christoph Vogt.

Das **Klostermuseum** in den Empfangs- und Repräsentationsräumen des Abtes dokumentiert Bau-, Kunst- und Kulturgeschichte Ottobeurens und zeigt zugleich die kostbare Ausstattung dieses Klosterbereichs, den ebenfalls große Namen wie Feichtmayr, Spiegler und Zimmermann gestalteten. Schwäbische Kunstwerke des 14. – 18. Jh.s, die meist für das Kloster geschaffen wurden, und Werke des europäischen Barocks aus der Klostersammlung unterstreichen den prunkvollen Eindruck. Höhepunkte des Komplexes sind der **Bibliotheks-**, der Theater- und der Kaisersaal. Letzterer huldigt der Idee des Kaisertums. In einer Symphonie aus Gold, Farben und Stuck sind die Habsburger Herrscher von Rudolf I. bis zu Karl VI. versammelt (Anton Sturm, 1725 – 1727); das Deckenbild zeigt die Kaiserkrönung Karls des Großen (Karl Stauder, 1723/24).

Klostermuseum: wg. Neukonzeption bis. Mitte 2022 geschlossen

Zurück zur Natur

Bossarts

Orgeln anderer Art sind bei Bossarts ca. 4 km südwestlich von Ottobeuren zu finden (am Kneipp-Wanderweg zwischen Bad Wörishofen und Bad Grönenbach). Aus einer Nagelfluhschicht wurden im Lauf vieler Tausend Jahre bis zu **15 m hohe Schlote** (»Schlotten«) herauspräpariert, sodass harte Pfeiler wie Orgelpfeifen nebeneinanderstehen, durch deren Zwischenräume der Wind heult. Die Wanderung von der Basilika Ottobeuren über Wolferts zu den Orgeln und zurück über Nieberts dauert ca. 3½ Stunden.

MINDELHEIM

Landkreis: Unterallgäu | **Höhe:** 607 m ü. d. M. | **Einwohner:** 14 700

Mindelheim sollten Sie wenn möglich an einem Adventswochenende besuchen. In der restaurierten Altstadt verzaubert dann ein besonders romantischer Weihnachtsmarkt, und in Kirchen, Kapellen und im Krippenmuseum sind die schönsten Krippen des Schwabenlandes zu sehen. Auch den Rest des Jahres weiß das lebhafte Städtchen mit seinen originellen Museen zu begeistern.

Lohn für den Sieger

Am Platz einer alemannischen Siedlung des 7. Jh.s stand in fränkischer Zeit ein Königshof. Der spätere Mindelbergische Besitz ist im Jahr 1256 als Stadt bezeugt, die von der Lage an der Salzstraße München – Memmingen profitierte. Die Herzöge von Teck (1365–1439) erweiterten die Mindelburg und erbauten die Pfarrkirche St. Stephan. Ihnen folgten die Ritter von Rechberg und 1467 die Frundsberger. 1616 besetzte der bayerische Herzog Maximilian I. die Stadt, und 1705 – 1715 war Mindelheim gar englisch – Kaiser Joseph I. hatte es John Churchill, Earl of Marlborough und Sieger in der Schlacht von Höchstädt 1704, geschenkt.

Wohin in Mindelheim?

Der Vater der Landsknechte

Altstadt (Abb. S. 38)

Die rechteckige Anlage der Altstadt wird von der **Maximilianstraße** – einst Teil der mittelalterlichen Salzstraße von München nach Memmingen – durchquert, zwischen dem Oberen Tor (um 1500) im Osten und dem Unteren Tor (14. Jh.). Zusammen mit dem Straßenzug Korn-/Steinstraße teilt sie das Zentrum in vier Quadranten; im Norden das stattliche »Einlasstor«, bei dem auch Teile der Stadtmauer erhalten sind. Den Mittelpunkt bildet der **Marienplatz** mit dem im späten Mittelalter als Zunfthaus der Weber erbauten Rathaus (1897 im Stil der Renaissance umgebaut), von dessen Eck ein bronzener **Georg von Frundsberg** (1473 – 1528) blickt. Der »Vater der Landsknechte« machte im 16. Jh. aus einem zusammengewürfelten Haufen von Bewaffneten eine schlagkräftige Truppe, mit der er als Feldherr den Kaisern Maximilian I., und Karl IV. diente. Die Stadt feiert ihren Sohn alle drei Jahre mit einem prachtvollen historischen Fest.

Echo einstigen Glanzes

St. Stephan

Das nordöstliche Viertel wird von der in kühlem Weiß gehaltenen, schlichten Pfarrkirche **St. Stephan** dominiert, die ins 15. Jh. zurückgeht, 1712/1713 neu aufgebaut und bis 1867 neoromanisch umgestaltet wurde. Das moderne Hochaltargemälde schuf Erwin Holzbaur 1962. An den einstigen Reichtum der Barockkirche erinnert der linke Seitenaltar einer Augsburger Silberschmiede (18. Jh.), beachtenswert ist außerdem der Taufstein von 1479 und in der rechten Seitenkapelle die 1811 gemalten Kopien von zehn Tafeln des Mindelheimer Sippenaltars (Bernhard Strigel, 1505, Originale im Germanischen Nationalmuseum Nürnberg). Die Turmkapelle (Zugang im nördlichen Altarbereich) stammt noch von der gotischen Kirche. Hier steht das leere Rotmarmor-**Grabmal für Herzog Ulrich von Teck** und seine zweite Frau (Meister Ulrich aus Augsburg, um 1430), eines der bedeutendsten in Schwaben. Vor der Kirche die spätgotische **Gruftkapelle**. Ihr Untergeschoss, einst ein Beinhaus, wurde um 1700 zur Kapelle Maria Schnee umgestaltet; ihre Altarwand ist wie eine orthodoxe Ikonostase mit Bildern und vergoldetem Schnitzwerk geschmückt. Das westlich anschließende barocke Franziskanerinnenkloster ist heute **Heimatmuseum**.

Heimatmuseum: Hauberstr. 2, Do. sowie 2. So. des Monats 14 – 17 Uhr | Eintritt 2,50 €

Wem die Stunde schlägt

Silvesterkirche

Das nordwestliche Stadtviertel beherrscht der 48 m hohe »Kappelturm« der profanierten Silvesterkirche (1409). Hier ist ein ganz besonderes Museum eingerichtet, das **Schwäbische Turmuhrenmuseum** mit etwa 50 Großuhren von 1562 bis 1948. Im Turm schwingt das zweitlängste Uhrenpendel der Welt im 5-Sekunden-Takt.

Hungerbachgasse 9 | Führungen Mi., letzter So. im Mt.14 –17 Uhr

Mindelheimer Museenvielfalt

Kirche Mariä Verkündigung

Die spätgotische Augustinerkirche am Unteren Tor wurde von den Jesuiten 1721/22 zu einem prächtigen spätbarocken Gotteshaus umgestaltet. Den nach Vorarlberger Art mit eleganten Emporen ausgestatteten Raum ziert feiner Laub- und Bandelwerk-Stuck, der Michael Stiller aus dem Wessobrunner Umkreis zugeschrieben wird. Überaus

MINDELHEIM ERLEBEN

TOURISTENINFORMATION

Maximilianstr. 26
87719 Mindelheim
Tel. 08261 99 15-20
www.mindelheim.de

Fastnacht: Am »Gumpigen Donnerstag« Umzug durch das Obere Tor, wo die Narren vom »Durahansl« begrüßt werden, dem 21 m hohen, verkleideten Stadttor und damit wohl größten Faschingsnarren der Welt. März: »Jazz isch« (Jazzfestival). Ab Ende Juni: Alle drei Jahre (nächster Termin: 2022) findet das 10-tägige Frundsbergfest statt; die ganze Stadt taucht dabei ins Mittelalter ein. Ende Juli/Anf. Aug.: Mondlicht Open Air. Zweites und drittes Adventswochenende: Mindelheimer Advent jew. von Do. bis So. am Kirchplatz. Am 1. Wochenende nach Ostern ist Frühjahrsmarkt; Herbstmarkt am 3. Wochenende im September.

KUNSTMÜHLE €€–€€€

Historisches Industrieambiente und moderne Einrichtung verbinden sich zu einem schicken Hotel, nur wenige Gehminuten von der Altstadt. Das Restaurant setzt auf italienische Küche.
Hermelestr. 18,
Tel. 08261 759 58 23
www.kunstmuehle-mn.de

WEBERHAUS €

Gut essen kann man im ehemaligen Weberhaus neben dem Unteren Tor, mit romantischer Terrasse an der Mindel. In der Weberstube geht's rustikal zu, im 1. Stock gibt es Feineres.
Mindelheim, Mühlgasse 1
Tel. 08261 73 72 72, Mo. und Di. mittags geschl.

ALTE POST €€€

Altehrwürdiger Gasthof am Marienplatz, heute ein überaus stilvolles Domizil mit Mobiliar der Gründerzeit und modernen Zimmern. Wirklich schön sind auch das gehobene Restaurant (Fr. – So. geschl.), das Café und die Weinstube.
Maximilianstr. 39
Tel. 08261 760 76-0
www.hotel-alte-post.de

MÜHLENGASTHOF KATZBRUI €

Gemütliches Haus in romantischer Landschaft (►S. 163). Hier lässt man sich schwäbisch-bayerische Spezialitäten, frische Forellen aus dem Mühlenteich und Bier aus der hauseigenen Kleinstbrauerei schmecken. Mit preiswerten schlichten Zimmern.
Apfeltrach, Katzbrui 7
Tel. 08269 575, tgl. ab 11 Uhr

prunkvoll sind auch Altäre und Kanzel. Im Advent zieht die **Jesuitenkrippe** (17./18. Jh.) mit etwa 80 einen Meter großen Figuren viele Besucher an. Das ehemalige Jesuitenkolleg nördlich hinter der Kirche beherbergt interessante **Museen**: Textilmuseum, Carl-Millner-Galerie und Südschwäbisches Archäologiemuseum (Filiale der Archäologischen Staatssammlung München). Die Hauptsehenswürdigkeit ist das modern und sehr ansprechend konzipierte **Schwäbische Krippenmuseum**, in dem die berühmte Jesuitenkrippe (► oben) das

Die historische Katzbrui-Mühle – eine gemütliche Einkehrgelegenheit

ganze Jahr über zu bewundern ist. Daneben originelle Exponate wie das 8,5 cm große »älteste Jesulein der Welt« aus der Zeit um 1300, locker im Schneidersitz, eine Hand an der Fußsohle, einen Finger im Mund, oder die Krippe dargestellt als Cartoon oder als Thema einer Videoinstallation.

Museen im Kolleg: Hermelestr. 4 | Di. – So. 10 – 12, 14 – 17 Uhr | 2,50 €

Mindelheim von oben

Mindelburg

Zu Fuß ca. 30 Min. südlich vom Unteren Tor liegt auf der Anhöhe die Mindelheimer Burg. Die Räume sind nicht zugänglich, wohl aber der Bergfried; hier liegt einem die Stadt zu Füßen. Das Bild der Anlage geht vor allem auf die Herzöge von Teck im 14. Jh. und die Herren von Frundsberg (1467 – 1586) zurück.

Spätgotisches Meisterwerk

★ Liebfrauenkapelle

An der Memminger Straße westlich der Altstadt steht die Liebfrauenkapelle (15./18. Jh.), ein frühbarockes Kleinod. In einem Schrein von 1645 birgt sie das hervorragende Holzrelief der **Mindelheimer Sippe** (1520), das dem Memminger Meister Hans Thomann zugeschrieben wird. Es gilt als ein Hauptwerk des im Schwäbischen verbreiteten »Parallelfaltenstils« (► S. 277) und beeindruckt mit lebhafter Darstellung der Figuren.

Von Ostern bis Allerheiligen tgl. 9 – 17 Uhr

Rund um Mindelheim

Am rauschenden Mühlbach

★ Katzbrui-Mühle

Etwa 12 km südwestlich von Mindelheim liegt Katzbrui mit der **ältesten funktionsfähigen Mühle Bayerns**, einem bedeutenden Zeugnis bäuerlicher Architektur. Sie wurde bereits 1539 erwähnt, der heutige Bau entstand um 1661. Der Ständerbohlenbau besitzt ein Legschindeldach, das letzte im schwäbischen Voralpenland. Auch die technische Einrichtung ist erhalten. Der größere Anbau datiert von 1874. Doch nicht nur als höchst wertvolles Kulturdenkmal ist die Mühle ein beliebtes Ausflugsziel, sondern als **idyllischer Gasthof** am Katzbruier Bach mit alter Stube und Biergarten. Bier, Brot und Geräuchertes werden selbst gemacht (►S. 161, Abb. links).

www.katzbrui-muehle.de

★★ OBERSTAUFEN

Landkreis: Oberallgäu | **Höhe:** 791 m ü. d. M. | **Einwohner:** 7600

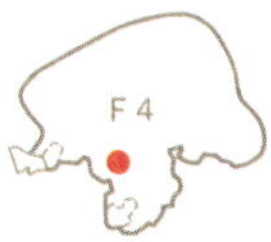

Oberstaufen schmiegt sich zwischen sanfte grüne Hänge vor der einprägsamen Kulisse des Hochgrats. Aktiv sein ist alles in dieser mit Wanderwegen, Loipen und Alpinpisten reich gesegneten Region. Zum Sport gesellt sich der Genuss in exzellenten Restaurants und auf urigen Alphütten.

Fasten, sporteln, shoppen

Neben der schönen Berglandschaft ist es die **Schroth-Kur**, die den Ruf des Orts als Urlaubsziel begründete. Der schlesische Fuhrknecht Johann Schroth hat sie um 1820 in Oberstaufen entwickelt und der Arzt Dr. H. Brosig 1949 eingeführt: Eine basisch-vegetarische, salzfreie Diät, kalte Ganzkörperwickel und dazu Ruhe und Bewegung sollen den Stoffwechsel wieder ins Lot bringen. Heute verzeichnet Oberstaufen über 1 Mio. Gästeübernachtungen im Jahr, aus einem bäuerlichen Marktort wurde ein fast mondäner Kurort mit entsprechender, meist hochpreisiger Hotellerie und Gastronomie. Im Ortszentrum um die Kirche, das noch einige hübsche Gasthöfe und schindelverkleidete Häuser besitzt, kann man »shoppen«, vom Bergkäse bis zur teuren Uhr, und das intensive Nachtleben ist berühmt (Tanzschuhe nicht vergessen!).

Das Angebot sportlicher Betätigung ist umfassend: Golfplätze, Panoramabad und Nordic-Walking-Park sowie 300 km Wanderwege im Sommer und über 100 km Loipen und 40 km Alpinpisten, v. a. an Imberg und Hochgrat im Winter fordern den Feriengast.

OBERSTAUFEN ERLEBEN

OBERSTAUFEN TOURISMUS

Hugo-von-Königsegg-Str. 8
87534 Oberstaufen
Tel. 08386 930 00
www.oberstaufen.de

Fastnachtsdienstag (»Fasnat-Ziestag«): Festumzug, angeführt vom »Butz«. Um dem 23. April: Georgiritt in Steibis. Viehscheid in Oberstaufen am 2. Sept.-Freitag, in Thalkirchdorf am 3. Sept.-Freitag. Am 3. Sept.-Fr. »Kulturtupfer« (Jazz, Klassik, Kleinkunst). Freitags Wochenmarkt in der Lindauer Straße.

Kräuter-Alp Hörmoos: Michael Schneider, ein echtes »Hörmooser Gewächs«, gräbt nicht nur Wurzeln vom Gelben Enzian aus, er sammelt und kultiviert auch heimische Kräuter. Beides verarbeitet er zu Schnaps und Likör, Öl und Essig, Balsamen und Essenzen (Oberstaufen-Steibis, Tel. 08386 98 05 51, www.kraeuteralp.de, Mitte Mai – Ende Okt. Sa. – Mo. 14.30 – 16.30 Uhr; zu erreichen mit dem Linienbus Steibis – Hörmoos oder einer einstündigen Wanderung von der Bergstation Imbergbahn).
Artemisia: Biolandwirtschaft, Kräutergarten, Workshops, ein lauschiges Café und ein Laden mit eigenen und regionalen Produkten – Artemisia ist ein alternativer Lebensentwurf, an dem es Spaß macht, teilzuhaben (Stiefenhofen, Hopfen 29, Tel. 08386 96 05 10, https://artemisia.de, Mi. – Fr. 14 – 18, Sa., So. 10 – 18 Uhr).
Sennerei Hopfen: Feiner Bergkäs' und sehr gutes Butterschmalz (!), außerdem feines Kräuterpesto und Biochutneys von »sell g'machts« (Stiefenhofen, Hopfen 3, Tel. 08386 28 33, www.baldauf-kaese.de).
Allgäuer Teppichmanufaktur: Traumhaft schöne und robuste, handgewebte Wollteppiche (Oberstaufen, Salzstr. 7–11, www.allgaeuer-teppichmanufaktur.de)

DIE.SPEISEKAMMER €€€

Das moderne Restaurant des Hotels Hochgrat begeistert Gourmets mit regionaler, fantasievoller Küche und immer neuen ungewöhnlichen Kombinationen.
Rothenfelsstr. 6 & 8
Tel. 08386 99 14 62-0
www.die-speisekammer.de, Mi. geschl.

ALTSTAUFNER EINKEHR €–€€

Außen und innen schönes altes Allgäuer Haus, gute bodenständige Köstlichkeiten, feine Brotzeiten und Tageskarte
Bahnhofstraße 4
Tel. 08386 71 93, Di.–So. ab 17 Uhr
www.altstaufnereinkehr.de

BEIM STUMPFAR €€

In dem gemütlichen Gasthof neben dem Heimatmuseum gibt's »Katzegschrei mit Ei, Zwiebla, Tafelspitz und Salat«. Was das ist? Überraschen lassen.
Kalzhoferstr. 14
Tel. 08386 962 71 70
www.beimstrumpfar.de
Di. geschl.

BERGHOF AM PARADIES €€–€€€

Auf der Café-Terrasse etwa 3,5 km

westlich der Ortsmitte genießen Sie den berühmten 4-Länder-Panoramablick, leckere Kuchen und kleine Snacks (mit Gästezimmern).
Berg 8
Tel. 08386 933 20
www.berghof-am-paradies.de

RÖSSLE €€€
Ambitionierte, bodenständige Küche mit frischen Kräutern aus eigenem Anbau, die man in der romantischen Gaststube oder auch im Garten genießen kann. Das würdige Haus bietet bietet im modernen Landhausstil gestaltete Zimmer.
Stiefenhofen, Hauptstr. 14
Tel. 08383 92 09-0, Mi. geschl.
www.roessle.net (▶S. 318)

GASTHOF ADLER €€€
Altehrwürdiger Gasthof, gestern wie heute das lebhafte Zentrum des Orts mit Wirtsgarten vor dem Haus. Große rustikale Zimmer, freundlicher Service; sehr gute Küche der Region.
Kirchplatz 6
Tel. 08386 93 21-0
www.adler-oberstaufen.de

MÜHLENHOF €€€
Schönes, gemütliches Allgäuer Haus mit familiärer Atmosphäre, am südlichen Ortsrand in den Wiesen gelegen (mit viel Platz für Kinder); freundliche Betreuung. Mit Hallenbad und Fitnessraum.
Mühlenstr. 13
Tel. 08386 93 26-0
www.hotel-muehlenhof.de

LANDHAUS KENNERKNECHT €€€
Hübsches Schindelhaus als »Biohotel« in traumhafter Alleinlage westlich von Steibis. Großzügige, maßvoll rustikale Zimmer mit viel Holz.
Oberstaufen-Schindelberg
Im Wurzach 1, Tel. 08386 980 90
www.landhaus-kennerknecht.de

TRAUBE €€€
Gediegenes familiengeführtes Hotel in einem großartigen Fachwerk-Schindel-Haus von 1638, mit Pool, Spa und Schroth-Schnupperwoche. Vorzügliche Küche auf regionaler Basis (Restaurant Mo., Di. geschl., €€).
Thalkirchdorf, Kirchdorfer Str. 12
Tel. 08325 92 00
www.traube-thalkirchdorf.de

... und ein bisschen Kultur

Was man sich ansehen kann

In der riesigen neogotischen Pfarrkirche St. Peter und Paul, erbaut 1858–1863, beherrscht eine ebenso mächtige wie bewegende **Kreuzigungsgruppe** aus der Frührenaissance – vermutlich von dem Konstanzer Heinrich Iselin (um 1500) – den Hochaltar. Das kleine **Heimatmuseum** ist im ehemaligen Bauernhaus »Beim Strumpfar« untergebracht, in dem einst auch Strümpfe gewirkt wurden.
Heimatmuseum: Jugetweg 10 | Mitte Dez. – Mitte Nov. Mi., Fr. 15 bis 17, So. 10 – 12 Uhr | Eintritt 3 €

Rund um Oberstaufen

Die Kapelle der Fuhrleut' – Kraftort nicht nur für Pilger

★★ St. Stephan in Genhofen

Nördlich von Oberstaufen verlief die Salzstraße von Hall in Tirol zum Bodensee, und bei Genhofen hatten die schweren Fuhrwerke den be-

GEGEN ALLES IST EIN KRAUT GEWACHSEN

Das Wissen um die Heil-, Schutz- und Nutzkräfte von Kräutern wird seit Generationen gesammelt und weitergegeben, auch wenn der Ursprung ihrer Wirkung bzw. die Inhaltsstoffe nicht bekannt waren – das Vertrauen in die Natur war größer als fehlendes Wissen. Immer mehr Urlauber lernen bei Kräuterwanderungen, in Kochkursen oder Seminaren den Umgang und die Verarbeitung der Kräuter.

▶ **Das Allgäuer Kräuterland**

www.allgaeuer-kraeuterland.de

Kräuterdorf

Kräuterlandhof

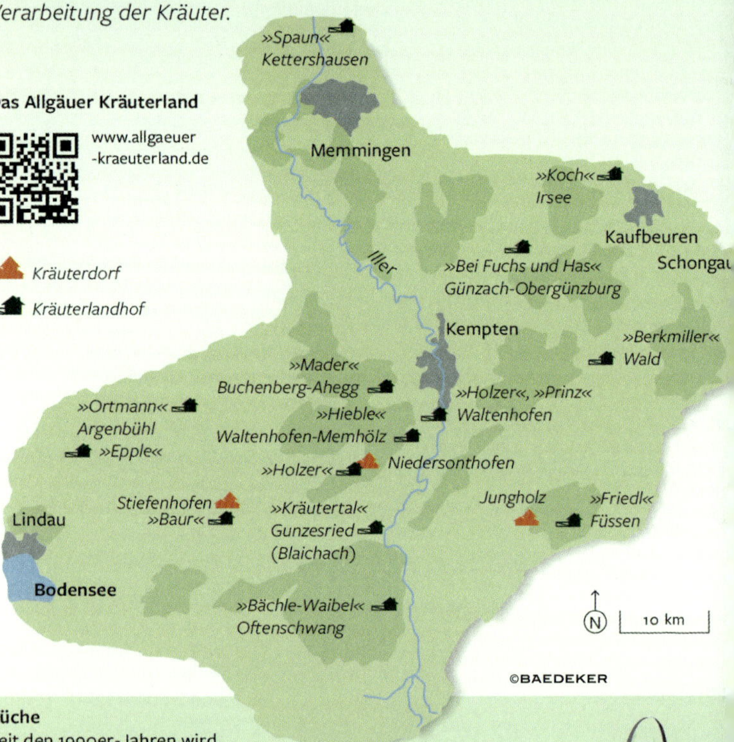

▶ **Küche**
Seit den 1990er-Jahren wird verstärkt mit Wildkräutern gekocht, u. a. für Salate, Suppen, zum Würzen und zum Räuchern.

Medizin
Ob als Aufguss, Tinktur, Öle oder Dampfbad: Die meisten Kräuter haben eine heilende Wirkung und beugen Krankheiten vor.

Kosmetik
Die Verwendung von Kräutern als Schönheits- oder Pflegemittel hat eine lange Tradition.

Esoterik
Kräutern werden magische Kräfte zugeschrieben, die z. B. bei Meditationen eingesetzt werden.

äuter aus dem Allgäu
uswahl)

amille

Die Alleskönnerin: entzündungshemmend, antibakteriell und krampflösend. Getrunken und gegurgelt als Tee oder auch als Salbe verwendbar. Bei Erkältung kann sie auch inhaliert werden.

eresche

Sie galt lange Zeit als giftig. In der Naturheilkunde wird sie aber mittlerweile bei Verdauungsstörungen und anderen Leiden eingesetzt, nicht zuletzt wegen ihres hohen Vitamin-C-Gehalts.

olunder

Die Blüte wirkt entzündungshemmend und schweißtreibend, daher ist sie als Tee ideal bei Erkältungen. Sirup aus Holunderblüten hat als Basis für den »Hugo« Karriere gemacht.

inse-
gerkraut

Ein probates Mittel bei Magen-Darm-Beschwerden. Aufgrund des hohen Gerbstoffgehalts schafft sie auch Abhilfe bei Entzündungen im Mund- und Rachenraum.

ldrian

Die beruhigende Wirkung des Baldrians macht ihn zum idealen Begleiter durch die Nacht. Er wird auch bei Prüfungsangst, innerer Unruhe und Anspannung eingesetzt.

gelblume

Niemand weiß genau, welcher Bestandteil der Blüte eigentlich wirkt. Fest steht ihre entzündungshemmende und wundheilende Wirkung. Sie kann auch in geringen Mengen als Salbe auf der Schleimhaut angewandt werden.

rüchtigten steilen »Hahnschenkel« zu überwinden. Sicher haben die Fuhrleute in der kleinen Kirche **St. Stephan** vorher für gutes Gelingen gebetet. Das schlichte spätgotische Gotteshaus (1495) überrascht mit drei hervorragenden **Flügelaltären** (Hochaltar von dem Kemptener Adam Schlanz, 1523; Figuren vermutlich aus dem Umkreis von Jörg Syrlin d. J.; Abb. S. 278) und einer einzigartigen, **rätselhaften naiven Ausmalung** vom Ende des 16. Jh.s.: Ornamentbänder, heidnische Zeichen wie Druidensterne und Sonnenrunen (Hakenkreuze), an prähistorische Zeichnungen erinnernde Tierfiguren. Die Sakristeitür von 1566 ist mit über 40 Hufeisen als Votivgaben beschlagen, und noch heute gibt es gegenüber der Kirche eine Schmiedewerkstatt, wo man, wenn nötig, den Schlüssel zur Kirche erhält. Die wohltuende Landschaft vor der Nagelfluhkette kann man auf einem Rundgang genießen (1 1/2 Std.): von Genhofen westlich den Hahnschenkel hinauf, südlich nach Vorderreute und nordöstlich zurück. Als »Kräuterdorf« profiliert sich Stiefenhofen 3 km nördlich (► unten).

Vom Albgau zum Allgäu

Zell

Auch die unscheinbare Kirche St. Bartholomäus im Bauerndorf Zell östlich von Genhofen stammt aus gotischer Zeit (um 1350, Chor um 1440) und birgt großartige Kunstschätze. Der Flügel-Hochaltar ist ein Werk des Memmingers **Hans Strigel d. Ä.** (1442); auch die Fresken im Chor (um 1450) werden Strigel zugeschrieben. Dargestellt sind u. a. Szenen aus dem Marienleben, Apostelmartyrien und das Jüngste Gericht. Zell wird übrigens als »Keimzelle« des Allgäus bezeichnet: Ein alamannischer Adeliger schenkte das Dorf 717 dem Kloster St. Gallen, und in dieser Urkunde wird erstmals der »Albgau«, das Allgäu, erwähnt.

Kräuter über alles

Stiefenhofen

Das Dorf 3 km nördlich von Genhofen profiliert sich als »Kräuterdorf«: Kräuterführungen werden angeboten, es gibt Kräuterlandhöfe, und im Gasthof Rössle kann man beim »Kräuterwirt« in ungewohnten Aromen aus dem eigenen Garten schwelgen. Im südwestlich von Stiefenhofen gelegenen Hopfen ist die Kräutergärtnerei Artemisia zu finden (► S. 164).

S'Huimatle besuchen

Knechtenhofen

In Knechtenhofen (3 km östlich von Oberstaufen, an der B 308) gewinnt man in einem Bauernhaus des 17. Jh.s – einem typischen »Huimatle«, wie es auf Allgäuisch heißt – interessante Einblicke in früheres Landleben. Unter anderem gibt es eine »Käskuche« und eine Bändelweberei. Am südlich des Orts aufragenden **Hündle** (1112 m, Gondelbahn) kann man gemütliche Alpwanderungen unternehmen, Ski fahren und auch im Sommer rodeln. Für die Wanderung über die Salmaser Höhe/Thaler Höhe ► S. 80.

Huimatle: Mai – Okt. Mi. 14 – 16, So. 10 – 12 Uhr | Eintritt 2,50 €

Die Nagelfluhkette gehört für Wanderer zu den schönsten Revieren im Allgäu.

Wasserschleier auf Nagelfluh

Osterdorfer Wasserfälle

Zwischen Thalkirchdorf und Konstanzer rauschen die Osterdorfer Wasserfälle höchst eindrucksvoll 35 m tief über eine Nagelfluhwand hinab. Der Weg (20–30 Min.) ist beschildert und nicht schwierig, bei Nässe ist die Rutschgefahr allerdings groß (Bergschuhe nötig). Auch für Kinder ein kleines schönes Abenteuer.

Kässpatzen und eisige Gumpen

Steibis

Südlich von Oberstaufen liegt der Kurort Steibis. Von hier erschließt eine 8er-Gondelbahn zum **Imberghaus** (1248 m) ein schönes Wandergebiet im größten Alpgebiet Deutschlands (120 km²) mit über 160 Alpen. In vielen können Sie sich mit Buttermilch, Käse, Kässpatzen oder hausgemachtem Kuchen stärken. Eine nette Wanderung führt von Steibis zu den sehenswerten **Buchenegger Wasserfällen** (beschildert, hin und zurück ca. 1 1/2 Std., stabile Schuhe). Stiebend stürzen dort die Wasser der Weißach in zwei Stufen in leuchtend grüne »Gumpen« (d. h. Becken – Badesachen mitnehmen!). Sehr schön rasten kann man in der urigen Alpe Neugreuth (http://alpe-neugreuth.de, Mo. geschl.).

Paradiesisch wandern

Weißachtal

Bei Weißach südlich von Oberstaufen wendet sich der gleichnamige Fluss nach Südwesten, um der Bregenzer Ach zuzufließen. Im Winter ist das Tal ein schönes Langlaufrevier. Seine Erkundung sollte man mit dem traumhaften Blick vom **»Paradies«** verbinden, einem wahrhaft paradiesischen Aussichtspunkt westlich von Oberstaufen, wo die Deutsche Alpenstraße eine scharfe Kehre macht: vom Kurhaus in Oberstaufen zum Kapf (998 m) hinauf, dann hinunter nach Berg (Hotel Berghof) und über Döbilisried nach Eibele. Beim E-Werk sind zur Zeit der Schneeschmelze der Eibele- und der Krebswasserfall erlebenswert. Zurück nach Oberstaufen auf dem Weißacher Talweg oder auf dem höher verlaufenden Haldenweg (Gesamtgehzeit 4 Std.).

Gottes faszinierender Beton

★★ Nagelfluhkette

Im Süden wird das westliche Oberallgäu durch einen Bergzug abgeschlossen, der mit seinen charakteristischen Gipfeln – v. a. dem symmetrisch-dreigratigen **Hochgrat** (1834 m) – die Szenerie prägt. Für den passionierten Bergwanderer gehört er zum Schönsten, was das Allgäu zu bieten hat: eine überaus abwechslungsreiche, reizvolle Landschaft in stetem Auf und Ab, mit sanften grünen Grashängen zwischen dramatisch steil gestellten Felsrippen. Sie ist dem Gestein zu verdanken, das dem Bergzug den Namen gegeben hat: Die **Nagelfluh**, die aufgrund ihrer Härte und ihres Aussehens mit Waschbeton verglichen wird, entstand im Tertiär aus größeren und kleineren Flusskieseln, die mit Kalk und Sand verkittet sind. Mancher Einheimischer nennt sie Herrgottsbeton.
Der Hochgrat ist mit einer nostalgischen **Gondelbahn** zu erreichen; von der Bergstation (1708 m) braucht man 30 Min. zum Gipfel, der ein großartiges Panorama von der Zugspitze bis zum Säntis eröffnet. Von Mai bis September kann man an einigen Dienstagen dort oben den Sonnenuntergang genießen (letzte Talfahrt 22 Uhr). Wer den Sonnenaufgang am Gipfelkreuz erleben will, nächtigt im **Staufner Haus** (Tel. 08386 82 55, www.staufner-haus.de) oder nutzt eine sonntägliche Sonnenaufgangsfahrt, die einmal im Monat stattfindet (Termine auf https://hochgrat.de). Die Skiabfahrt zählt mit 6 km Länge und 850 m Höhenunterschied zu den längsten in den deutschen Alpen. Trotz der Bergbahn sollte man den Hochgrat zu Fuß erobern. Der Aufstieg von der Talstation der Hochgratbahn (auch mit Mountainbike möglich) über die Untere und die Obere Lauchalpe – unterhalb Letzterer ist eine mächtige, 1000 Jahre alte Eibe zu bewundern – dauert etwa 2 1/2 Std.; für die Runde von der Talstation über Simatsgund-Alpe und Brunnenauscharte zum Gipfel, Abstieg über die Lauchalpen und die Schilpere-Alpe, braucht man ca. 5 1/2 Stunden. Natürlich kann man auch mit Hilfe der Hochgratbahn großartige Touren unternehmen: von der Bergstation südwestlich über Falken

und **Hohen Häderich** zum Alpengasthof Hörmoos (anspruchsvoll, 5 Std., Rückfahrt mit Bus; www.hoermoos.de, Tel. 08386 81 29, Di. geschl.) oder die Überquerung des Kamms nordöstlich über **Rindalphorn** (1821 m) und **Stuiben** (1749 m) zum **Mittag** (1451 m, ▶Immenstadt; Abstieg mit der Mittagbahn), einer der eindrucksvollsten Höhenwege der Allgäuer Berge (6 – 7 Std.), der Kondition, Trittsicherheit und Schwindelfreiheit verlangt.

OBERSTDORF · ★★ ALLGÄUER ALPEN

Landkreis: Oberallgäu | **Höhe:** 813 m ü. d. M. | **Einwohner:** 9900

Oberstdorf macht es einem nicht leicht: Da ist einerseits diese fantastische Lage mitten in den Allgäuer Alpen mit ihren höchsten und eindrucksvollsten Gipfeln – vor allem Nebelhorn, Fellhorn, Höfats und Mädelegabel – und andererseits eine fast schon unangenehme Hingabe an Tourismus und Kommerz. Entdecken Sie es trotzdem, es kann nämlich ganz schön charmant sein. Und einen idealeren Standort gibt es kaum!

Im südlichsten Zipfel Deutschlands

»Entdeckt« wurde der Marktflecken durch Prinz Luitpold – ab 1886 bayerischer Prinzregent –, der 1851 die Gemeindejagd pachtete und viel für Oberstdorf tat, das damals ein armes Dorf war: in einer Sackgasse ganz im Süden Deutschlands, fern der Welt gelegen, mit rauem Klima und langen Wintern, mehr schlecht als recht von der Landwirtschaft lebend. Besonders hilfreich war Luitpold nach dem Brand 1865, der die Hälfte des Orts einäscherte. Im weiten Talgrund zwischen Stillach und Trettach, die sich weiter nördlich mit der Breitach zur Iller vereinigen, gab es wohl schon zur Karolingerzeit ein Dorf; 1495 verlieh ihm Kaiser Maximilian das Marktrecht. Der Anschluss an die Eisenbahn 1888 schuf die Grundlage für die Entwicklung zum Ferienort, der seit 1937 das Prädikat **Heilklimatischer Kurort** trägt und seit 1964 auch Kneippkurort ist. Der Tourismus hat Oberstdorf fest im Griff, auch mit seinen Schattenseiten. Das ganze Jahr über kann man – nach Kneipp, Schroth, Ayurveda etc. – kuren bzw. sich pflegen lassen. 200 km Wander- und Mountainbike-Wege in unterschiedlicher Höhe, ein 9-Loch-Golfplatz und Moorbadeseen bilden die Basis sommerlicher Betätigung. Einigermaßen überrascht stellt man angesichts all diesen Rummels fest, dass noch Vieh durchs Dorf getrieben wird.

OBERSTDORF ERLEBEN

TOURISMUS OBERSTDORF
Prinzregenten-Platz 1, 87561 Oberstdorf
Tel. 08322 700-0
www.oberstdorf.de

GÄSTEINFORMATION
Dorf 11, 87538 Balderschwang
Tel. 08328 10 56
www.balderschwang.de

VERKEHR
Bahnhof im Ortszentrum, direkte Zugverbindungen u. a. mit Augsburg und München. Busse fahren im Ort (Bahnhof, Nebelhornbahn) sowie ins Stillachtal (Skiflugschanze, Fellhornbahn, Birgsau), ins Trettachtal (Gerstruben, Spielmannsau) und ins Kleinwalsertal (Walserbus).
Fahrradverleih: E-Bikes, Am Bahnhofplatz 1a (►S. 311); Zweiradcenter Hasselberger, Hauptstr. 7, Tel. 08322 89 32; Radsport Heckmair, Nebelhornstr. 46, Tel. 08322 22 10, www.heckmair.de.

Schuh Keller: Hier werden noch Haferlschuhe, angeblich 1803 in Oberstdorf erfunden, handgearbeitet (Bolsterlang/Kierwang, Ortsstr. 21, Tel. 08326 75 50, www.keller-schuh.de).
ALPTRAUM: Sportkleidung in stylischem Design made in Oberstdorf – eine flotte Alternative zu traditioneller Aktiv-Ausrüstung (Kirchstr. 6, Tel. 08322 75 65, https://alptraum.net, Mo. – Fr. 10 – 12.30, 15 – 18, Sa. 9 – 12.30 Uhr).

Juli/Aug.: Oberstdorfer Musiksommer (Karten Tel. 08322 959-20 05, www.oberstdorfer-musiksommer.de). Juli bis Sept., alle 5 Jahre, wieder 2025: Wilde-Mändle-Tanz. Um den 20. Juli: Berglar-Kirbe auf dem Fellhorn mit Alphornbläsern aus fünf Ländern. Viehscheid ist in Schöllang am 12. Sept., in Oberstdorf und Balderschwang am 13. Sept. (aktuelle Termine auf www.allgaeu-vieh scheid.de). 4. – 6. Dez.: Klausen- und Bärbeletreiben in Oberstdorf und vielen Gemeinden in der Umgebung (Termine auf www.oberstdorf.de). Ende Dez.: Start der Vier-Schanzen-Tournee auf der Schattenbergschanze.

MAXIMILIANS RESTAURANT €€€€
Eleganter kleiner Gourmettempel im Hotel »Das Freiberg« am südwestlichen Ortsrand. Die Michelin-besternte Küche verbindet Heimisches mit internationalen Ideen. Zum Haus gehören auch die informelleren Restaurants Stube und Fetzwerk. Die »Design-Zimmer« im gehobenen Romantik-Hotel empfangen mit neuzeitlicher Gestaltung und allem Komfort.
Freibergstr. 21
Tel. 08322 96 78-0
www.das-maximilians.de
Di.–Sa. ab 18 Uhr

JAGDHAUS €€
Im einstigen Jagdhaus des Prinzregenten Luitpold wird in gemütlichen Stuben regional aufgetischt. Schöner Biergarten unter alten Bäumen, teils mit Selbstbedienung, kleiner Spielplatz.
Ludwigstr. 13
Tel. 08322 987 38-0
www.das-jagdhaus.de
Do. ab 17.30, Fr.– Di. ab 12.00 Uhr

LÖWENWIRTSCHAFT €€

Die Einrichtung im modernen und originellen Alpinstil harmoniert mit der frech interpretierten regionalen Küche. Hier schmeckt's nach Allgäu und der weiten Welt.
Kirchstr. 1, Tel. 08322 80 00 80
www.loewen-strauss.de, Mo., Di. geschl.

SPEZEREI €€

Alles, was Sie in diesem gemütlich-schicken Café-Bistro sehen oder essen, gibt's zu kaufen – vom aromatischen Bergkäs' über feinen Wein bis hin zu Accessoires und Einrichtung.
Freiherr-von-Brutscher-Str. 1
Tel. 08322 305 91 59
www.spezerei-oberstdorf.de, Mo., Di. geschl.

GELDERNHAUS €€–€€€

Charmante, 1911 als gräflicher Landsitz erbaute kleine Villa am südlichen Ortsrand mit privater Atmosphäre. Hübsche Zimmer im Landhausstil. Den Gästen stehen die Wellness-Einrichtungen im Parkhotel Frank zur Verfügung, auch kann dort Halbpension gebucht werden.
Lorettostr. 16, Tel. 08322 9 77 57-0, www.geldernhaus.de

BIRGSAUER HOF €€€

Modernes Hotel im Alpin-Landhausstil, mit Wellnessoase und Restaurant. Das südlichste Hotel Deutschlands liegt sehr schön im verkehrsberuhigten Stillachtal.
Birgsau 9, Tel. 08322 96 90-0
www.birgsauer-hof.de

BERGGASTHOF SPIELMANNSAU €€

Moderner kleiner Gasthof am Ende des idyllischen Trettachtals. Urgemütlich ist die Stube mit Kachelofen, für Kinder gibt's einen großen Spielplatz. Im Sommer ist der Gasthof mit den Bussen der »Bergsteigerlinie« zu erreichen.
Oberstdorf-Spielmannsau
Tel. 08322 30 15, Restaurant Mi. geschl.
www.spielmannsau.de

BERGGASTHOF ROHRMOOS €€

Echte Allgäuer Romantik bietet das stattliche Schindelhaus aus dem 19. Jh., wenige Meter von der Kapelle St. Anna und der WM-Trainingsloipe entfernt. Man wohnt und isst hier rustikal-bodenständig, aber auf hohem Niveau. Die Maut für die Zufahrt von Tiefenbach geht 1 × pro Tag aufs Haus.
Rohrmoos 5 (► S. 184)
Tel. 08322 44 17, tgl. geöffnet
www.rohrmoos.de

Skizirkus

Oberstdorfer Winterspaß

Das länderübergreifende Skigebiet von Oberstdorf, das sich als »modernste Skiarena Deutschlands« rühmt, kann zu über 70 % künstlich beschneit werden. Vom Nebelhorn (2224 m), dem höchsten Skiberg des Allgäus, führt die längste Abfahrt Deutschlands ins Tal (7,5 km); mit den Bahnen an Fellhorn und Kanzelwand verfügt die Skiregion Oberstdorf-Kleinwalsertal über fast 130 km Pisten. An der Kanzelwand finden Freeskier und Snowboarder im Funpark »Crystal Ground« ausreichend Hindernisse und Bodenwellen für den ultimativen Kick. Das Eisstadion ist Bundesleistungszentrum für Eiskunstlauf und Curling-Zentrum. 75 km Loipen, zwei je 3,5 km lange Rodelbahnen (Seealpe mit Lift, Reichenbach-Gaisalpe zu Fuß) und 140 km Winterwanderwege komplettieren das Angebot.

Oberstdorf im Illertal mit der majestätischen Höfats (links) und dem Kreuzeck (rechte Bildhälfte im Hintergrund)

Wohin in Oberstdorf?

Sakrale Schätze, Bauernalltag und moderne Kunst

Sehenswertes

Die neogotische Pfarrkirche **St. Johannes der Täufer**, nach dem großen Brand mit den Resten des gotischen Baus errichtet (1867), wurde in Teilen von den Oberstdorfer Künstlern Johann Baptist von Schraudolph (1808–1879) und seinem Bruder Claudius (1813 bis 1891), der zu den »Nazarenern« zählte, gestaltet. Darin sind eine hl. Anna mit Maria (um 1340), die »Schöne Oberstdorferin« (Muttergottes im Strahlenkranz, Umkreis des Imberger Meisters, um 1490), eine Muttergottes im Weichen Stil (um 1430) und die stimmungsvolle »Geburt Christi« des Klassizisten Anton Raphael Mengs (um 1770) zu bewundern. Neben der Pfarrkirche steht die Seelenkapelle (Ende 15. Jh.), deren Nordwand Fresken zur Passion Christi aus der Mitte des 16. Jh.s zieren. Im **Heimatmuseum** – in einem schönen Bauernhof aus dem 17. Jh. – taucht man in früheres ländliches Leben ein. Zu sehen ist dort auch der größte Schuh der Welt (Größe 480), gefertigt 1950 von Josef Schratt, einem direkten Nachfahren des Haferlschuh-Erfinders. In der Ludwigstraße, bei der neuen **Oberstdorf**

Therme (Eröffnung 2022), steht das **Jagdhaus** des Prinzregenten Luitpold, ein 1856 erbautes Blockhaus, heute ein feines Restaurant mit schönem Biergarten (►S. 172). Kultur anderer Art erlebt man in der »italienischen« **Villa Jauss** im Fuggerpark, die sich der Brauereibesitzer Melchior Jauss 1885 erstellen ließ und die als »Kunsthaus Oberstdorf« in Wechselausstellungen zeitgenössische Künstler präsentiert (aktuelle Öffnungszeiten unter www.villa-jauss.de).

Heimatmuseum: Oststr. 13 | Di. – Sa. 10 – 12, 14 – 17.30 Uhr, bei Regenwetter auch So./Fei. |www.heimatmuseum-oberstdorf.de | Eintritt 4 €

Kapelle mit Esel

Loretto-Kapellen

Zum »Pflichtprogramm« gehört der Spaziergang zu den drei Loretto-Kapellen, die an der Straße nach Birgsau malerisch in die Landschaft komponiert sind. Die älteste ist die **Appach-Kapelle** von 1493 mit achteckigem Grundriss; sie besitzt noch spätgotische Fresken aus der Mitte des 16. Jh.s. Wie die anderen süddeutschen Vertreterinnen ihrer Art entstand die Kapelle **Maria Loretto** im 17. Jh. (1657/58); sie enthält eine Madonna aus Ton (16. Jh.), die als Gnadenbild seit altersher verehrt wird und ursprünglich in der Appach-Kapelle stand. Außer dem hervorragenden Rokoko-Altar (1741) des Füsseners Anton Sturm, von dem z. B. die großen Kirchenväterfiguren in der Wieskirche stammen, ist das Kuppelfresko von Claudius Schraudolph zu beachten (1877, Abb. ►S. 281). Er schuf auch die Gemälde in den Altären der dritten, 1671 geweihten Kapelle, **St. Joseph**. Hier ist ein Palmesel von Franz Xaver Schmädl zu sehen, dem 1705 in Oberstdorf geborenen Bildhauer, der mit vielen Werken im Pfaffenwinkel berühmt wurde. Anschließend wandert man hinauf zum **Moorweiher** mit seinem nostalgischen Bad.

★★ Allgäuer Alpen: Wander- und Klettergebiet um Oberstdorf

Wie die Walser einst lebten

★ Trettachtal und Gerstruben

Von Oberstdorf führen drei Täler fächerförmig südlich ins Gebirge, (von Osten): Trettach-, Stillach- und Breitachtal. Im idyllischen Trettachtal gelangt man – auf für den allgemeinen Verkehr gesperrtem Sträßchen – nach **Spielmannsau**, wo mit dem Aufstieg zur Kemptner Hütte (1846 m, 5 Std.) die erste Alpenetappe des berühmten Fernwanderwegs E 5 nach Venedig beginnt. Auf halbem Weg hat man Zugang zum dem prächtig vor dem »Zahn« der Höfats gelegenen, liebevoll restaurierten Museumsdorf **Gerstruben**. Es wurde im Mittelalter von Walsern gegründet und war bis 1892 besiedelt; erhalten sind über 350 Jahre alte, aus Rundhölzern »gestrickte« Bauernhäuser (mit einem Gasthof), eine Sägemühle und eine Kapelle.

Auf der gemütlichen Rundwanderung von der Station Höfatsblick der Nebelhornbahn findet man sich zwischen diesen bizarren, grasbewachsenen Felszacken wieder.

BAEDEKER MAGISCHE MOMENTE

GIPFELGLÜCK

Es ist eine lange (5 Std.) und anstrengende, aber wunderschöne Tour vom Giebelhaus (1058 m) im Hintersteiner Tal durchs Oytal zum Gipfel des Nebelhorns (2224 m). Die Mühe des Aufstiegs wird mit einem fantastischen Panoramablick über bis zu 400 Gipfel belohnt. Natürlich könnten Sie es auch einfacher haben und mit der Bergbahn fahren. Aber dieses juchzende, magische Gipfelstürmerglück, das stellt sich dann ganz bestimmt nicht ein!

Im »Jakobe-Hüs« wurde ein Museum eingerichtet (im Sommer Do., Sa. 13–16 Uhr). Man gelangt auch bequem auf dem – im Winter geräumten – Sträßchen von Dietersberg dorthin (von Oberstdorf ca. 1.15 Std.). Wer gut zu Fuß ist, wählt den steilen, oft nassen und glitschigen Steig durch den großartigen **Hölltobel**, eine schmale, düstere Klamm mit rauschenden Wasserfällen und überaus vielfältiger Flora. Den Rückweg kann man über den Rauthof, Gottenried und den zauberhaften **Christlessee** (mit Gasthof) nehmen.

Zum donnernden Stuibenfall

Oybachtal

Auf der Höhe von Gruben zweigt vom Trettachtal östlich das Tal des Oybachs ab. Im Talschluss, auf 1315 m Höhe, ist einer der prächtigsten Wasserfälle des Allgäus zu erleben, der **Stuibenfall**. Seinen Namen hat er von »stieben«, und tatsächlich erzeugt das aufprallende Wasser unter gewaltigem Tosen eine riesige Wolke aus Wasserstaub. Nach kurzem steilen Aufstieg von Gruben schreitet man im fast ebenen Trogtal des Oybachs dahin. Hin und zurück sind es 15 km, für die man ca. 5 Std. braucht; bis zum Oytal-Haus kann man auch mit der Kutsche fahren.

Genusswanderungen

Stillachtal

Von Oberstdorf oder von den Loretto-Kapellen führen beliebte Spazierwege, u. a. der »Probstweg«, hinauf zum malerischen moorigen **Freibergsee** über dem Stillachtal; eine schöne Badeanstalt, ein Bootsverleih und ein Café helfen die Zeit vertreiben. Nebenan ragt die **Heini-Klopfer-Skiflugschanze** in den Himmel; nach der Fahrt mit dem Schrägaufzug nimmt einem der Blick von oben den Atem ... Vom Parkplatz der Fellhornbahn, der Endstation für den öffentlichen Verkehr, geht man in 1 Std. nach **Einödsbach** (1142 m), der südlichsten Dauer-

siedlung Deutschlands vor der prachtvollen Kulisse von Trettachspitze (2595 m), Mädelegabel (2645 m) und Hochfrottspitze (2648 m) – siehe Foto S. 238. Deutschlands südlichster Punkt liegt am Haldenwanger Eck, ein Granitstein markiert die Stelle. Man erreicht ihn von Einödsbach zu Fuß in knapp 3 Std. (bis zur Unteren Biberalp kann man mit den Rad fahren).
Sehr empfehlenswert ist die Rundwanderung von Birgsau (949 m) hinauf zum Guggersee (1710 m): Am Hang unter dem Alpgundkopf hat man eines der **schönsten Panoramen der Allgäuer Alpen** vor sich. Der Abstieg führt zunächst in südlicher Richtung, dann über die Breitengernalpe und Einödsbach zurück nach Birgsau (gesamt ca. 5 Std.).
Skiflugschanze: Zimmeroy 1 | April – Okt. 9.30 – 17.30, Winter bis 16.30, Mitte Nov. bis ca. 20.12. geschl. | www.skiflugschanze-oberstdorf.de | Eintritt 12 €, Führung 19 €

Kühne Architektur und kühner Steig

★ Nebelhorn

Mit der etwas antiquierten Seilbahn, die bis Ostern 2021 durch eine moderne Variante ersetzt werden soll, schwebt man zum Gipfel des Nebelhorns (2224 m) hinauf, wo das ebenso spektakulär wie perfekt in die Landschaft eingepasste Gipfelrestaurant des österreichischen Büros HK Architekten wartet. Hier lässt der »Nordwandsteig«, ein 100 m langer, auch rollstuhl- und kinderwagengeeigneter Metallsteig um den Nebelhorngipfel selbst Schwindelfreie erschauern, denn die Felswand fällt 600 m nahezu senkrecht ab. Zahlreiche, auch familiengeeignete Wanderwege erschließen interessante Naturphänomene, so »Uff d'r Alp« von der Mittelstation Seealpe.
Nebelhornbahn: Juni – Okt. 8.30 – 16.30, Dez., Jan. 8.30 – 15.45, Feb. bis April 8.30 – 16.15 Uhr | Berg- und Talfahrt 41,50/42,50 €

Ewiger Schnee und Blumenpracht

★ Bacher Loch

Der Weg von Einödsbach zum Waltenberger-Haus – ein guter Stützpunkt für Mädelegabel und Heilbronner Weg – führt durch eine besonders wilde und bizarre Schlucht, das Bacher Loch. Wo der Katzentobel von Osten einmündet (von Einödsbach ca. 30 Min.), öffnet sich der Blick auf die steilen Grashänge von Linkerskopf und Laubschrofen, auf Mädelegabel, Wilden Mann und Rotgundspitze. Den Grund des Tals nimmt das Schneeloch ein, in dem Lawinenreste auch noch den heißesten Sommer überdauern. Das Bacher Loch ist Pflanzenschutzgebiet, und am Linkerskopf gedeiht der weiß-rosa blühende Gletscherhahnenfuß, der im Wallis bis in Höhen von 4200 m anzutreffen ist.

Durch die schroffe Klamm

★★ Breitachklamm

Südwestlich von Oberstdorf hat sich die Breitach 100 m tief in die Schrattenkalke des Engenkopfs gesägt. 1905 wurde, nachdem man mit viel Dynamit und Eisen einen Steig angelegt hatte, der sehr frequentierte Weg durch die überaus eindrucksvolle Klamm eröffnet. Auch im Winter ist die ca. 45 Min. dauernde Durchquerung ein Erlebnis (während der Schneeschmelze kein Zugang.) Zu empfehlen ist die Fortsetzung der Wanderung zum hübsch gelegenen Gasthaus Waldhaus im ►Kleinwalsertal (45 Min.), Rückfahrt mit dem Bus.

Im Sommer 9 – 18, im Winter nur bis 17 Uhr (letzter Einlass 1 Std. vor Schließung) | Eintritt 5 € | www.breitachklamm.com

Zackenberge und Klettersteige

Berg-touren

Die Allgäuer Alpen sind berühmt für ihre schier unerschöpfliche Auswahl an den unterschiedlichsten und schönsten Bergwanderungen und Klettertouren, sei es im Allgäuer Hauptkamm im Südosten mit seinen wild gezackten Hauptdolomitgipfeln, in den vorgelagerten steilen Grasbergen, in der sanften Hörnergruppe im Westen oder am Hohen Ifen (►Kleinwalsertal). Die Bahnen zum 2224 m hohen **Nebelhorn** – das Panorama soll 400 weitere Gipfel umfassen – und zum **Fellhorn** (2038 m) erleichtern den Anstieg. Hier können nur ein paar Leckerbissen erwähnt werden, die in den meisten Fällen erfahrenen Berggängern vorbehalten sind: **Hindelanger Klettersteig** vom Nebelhorn zum Daumen; vom Edmund-Probst-Haus zum **Laufbacher Eck** (2179 m, ggf. weiter zum Prinz-Luitpold-Haus); Krumbacher Höhenweg von der Kanzelwand über Fiderepasshütte zur Mindelheimer Hütte (ggf. über den **Mindelheimer Klettersteig**), kombinierbar mit dem Kammweg vom Söllereck über das Fellhorn oder im Süden mit der Umrundung des Großen Widdersteins; und schließlich der berühmte **Heilbronner Weg** von der Rappenseehütte zum Waltenberger-Haus bzw. zur Kemptner Hütte.

Genüsse von der Alp

Schlap-pold-Alpe

Die seit Jahrhunderten bewirtschaftete Schlappold-Alpe am Fellhorn ist die größte und höchstgelegene Sennalpe im Allgäu. Jedes Jahr werden Anfang Juni ca. 80 Kühe aufgetrieben, bis zu 1500 Liter Milch werden täglich zu Bergkäse, Butter, Quark und Joghurt verarbeitet. Versteht sich, dass die Alpe mit Brotzeitstube, sonniger Panoramaterrasse und Kinderspielplatz aufwartet. Von der Bergbahnstation Schlappoldsee führt der kinderwagentaugliche Weg in 30 Min. am schönen Schlappoldsee vorbei zur Alpe, von Anfang Juli bis Anfang Sept. kann man sie am Di.- und Do.vormittag besichtigen, Treff um 9 Uhr an der Fellhornbahn-Talstation.

Der See zwischen den Hörnern

Reichenbach

Am Ostrand des Dorfs 4 km nördlich von Oberstdorf steht die spätgotische Kapelle St. Jakobus (1540) mit einem schönen Schreinaltar von 1495, dessen Figuren aus Ulmer und Memminger Werkstätten (Multscher-Umkreis) stammen. Mit herrlichen Ausblicken und Berglandschaften lohnt der Aufstieg von Reichenbach in 1 1/2 Std. durch

OBEN: Ein mitunter nasser, glitschiger Steig mit Aussichtsplattformen führt durch den Hölltobel mit seinen rauschenden Wasserfällen.

UNTEN: In Rohrmoos steht mit der St.-Anna-Kapelle eine der ältesten erhaltenen Holzkirchen Europas.

BAEDEKER ÜBERRASCHENDES

6x

EINFACH UNBEZAHLBAR

Erlebnisse, die für Geld nicht zu bekommen sind

1. AM ABGRUND

Hochseilparks und ZIP-Lines verkaufen Nervenkitzel. Dieser hier ist gratis: Auf dem barrierefreien 100 m langen **Nordwandsteig** am Nebelhorngipfel können Sie 600 m tief in den Abgrund blicken. (▶ **S. 179**)

2. MUSEUM DER SCHIRME

Auch Schirme können spannend sein, wenn sie so umfassend präsentiert werden wie in dem **Sonthofener Museum**. Der Eintritt ist frei – aber im Laden nebenan können Sie neue Schirme erwerben. (▶ **S. 216**)

3. WELLNESS GRATIS

Ein Spaßbad mit Sauna ist sie nicht, die **Prinze-Gumpe** in Hinterstein. Dafür gibt es einen Wasserfall und Wasser ohne Chlor oder andere Zusätze. Und sie kostet keinen Eintritt! (▶ **S. 45**)

4. MUSEUM DER STEINE

Steine als Erlebnis – historisch, geologisch, künstlerisch: Die **Bergschau 1122** im Kleinwalsertal widmet sich diesem Thema in allen Facetten und interaktiv. Dazu noch umsonst. (▶ **S. 111**)

5. EDLES GESCHMEIDE

Es glitzert und funkelt im **Gablonzer Haus der Industrie** – hier zeigen die besten Modeschmuck- Macher ihr Können im Umgang mit Halbedelsteinen und Edelmetall. Schauen kostet nichts! (▶ **S. 90**)

6. BAROCK UND MODERNE

Rauschhafter Stuck und moderne Kunst: In den Ausstellungen in der säkularisierten **Kreuzherrenkirche** in Memmingen verbinden sich scheinbare Gegensätze zu einem harmonischen Miteinander. Der Eintritt ist frei. (▶ **S. 149**)

den **Reichenbachtobel** mit seinen Wasserfällen zur Gaisalpe (1149 m, bewirtschaftet; Rodelbahn). Alpiner ist der weitere Weg zum **Unteren Gaisalpsee** (1508 m, 11/2 Std.) im Kar zwischen Entschenkopf, Nebelhorn und dem mächtigen Rubihorn. Von dort kann man das **Rubihorn** erklimmen, das einen prachtvollen Rundblick eröffnet (1957 m, Abstieg südlich zur Vorderen Seealpe/Mittelstation der Nebelhornbahn), oder zum Edmund-Probst-Haus am Nebelhorn aufsteigen.

Ländliche Pietà und antike Skier

Fischen

In dem angenehmen Kurort nördlich von Oberstdorf ist die **Frauenkapelle** (1667) mit hoher Zwiebelkuppel interessant, ein Werk des bedeutenden Vorarlberger Baumeisters Michael Beer, der davor die Stiftskirche Kempten schuf. Wie diese vereint die Kapelle ein Langhaus mit einem kreuzförmigen Zentralbau. Unter der reichen Ausstattung (17. – 19. Jh.) sind das Gnadenbild (eine Pietà aus der Zeit um 1450) und die zahlreichen Votivtafeln des 17. – 19. Jh.s hervorzuheben. In die Geschichte des Skisports entführt das **Skimuseum** im Heimathaus, einem stolzen Anwesen aus dem 17. Jh., das selbst Museumswert besitzt.

Skimuseum: Hauptstr. 3 | Di., Do. 15 – 17 Uhr | Eintritt 2 €

Den Hörnern auf die Gipfel steigen

★ Hörnergruppe

Zwischen ▶ Sonthofen und Fischen wird das Illertal im Westen von der Kette der »Hörner« begleitet, mit Ofterschwanger Horn (1406 m), Sigiswanger Horn (1527 m), Weiherkopf (1665 m) und den Ochsenköpfen; weiter westlich gehört noch das Riedberger Horn (1787 m) dazu. Die Wandertour über die Hörner ist auch für wenig Geübte und Familien geeignet und gehört zu den **Klassikern der Allgäuer Berge**; die landschaftlichen Eindrücke sind großartig. Bei Benutzung der Bergbahnen – in Bolsterlang die Hörnerbahn (moderne, architektonisch hervorragende Bergstation, www.hoernerbahn.de), in Ofterschwang der »Weltcup-Express« (www.go-ofterschwang.de) – braucht man ca. 4 Std., mit Aufstieg vom Tal 2 Std. mehr. Sehr empfehlenswert ist auch der Gang von der Bergstation der Hörnerbahn zum Berghaus Schwaben (Gasthof, 1500 m, Tel. 08326 438, Di. geschl.) und weiter zum **Riedberger Horn** (2 Std.), dann entweder durch das Bolgental mit seiner interessanten Feuchtvegetation über die Zunkleiten-Alpe nach Sonderdorf (2 Std.) oder zur Grasgehren-Alpe am Riedbergpass (ca. 1 Std., ▶ S. 184).

Ausflug ins Erdinnere

Sturmannshöhle

In den Kalkbergen des Oberallgäus sind Karstphänomene wie Karrenfelder und Höhlen verbreitet, doch nur eine Höhle ist zugänglich: die Sturmannshöhle südlich von Obermaiselstein. Auf 300 m Länge erlebt man – sommers wie winters bei 8 °C – schmale Schächte, hohe Hallen und unterirdische Seen. Zu Fuß geht man von Obermaiselstein oder – besonders schön – auf dem wildromantischen Sagenweg vom »Hirschsprung« an der Straße Obermaiselstein – Tiefenbach in ca. 30 Min. zum Gasthaus Sturmannshaus bei der Höhle.

Führungen Mai – Anf. Nov. tgl. 9.30 – 16.30, 26. Dez. – So. nach Ostern Mi. – So. 11 – 16 Uhr (Weihnachts-/Osterferien tgl.) | Eintritt 5 € | Nötig sind feste Schuhe und warme, strapazierfähige Kleidung.

Albrecht Dürer im Allgäu?

Starzlachtal

★★ St. Anna

In **Tiefenbach** nordwestlich von Oberstdorf ist die Kirche St. Barbara (1458) mit einem Passionszyklus von Hans Strigel d. J. (1477) sehenswert. Von Tiefenbach hat man Zugang zum schönen **Starzlachtal** (ab Winkel ist die Straße mautpflichtig), über dem südlich die Gottesackerwände aufragen. In **Winkel** sollte man einen Blick in die Kapelle St. Martin werfen; im Altargemälde aus dem späten 17. Jh. wird ungewöhnlicherweise ein bereits toter Christus gekreuzigt.

In **Rohrmoos** ca. 6 km westlich trifft man in herrlicher Landschaft auf eine wunderbare Rarität: die schlichte **Holzkapelle St. Anna** aus der Spätrenaissance, errichtet um 1568. Auftraggeber waren die Truchsessen von Waldburg-Wolfegg, die damaligen Grundherren, die auch heute noch in der Gegend begütert sind. Sie ist in volkstümlicher Art ausgemalt, z. T. unter Verwendung hochkarätiger Vorlagen: Die Bilder des Flügelaltars (1568) folgen Holzschnitten von Albrecht Dürer, das Jüngste Gericht (1569) an der Westwand einem Stich von Maarten van Hemskerck. Damit nicht genug: Auf dem linken Flügel des Altars sieht man in der Ferne einen **Alphornbläser** – die älteste Darstellung dieses Instruments im Allgäu.

Über Serpentinen und Loipen

Balderschwanger Tal

Radsportler und Motorradfahrer schätzen den 1420 m hohen **Riedbergpass** westlich von Fischen, Deutschlands höchste Passstraße und mit bis zu 16 % Steigung eine der steilsten. An der Passhöhe geht es rechts zur Grasgehren-Alpe auf 1447 m; von hier wandert man in gut 2 Std. aufs **Riedberger Horn** (1787 m), das einen umwerfenden Blick über die ganzen Allgäuer Berge bietet. Von besonderem Reiz, besonders im Herbst, ist die Vegetation in der Mulde der Grasgehren-Alpe. Vom Parkplatz jenseits der Passhöhe kann man südlich den 1679 m hohen **Besler** erklimmen, dessen Kalkfelszacken ins Tal schauen, und die fantastische Aussicht genießen; trotz der alpinen Szenerie führt ein nicht schwieriger Weg über Schönbergalpe und Beslerkopf hinauf (hin und zurück 3 1/2 Std.).

Kurz vor der Grenze liegt in einem bekannten »Schneeloch« **Balderschwang** (250 Einw., 1044 m) mit einem kleinen Skigebiet am Gelbhansekopf und schönen Loipen, im Sommer ideal für Familienferien, am 15. Sept. ist Viehscheid. Am Sträßchen, das östlich von Balderschwang zur Balderschwanger Alpe führt, ist eine **2000- bis 4000-jährige Eibe** mit zwei Stämmen zu bestaunen. Die Eibe (Taxus baccata) war früher aufgrund ihres harten, elastischen Holzes für Bögen, Armbrüste und Gerätschaften begehrt, weshalb es heute nur mehr wenige alte Exemplare gibt. Hier beginnt die Runde über den **Siplingerkopf** (1746 m), eine landschaftlich wie botanisch sehr lohnende Tour, über Heidenkopf (1685 m) und Obere Wilhelminenalpe (Trittsicherheit nötig, Gesamtgehzeit ca. 4½ Std.). Der Gipfel gewährt einen großartigen Rundblick. Wer ins Gunzesrieder Tal zur Au-Alpe absteigt, passiert die **Siplinger Nadel**, einen höchst eindrucksvollen Nagelfluh-Obelisken (mit Gipfelkreuz!).

★ PFRONTEN · NESSELWANG

Landkreis: Ostallgäu | **Pfronten:** 853 m ü. d. M. | 8200 Einw.
Nesselwang: 867 m ü. d. M | 3500 Einw.

Der Reiz liegt im Detail: König Ludwigs nie gebaute Ritterburg, ein umfangreiches Aktivangebot für jede Jahreszeit und einige überraschende Kirchenschätze zeichnen Pfronten und den Nachbarort Nesselwang aus. Gehen Sie auf Entdeckungsreise zwischen Kini-Träumen, Hochseilgärten und einem kleinen Barockwunder.

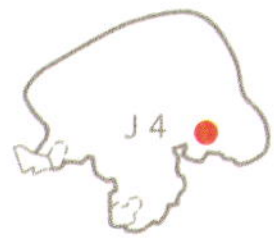

Wohin in Pfronten, Nesselwang und Umgebung?

Viele Dörfer, ein Ort

Pfronten, die größte Kur- und Wintersportgemeinde des Ostallgäus, besteht aus nicht weniger als 13 Dörfern und Weilern: Pfronten-Steinach, -Dorf, -Berg etc. In Berg steht das weithin sichtbare Wahrzeichen des Orts, die Pfarrkirche **St. Nikolaus** (1692). Den schönen, eleganten Turm von 1749 bekrönt keine Zwiebel, sondern eine kopfstehende Enzianblüte. Das nur von Pfrontener Künstlern gestaltete Innere zeigt klassizistische Kühle; die Ausmalung stammt von J. A. Keller (1780). Unterhalb der Kirche ein besonders schöner Bauernhof, ein sog. Ständerbohlenbau, von 1793. Der Ortsteil Kappel wartet mit dem **Waldseilgarten Höllschlucht** auf: 11 Parcours mit 100 abwechslungsreichen Aufgaben (ohne einen einzigen angebohrten Baum). Kinder vergnügen sich auf 12 Themenspielplätzen, die Palette reicht von Ritter- und Märchen- bis zum Planetenspielplatz. In ca. 45 Minuten wandert man von hier gemütlich zur **Hündeleskopfhütte** (www.huendeleskopfhuette.de, Mo., Di. geschl.), der ersten Hüt- Pfronten

PFRONTEN UND NESSELWANG ERLEBEN

PFRONTEN TOURISMUS
Vilstalstr. 2, 87459 Pfronten
Tel. 08363 698-88
www.pfronten.de

TOURISTENINFORMATION
Hauptstr. 20, 87484 Nesselwang
Tel. 08361 92 30 40
www.nesselwang.de

Fastnachts-Sa.: Schalengge (Hörnerschlitten-)rennen in Pfronten. Viehscheid am 2. Sept.-Sa. in Pfronten und in Seeg, am 16. Sept. in Nesselwang. Letzter Sept.-So.: Alphörner-Bergmesse auf dem Breitenberg.

Allgäuer Gebirgskellerei: Carsten Hell keltert Wein aus Löwenzahn- und Holunderblüten, aus Erdbeeren und Wacholderbeeren, aus Zirbelzapfen und Gebirgskräutern (Wertach, Grüntenseestr. 12, www.allgaeuer-gebirgskel lerei.de, Do. 16.30 – 18.30 Uhr).

SCHANKWIRTSCHAFT WOHLFART €€
Östlich von Steinach haben die Wohlfarts nach alten Vorbildern ein charaktervolles Bauernhaus erstellen lassen. Zu bester Hausmannskost wird das handfeste »Hofbier« kredenzt.
Pfronten-Dorf, Kienbergstr. 61
Tel. 08363 92 87 95, Mo. – Fr. ab 16, Sa. ab 14, So. ab 12 Uhr; www.schankwirtschaft-wohlfart.de

BRAUGASTHOF FALKENSTEIN €€
Neben glänzenden Kupferkesseln werden heimische Spezialitäten serviert (Mitglied der »LandZunge«), dazu gibt es natürlich das Bier des Hauses.
Pfronten-Ried, Allgäuer Str. 28
Tel. 0 8363 96 06 58; tgl. ab 9.30 Uhr
www.braugasthof-falkenstein.de

HOTEL POST €–€€
Der gediegen-familiäre Gasthof der Nesselwanger Traditionsbrauerei wird von der Zeitschrift »Feinschmecker« besonders gelobt. In der noblen Stube und im Innenhof genießt man bayerisch-allgäuische Gerichte, abends gibt's oft Musik. Mit komfortablen Gästezimmern.
Nesselwang, Hauptstr. 25
Tel. 08361 30 96-0
tgl. ab 11.45 Uhr
www.hotel-post-nesselwang.de

BURGHOTEL BÄREN €€
Schorsch Kössels Allgäuer und internationale Küche ist »echt«, hochklassig und herzerwärmend, mit besten eigenen oder heimischen Grundprodukten und Kräutern aus dem Garten (Di. geschl.). Nett gestalteteGästezimmer.
Eisenberg-Zell, Dorfstraße 4
Tel. 08363 92 71 30
www.burghotelbaeren.de

BURGHOTEL FALKENSTEIN €€€€
Unübertrefflich ist die Lage auf dem Falkenstein, sehr fantasievoll gestaltete Gästezimmer und Suiten. Im seit 2020 sternegekrönten Restaurant wird Feines und Bodenständiges nach Allgäuer Tradition serviert.
Pfronten-Steinach
Auf dem Falkenstein 1
Tel 08363 91 45 40
www.burghotel-falkenstein.de

SCHLOSSANGER ALP €€€€
200 m unterhalb des Falkenstein-Gipfels liegt die Schlossanger Alp, ein großzügiges Hotel im Landhausstil mit Wellnessoase und einem exklusiven Baumhaus. Am Herd steht Barbara Schlachter-Ebert, eine der besten der Zunft.
Pfronten-Obermeilingen
Am Schlossanger 1
Tel. 08363 91 45 50
www.schlossanger.de

OBERER WIRT €€
Gemütlicher Gasthof mit Terrasse und Biergarten, ruhig bei der markanten Kirche gelegen. Ordentliche gutbürgerliche Küche und ansprechende Gästezimmer mit Bergblick.
Pfronten-Berg, Kirchsteige 10
Tel. 08363 451
www.hotel-pfronten.de
Di.– Do. ab 17, Fr. – So. ab 10 Uhr

ALPENHOTEL KRONE €€€€
Prächtiger Gasthof, erbaut 1770 als Amtshaus – cool durchgestylt, von den Zimmern über den Fitnessbereich bis zum Restaurant mit feiner Crossover-Küche.
Pfronten-Dorf, Tiroler Str. 29
Tel. 08363 69 05-0
www.alpenhotelkrone.de

ZUM ALTEN REICHENBACH €
Stattlicher alter Gasthof am Südende des Grüntensees mit schöner Stube und guter Küche. Kinder können Ziegen füttern oder trampolinhüpfen.
Nesselwang, Reichenbach 2
Tel. 08361 920 20, Di. – Sa. ab 17, Sa. auch 10 – 14 Uhr, So. ab 10 Uhr
www.zum-alten-reichenbach.de

te mit feiner vegetarischer Küche im Alpenraum. Etwas für Tage mit schlechtem Wetter ist die Schmetterlings-Erlebniswelt mit ihren Terrarien, mit Schildkrötenteich und kleinem Café.

Waldseilgarten: Pfronten-Kappel, Bürgermeister-Franz-Keller-Straße tgl. geöffnet, Mitte Mai – Mitte Sept. 10 – 18, Aug. ab 9, April – Mitte Mai, Mitte Sept. – Okt. 10 – 17 Uhr | Eintritt 24 € | www.waldseilgarten-hoellschlucht.de

Schmetterlings-Erlebniswelt: Pfronten-Weißbach, Gernweg 5 | Di. bis So. 10 –16.30, Okt. – Febr. Mi. – So. 11 –16 Uhr | Eintritt 9,50 € | www.schmetterling-erlebniswelt.de

Des Königs Rittertraum

★ Falkenstein

Östlich über Pfronten-Steinach thront in 1267 m Höhe die Ruine Falkenstein, Rest einer 1270 erbauten Burg, die ab 1290 dem Augsburger Hochstift gehörte und seit der Säkularisation 1803 dem bayerischen Staat. »Märchenkönig« Ludwig II. war von dem Platz begeistert und wollte hier eine Burg bauen, die noch prächtiger werden sollte als Neuschwanstein. Er kaufte die Burg, bis 1885 wurden Straße und Wasserleitung angelegt, doch sein Tod 1886 beendete den Traum. Ein Modell des »Traumschlosses« ist im **Burgmuseum** (tgl. 11 – 18 Uhr) unterhalb des Burghotels zu sehen (► S. 186). In einer knappen Stunde geht man hinauf (für Autos ist die schmale kurvenreiche Straße abwechselnd nur in eine Richtung befahrbar und mautpflichtig, ab 18.15 Uhr frei) und genießt das fantastische Panorama.

Über den Wolken und unterhalb der Burgruine thront das Burghotel Falkenstein.

Noch mehr Burgen

Eisenberg

Ein wenig Ritterromantik lassen die Burgruinen **Hohenfreyberg** (15. Jh.) und **Eisenberg** (11./12. Jh.) nordöstlich von Pfronten noch spüren. Von Zell – dort vermittelt ein modern gestaltetes Burgenmuseum Wissenswertes über diese Zeit – kann man beide in einer kleinen Rundwanderung (knapp 2 Std.) kennenlernen, die Schlossbergalm sorgt für verdiente Rast. In **Speiden** östlich von Eisenberg sind die Gnadenkapelle Maria Hilf (1636) und die gleichnamige Wallfahrtskirche (geweiht 1678) mit schöner Ausstattung sehenswert. Beim benachbarten Gasthaus Kössel-Brauerei beginnt der 3 km lange **Allgäuer Bier-und-Käse-Wanderweg**, der zur Sennerei Lehern mit angeschlossener Gastwirtschaft »KäseAlp« führt (Infos über Besichtigungen: www.sennerei-lehern.de, Tel. 08362 75 12; die Gastwirtschaft ist Di. geschl.).

Burgenmuseum: Zell-Eisenberg, Dorfstr. 12 | Sa., So./Fei. 14 – 17 Uhr
Eintritt 2,50 € | http://burgenmuseum-eisenberg.de

Die kleine Wies

★ St. Ulrich in Seeg

Das 13 km nördlich von Pfronten hübsch gelegene Seeg besitzt mit der Pfarrkirche **St. Ulrich** über eine der schönsten Kirchen des Allgäus. Nachdem ein mittelalterlicher Vorgängerbau 1635 abgebrannt war, begann 1658 der Neubau. 1700–1711 folgten das Langhaus und der Chor nach Plänen von Johann Jakob Herkomer (►Füssen, St. Mang). Beeindruckend sind das große Deckenfresko mit der Schlacht von Lepanto von Johann Baptist Enderle (1769) und das Chorfresko von Balthasar Riepp (1744), das den Sieg über die Ungarn auf dem Lechfeld zeigt. Stuck und Altäre (um 1770/1780) sorgen für das elegante Rokoko-Bild. Viehscheid ist in Seeg am 2. Septembersamstag. In der Umgebung warten über 140 km markierte Wege auf Wanderfreunde. Kaum 2 km sind es zum Schwaltenweiher mit Bad, Bootsverleih und Café. Eine besonders empfehlenswerte Wanderung führt zur Alpe Beichelstein, wo man bei gemütlicher Einkehr das herrliche Bergpanorama genießt (5 km südöstlich, 952 m; Anf. – Ende April sowie Mi. geschl., Tel. 08364 397).

Bier und Ostereier

Nesselwang

Von Weitem wird der Luftkurort vom ansehnlichen Zwiebelturm der Kirche **St. Andreas** angekündigt. Ihre »barocke« Pracht entstand erst 1904–1906; die Ausmalung des Raums mit ungewöhnlicher Deckenlösung besorgte der Münchner Professor W. Kolmsperger. Der Turm stammt noch vom Vorgängerbau, den Johann Schmuzer aus Wessobrunn ab 1682 errichtete. Einst besaß Nesselwang fünf Brauereien; noch aktiv ist die seit 1650 bestehende **Post-Brauerei**, ihre Brau-Manufactur Allgaeu (!) macht heute auch sehr interessante »Craft«-Biere. Ihre aus über 2000 Exemplaren bestehende **Ostereiersammlung** zeigt Monica Nusser im einem kleinen, reizvollen Museum im Hotel Post. Erstaunlich, was da in 35 Jahren zusammengekommen ist!

Ostereiermuseum im Hotel Post: Nesselwang, Hauptstr. 25 | tgl. 10 – 20 Uhr | Eintritt 2,50 € | www.monica-meyer-nusser.de

Nesselwang für Aktive

Alpspitz und Edelsberg

Südlich von Nesselwang bieten Alpspitz (1575 m) und Edelsberg (1624 m) ein schönes Revier zum Wandern bzw. Skifahren. Den Aufstieg erleichtert die zweigeteilte Alpspitzbahn. Von der Bergstation (1511 m) braucht man 30 Min. zum Gipfel des Alpspitz, weitere 40 Min. zum Edelsberg. Für den Rückweg nach Nesselwang wählt man am besten den Weg über Kappeler Alp und Maria Trost (1 1/2 Std.). Von der Mittelstation der Alpspitzbahn kann man auch die 1 km lange Sommerrodelbahn zum rasanten Abstieg nutzen. Für einen echten Adrenalinschub sorgt der AlpspitzKICK: Mit Helm und Gurt gesichert saust man an einem Drahtseil in bis zu 60 m Höhe 1,2 km weit zu Tal – mit Geschwindigkeiten bis zu 120 km/h. Die Seen in der Umgebung, besonders der **Attlesee** und der **Grüntensee**, laden zum Baden; sie sind auch schöne Ziele für Radtouren.

AlpsitzKICK: im Sommer tgl. 10 – 16 Uhr | 38 € (ohne Fahrt mit der Alpsitzbahn) bzw. 42 € (inkl. Alpspitzbahn) | www.alpspitzkick.de

Wallfahrt zur Kopie

Maria Trost

Vom Nesselwanger Ortszentrum, das unter dem Verkehr auf der Durchgangsstraße leidet, geht man in ca. 45 Min. auf dem Kreuzweg zur 1123 m hoch gelegenen Wallfahrtskirche Maria Trost (um 1660/1710). 1658 wurde ein Muttergottesbild, das bei einem Brand unversehrt geblieben war, aus Niederbayern hierhergebracht; seit mindestens 1486 finden Wallfahrten statt. Das große Interesse machte bald den Bau der Kirche notwendig und möglich (das Original des Gnadenbilds wurde 1732 nach Maria Plain bei Salzburg gebracht). In der Kapelle überraschen qualitätvoller Spätbarock und leichte Rokoko-Elemente; die westlichen Deckenfresken hat möglicherweise F. A. Weiß gemalt (1756 – 1759), die »Immaculata« im Emporenjoch schuf der berühmte Matthäus Günther (um 1770).

Ein Engel stellt alles in den Schatten

★ Maria Rain

Nördlich von Nesselwang prunkt die schlichte spätgotische Kirche Maria Rain (1497) mit einer unglaublich reichen Rokoko-Ausstattung (um 1760). Auch sie geht auf eine Wallfahrt zurück, die im Mittelalter um ein Muttergottesbild und eine heilkräftige Quelle entstand. Einzigartig ist der **Hochaltar**, in dem »Aufbauten und Skulpturen aus verschiedener Zeit (...) zu einer beeindruckenden Einheit verschmelzen« (Dehio). Die Pfrontener Peter Heel, Mang Anton und Joseph Stapf gestalteten einen spätgotischen Altar um, der Hans Kels d. Ä. zugeschrieben wird (1519). Urheber der großartigen Kanzel (1762) sind wohl Melchior Eberhard und sein Sohn Richard aus Hindelang. Sie wird von dem **»schönsten Engel des Allgäus«** getragen, um 1619 vermutlich geschaffen von Bartholomäus Steinle. Von der Kirche lässt sich eine schöne Wanderung durchs idyllische **Wertachtal**

BAEDEKER MAGISCHE MOMENTE

EIN SCHÖNER JÜNGLING

Warum ausgerechnet Maria Rain bei Nesselwang erwählt wurde? Der »schönste Engel des Allgäus« hätte sicher auch in größeren, prominenteren Gotteshäusern seinen perfekten Auftritt gehabt. Aber es wurde eine Dorfkirche, hochkarätig ausgestattet allerdings. Wahrscheinlich von dem Weilheimer Bartholomäus Steinle in Szene gesetzt, stützt er die Kanzel. Schau mir in die Augen, Kleiner!

unternehmen: Den Fluss auf der gedeckten Brücke überqueren, dann nördlich (unter der Autobahnbrücke durch und wieder über die Wertach) bis zum Bischofstein, über Bachtel und die Lohmühle wieder zurück (8 km, 2½ Std.). 7 km nördlich von Maria Rain schwingt sich ein abenteuerlicher Hängesteg über den Fluss (Zugang von Kaltenbrunn her).

Maria Rain: tgl. zugänglich; falls geschlossen im Pfarramt nachfragen, Tel. 08366 14 85

★ RAVENSBURG · ★★ KLOSTER WEINGARTEN

Landkreis: Ravensburg | **Höhe:** 477 m ü. d. M. | **Einwohner:** 49 000

Nur ein kurzer Abstecher ist es aus dem Allgäu nach Oberschwaben, wo Ravensburg, die »Stadt der Türme, Tore und Spiele«, mit lebendigem Mittelalter begeistert und die Basilika Weingarten in einen barocken Rausch entführt.

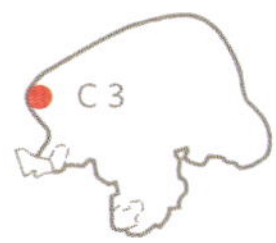

Stadt der Türme

Ravensburg entstand um die gleichnamige um 1080 errichtete Burg und wurde 1278 zur Reichsstadt erhoben, die sich mit bedeutenden Privilegien zu einem kleinen Territorialstaat entwickelte. Die etwa zwischen 1380 und 1530 bestehende Große Ravensburger Handelsgesellschaft brachte durch ihren internationalen Handel, besonders mit oberschwäbischem Leintuch, Reichtum in die Stadt. In der Reformation entschied sich Ravensburg für konfessionelle Gleichberechtigung mit kuriosen Folgen: Es gab zwei Bürgermeister, je acht katholische und evangelische Ratsherren und zwei Rutenfeste. Schlimme Auswirkungen hatte der Dreißigjährige Krieg, unter anderem brannte 1647 die Burg ab. 1802 kam die Stadt zu Bayern, 1810 zum Königreich Württemberg. Den Zweiten Weltkrieg überstand Ravensburg fast ohne Schäden. Die meisten großen Bauwerke, die das Gesicht der Altstadt prägen – dazu gehören nicht weniger als 16 Türme und Tore –, stammen aus der Blütezeit Ravensburgs im ausgehenden Mittelalter, als es durch den Handel mit Leinen und Barchent sowie mit Papierherstellung zu Reichtum kam. In Ravensburg ist der 1883 gegründete »Spieleverlag Otto Maier« ansässig, heute **»Ravensburger Spieleverlag«**. Zur Firmengruppe gehören der Ravensburger Buchverlag und das Ravensburger Spieleland.

RAVENSBURG ERLEBEN

TOURISTENINFORMATION
Marienplatz 35, Lederhaus
88212 Ravensburg
Tel. 0751 82-800
www.ravensburg.de
Führungen zur Stadtgeschichte ganzjährig Sa. 11 Uhr, im Sommer häufiger, weitere Themen sind etwa »Frauen in Ravensburg« und der kulinarische Stadtgang. Unterhaltsam ist auch das »Stadt-Schau-Spiel« mit der spitzzüngigen Türmersfrau Regina Nabholzin. Info und Treff in der Touristeninformation.

TOURISTENINFORMATION
Münsterplatz 1
88250 Weingarten
Tel. 0751 40 52 32
www.weingarten-online.de

Februar: Fasnet mit Umzügen. Ende Juli, kurz vor den Sommerferien, feiert man in Ravensburg das prachtvolle mehrtägige Rutenfest (erstmals 1645 erwähnt) mit Umzug, Rutentheater, Adler-, Bogen- und Armbrustschießen sowie Feuerwerk. In Weingarten an Christi Himmelfahrt abends Lichterprozession, am Tag darauf Heilig-Blut-Ritt (Beginn 7 Uhr). Im Sommer Weingartner Klosterfestspiele (Freilichttheater im Hofgut Nessenreben östlich der Stadt). Anfang Sept., letztes Sommerferien-Wochenende: »Ravensburg spielt«. Dez.: Christkindlesmarkt.

1 HOTEL OBERTOR €€€
Das geschichtsträchtige Gemäuer am Stadttor besticht mit besonderem, romantischem Flair und gutem Service. Mit hübscher Bier-/Weinstube; gut essen kann man im benachbarten Mohren.
Marktstr. 67
Tel. 0751 36 67-0
www.hotelobertor.de

2 WIRTSHAUS ZUM MOHREN €€
Der altehrwürdige Gasthof heißt nach einem Facelifting nun Wirtshaus und präsentiert sich in alpiner Moderne mit viel Holz und Designmobiliar. Dazu passt die frische Speisekarte mit schwäbischen und internationalen Spezialitäten.
Marktstr. 61
Tel. 0751 18 05 43 10; So. geschl.
https://mohren-ravensburg.de

3 OCHSEN/HOTEL AM MEHLSACK €€–€€€
Zwei Häuser mit einem Haupteingang: der Gasthof Ochsen gemütlich-traditionell, das Hotel am Mehlsack neu und etwas teurer. In der schönen schwäbischen Gaststube gibt es regionale Klassiker und Internationales, auch gute Fleischgerichte.
Burgstr. 1 – 3, So. geschl.
Tel. 0751 25 48-0
www.ochsen-rv.de

4 GASTHOF ENGEL €€€
Seit 1878 besteht der schöne Gasthof. Man wohnt ebenso gemütlich wie gediegen. Das Restaurant überzeugt mit guter gutbürgerlicher Küche und hübschem Freisitz (tgl. ab 10 Uhr, €€).
Marienplatz 71
Tel. 0751 363 61 30
www.engel-ravensburg.de

5 LUMPERHOF €€–€€€
Seit vielen Jahren ein beliebter Ausflugsgasthof östlich außerhalnb im

1 Obertor
2 Zum Mohren
3 Ochsen/ Hotel am Mehlsack
4 Engel
5 Lumperhof
6 Bären

Grünen, heute ein ambitioniertes, dennoch familiär-unprätentiöses Restaurant mit feiner Küche auf regionaler Basis. Herrlicher Wirtsgarten unter einer 160 Jahre alten Linde.
Lumper 1
Tel. 0751 35 25 00-1
www.lumperhof.de
Mi. – So. ab 17, Sa./So. auch 11.30 – 14 Uhr
http://lumperhof.de

6 GASTHOF BÄREN €€

Der über 300 Jahre alte Bären neben dem Rathaus bietet nette, großzügige Gastzimmer. Schwäbische Küche (Restaurant Di. – So. ab 10 Uhr), hübsche Terrasse im Rathaushöfle unter Palmen.
Weingarten
Kirchstr. 3
Tel. 0751 561 20-0
www.baeren-weingarten.de

Wohin in Ravensburg?

Die gute Stube

★ Marienplatz

Der quirlige Marienplatz markiert die Grenze zwischen der um 1250 angelegten staufischen Oberstadt im Osten und der 100 Jahre jüngeren Unterstadt im Westen. Den Platz dominiert der hübsche, 51 m hohe **Blaserturm**, einst Teil der Stadtbefestigung und ab dem 16. Jh. zentraler (Feuer-)Wachtturm der Stadt. Von oben hat man einen prachtvollen Blick über Stadt und Umgebung. An ihn ist das **Waaghaus** von 1498 angebaut, das als Kaufhalle und Stadtwaage diente; der Schwörsaal – mit eindrucksvoller Eichenholzkonstruktion – wird heute für kulturelle Veranstaltungen genutzt. Das **Lederhaus** gegenüber dem Blaserturm wurde 1513/14 als Markthaus der Lederhandwerker erbaut und 1574 mit Grisaillemalerei und Giebelverzierung manieristisch verändert. Dahinter steht das für kranke Pilger und Gesellen errichtete Seelhaus (1408) mit barockem Giebel. Das rote spätgotische **Rathaus** von 1386 besitzt einen Renaissance-Prunkerker von 1571 und zwei spätgotische Ratssäle. Die evangelische **Stadtkirche**, erbaut um 1350 als Kirche eines Karmeliterklosters, schmücken gotische Fresken (14./15. Jh.) und zahlreiche Grabsteine von Patriziern und Kaufleuten. Nach der Einführung der Reformation 1549 diente das Schiff dem protestantischen Gottesdienst, der Chor den Karmelitern (bis 1806). In der an den Chor angrenzenden Kapelle der Ravensburger Handelsgesellschaft (1452) sind vier spätgotische Fenster erhalten, auf denen die Schutzheiligen und Familienwappen der Kaufleute dargestellt sind.

Blaserturm: Mai – Sept. Okt. tgl. außer So. 11 – 16 Uhr | Eintritt 3,50 €

Türme, Mauern, Tore

Stadtbefestigung

Vom Frauentor (14. Jh.) empfiehlt sich ein Gang westlich um die Reste der turmbewehrten Stadtmauer (die anderen Teile wurden 1835 niedergelegt). Gleich nebenan ragt der Grüne Turm (15. Jh.) auf, benannt nach der Farbe seiner Dachziegel. Die Nordwestecke der Altstadt markiert der 50 m hohe Gemalte Turm (15. Jh.), der seinen Namen wegen der Bemalung mit Rautenmustern und Wappen erhielt. Weiter südlich steht das 36 m hohe Untertor (1363) mit der einstigen Zollstation. Das Südwesteck der Altstadt nimmt der 44 m hohe Spitalturm ein, erbaut bei der zweiten Stadterweiterung im 14. Jh., der wegen der einstigen Schweineställe des benachbarten Spitals im Volksmund »Sauturm« heißt. Östlich dahinter geht man durch den Hirschgraben mit den am besten erhaltenen Resten der Stadtmauer.

Samstags ist Markt

Marktstraße

Vom Rathaus führt die malerische Marktstraße (Markt ist am Sa. bis 13 Uhr), in der sich die breiten Häuser der Patrizier von den schma-

Die »gute Stube« von Ravensburg: Marienplatz mit Blaserturm

len der Handwerker unterscheiden lassen, zum 42 m hohen **Obertor** von 1432 mit Pechnase und Armesünderglöcklein im Giebel. Am Beginn (Nr. 13) steht links das **Alte Theater**, ein frühbarocker Bau (1625), der als Brotlaube diente und ab 1698 als Theatersaal genutzt wurde; im Gewölbekeller erfreut heute das »Figurentheater Ravensburg« Alt und Jung (www.figurentheater-ravensburg.de). Das rote Haus vor dem Obertor links (Nr. 61) war einst das Haus der Großen Ravensburger Handelsgesellschaft. Im Kern stammt es aus dem 12. Jh.; 1446 wurde es umgebaut, und seit dem 16. Jh. ist es Sitz des Gasthofs Zum Mohren.

Gar nicht museal

★ Museumsviertel

In der Oberstadt sind gleich vier Museen in unmittelbarer Nachbarschaft versammelt. Mit dem Humpis-Quartier dort hat sich ein eindrucksvolles spätmittelalterliches Ensemble erhalten, errichtet zwischen 1380 und 1508 von der Kaufmannsfamilie Humpis. Die sieben um einen Hof gruppierten Gebäude wurden zu einem großzügigen Stadtmuseum ausgebaut: Im **Museum Humpis-Quartier** (Marktstr. 45) begibt man sich auf eine Reise durch 1000 Jahre Ravensburger Kulturgeschichte. Im **Museum Ravensburger** – im Stammhaus Marktstr. 26 – machen die Besucher eine spielerische Entdeckungstour durch Geschichte und Gegenwart des Verlags mit dem blauen Dreieck. Das **Wirtschaftsmuseum** im Gebäude der ältesten Oberamtskasse Württembergs (Marktstr. 22) führt die Wirtschaftsgeschichte der Region vor Augen und das mit spannenden interaktiven Elementen. Im **Kunstmuseum** (Burgstr. 9) ist die Sammlung Gudrun und Peter Selinka ausgestellt, mit Werken der großen Expressionisten Karl Schmidt-Rottluff, Max Pechstein und Ernst Ludwig Kirchner sowie der Künstlergruppen COBRA und SPUR. Der 2013 mit dem Deutschen Architekturpreis ausgezeichnete Bau (Architekten: Lederer/Ragnarsdóttir/Oei, Stuttgart; Abb S. 282) integriert mit seiner Fassade aus alten Ziegelsteinen Modernes gekonnt in das historische Umfeld.

Humpis-Quartier: Di.–So. 11–18, Do. bis 20 Uhr | Eintritt 7 € | www.museum-humpis-quartier.de
Museum Ravensburger: Di.–So. April–Sept. 10–18 (im Aug. und während der Ferien auch Mo.), sonst Di.–So. 10–17 Uhr | Eintritt 10,50 €, bis 14 J. 8 € | www.museum-ravensburger.de
Wirtschaftsmuseum: Di.–So. 11–18, Do. bis 20 Uhr | Eintritt 4 € | www.wirtschaftsmuseum-ravensburg.de
Kunstmuseum: Di.–So. 11–18, Do. bis 19 Uhr | Eintritt 7 € | www.kunstmuseum-ravensburg.de
Ravensburger Museumskarte für alle vier Museen 18 €

Die Stadt der Türme trägt ihren Beinamen zu Recht.

Von Türmen, einer einstigen Burg und einem Konzerthaus

Weitere Sehenswürdigkeiten

Westlich des Obertors ragt der weiß getünchte, 51 m hohe Rundturm **»Mehlsack«** auf. Das Wahrzeichen der Stadt, benannt nach seinem weißen Putz, wurde um 1425 erbaut. Von oben eröffnet sich ein toller Rundblick über die Altstadt – allerdings nur an einigen Sommerwochenenden. Der um 1350 erbaute **Schellenberger Turm** nördlich des Obertors wurde im 17. oder 18. Jh. durch einen Blitzschlag zur Ruine. Er heißt im Volksmund »Katzenlieseles-Turm«, nach einer alten Frau, die im 19. Jh. mit ihren Katzen in der Ruine hauste.

Vom Obertor geht man durch hübsche Parkanlagen hinauf zur **Veitsburg** (525 m). An der Stelle der 1647 abgebrannten Stammburg der Welfen errichtete der Deutschordensbaumeister Johann Caspar Bagnato 1750 ein Schlösschen (das Türmchen datiert von 1886), heute Sitz der Jugendherberge und eines Restaurants mit Gartenterrasse (Mo. geschl.; schöne Aussicht über Stadt und Umgebung).

Einen Blick wert ist auch das prachtvolle neobarocke Konzerthaus am Nordostrand der Altstadt. Es entstand 1896/97 nach Plänen des seinerzeit berühmten Wiener Architekturbüros Fellner & Helmer.

Mehlsack: Juni, Aug., Sept. So. 11 – 16 Uhr | Eintritt 3,50 €

Rund um Ravensburg

Der weiße Konvent

★ Klosterkirche Weißenau

Etwa 3 km südlich liegt das ehemalige Prämonstratenserstift Weißenau – benannt nach der weißen Kutte der Chorherren –, nach Weingarten einst das mächtigste und kulturell bedeutendste Reichskloster im südlichen Oberschwaben. Seine Kirche St. Peter und Paul ist ein vorzügliches Werk der Vorarlberger Schule, erbaut 1717 – 1724 von Franz Beer von Bleichten (1660 – 1726). Von ihm stammen u. a. auch das Kloster Irsee und die Abtei Oberschönenfeld, an Weingarten (▶ unten) war er wesentlich beteiligt. Den zurückhaltenden, flachen Stuck schuf der Wessobrunner Franz Schmuzer, die Deckengemälde – ausgeführt in Öl auf Leinwand! – der Konstanzer Carl Stauder. Der frühbarocke Hochaltar (1631) ist ein Meisterwerk von Zacharias Binder, das prächtige Chorgestühl kam 1635 hinzu. Die Orgel von Johann Nepomuk Holzhey (1787) wurde in den 1980er-Jahren originalgetreu restauriert. An die Kirche stößt südlich der ab 1708 ebenfalls von Beer errichtete Konvent an, der seit 1892 vom Psychiatrischen Krankenhaus Weißenau genutzt wird.

Grenzenloser Spielespaß

Ravensburger Spieleland

In Liebenau bei Meckenbeuren (11 km südlich von Ravensburg) können sich Kinder im »größten Spielzimmer der Welt« mit über 70 Attraktionen vergnügen, darunter bekannte Ravensburger Spiele im

Großformat und sieben Themenparks wie Future World und Käpt'n Blaubärs Wunderland (mit Übernachtungsmöglichkeiten im Feriendorf).

Ca. 20. März – Anfang Nov. ab 10 Uhr, Ende Juli – Mitte Sept. bis 18, sonst 17/16 Uhr (Mo./Di. unregelmäßig geschl.) | Tageskarte 37,50 €, 3 – 14 J. 35,50 € | www.spieleland.de

Waldburg

▶ Wangen

Weingarten

Das Kloster auf dem Martinsberg

Aus der Geschichte

Weingarten (485 m, 24 000 Einw.), 4 km nördlich von Ravensburg in einer Weitung des SchussenTals gelegen, ist ein berühmter Wallfahrtsort mit einem der großartigsten Kirchenbauten des Allgäus.
In Altdorf, wie der Ort bis 1865 hieß, gründete der Welfengraf Heinrich um 925 ein Frauenkloster zur Aufnahme der Familiengrablege. Nach einem Brand 1053 verlegte Welf III. das Kloster 1056 auf den mit Reben bestandenen Martinsberg und nannte es zunächst St. Martin, später wurde es in Weingarten umbenannt. 1056 übergab er es den Benediktinern aus Altomünster bei Dachau, während die Nonnen ins Kloster Altomünster zogen. Das Kloster war als Reichsabtei mit ausgedehnten Besitzungen bis zu seiner Aufhebung 1802 ein bedeutendes **wirtschaftliches und kulturelles Zentrum in Schwaben**. Der Besitz kam 1806 an Württemberg. Ab 1922 waren auf dem Martinsberg wieder Benediktiner ansässig. Papst Pius XII. erhob die Abteikirche 1956 zur »Basilica minor«, 2010 gaben die Benediktiner das Kloster auf. Der Konvent wird von der Pädagogischen Hochschule und der Akademie der Diözese Rottenburg-Stuttgart genutzt.

Reliquie und Tradition

Weingartner Blutritt

Eine 1048 in Mantua aufgefundene Heilig-Blut-Reliquie – ein edelsteinbesetztes goldenes Doppelkreuz mit einem Glasröhrchen – übergab 1094 Judith, Gemahlin Welfs IV., an das Kloster. Ihr zu Ehren feiert die Stadt am Tag nach Christi Himmelfahrt ein großes, für ganz Oberschwaben bedeutendes Fest: den Blutfreitag mit dem Blutritt, der größten Reiterprozession Europas mit 2000 bis 3000 Reitern. Am Vorabend ziehen nach dem Festgottesdienst Tausende Pilger in einer Lichterprozession hinauf zum Kreuzberg.

Der schwäbische Petersdom

★★ Kloster und Basilika

Oben auf dem Martinsberg dominiert die St. Martin von Tours und St. Oswald geweihte Abteikirche das Bild der Stadt. Die mit 102 m Länge größte Barockkirche nördlich der Alpen, erbaut in den Jahren 1715 – 1724, nimmt den Platz der mit 82 m Länge zu klein geworde-

nen romanischen Basilika aus dem 12. Jh. ein. Die mächtige Tambourkuppel ist dem Petersdom in Rom nachempfunden, die konvexe Fassade mit 59 m hohen Türmen der Kollegienkirche in Salzburg. Im Nordturm hängt die 7,9 t schwere, 1490 gegossene Hosannaglocke. Ob die Pläne alleine von dem Vorarlberger **Franz Beer von Bleichten** stammten, der bis 1716 die Bauleitung hatte, ist strittig. Immerhin waren weitere herausragende Baumeister beteiligt wie Kaspar Moosbrugger aus Einsiedeln, Johann Jakob Herkomer aus Füssen, der Architekt der Münchner Theatinerkirche Enrico Zuccalli, der Vorarlberger Christian Thumb und der württembergische Landbaumeister Donato Giuseppe Frisoni.
Mit seinen riesigen Ausmaßen, der plastischen Gestaltung und der Illusionsmalerei macht der Raum einen überaus imposanten Eindruck. Mächtige **Wandpfeiler** teilen das Langhaus in Joche und stützen die durch Gurtbögen abgeteilten Hängekuppeln. Zwischen ihnen liegen konkav eingezogene Emporen, eine Idee von Frisoni, die der machtvollen Geradlinigkeit des Raums eine elegante, weiche Note

Der »schwäbische Petersdom«, die Basilika von Weingarten, thront auf dem Martinsberg.

Die Orgel der Basilika gehört zu den schönsten Barockorgeln Europas.

gegenüberstellt. Dominant ist der auf den Hauptaltar ausgerichtete Längenzug, wie er sich beim Eintreten aus der Vorhalle bietet. Doch auch Elemente des Zentralbaus flossen in den Plan ein, was die von einer 67 m hohen Kuppel überwölbte **Vierung** erkennen lässt.
Die farbenprächtigen Fresken in den Gewölben schuf **Cosmas Damian Asam** 1718–1720, ein Auftrag, der seinen Durchbruch als Kirchenmaler markiert: im Westen über der Orgel die Geburt Christi, gefolgt von der Verherrlichung der Heilig-Blut-Reliquie, der Vision des hl. Benedikt und der Himmelfahrt Mariens. Die große Kuppel nimmt der »Triumph der Kirche« ein, mit einer unübersehbaren Zahl von Engeln und Heiligen, im Mittelpunkt die zwölf Apostel und die Trinität. Die Flachkuppel über dem Mönchschor zeigt die Ausgießung des Hl. Geistes (Pfingsten), über dem Hochaltar sieht man die Anbetung des Gotteslamms. Den feinen Stuck gestaltete der Wessobrunner **Franz Schmuzer** mit Bandelwerk, Ranken, Rosetten und Muscheln. Weitere herausragende Stücke der Ausstattung sind der prachtvolle Hochaltar und die Querschiffaltäre nach Entwürfen von Frisoni, die Altarplastiken von Diego Carlone, die Altargemälde von

Giulio Benso (um 1635), Carlo Carlone und Franz Joseph Spiegler, das prunkvolle, perspektivisch wirkende Chorgitter (1732), das reich geschnitzte Chorgestühl von Joseph Anton Feichtmayr sowie die Rokokokanzel (1762) von Fidelis Sporer aus Weingarten. Im nördlichen Querschiff ist die **Welfengruft** zu finden, die König Georg V. von Hannover, von dem die Welfen und damit auch das britische Königshaus abstammen, 1869/1860 unter Mitwirkung des Münchener Münchener Hofbaumeisters Leo von Klenze restaurieren ließ. Ein Sarkophag enthält die Reste von neun Mitgliedern des Geschlechts von 990 bis 1126. Am Choreingang steht der **Heilig-Blut-Altar**, auf dem die Heilig-Blut-Reliquie aufbewahrt wird: angeblich Blut aus der Seitenwunde Christi, vermischt mit Erde von Golgatha und aufgesammelt vom hl. Longinus.

Eine eigene Würdigung verdient die **Orgel** der Basilika, 1737 – 1750 geschaffen von Joseph Gabler aus Ochsenhausen, die zu den schönsten und größten Barockorgeln Europas gehört. Mit ihren 6666 Pfeifen und 66 Registern in süddeutsch-italienischer Tradition besitzt sie einen einzigartigen Klang. Im Register La Force beispielsweise erklingt der Ton C auf nicht weniger als 49 Pfeifen; Glocken sind ebenso zu hören wie die menschliche Stimme (Vox humana), Kuckuck und Nachtigall. Ein **Konzert** ist ein **unvergessliches Erlebnis**; die Orgel wird aber auch bei Gottesdiensten gespielt.

Basilika: April – Okt. 8 –18, sonst bis 17 Uhr | Führungen nach Voranmeldung Tel. 0751 56 12 70

Internationale Orgelkonzerte: Ende Juli – Ende Aug. So. 16 Uhr | Karten 10 € | www.st-martin-weingarten.de

Und was es sonst noch zu sehen oder zu tun gibt

Museen in Weingarten

Das **Fasnetsmuseum** im Lehenshof des Klosters behandelt die Altdorfer Fasnet. Im 1621 erbauten Kornhaus in der Stadtmitte (Karlstr. 28) ist das **Alamannenmuseum** untergebracht. Es zeigt die Funde aus einem westlich von Weingarten entdeckten Gräberfeld der Merowingerzeit (5.– 8. Jh. n. Chr.). Im Schlössle (Scherzachstr. 1), der vorderösterreichischen Landvogtei aus dem 16. Jh., stellt das **Stadtmuseum** die Geschichte von Stadt und Kloster anschaulich dar. Das **Museum für Klosterkultur** (Heinrich-Schatz-Str. 20) führt in die klösterliche Tradition der Welfenstadt ein. Zur Versorgung des Klosters mit Wasser legten die Mönche im Mittelalter ein Kanalsystem an, eines der ältesten in Deutschland. Der Wanderweg **Stiller Bach**, der zum Rößlerweiher östlich von Weingarten hinausführt, erläutert das aufwendige, hervorragend ausgeklügelte System. Einen Führer hält die Touristeninformation bereit. Im Hofgut Nessenreben findet auch das Open-Air-Theater der **Klosterfestspiele** statt.

Fasnetsmuseum: So., Fei. 14 –17 Uhr | Eintritt 2,50 €

Alamannenmuseum & Stadtmuseum: Mi.– So. 14 –17 Uhr | Eintritt je 2 € | **Museum für Klosterkultur:** Fr.– So. 14 –17 Uhr | Eintritt 2 €

★ SCHONGAU

Landkreis: Weilheim-Schongau | **Höhe:** 710 m ü. d. M.
Einwohner: 12 200

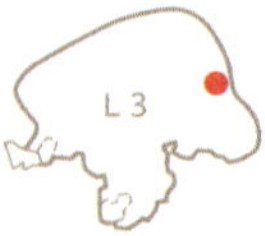

Im westlich des Lechs gelegenen Schongau sind Sie politisch in Oberbayern angelangt – aber das gemütliche Stadtbild verrät, dass der malerische Ort ebenso wie das Idiom seiner Bewohner im tiefsten Herzen allgäuerisch ist!

Tor zum Pfaffenwinkel

Auch die Lage der lebhaften Stadt ist speziell: auf einem Hügel, der einst vom Lech umflossen wurde. Fast vollständig erhalten ist die Befestigung des 14. – 17. Jh.s mit hölzernem Wehrgang, Toren und Türmen. Um 1235 von Kaiser Friedrich II. gegründet, verdankte die Stadt ihren Aufschwung der günstigen Lage als Umschlagplatz am Lechübergang, den schon die römische Via Claudia Augusta nutzte.

Wohin in und um Schongau?

Eine hübsche Altstadt

Stadtzentrum

Die Hauptachse der staufischen Stadtanlage ist zweigeteilt: im Norden die von behäbigen Giebelhäusern gesäumte Münzstraße, im Süden der Marienplatz. Getrennt werden sie von der Pfarrkirche **Mariä Himmelfahrt** (17./18. Jh.) mit Wessobrunner Stuck (teils von Dominikus Zimmermann) und Deckenfresken von Matthäus Günther. Den prunkvollen Hochaltar (1760) schuf F. X. Schmädl nach einem Entwurf von Ignaz Günther; in der Mitte die Himmelfahrt Mariens (um 1620), seitlich die hll. Mauritius und Martin. Den Marienplatz dominiert das große **Ballenhaus** (1515, im 19. Jh. verändert) mit Treppengiebeln, schöner Balkendecke im Ratssaal und Café. Auch einige Türme der ehemaligen Stadtbefestigung sind noch erhalten, so der Polizeidiener- und der Kasselturm im Süden.

Begegnung mit dem Großen Gott

★★ St. Michael in Altenstadt

Der **bedeutendste romanische Kirchenbau Oberbayerns**, die katholische Pfarrkirche St. Michael, steht 3 km nordwestlich von Schongau in Altenstadt. Um 1180 – 1200 wurde die dreischiffige Basilika mit mächtigen Osttürmen aus Tuffstein erbaut. Auf dem Lettnerbalken steht das kostbarste Ausstattungsstück: ein riesiger romanischer Kruzifixus, der **Große Gott von Altenstadt** (um 1220; abb. S. 204). Er steht ganz in der Tradition der frühesten Darstellungen des gekreuzigten Christus: Zu sehen ist kein Leidender, sondern der majestätische Sieger über Tod und Hölle. Zu seinen Seiten Maria und Johannes, Kopien mittelalterlicher Plastiken (Originale im Bayeri-

SCHONGAU ERLEBEN

TOURISTENINFORMATION

Münzstraße 1, 86956 Schongau
Tel. 08861 214-181
www.schongau.de
Von Mai bis Oktober wird freitags eine Führung durch die malerische Altstadt angeboten (16 Uhr von der Touristeninformation). Außerdem stehen diverse Themenführungen und Touren für Familien/Kinder auf dem Programm, darunter »Erlebnis Lechflößerei« – mit dem Floß über den Schongauer Lechsee, Juli, Aug. So. 14 und 16 Uhr.

Erstes Aug.-Wochenende: Fischerfest am Deutensee bei Peiting.
1. Aug.-Hälfte: Schongauer Sommer, mit historischem Markt. Zweiter Sept.-So.: Rosstag in Burggen. Dez.: Weihnachtsmarkt.

BLAUE TRAUBE €€

Gemütliches Restaurant in einem mächtigen alten Haus an der Hauptachse der Stadt. Großzügige, gut ausgestattete moderne Gästezimmer.
Schongau
Münzstr. 10
Tel. 08861 30 60
Restaurant Mi. geschl.
www.hotel-blaue-traube.de

ALTE POST €€

Schöner alter Gasthof mitten in der Altstadt, dennoch ruhig, sehr freundlich und akkurat geführt. Gutbürgerliche bayerisch-schwäbische Küche.
Schongau, Marienplatz 19
Tel. 08861 23 20-0, tgl. geöffnet; warme Küche nur Mo. – Do. abends
www.altepost-schongau.de

schen Nationalmuseum München). Die Fresken im Chor stammen aus dem 14. Jh., aus der Bauzeit der riesige Christophorus an der West-Innenwand. Ebenso alt ist der **romanische Taufstein**, der zu den schönsten in Deutschland zählt. Faszinierend sind auch die unterschiedlich gestalteten Würfelkapitelle.

Auf den Bayerischen Rigi im Pfaffenwinkel

★ Peißenberg

Der Peißenberg (auch Hohenpeißenberg) erhebt sich 400 m über die Moränenlandschaft und bietet die allerschönste Aussicht in Oberbayern: vom Hochstaufen bei Bad Reichenhall bis zum Grünten, in der Mitte das Zugspitzmassiv. 1772 wurde hier eine Sternwarte und 1781 das erste meteorologische Observatorium Bayerns errichtet; heute unterhält der Deutsche Wetterdienst moderne Anlagen (Infopavillon). Die **Wallfahrtskirche Mariä Himmelfahrt** (1619) besitzt einen monumentalen Hochaltar aus der Bauzeit (Altarbild 1717); im Chor stellen Holzreliefs von Bartholomäus Steinle Moses und David dar (1619). Die angrenzende Gnadenkapelle von 1514 wurde durch eine wundertätige Madonna zum Wallfahrtsziel. 1747 wurde sie erweitert und 1748 von den hervorragendsten Künstlern der Region

EINLADUNG ZUR MEDITATION

Warum ausgerechnet diese Kreuzigungsgruppe so bewegt? Es liegt nicht nur an der schieren Monumentalität des über 3 m hohen Großen Gotts von Altenstadt, den Maria und Johannes flankieren. Inmitten des von Barock und Rokoko trunkenen Voralpenlands öffnen die romanische Basilika und ihr Heiland die Augen fürs Wesentliche, für Besinnung. Für die Meditation oder ein Gebet ist dies der richtige Ort.

gestaltet: Fresken von Matthäus Günther, Stuck von J. Schmuzer, Hochaltar (mit dem Gnadenbild) von F. X. Schmädl. Einen Gasthof gibt's natürlich auch (»Bayerischer Rigi«, www.bayerischer-rigi.de, Mo. geschl.). Die Gegend um den Peißenberg wird wegen der überdurchschnittlich hohen Anzahl an Klöstern und Kirchen auch **Pfaffenwinkel** genannt.

Einheitlich ausgerichtet

Burggen

In diesem Dorf 7 km südwestlich von Schongau sind die Kirchen St. Stephan (1682) und St. Anna (gotisch, nach 1612 umgestaltet) interessant, beide mit Altarfiguren des Füsseners Anton Sturm (um 1735), Letztere auch mit bemalter Holzkassettendecke von 1674. Ein bemerkenswertes Ensemble, das nach dem Dorfbrand 1795 entstand, vereint die St.-Anna-Straße: typische, einheitlich nach Osten ausgerichtete Einfirsthöfe mit Flachsatteldächern über geständerten Kniestöcken mit Andreaskreuzen. Die Gebäude wurden meist mit der Nord- und Westseite an die Grenzen gesetzt, um den geschützten Hofraum nach Süden hin nutzen zu können. Die jüngeren, im 19. Jh. erneuerten Anwesen haben einen Wiederkehr, die älteren einen Hakenschopf (►S. 288). Jedes Jahr am 2. Sonntag im September treffen sich in Burggen die Fuhrleute zum Rosstag mit über 300 Pferden. Ein wunderschönes Naturschutzgebiet bildet die Litzauer Schleife, der letzte unverbaute Abschnitt des Lechs unterhalb des Forggensees mit eindrucksvollen Steilufern und markierten Wanderwegen.

SCHWANGAU · ★★ NEUSCHWANSTEIN

Landkreis: Ostallgäu | **Höhe:** 796 m ü. d. M. | **Einwohner:** 3300

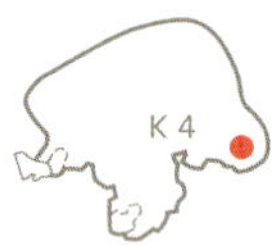

Kann einem freundlichen, ganz und gar unspektakulären Ort etwas Besseres passieren? Vater Maximilian und Sohn Ludwig, ihres Zeichens Wittelsbacher Könige, bauten ausgerechnet bei Schwangau ihre Wolkenkuckucksheimschlösser. Ein Segen, der sich angesichts der Besucherströme ab und an in einen Albtraum verwandelt. Deshalb: Gute Planung ist der halbe Besuch!

Über 1,5 Mio. Besucher jährlich zählt man im Schloss Neuschwanstein (damit bringt es seinem Eigentümer, dem bayerischen Staat, mehr ein, als der Unterhalt kostet). Dementsprechend trubelig geht es im Sommerhalbjahr hier zu; wer es einrichten kann, sollte die an-

Zu Hause beim »Kini«

deren Zeiten des Jahres nutzen. Der heilklimatische Luftkurort Schwangau in schönster Landschaft zwischen dem Forggensee und den Ammergauer Alpen gelegen, bietet sommers wie winters alles für einen abwechslungsreichen Urlaub. Sehenswert sind die meist aus dem 17. Jh. stammenden Laubenhäuser mit »Schupfen« (Schuppen), deren Ursprung man in einem Haustyp des Bregenzer Walds vermutet.

»

O es ist nothwendig sich solche Paradiese zu schaffen, solche poetischen Zufluchtsorte, wo man auf einige Zeit die schauderhafte Zeit, in der wir leben, vergessen kann.

»

Ludwig II.

Wohin in Schwangau und Umgebung?

Wallfahrt für das liebe Vieh

★ St. Coloman

Ein großartiges Bild vor der Kulisse der Berge und der Königsschlösser: Nordöstlich außerhalb von Schwangau steht auf freiem Feld die Wallfahrtskirche St. Coloman, eine der **schönsten frühbarocken Kirchen** Bayerns (▶Abb. S. 41). Als Schutzheiliger für das Vieh und gegen diverse Gefahren wird der irische Pilger Coloman in Schwangau seit dem 14. Jh. verehrt; am 2. Sonntag im Oktober findet hier eine **Wallfahrt mit einer Reiterprozession** mit etwa 200 geschmückten Pferden statt. Die 1673–1678 erbaute Kirche ist mit ihrem prachtvollen weißen Stuck und den rot-weißen Stuckmarmoraltären das Werk von Johann Schmuzer (1642 – 1701), der in Wessobrunn den berühmten Tassilosaal schuf. Aus der gotischen Vorgängerkirche stammen hervorragende Schnitzfiguren, die Hans Kels d. Ä. zugeschrieben werden (um 1510, vor dem rechten Seitenaltar): Coloman (links), Apollonia (rechts) und eine Muttergottes.

3. Mai-Sa.–13. Okt. (Colomanstag) tgl. 14.30 – 16.30 Uhr | Führungen Do. 15 Uhr (Info im Tourismusbüro)

See-Hopping um Schwangau

Seen

Von besonderem Reiz ist der von Wald umgebene blaugrüne, 59 m tiefe **Alpsee** (nicht mit dem Alpsee bei ▶ Immenstadt zu verwechseln) – eindrucksvoller Hintergrund für Schloss Hohenschwangau – am Fuß des schroffen Pilgerschrofens (1760 m). Man kann ihn umwandern und in der nostalgischen Badeanstalt schwimmen, allerdings ist das Wasser immer sehr frisch. Der benachbarte **Schwansee** bezaubert mit der Idylle eines englischen Parks – tatsächlich geht er auf landschaftsgestalterische Bemühungen König Maximilians ab 1838 zurück. Auch hier gibt es ein schönes Bad. Der wärmere **Bannwald-**

SCHWANGAU ERLEBEN

TOURISTENINFORMATION
Münchener Str. 2, 87645 Schwangau, Tel. 08362 81 98-0
www.schwangau.de

KÖNIGSSCHLÖSSER
Neuschwanstein tgl., April–15. Okt. 9–18, 16. Okt.–März 10–16 Uhr; Eintritt 15 €
Hohenschwangau Ende März–Mitte Okt. tgl. 9–17, Mitte Okt.–Ende März 9–16 Uhr; Eintritt 18 €
Kartenkauf für Neuschwanstein, Hohenschwangau und Museum der bayerischen Könige:
vor Ort im Ticketcenter Hohenschwangau Alpseestr. 12; Kassenzeiten Ende März bis Mitte Okt. tgl. 9–18, Mitte Okt. bis Ende März 8.30–15 Uhr
Telefonisch: 08362 930 83-0
Online: www.neuschwanstein.de und www.hohenschwangau.de
Karten gelten für eine bestimmte Einlasszeit und sind am Besuchstag spätestens 1.30 Std. vorher abzuholen. Hohenschwangau ist nicht barrierefrei, in Neuschwanstein ist für Rollstuhlfahrer Anmeldung nötig.
Anfahrt: Die Busse 73 und 78 verkehren alle 20/30 Min. zw. Füssener Bahnhof und Hohenschwangau (www.rvo-bus.de).

Mai–Sept.: Mo. 20 Uhr Alphornblasen am Alpsee. Am 24. Aug., dem Geburtstag Ludwigs II., Bergfeuer auf dem Tegelberg. 2. Oktober-Sonntag: Colomansfest mit Pferdeprozession.

SCHLOSSBRAUHAUS €–€€
In den schönen schlichten Stuben – mit Blick auf die Schlösser – genießt man das hauseigene Bier zu bayerischen Schmankerln.
Gipsmühlweg 5
www.schlossbrauhaus.de
Tel. 08362 92 64 68-0
Mo.–Do. ab 13, Fr.–So. ab 11 Uhr

DAS SCHWANSTEIN €€–€€€
Das äußerlich bodenständig und traditionell wirkende Haus überrascht mit modern-barocken Zimmern. Von der Terrasse Blick auf Schloss Neuschwanstein. Im hauseigenen Restaurant Da Pietro schwelgen die Gäste in italienischen Genüssen.
Kröb 2, Tel. 08362 98390
www.das-schwanstein.de

DAS RÜBEZAHL €€€€
Grandioser Blick auf die Schlösser vor dem Tegelberg! Zwei moderne Häuser mit viel neuzeitlicher Alpin-Deko, feine Regionalküche à la carte im Louis II und als Gourmet-Menü im Gault-Millau-prämierten Gams & Gloria. Großes Wellness-Angebot.
Schwangau-Horn, Am Ehberg 31
Tel. 08362 88 88
www.hotelruebezahl.de

HOTEL WEINBAUER €€
Stattliches Gasthaus, außen traditionell, innen neu, viele Zimmer sehr flott gestaltet. Die Gaststuben warten mit bayerisch-allgäuischen Leibspeisen auf (Mi. geschl.).
Füssener Str. 3,
Tel. 08362 986-0, Wirtshaus -191
www.hotel-weinbauer.de

HANSELEWIRT €€
Familiengeführtes Mittelklassehotel mit Zimmern im Landhausstil, zum Teil mit Blick auf die Schlösser. .
Mitteldorf 13, Tel. 08362 82 37
www.hanselewirt.de

see nördlich von Schwangau ist Naturschutzgebiet mit frei zugänglichem Ufer mit Freibädern und Campingplatz, der **Forggensee** (▶ Füssen) das große Freizeit- und Wassersportrevier. Wohltuendes Wasser in jeder Form genießt man im Thermalsolbad **Kristall-Therme** (www.kristalltherme-schwangau.de) in Schwangau.

Für Schwindelfreie und Tourengeher

Wanderungen und Bergtouren

Der **Tegelberg** (1881 m), Teil des Naturschutzgebiets Ammergebirge, ist eines der beliebtesten Ausflugsziele im Ostallgäu. Von Schwangau führt eine Kabinenbahn hinauf. Bei der Talstation wurden Reste einer römischen Villa mit Badehaus freigelegt, außerdem endet hier eine Sommerrodelbahn. Am schönsten ist der klassische Weg auf den Tegelberg: durch die **Pöllatschlucht** zur **Marienbrücke**, die die Schlucht in 92 m Höhe überspannt – nichts für Leute mit Höhenangst – und einen atemberaubenden Blick auf Schloss Neuschwanstein gewährt (in der Nähe der Aussichtspunkt »Jugend« mit fantastischem Ausblick); dann weiter über den Grat zur Bergstation (insgesamt ca. 3 Std.). Sehr schön ist auch der Gang von der Marienbrücke zum ehemaligen königlichen Jagdhaus **Bleckenau** (ca. 1 Std.), wo man eine Brotzeit zu sich nehmen kann (tgl. 9–18 Uhr; auch mit einem Unimog-Bus erreichbar, www.berggasthaus-bleckenau.de).
Ein Leckerbissen für trittsichere und schwindelfreie Bergwanderer ist der **Säuling** (2047 m), der weithin sichtbare, markante »Hausberg« der Königsschlösser: Von der oberen (älteren) Straße geht es zur Bleckenau hinauf zur unbewirtschafteten Wildsulzhütte, dann östlich auf einem Klettersteig zum Gipfel; Abstieg entlang der Südseite des Pilgerschrofens (mit Rast oder Übernachtung im Säulinghaus) und wieder zur Wildsulzhütte. Gehzeit von Schwangau und zurück 6–7 Stunden.

★ Schloss Hohenschwangau

Minnesang und Wagneroper

Ein wenig Geschichte

In leuchtendem Ocker thront das Schloss dort, wo im 12. Jh. die Staufenburg Schwanstein (12. Jh.) stand. Sie war ein Zentrum des Minnesangs. Konradin, der letzte Stauferkaiser, war im 13. Jh. hier zu Gast. 1538–1547 wurde die Burg von der Augsburger Familie Paumgartner erneuert, später verfiel sie. Kronprinz Maximilian, späterer König Max II., erwarb die Ruine 1832 und ließ sie bis 1837 nach Plänen des Architektur- und Theatermalers **Domenico Quaglio** zu seinem Lieblingssitz aufbauen. Sein Sohn Ludwig II. verbrachte hier einen Großteil seiner wenig glücklichen Kindheit; auch Richard Wagner war zu Gast. Heute gehört Hohenschwangau dem Wittelsbacher Ausgleichsfonds (und nicht dem Freistaat!). Von den Parkplätzen geht man in ca. 20 Min. zum Schloss hinauf.

Orientalen, Ritter, Burgfräulein

Sehenswertes

Das Schloss ist mit Mobiliar aus der Erbauungszeit eingerichtet; für die Fresken mit Szenen aus der germanischen Sage und Geschichte lieferten Moritz von Schwind und Wilhelm Lindenschmitt die Zeichnungen. Das Orientzimmer, der Heldensaal, das Burgfrauenzimmer, der Schwanrittersaal, das Tassozimmer (Malerei nach Motiven des italienischen Dichters Torquato Tasso) und die Schlosskapelle mit Rüstungen aus dem 16. Jh. sind nicht nur sehenswert, sie wecken auch Verständnis für Ludwigs Hang zu Germanensagen und orientalischem Prunk: In der Ausstattung des Schlosses seiner Eltern ist all dies schon vorgezeichnet. Im Schlosspark steht ein Schwanenbrunnen von Ludwig von Schwanthaler, der auch die Bavaria in München schuf.

★★ Schloss Neuschwanstein

Königs Traum und Königs Ende

Deutschlands berühmteste Immobilie

Am Platz der Reste der Burg Vorderschwangau entstand 1869 – 1886 das »Traumschloss« (▶Baedeker Wissen S. 210) König Ludwigs II., und zwar nach Entwürfen des Theatermalers (!) Christian Jank. Bauleiter waren Georg Dollmann und Julius Hofmann. Aus der Idee einer kleinen Ritterburg, die die Szenerien von Richard Wagners Opern »Lohengrin« und »Tannhäuser« in Stein nachbilden sollte, entwickelte sich – inspiriert von den Burgen der Ile-de-France und der Sage der Gralsburg Montsalvat – eine monumentale neogotische Anlage. Beim Tod Ludwigs II. 1886 war der Bau nicht vollendet; Bergfried und Kapel-

SCHLOSS NEUSCHWANSTEIN

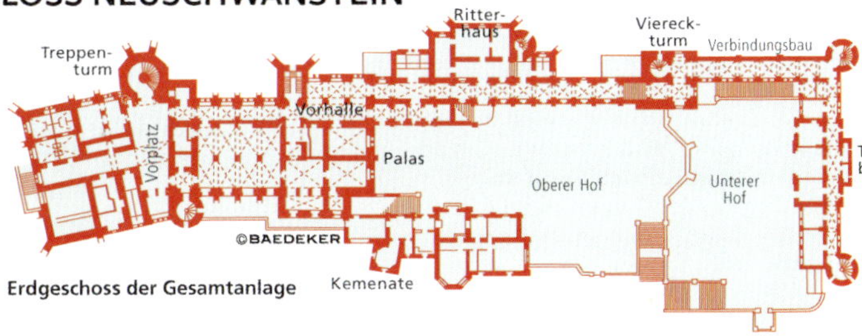

Erdgeschoss der Gesamtanlage

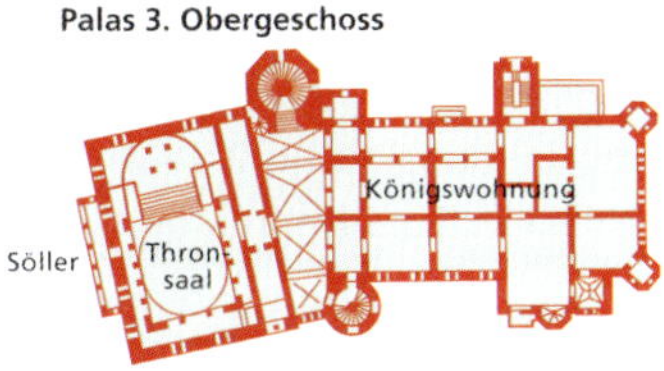

Palas 3. Obergeschoss

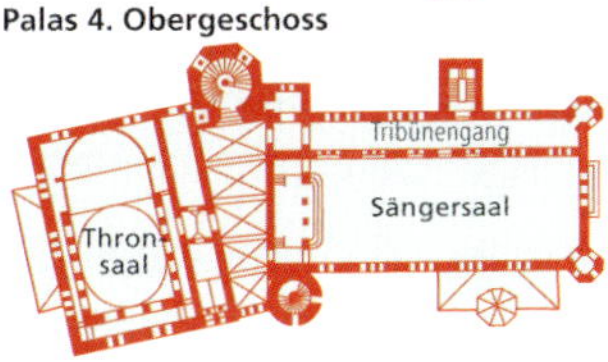

Palas 4. Obergeschoss

LUDWIGS TRAUMSCHLOSS

Auf hohem Felsrücken, 200 m über dem Tal, thront in unvergleichlicher Position dieses Schloss, ein im Wortsinn »fantastischer« Prachtbau. Wie Linderhof und Herrenchiemsee verdankt er seine Entstehung den romantischen Träumereien König Ludwigs II. von Bayern.

❶ Palas (Hauptgebäude)
Im Erdgeschoss lagen die Wirtschaftsräume, im 1. Stock die Bediensteten-Wohnräume. Im 76 m hohen Hauptturm steigt man hinauf zur prunkvollen Königswohnung im 3. Stock. Ihre Räume sind mit Gemälden zu Themen der mittelalterlichen Dichtung geschmückt. Den Baldachin des Himmelbetts im Schlafzimmer bildet ein »Wald« aus Fialen und Maßwerk.

❷ Thronsaal
Der repräsentative Saal im Stil einer byzantinischen Kirche nimmt zwei Stockwerke ein. Stufen aus weißem Carrara-Marmor führen zu einem Podest, auf dem wie ein Altar der Thron stehen sollte. Die »Mosaiken« sind gemalt, die Säulen bestehen aus Stuckmarmor. Vom Söller hat man einen begnadeten Blick auf Hohenschwangau, Alpsee, Schwansee und Tannheimer Berge.

❸ Sängersaal
Nach dem Thronsaal der größte und prächtigste Raum. Sein Name bezieht sich auf den Minnesänger-Wettstreit, auch Thema von Wagners Oper »Tannhäuser« (1845). Geschmückt ist er mit Darstellungen aus der Parzival-Dichtung, geschaffen von August Spieß, Joseph Munsch und Ferdinand Piloty.

❹ Oberer Hof
Hier sollten die Kapelle und der Bergfried entstehen. Mit hellen Steinplatten ist der Grundriss der Kapelle markiert. Der Bergfried hätte den mächtigen Treppenturm des Palas noch überragt.

4

le wurden nicht mehr ausgeführt, nur die Kemenate kam noch hinzu. Erstmals wohnte der König von Mai bis Juni 1884 in dem Schloss, insgesamt hielt er sich hier 172 Tage auf. Hier verkündete man ihm am 12. Juni 1886, dass er entmündigt sei, und brachte ihn nach Schloss Berg am Starnberger See; einen Tag später fand er dort im See den Tod. Schon am 29. Juli 1886 wurden seine Schlösser für die Öffentlichkeit freigegeben, um die hohen Bauschulden zu tilgen – dabei hasste der menschenscheue König nichts mehr als die Anwesenheit Fremder.

Wie, wann, wo

Besichtigung

Im Sommerhalbjahr ist der Andrang besonders groß. Die Eintrittskarten für die 30-minütigen Führungen lauten auf eine bestimmte Zeit, die einzuhalten ist (▶S. 207). Zu bedenken: Von den Parkplätzen braucht man zum Schloss Neuschwanstein zu Fuß ca. 40 Minuten, man kann auch mit der Pferdekutsche oder dem Bus hinauffahren (im Winter oft nicht möglich). Der schönste Weg führt durch die Pöllatschlucht (▶S. 208). Im Schloss sind etwa 300 Treppenstufen zu bewältigen.

Der begehbare Stammbaum

Museum der bayerischen Könige

Das Museum in Hohenschwangau – im einstigen Grandhotel Alpenrose – gibt Einblick in die Geschichte der Wittelsbacher von den Anfängen bis zu den heute lebenden Nachfahren, u. a. mit einem begehbaren Stammbaum. Insbesondere beschäftigt es sich mit Maximilian II. und Ludwig II. sowie den Mythen, die sich um den »Märchenkönig« ranken. Auf den alten Speisesaal wurde eine verglaste Galerie gesetzt, die reizvolle Ausblicke auf die Königsschlösser und über den Alpsee eröffnet.

Alpseestraße 27 | tgl. 9–17 Uhr | Eintritt 13 €

SONTHOFEN

Landkreis: Oberallgäu | **Höhe:** 743 m ü. d. M. | **Einwohner:** 21 900

Zwei markante Silhouetten beherrschen das geschäftige Sonthofen: der wuchtige Klotz des Grüntens, des »Wächters des Allgäus«, und die wie ein mittelalterliches Kastell über dem Ort aufragende ehemalige NS-Ordensburg. Die südlichste Stadt Deutschlands ist ein idealer Standort für Touren und Ausflüge zu den landschaftlichen und kulturellen Schätzen der Umgebung.

◄ Neuschwanstein, Inbegriff deutscher Schlösserromantik

SONTHOFEN ERLEBEN

TOURISTENINFORMATION
Rathausplatz 1, 87527 Sonthofen
Tel. 08321 61 52 91
www.sonthofen.de

TOURISTENINFOMATION
Bichelweg 2, 87549 Rettenberg
Tel. 08327 920-40
www.rettenberg.de

Am So. nach Aschermittwoch, ca. alle drei Jahre (wieder 2022), findet auf dem Marktanger das Egga-Spiel statt, ein Brauch alemannischen Ursprungs, der den Kampf des Menschen mit den Naturgewalten symbolisiert. Mitte Sept. Viehscheid in den Dörfern um Sonthofen, der größte und bekannteste in Gunzesried. 4. Dez. Bärbelespringen. 5./6. Dez. Klausentreiben in vielen Orten.

BRAUEREIGASTHOF HIRSCH €€
Beliebter großer, neorustikaler Gasthof mit guter Allgäu-Bayern-Küche und Terrasse. Preisgünstige moderne Zimmer.
Hirschstraße 2
Tel. 08321 672 80, Di. geschl.
www.brauereigasthof-hirsch.com

S'HANDWERK €€
Eine originelle Alternative zu Allgäuer Traditionskost mit frech interpretierten Steaks, Schnitzeln oder Krustenbraten, aber auch bunten Salaten und vegetarischen Gerichten – alles begleitet von Craft-Bier
Rathausplatz 1
Tel. 08321 800 19 66
https://shandwerk.de

GOLDENES KREUZ €
Der stattliche Gasthof, seit 1877 in Familienbesitz, ist so etwas wie das gesellschaftliche Zentrum des Tals, auch ist hier die höchstgelegene Kleinkunstbühne Deuschlands ansässig (von Jazz bis Kabarett). Man pflegt die gute Allgäuer Küche, hat aber auch vegetarische Gerichte mit heimischen Kräutern auf der Karte. Schlichte, preisgünstige Zimmer. Christa Schneider ist die Yoga- und Qigong-Lehrerin des Hauses, sie führt auch Kräuterwanderungen durch.
Gunzesried, Talstr. 41
Tel. 08321 25 60
www.goldeneskreuz.de

FREISTIL €€€
Das Restaurant im Alpenhotel Dora kocht, passend zum kühlen und sehr transparent gestalteten Ambiente, regional und innovativ mit großen Geschmackserlebnissen. Es gibt auch ein vegetarisches Menü.
Ofterschwang, Schweineberg 20
Tel. 08321 70 71
http://kiehnes-freistil.de, Do., So. geschl.

WIRTSHAUS ZUM DORFWIRT €€
Familie Ritzinger hat nach zwei Jahrzehnten in der Gourmet-Gastronomie auf Allgäuer Wirtshauskost umgesattelt (die natürlich ebenfalls sehr fein daherkommt). Eine sehr schmackhafte Kombination!
Blaichach, Burgberger Str. 48
Tel. 08321 888 22, Mi. geschl.
www.dorfwirt-blaichach.de

ALLGÄU STERN €€–€€€
Großer Hotelkomplex östlich der

Stadt – vor herrlichem Bergpanorama – mit 400 modernen, komfortablen Zimmern/Suiten (teils mit Empore) in Haupthaus und 4 Residenzen. Mit Rôtisserie, Bierstube etc., »Beauty-HealthCentrum«, Fitness und vielerlei Sportmöglichkeiten; auch für Kinder wird gesorgt.
Buchfinkenweg 2
Tel. 08321 27 90
www.www.allgaeustern.de

LANDHAUS WAIBELHOF €€€
Liebevoll gepflegtes, 300 Jahre altes Allgäuer Haus in freier Lage mit sechs unterschiedlichen Appartements, fantastisches Frühstück. Großes Wellnessprogramm inkl. Badehaus, Kneipp-Becken, Kräuterbädern, Massagen u. a. m.
Gunzesried, Talstr. 74
Tel. 08321 458-0
www.waibelhof.de

TALGUT €€€€
Die mit viel Holz und gar nicht aufdringlich alpin eingerichteten Apartments in einem behäbigen Bauernhaus bieten Ruhe, Natur vor der Haustüre und komplette Küchenausstattung. Es fehlt an nichts und ist angenehm luxuriös.
Ofterschwang, Sigiswang 9
Tel. 08321 786 13 14
www.talgut.de

Unter dem Grünten

Im 15. Jh. baute man im Grünten – dem markanten Bergstock östlich der Stadt – und im Ostrachtal (▶Bad Hindelang) Eisenerz ab, das in der Umgebung verhüttet und verarbeitet wurde. Der letzte Hochofen wurde 1863 stillgelegt. Eine bedeutende Rolle im Wirtschaftsleben der Stadt spielten auch der Anbau von Flachs und die Verarbeitung zum begehrten Leinen. Im 19. Jh. wurde dieser Wirtschaftszweig durch Milchwirtschaft und Käserei abgelöst, und eine Schirmmanufaktur etablierte sich. Heute lädt Sonthofen mit gleich drei Outlets zum Shopping: Seidensticker Outlet (Burgsiedlung 1) mit Blusen und Hemden, der Sport Outlet (Oststr. 10) mit reduzierter Funktionskleidung und das Allgäu Outlet (Immenstädter Str. 11) mit allem, was Modebewusste sich so wünschen. Die einstige NS-Ordensburg, als eine von drei derartigen NSDAP-Kaderschulen 1934 erbaut, ist heute Bundeswehrkaserne (Generaloberst-Beck-Kaserne).

Wohin in Sonthofen und Umgebung?

Feiner Kirchenbarock

Sonthofen

Heftige Bombenangriffe 1945 ließen von der alten Bausubstanz wenig übrig, im Zentrum gibt es aber noch hübsche Winkel. Die in gotische Zeit zurückgehende, um 1740 barockisierte Pfarrkirche **St. Michael** (bis 1991 rekonstruiert) birgt hervorragende Kirchenväter-Figuren des Füsseners Anton Sturm (1749). In der ebenfalls spätgotisch-barocken Frauenkapelle nebenan sind Reliefs von D. Mauch (»Hl. Familie«, 1520) und aus dem Lederer-Umkreis (Muttergottes, um 1515) sehenswert. Das reich ausgestattete **Heimathaus** wenige Schritte südlich (Sonnenstraße 1) ordnet bis 2022 seine Schätze neu; es illustriert die Geschichte und Kultur des oberen Allgäus, zu sehen ist u. a. die große »Altmummener Krippe«. Einen Blick ins **Museum der Schirme** sollten Sie ebenfalls werfen: Liebevoll dokumentiert es die Geschichte der Schirmherstellung in Sonthofen.

Heimathaus: wg. Neukonzeption bis vorauss. 2022 gschlossen | **Museum der Schirme:** Schirme & Wachswaren Braunmüller, Bahnhofstr. 2 | Mo. – Fr. 9.30 bis 12, 14.30 – 17, Sa. 9.30 – 12 Uhr | Eintritt frei |

Anton Sturm – ein Meister seines Fachs

Altstädten

Im reizvoll gelegenen Altstädten 3 km südlich von Sonthofen prunkt die 1733–1754 umgestaltete Pfarrkirche St. Peter und Paul mit Altären und einer Kanzel des Füssener Künstlers Anton Sturm (1690 bis 1757), die zu seinen Hauptwerken zählen. Bemerkenswert sind auch die Fresken von J. B. Riepp und das Vierzehn-Nothelfer-Relief aus dem Lederer-Umkreis (1510) im Pfarrhof.

Sonthofen liegt am Ausgang des Illertals am Fuß des Grüntens, des »Wächters des Allgäus«.

Für Aktive

Sonnenköpfe

Den Bergzug östlich des Illertals nennt man zusammenfassend »Sonnenköpfe«; ihr höchster Gipfel ist der Schnippenkopf (1833 m). Die Überschreitung des Kamms zwischen Imberg und Reichenbach ist eine beliebte familientaugliche, aber lange Tour (6 – 7 Std.). Eine schöne kürzere Unternehmung ist der Weg von Hinang (südlich von Altstädten) zum **Hinanger Wasserfall** und weiter über das Berggasthaus Sonnenklause hinauf zum **Sonnenkopf** (1712 m); Abstieg über die Entschenalp zurück zur Sonnenklause (gesamt 5 – 6 Std.).

Hörnergruppe

▶ Oberstdorf

Wie ein Gemälde

★ Malerwinkel

Seinem Namen alle Ehre macht dieser besonders schöne Platz etwa 1,3 km südlich oberhalb von Altstädten, von dem aus man einen herrlichen Rundumblick auf den Allgäuer Hauptalpenkamm genießt (der Weg zum Malerwinkel beginnt direkt am Wanderparkplatz an der Hinanger Steige, Ortsausgang Altstädten; zu Fuß über den Malerwinkelweg, dann einen Treppenweg hinauf in den Wald und am Trimm-Dich-Pfad vorbei bis zum Aussichtspunkt). Besonders schön ist der Anblick im Spätherbst, wenn das Laub golden gefärbt ist und auf den Bergen bereits der erste Schnee liegt.

Durch die tiefe Klamm

Berghofen

Östlich von Sonthofen liegt das idyllische Berghofen mit der weithin sichtbaren Kapelle **St. Leonhard**. Sie besitzt einen herrlichen Flügelaltar (1438), der dem Memminger Hans Strigel d. Ä. zugeschrieben wird; die Figuren in der Mitte stammen aus dem Multscher-Umkreis. In Winkel weiter nördlich hat man Zugang zur wilden, geologisch interessanten **Starzlachklamm**, eine der großen Natursehenswürdigkeiten des Allgäus: Außer geologischen Besonderheiten wie »Stadschiefer« und »Erzkalken« sind hier etliche Arten von »Nummuliten« zu finden, münzförmige versteinerte Wurzelfüßler, die vor 30 Millionen Jahren lebten. Im Sommer ist der »Gumpen« beim Wasserfall herrlich zum Baden, besonders für Kinder. Vom oberen Ende der Klamm kann man in ca. 30 Min. zur Alpe Topfen oder zum Gasthof Alpenblick hinaufgehen.

Starzlachklamm: Ende April – Anf. Nov. | Eintritt 3,50 € | feste Schuhe nötig | www.starzlachklamm.de

Der Wächter des Allgäus

★ Grünten

Wie ein Bollwerk wacht der 1738 m hohe Grünten (mit 97 m hohem Sendemast des Bayerischen Rundfunks) am Eingang zum Illertal. Von allen Seiten führen Wege hinauf. Familientauglich, mit 1000 m Höhenunterschied aber recht anstrengend, ist der steile Weg von Burgberg durch den Wustbachtobel oder von Winkel durch die Starzlachklamm (Aufstieg 3 Std.). Die Aussicht vom Hauptgipfel (Übelhorn) mit dem Gebirgsjäger-Denkmal (1924) ist einfach grandios. 1852 ließ Carl Hirnbein (▶ S. 296) das 1535 m hoch gelegene **Grüntenhaus** errichten, das erste »Berghotel« des Allgäus (mit Betten und Lager, Tel. 08321 33 72, www.gruentenhaus.de). Nach Insolvenz der Grüntenlifte ist das Haus vorläufig nur zu Fuß zu erreichen (auch Winterwanderweg; mittlerweile gibt es zwar einen Investor, aber noch ist unklar, wann die Lifte wieder fahren). Eine 2,3 km lange anspruchsvolle Rodelbahn führt vom Berggasthof Kranzegg (1150 m) zum Parkplatz der Grüntenlifte.

Bei den Erzschürfern

Burgberg

Bis 1856 verdienten sich die Burgberger ein hartes Zubrot mit dem Abbau von Eisenerz im Grünten. Schürfrechte sind bereits für das Jahr 1471 dokumentiert, um 1800 wurden jährlich ca. 2500 t Erz gefördert. In einigen Stollen und im **Museumsdorf** bekommt man einen guten Eindruck von der alten Bergbau- und Hüttentechnik. Zu Fuß braucht man zu den Stollen (von der Ortsmitte Burgberg beschildert) gut 1 Std., von Winkel durch die Starzlachklamm ca. 2 Std.; oder man nimmt das Erzgrubenbähnle von der Ortsmitte.

Erzgruben-Erlebniswelt: Ende April – Okt. 10.30 – 17 Uhr | Eintritt Museumsdorf 5 €, mit Grubenführung 8 €, Familien 12 bzw. 19 € | feste Schuhe empfohlen | www.erzgruben.de

Bad Hindelang

▶ dort

Konkurrenz belebt das Braugeschäft

Rettenberg

Rettenberg am Nordfuß des Grüntens ist als Brauereidorf bekannt. Zwei traditionsreiche Privatbetriebe, Zötler (seit 1447, seit 1920 unter dem Namen Zötler) und Engelbräu (seit 1668) und dazu seit 2015 die Kleinstbrauerei Bernardi brauen ihre Spezialitäten erklären ihr Handwerk bei Führungen und Seminaren. Ein Rettenberger Bürgermeister hat über 600 Bierkrüge zusammengetragen, ein echtes Panorama des bayerischen Biers (zu besichtigen nach Anfrage beim Gästeamt Rettenberg, Tel. 08327/93 04 0). Die lokalen Produkte kann man u. a. in den schönen Brauereigasthöfen **Adler-Post** (tgl. geöffnet), **Engelbräu** (Mo. geschl.) an der Hauptstraße und in der **BierAlp** (Mi., Sa. 10 – 13, Mi., Fr. auch 14.30 – 18 Uhr, Kammeregger Weg 7, neben der ehem. Skiliftstation) testen. Noch besser schmeckt das Bier nach der Tour über den **Falkenstein** (1116 m, in Karten auch als »Auf dem Falken« bezeichnet), einer der schönsten Aussichtspunkte des Vorlands: Von Rettenberg wandert man nordöstlich nach Bommen, dann südwestlich zum Gipfel und hinunter zur Gebhardshöhe und zurück nach Rettenberg. Für die Gehzeit rechnet man mit ca. 3 Std., der teils. gesicherte Gratweg verlangt Trittsicherheit.

BAEDEKER ÜBERRASCHENDES

6X ERSTAUNLICHES

Hätten Sie das gewusst?

1. VIEHISCHES GEDRÄNGE

Es ist ein Gebimmel und Gemuhe! Zum **Viehscheid** laufen die Rinder in Begleitung der Älpler schon frühmorgens von den Alpen hinunter nach **Gunzesried**. Am Ende drängen sich rund 1700 Tiere auf dem Dorfplatz. (▶ **S. 220**)

2. TOTENTANZ

Was haben die Betrachter im 17. Jh. wohl gedacht beim Anblick der bunten Fresken im Kloster **St. Mang**? Auch Bischof und Papst tanzen mit dem Tod aus dem Leben. Ob's ein Trost war für die einfachen Leut'? (▶ **S. 68**)

3. RÄTSELHAFT

Die **Stephanskapelle von Genhofen** ist ein gotisches Juwel des 15. Jh.s. Studiert man die verblichenen Fresken, sieht man seltsame Zeichen, die vorchristlichen Ursprungs und bis heute nicht entziffert sind.
(▶ **S. 165**)

4. LICHTERGLANZ

Im Dezember wird der Dorfplatz von **Roßhaupten** zum Adventskalender: Jeden Abend leuchtet ein neues Fenster mit bunten Bildern auf, Weihnachten erstrahlt der Platz.
(▶ **S. 71**)

5. DER PLATZ DES KÖNIGS

Im goldglänzenden Thronsaal von **Schloss Neuschwanstein** geraten viele Besucher in fassungsloses Staunen. Die Halle ist einem Sakralbau nachempfunden. Der Thron steht an der Stelle des Altars.
(▶ **S. 210**)

6. NARRENGRUSS

Der **Durahans**l ist 21 m hoch und wiegt 200 kg. In **Mindelheim** hängen sie den Jute-Mann zum »Gumpigen Donnerstag« zur Gaudi der Narren ans Obere Tor.
(▶ **S. 161**)

★ Gunzesrieder Tal

Wo der Allgäuer Emmentaler erfunden wurde
Das abgelegene Tal südwestlich von Sonthofen, zwischen der Nagelfluhkette im Norden und den Flysch-Hörnern im Süden, gehört zu den schönsten Hochtälern des Allgäus. Darüber hinaus darf es sich als **Wiege des Allgäuer Emmentalers** rühmen: 1827 produzierte der Senn Johann Althaus aus dem Emmental auf der Au-Alpe den ersten »Schweizer Käse« im Zentnerlaib-Format. Der Rohmilchkäse der Sennereigenossenschaft ist auch heute exzellent. Wichtige Termine, die viele Gäste anziehen, sind das Hörnerschlittenrennen Anfang Januar und der **Viehscheid** an einem Dienstag Mitte September, zu dem 1700 Tiere von den Alpen heruntergetrieben werden. Die Zufahrtsstraße führt von Rieden bei Sonthofen über ein kleines Joch, wo sich der herrliche Blick in das Tal öffnet. Bei Halden hat sich die Gunzesrieder Ache ein schmales Bett durch die Nagelfluh gefräst; Ausgangspunkt für die Erkundung des **Haldentobels** (gesamt 2 – 3 Std.) ist der Parkplatz kurz vor Gunzesried. Auch der Spaziergang (ca. 2 Std.) von der **Gunzesrieder Säge** südlich in den Tobel des Ostertalbachs vermittelt schöne Eindrücke. Ein Schmankerl für trittsichere, schwindelfreie Bergwanderer ist die Tour von der Gunzesrieder Säge auf den **Stuiben**, den man so von seiner felsig-wilden Seite kennenlernt (Aufstieg über Sommerhausalpe und den Nordostgrat, Abstieg über Rothen- und Ornach-Alpe; gesamt gut 4 Std.).

Rokoko in Vollendung: die Wieskirche

Auf den Imberg

Imberg und Imberger Horn

Im kleinen Dorf Imberg (900 m) südöstlich von Sonthofen lohnt ein Blick in die Kapelle St. Katharina links am Ortseingang: Ihr neogotischer Altar enthält feine Figuren – Muttergottes, hl. Silvester und hl. Katharina – eines unbekannten Künstlers aus dem Umkreis von Hans Multscher (um 1470), der als **Meister des Imberger Altars** bezeichnet wird. Recht ordentlich isst und wohnt man im Berggasthof Sonne (tgl. ab 11 Uhr, Tel. 08321 33 60).
Das 1656 m hohe **Imberger Horn** eröffnet einen eindrucksvollen Blick über die grünen Vorberge und die felsige Welt des Allgäuer Hauptkamms (Rotspitze, Daumen) sowie ins Kleinwalsertal. Von Imberg braucht man für die bequeme Wanderung über die Strausberghütte zum Gipfel ca. 21/2 Std.; dann mit der Sesselbahn nach Hindelang oder südlich zum Strausbergsattel hinunter und über die Strausbergalm zurück nach Imberg (ca. 2 Std.). Am Sonntag um den 15. Aug. wird um 11.00 auf dem Strausbergsattel eine große **Älplermesse** mit Alphornbläsern gefeiert.

STEINGADEN · ★★ WIESKIRCHE

Landkreis: Weilheim-Schongau | **Höhe:** 763 m ü. d. M. | **Einwohner:** 2900

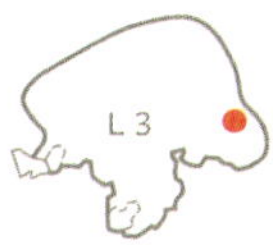

Dominikus und seinem Bruder Johann Baptist Zimmermann begegnet man vielerorts im Allgäu – ihr Meisterwerk haben die beiden aber östlich des Lechs beim oberbayerischen Steingaden in die sanft gewellte Bauernlandschaft gestellt: Der Glanz der Wieskirche verdient diesen kleinen Abstecher unbedingt. Und dabei das grandiose Welfenmünster in Steingaden nicht vergessen!

Der Himmel auf Erden

Heute besuchen jedes Jahr rund eine Million Menschen das Meisterwerk der beiden Rokoko-Zauberer Zimmermann. Gegründet wurde das Stift 1147 von Markgraf Welf VI. als »eingädiges Haus von Stein« und 1803 in der Säkularisation aufgelöst. Die Konventsgebäude wurden bereits 1819 abgerissen. Erhalten blieben das 1176 geweihte Münster (Pfarrkirche St. Johann Baptist), der romanische Kreuzgang und die Johanneskapelle am Torwärterhaus, ein von Welf VI. errichteter Zentralbau mit interessantem Löwenrelief am Eingang und im Tympanon (Christus, Maria und Johannes).

STEINGADEN UND DIE WIESKIRCHE ERLEBEN

TOURISTENINFORMATION

Krankenhausstr. 1
86989 Steingaden
Tel. 08862 91 01-13
www.steingaden.de

Konzerte im Welfenmünster und in der Wieskirche: Termine, Info und Karten bei Tourist-Info Schongau, Tel. 08861 214-181, www.wieskonzerte.de und www.musikimpfaffenwinkel.de, Tel. 08861 219 41 38
Pfingstmontag: Trachtenwallfahrt (Zug von der Landvolkshochschule zur Wieskirche). So. nach dem 4. Juli: St.-Ulrichs-Ritt zum Kreuzberg.
Wichtige Festtage in der Wieskirche: 19. März: Patrozinium St. Joseph. Sa./So. nach dem 14. Juni: »Tränen Christi«. 1. Sept.-So.: Kirchweih. 2. Okt.-So.: Bruderschaftsfest.

GASTHOF GRAF €

Gemütliche Einkehr an der Romantischen Straße, ein gediegener Gasthof mit hübschen Zimmern. Man isst gut und preiswert, der Biergarten gilt als einer der schönsten im Pfaffenwinkel.
Steingaden, Schongauer Str. 15
Tel. 08862 246, Mo. geschl.
www.gasthof-graf.de

GASTHOF SCHWEIGER €€

Im ehemaligen Wohnhaus von Dominikus Zimmermann kocht der Wirt klassisch bayerische Gerichte, die trotz der prominenten Lage gegenüber der Wies erstaunlich gut und günstig sind.
Steingaden, Wies 9
Tel. 08862 500
www.gasthof-schweiger-wieskirche.de

WIESKIRCHE

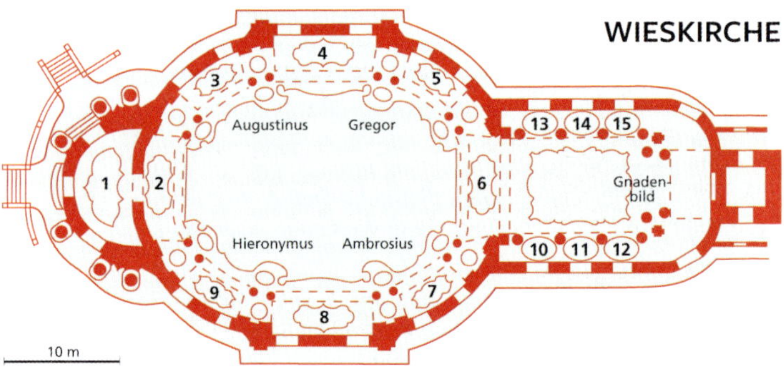

©BAEDEKER

Fresken im Langhausumgang
1 Der Prophet Nathan vor König David
2 Jesus und die Ehebrecherin
3 Berufung des Zöllners Matthäus
4 Petrus verleugnet Jesus
5 Jesus und die Samariterin
6 Jesus und die Sünderin
7 Jesus und Zachäus
8 Jesus und der Schächer
9 Gleichnis vom Feigenbaum

Fresken im Chorumgang
10 Heilung eines Gelähmten
11 Auferweckung des Lazaru
12 Heilung zweier Blinder
13 Heilung eines Kranken
14 Dämonenaustreibung
15 Jesus verkündet Armen die Frohe Botschaft

Von romanischer Strenge zum Überschwang des Rokoko

★ Welfenmünster

Das Westwerk des Münsters, das den Marktplatz mit dem Gasthof Post überragt, ist ein Zeuge aus romanischer Zeit. Die Netzgewölbe in der Vorhalle verweisen auf die Umgestaltung der Kirche in der Spätgotik. Im Chor (1663–1673) herrschen die frühen, symmetrisch strengen Wessobrunner Stuckformen vor; im Langhaus der Pfeilerbasilika, das um 1740 von Franz Xaver Schmuzer umgestaltet wurde, ist dagegen der ganze Überschwang des Rokoko zu bewundern. Die virtuosen Deckenfresken stammen von Johann Georg Bergmüller (1750); dargestellt sind Szenen aus der Legende des hl. Norbert. Bei einer Übernachtung in Steingaden hatte er eine Vision vom künftigen Kloster. Unter der Orgelempore ist die Enthauptung Johannes' des Täufers dargestellt. In der Renaissance entstanden das Chorgestühl (1534) und die Epitaphe für Welf VI. und seinen Sohn an den Pfeilern des Hauptschiffs.

★★ Wieskirche

Mai – Aug. tgl. 8 – 20 März/April u. Sept.Okt. bis 19, Nov. – Feb. bis 17 Uhr, Sonntagvormittag sowie während Gottesdiensten und Führungen keine Besichtigung, Infos Tel. 08862 93 2 93-0 | www.wieskirche.de

Zur Wies pilgern

Haus des Dominkus Zimmermann

Das 1746 – 1754 erbaute Gotteshaus 5 km südöstlich von Steingaden ist das Hauptwerk des genialen Baumeisters **Dominikus Zimmermann**. 1685 in Wessobrunn geboren, wohnte er bis zu seinem Tod 1766 in dem Haus neben der Wieskirche, das er sich 1746 gebaut hatte (heute Gasthof Schweiger).

Besonders im Frühsommer und im Herbst sollte man sich der Wieskirche zu Fuß nähern. Von Steingaden führt ein beschilderter Weg über Hiebler in ca. 1 1/4 Std. dorthin. Das letzte Stück führt auf Holzbohlen (»Brettlesweg«, bei Nässe sehr rutschig) durch den Wiesfilz, ein urtümliches Moor. Für den Rückweg holt man südlich aus: zum Bauernhof Resle, dann westlich nach Fronreiten und wieder nach Norden nach Steingaden (ca. 2 Std.).

Die Tränen des gegeißelten Heilands

Gründungslegende

1738 hatte die Bäuerin Maria Lory vom Kloster Steingaden die schlichte, ausdrucksstarke Statue des »Gegeißelten Heilands« erworben, die dort unbeachtet verstaubte. Nachdem die Eheleute Lory angeblich Tränen in den Augen des Gegeißelten gesehen hatten, wurde sie in einer winzigen Kapelle nördlich der heutigen Kirche aufgestellt. Die Kunde von Gebetserhörungen ließ rasch eine große Wallfahrt entstehen, sodass schon fünf Jahre später erste Entwürfe für eine neue Kirche vorlagen. Heute ist die Wies eines der bedeutendsten Wallfahrts- und Kulturreiseziele in Deutschland, das im Jahr etwa 1 Mio. Menschen besuchen.

Die Kirche auf der Weide

Außenbau

Die Kirche – 45 m lang und 32 m hoch – mit ihren rhythmisch gruppierten Fenstern ist durch einen Haubenturm von den Priesterwohnungen und der Sommerresidenz der Äbte von Steingaden abgesetzt. Das steile Dach ist mansardenartig aufgestockt; der westliche Abschluss hat die Form eines Halbkreises mit Säulen und Portalen. Umgeben von Wiesen, wo im Sommer das Vieh weidet, verbinden sich in dem von der UNESCO zum Weltkulturerbe erklärten Gotteshaus bäuerliche Umgebung und barocke Architektur zu *dem* charakteristischen Oberbayernmotiv.

BAEDEKER MAGISCHE MOMENTE

DAS GEHEIMNIS DER TRÄNEN

Wenn die Morgensonne den Chor der Wieskirche in ein geradezu überirdisches Licht taucht, scheinen all die Putten zu tanzen, und die Heiligen auf den Fresken erwachen zum Leben. Was bewog Stifter, Architekten und Künstler, ein so vollkommenes Meisterwerk zu schaffen? Die Tränen einer grob gearbeiteten Christusstatue, die wie ein Fremdkörper aus all dieser Perfektion hervorsticht und als Einzige echt wirkt. Ein Blick in die Augen genügt.

Himmlische Musik zu Stuck geronnen

Innenraum

In der Wies entfaltet sich eine wahre Symphonie an schwingender Architektur und festlichem Rocaille-Stuck. Wie in wenigen anderen Bauwerken dieser Epoche sind Raumform und Ornament in so eleganter Weise zu einem Gesamtkunstwerk verschmolzen. Stuck und Deckenfresken stammen von Johann Baptist Zimmermann, dem Bruder des Architekten. Das 28 × 18 m große Gewölbe des **Hauptraums** wäre in Ziegelbauweise nicht mit so filigranen Pfeilern und großen Außenfenstern zu realisieren gewesen. Zimmermann hängte daher eine bis auf die Hohlkehlen flache Holzdecke am Dachstuhl auf – der Eindruck einer Wölbung ist der Kunst des Freskenmalers zu verdanken. Thema des Deckenbilds ist der auferstandene Christus. Der Mittler zwischen Erde und Himmel, zwischen Menschen und Gottvater, thront auf einem Regenbogen, dem Symbol der Versöhnung. Mit einer Hand weist er auf ein hell erleuchtetes Kreuz, Symbol der göttlichen Liebe, mit der anderen Hand auf sein Herz. Über dem Hauptaltar der zum Weltgericht bereitstehende Thron (in den Farben Rot und Blau, Symbol für Opfer und Gnade), gegenüber das noch verschlossene Tor zur Ewigkeit. In den Grisaille-Medaillons über den Pfeilerpaaren verkörpern Putti die acht Seligpreisungen der Bergpredigt. Auf den Fresken im Umgang des Hauptraums sind Szenen aus dem Alten und dem Neuen Testament dargestellt.

Die herrlichste architektonische Idee der Wieskirche ist der schmale **Chorraum**, der als selbstständige Kirche zuerst errichtet wurde: Über dem Erdgeschoss durch blaue Stuckmarmorsäulen von den Außenmauern abgesetzt, bildet er ein eigenes »Haus«, wobei Oculi (Fenster) zum Chorgewölbe überleiten. Die roten Säulen des Hauptaltars korrespondieren mit den blauen des Chorraums: die Farben von Opfer und Gnade wie im Richterthron des großen Deckenfreskos. Das Altarbild mit der Heiligen Familie schuf 1753/1754 der Münchner Hofmaler Balthasar Albrecht (1685 – 1765). Das Jesuskind hat, seinen Tod vorausdeutend, die Arme kreuzartig ausgebreitet; der Engel über der Szene trägt den roten Königsmantel, wie ihn Jesus mit der Dornenkrone tragen wird. Das Untergeschoss des Hauptaltars bildet den Rahmen für die ländlich-schlichte Figur des Gegeißelten. Wie viele Wallfahrtskirchen besitzt die Wies einen Chorumgang, damit die Gläubigen das Gnadenbild umschreiten können. Die Fresken zeigen Jesus als Messias, den der Prophet Jesaja verkündet hat. Die **Ausstattung** – Altäre, Kanzel, Skulpturen und Orgel – ist meisterhaft. Unter den Skulpturen sind die Evangelisten am Hochaltar (Ägidius Verhelst aus den Niederlanden, 1748) und die Kirchenväter Hieronymus, Ambrosius, Augustinus und Gregor (Anton Sturm aus Füssen, 1754) vor den Doppelpfeilern des Hauptraums hervorzuheben, alles weiß und golden gefasste Schnitzfiguren. Der schönste Putto ist der unter der Kanzel, der auf einem Delfin reitet.

★★ WANGEN

Landkreis: Ravensburg | **Höhe:** 525 – 709 m ü. d. M. | **Einwohner:** 27 600

»Z'Wanga blibt ma hanga«, in Wangen bleibt man hängen, dieser viel zitierte Spruch ist sogar im Kopfsteinpflaster der Fußgängerzone in Bronze festgehalten. Das geflügelte Wort hat recht, die Stadt ist einfach bezaubernd. Spätestens bei einer Leberkäse-Seele von Fidelisbäck wird der Funke überspringen – versprochen!

Mittelalterliches Kleinod

Nehmen Sie sich Zeit, die liebevoll restaurierte Altstadt mit Mauern, Toren und Türmen, gotischen Staffelgiebeln, üppigen Barockfassaden, prachtvollen, goldglänzenden Wirtshausschildern und blumengeschmückten Erkern auf sich wirken zu lassen. Nicht weniger reizvoll ist die Umgebung Wangens, ein buckliges Moränenland mit kleinen Wäldern und feuchten Niederungen, in das sich die Obere und die Untere Argen windungsreich eingegraben haben.

Wochenmarkt mit Tradition

Aus der Geschichte

Erstmals wird Wangen in einer Urkunde des Klosters St. Gallen, damals der größte Grundbesitzer der Gegend, im Jahr 815 als Stiftsgut »ze den wangun« erwähnt, d. h. »in den Wiesen«. Gemäß einer Urkunde Kaiser Friedrichs II. von 1217 muss es damals schon Stadt gewesen sein, und 1268 bestätigte König Rudolf I. von Habsburg den Status als Freie Reichsstadt. Seit dem 13. Jh. besitzt Wangen das Marktrecht, und seit 1330 (!) wird immer am Mittwoch der große **Wochenmarkt** abgehalten. Bis ins 17. Jh. dauerte dank der Leinenweberei und dem Schmiedehandwerk die Blüte – berühmt waren die Sensen aus Wangen, die bis nach Italien und Spanien verkauft wurden. 1539 fiel fast die ganze Oberstadt einem Feuer zum Opfer, 1793 und 1858 traf es die Unterstadt. Nach kurzer bayerischer Episode ab 1802 wurde die Stadt 1810 württembergisch. Die Industrialisierung kam erst spät, mit der Errichtung einer Baumwollspinnerei 1860, dem Eisenbahnanschluss 1880 und der Gründung von drei Großkäsereien. In Wangen wurde übrigens eine Käseart geboren, die heute »in aller Munde« ist: der **Schmelzkäse**. 1922 brachte dort die Großhandlung der Gebrüder Wiedemann – unter der auch heute bekannten Marke Adler – den ersten Schmelzkäse auf den Markt.

Wohin in Wangen?

Marktplatz

Das Herz Wangens ist der malerische Marktplatz. Das **Rathaus** erhielt seine würdige Barockfassade beim Umbau 1719 – 1721 nach

1 Fidelisbäck
2 Weinstube Kempter
3 Lamm
4 Alte Kanzlei
5 Adler
6 Schattbuch

1 Alte Post
2 Mohren-Post
3 Blaue Traube

Plänen des Bregenzers Franz Anton Kuen; die Teile zur Unterstadt hin enthalten aber noch Bausubstanz aus staufischer und spätgotischer Zeit. Im getäfelten Ratssaal hängt eine historische Kostbarkeit, eine Stadtansicht von J. A. Rauch (1611; zugänglich nur bei Stadtführungen). Das mächtige **Hinderofenhaus** aus der Renaissance, heute

WANGEN ERLEBEN

GÄSTEAMT
Bindstr. 10
88239 Wangen im Allgäu
Tel. 07522 74-211
www.wangen.de

Wochenmarkt am Mittwochvormittag. Am Fastnachtsmontag buntes Narrentreiben mit Großem Narrensprung. Juni–Sept.: Sommerabendkonzerte an der Eselmühle. Ende Juli: 8-tägiges Kinder- und Heimatfest mit Umzug (Sa.) und Abschluss-Feuerwerk (So.). Ende Juli/Aug.: Festspiele Wangen mit Theateraufführungen.

1 FIDELISBÄCK €
Zu den besten Allgäuer Genüssen gehören die »Seelen«. Was das ist, können Sie in jeder Bäckerei herausfinden – in Wangen z. B. beim 1505 gegründeten Fidelisbäck. Der ist auch für seinen ofenfrischen Leberkäse berühmt, den man sich in der landauf, landab bekannten gemütlichen Gaststube und dem Wirtsgarten schmecken lässt.
Paradiesstr. 3
Mo. – Fr. 8 – 22, Sa. bis 14 Uhr
www.fidelisbaeck.de

2 WEINSTUBE KEMPTER €–€€
Kleines gemütliches Restaurant mit handfester Küche, von der belegten Seele bis zum Zwiebelrostbraten
Bindstr. 54
Tel. 07522 973 38 24
Mi. – Mo. ab 17 Uhr, Mi. auch mittags

3 GASTHOF LAMM €–€€
Alteingesessenes Wirtshaus mit sehr guter schwäbischer Hausfrauenküche und Tischen vor dem Haus
Bindstr. 60
Tel. 07522 66 75
www.lamm-wangen.de
Di. – So. 9 – 14 und ab 17 Uhr

4 ALTE KANZLEI €€–€€€
Die Karte ist klein aber ausgesucht, die perfekt zubereiteten Speisen mäandern zwischen Allgäu und Fernost, dazu ausgesuchte Weine.
Spitalstr. 15
Tel. 07522 709 08 10
http://weinbar-wangen.de
Mo., Di. geschl.

5 GASTHOF ADLER €€€
Liebevoll geführter, schöner Allgäuer Gasthof mit elegantem Ambiente, man pflegt eine erstklassige internationale Küche (mit regionalen Reminiszenzen). Bestens sortierter Weinkeller.
Deuchelried
Obere Dorfstr. 4
Tel. 07522 70 74 77
Do. – So. 12 – 14, Mi. – So. ab 18 Uhr

6 SCHATTBUCH €€€
Nein, kein Irrtum! Dieser Gourmet-Tipp führt Sie ins Industriegebiet von Amtzell, 8 km westlich von Wangen, wo ein junger Wilder die Kantine einer Robotik-Firma und dazu ein Restaurant führt, das 2018 seinen ersten Michelin-Stern bekommen hat und ihn seither hält. Feine regionale und Crossover-Küche, zubereitet mit leichter Hand, immer auch vegetarisches Angebot und für das Gebotene überraschend günstig.
Amtzell
Schattbucher Str. 10
Di. – Fr. mittags und abends, Sa. ab 18 Uhr, So., Mo. geschl.
www.schattbuch.de

❶ ALTE POST €€–€€€
Das familiäre, zentral und doch ruhig gelegene Haus besticht mit romantisch-gediegenem Ambiente. Liebevoll eingerichtete Zimmer mit modernem Komfort. Mit Restaurant, auch auf der kleinen Dachterrasse kann man dinieren.
Postplatz 2, Tel. 07522 97 56-0
www.hotel-alte-post-wangen.de

❷ MOHREN-POST €€
Das stattliche Traditionshaus aus dem 15. Jh. wurde in jüngster Zeit modernisiert und neu gestaltet – gepflegte, behagliche Zimmer mit neuzeitlichem Komfort. Das schöne schlichte Gasthaus hat Schwäbisches und Internationales auf der Karte.
Herrenstraße 27
Hotel: Tel. 07522 978 49 49
Gasthaus: Tel. 07522 931 94 19
www.hotel-mohren-post.de

❸ BLAUE TRAUBE €€
Gepflegtes Gasthaus mit ruhigen, modern und elegant ausgestatteten Zimmern. Im Restaurant gibt's Schwäbisches auf der Basis regionaler Produkte.
Zunfthausgasse 10
Tel. 07522 66 27, Di. und So.abend geschl., www.blauetraube.com

Sitz der Stadtverwaltung, ließ sich der Kaufmann Onofrius Hinderofen 1542 erbauen, der mit Italien Handelsbeziehungen unterhielt. Sehr nett sitzt man im »Hinderofen Café«, vor dem Gebäude oder im hübschen Innenhof. An der schlichten Stadtkirche **St. Martin** wurde seit dem 12. Jh. immer wieder gebaut, sodass sie ein buntes Stilgemisch zeigt: flach gedeckte Rundpfeilerbasilika mit frühgotischem Langhaus und hochgotischem Chor (1386); barock sind Kanzel und Seitenaltäre (1777), neogotisch der Hochaltar. Die Decken- und Wandmalereien stammen von Gebhard Fugel (1899).

Nostalgische Fassaden und Schilder – ein Kleinod

★★ Herrenstraße

Vom Marktplatz geht nördlich die Herrenstraße ab, sicher eine der schönsten Straßen in Deutschland. Teilweise ist noch das spätgotische Bild mit Treppengiebeln erhalten (beherrschend das Hotel Mohren-Post); die meisten Häuser entstanden aber nach dem Stadtbrand 1539. Bemerkenswert sind auch die prachtvollen **Wirtshausschilder** aus dem 19. Jahrhundert. Den Abschluss der Straße bilden das Ritterhaus, als Kanzlei des Ritterbezirks Allgäu-Bodensee vom Deutschordens-Baumeister F. A. Bagnato bis 1789 erbaut, und das herrliche **Frauentor** (Ravensburger Tor), das 1472 erwähnt wird und seine Renaissance-Form 1608 erhielt.

Johannes im Bodensee

Paradiesstraße

Von der Südwestseite des Markts geht die reizvolle Paradiesstraße mit vielen bemalten Fassaden ab. Besonders nett ist die des **Cafés Walfisch** (feine Torten und Confiserie) mit der Geschichte – eben – von Jonas und dem Walfisch, die man sich genauer ansehen sollte: Verschluckt wird Jonas bärtig und barfuß, ausgespuckt wird er gut ra-

Die Herrenstraße, eine der schönsten historischen Straßenzüge Süddeutschlands

siert und mit neuen Stiefeln; und als Meer fungiert der Bodensee mit Lindau. Das **St.-Martins-Tor** (Lindauer Tor) am Ende der Paradiesstraße wurde wie das Frauentor im Jahr 1608 neu gestaltet. Es hat seinen gotischen Charakter allerdings stärker bewahrt; im Tordurchgang sind Reste der gotischen Bemalung zu sehen.

★ Rochuskapelle

Die Bibel an der Decke

Nordwestlich des Martinstors dehnt sich der nach italienischem Vorbild im Pestjahr 1521 angelegte Alte Friedhof aus. Dort ist das wohl schönste und wichtigste Kulturdenkmal Wangens zu finden, die Rochuskapelle (1593) mit einer originell **bemalten Holzdecke** von 1598. Ein unbekannter Künstler hat das Leben und Wirken Jesu und der Apostel als »Bilderbibel« dargestellt. Dazwischen sind die Wappen von Wangener Familien festgehalten. Sehr schön sind auch die kostbaren **Rosenkranzmedaillons** aus dem Hochaltar von St. Martin (1622), Werke aus der Werkstatt des Waldseer Bildhauers Hans Zürn. Außerhalb der Kapelle erinnern unter den Arkaden steinerne und gemalte Epitaphe an Wangener Bürger- und Zunftmeister, Gerichts- und Ratsherren.

Besichtigung nur im Rahmen einer Führung: Juni – Sept. 1. Sa. im Monat 14 Uhr ab dem Gästeamt | 6 €

Leidenschaft für Brunnen

Brunnen

Ein liebenswertes Markenzeichen Wangens sind seine vielen Brunnen: die alten Steinbrunnen in der Oberstadt (wie St.-Martins-Brunnen auf dem Marktplatz oder Mariensäule in der Herrenstraße), die gusseisernen Brunnen des 19. Jh.s und die skurril-witzigen Figurenbrunnen der 1980er-Jahre. Außer den heimtückischen »Verdruckten Allgäuern« (► unten Postplatz) ist besonders der **Antonius-Brunnen** auf dem Saumarkt bei Alt und Jung beliebt, der dem »Sau-Done« gewidmet ist, dem hl. Antonius Eremita (zu unterscheiden vom bekannteren hl. Antonius von Padua, der Verlorenes zurückbringen soll). Vom Marktplatz geht man durch das »Ratloch« im Pfaffenturm – zwischen Rat- und Mesnerhaus – hinunter in die Unterstadt. Vor dem Mesnerhaus sollte man sich vor den »Verdruckten Allgäuern« in Acht nehmen: Der mit der Larve spuckt unvorhersehbar Wasser ... Den malerischen Postplatz beherrscht das stattliche **Kornhaus** (1603).

Museen für jeden Geschmack

Eselmühle

In der Eselmühle von 1568, die bis 1937 in Betrieb war, sind einige interessante, liebevoll gestaltete Museen ansässig. Das **Stadt-** und das **Käsereimuseum** geben Einblick in die Stadtgeschichte inkl. Leinenproduktion, Milchwirtschaft und Käseherstellung; im 3. Stock sind Drehorgeln, Spieldosen und andere mechanische Musikinstrumente aus dem 19. und 20. Jh. zu sehen. Über den Wehrgang gelangt man zum **Deutschen Eichendorff-Museum** mit Briefen und anderen Manuskripten des romantischen Dichters Joseph Freiherr von Eichendorff (1788–1857) und zum **Gustav-Freytag-Museum**, das an den Schriftsteller Gustav Freytag (1816 – 1895) erinnert. Die Sammlungen stammen von den Schlesiendeutschen Willibald Köhler und Karl Fleischer. Im nächsten Gebäude ist eine **Museumsdruckerei** mit alten Druckmaschinen eingerichtet. Den Gang durch den Komplex beschließt die **Badstube** von 1589, eine besondere Kostbarkeit, die an mittelalterliche Badefreuden erinnert.

April – Okt. Di.–Fr. und So. 14 – 17, Sa. 11 – 17 Uhr | 4 €

Rund um Wangen

Die schöne Madonna

Deuchelried

Das eingemeindete Dorf Deuchelried nordöstlich der Stadt besitzt nicht nur einen bekannten edlen Gasthof (►S. 228), sondern auch **eine der schönsten Skulpturen des süddeutschen Barocks**: die fast lebensgroße Mondsichelmadonna (um 1720) in der Kirche St. Petrus. Als Urheber werden der Bregenzer Franz Anton Kuen oder der Niederländer Ägidius Verhelst genannt, der u. a. in Stöttwang und der Wieskirche Großartiges schuf. Auch die Pietà am rechten Seitenaltar, Hans Zürn d. J. zugeschrieben (um 1525), ist hervorragend.

Wandern rund um Wangen

Obere und Untere Argen

Für die Erkundung der Umgebung zu Fuß macht das Wangener Gästeamt eine Reihe von Vorschlägen (mit Wanderkarte). Hier zwei »Klassiker«: eine Rundwanderung durch das **Hügelland nordöstlich von Wangen und das Tal der Unteren Argen** (18 km, 5 Std.). Von Wangen auf dem Hauptwanderweg 9 über Deuchelried (► oben) und Zurwies – hier Abstecher zur Biokäserei Zurwies (geöffnet Mo. bis Sa. 10 – 12, außer Di. und Sa. auch 16 –18 Uhr) – und vorbei am Oberen Schlossweiher nach Ratzenried. Rückweg: Nordwestlich nach Dürren, dann am Südufer der Unteren Argen nach Beutelsau und mit einem Schlenker um den Hammerweiher durch Burgelitz nach Wangen.

Wildromantische Flusslandschaft und schöne Aussichten bietet die Rundwanderung in südwestlicher Richtung (12 km, ca. 3 Std.), ausgehend vom Wanderparkplatz Neuravensburg-Grub an der B 18 nach Lindau (8 km südwestlich von Wangen): Unter der Autobahn hindurch und über die Obere Argen, dann nördlich zum Zusammenfluss von Oberer und Unterer Argen; weiter südwestlich der Argen folgend, diese auf der 2. Brücke queren und nun teils auf der Höhe, teils unten am Fluss nach Flunau. Den Rückweg nimmt man über **Schloss Achberg** (► S. 130), Regnitz und Strohdorf.

Man versteht, warum sich die Truchsessen von Waldburg hier niederließen. Sie konnten über den Bodensee hinweg die Schweizer Alpen sehen.

Burg mit Unterhaltungswert

Waldburg

Zum guten Schluss ein echter Höhepunkt, auch wenn er nicht mehr dem Allgäu zugerechnet werden kann (die Ravensburger sagen allerdings, sie »gehen ins Allgäu«): das ca. 14 km nordwestlich von Wangen gelegene, ungewöhnlich gut erhaltene Schloss Waldburg. Auch seine Lage – im Land der Drumlins, mit Blick von den Allgäuer Alpen über Oberschwaben und den Bodensee auf die Appenzeller Berge – ist einfach zauberhaft. Ursprünglich im 11./12. Jh. als **Stammsitz der Truchsessen von Waldburg** errichtet, geht der größte Teil der prachtvoll ausgestatteten Gebäude ins 16. Jh. zurück. Besonders schön sind der Rittersaal und die 1728 von Johann Georg Fischer umgestaltete Kapelle.

Führungen Mai – Anf. Okt So. 11 – 19 Uhr | Eintritt 5 € | www.gemeinde-waldburg.de

H

HINTER-GRUND

Direkt, erstaunlich, fundiert

Unsere Hintergrundinformationen beantworten (fast) alle Ihre Fragen zum Allgäu.

Mit Musik und Tandaradei tauchen die Kaufbeurer beim Tänzelfest ins späte Mittelalter ein; zwei große historische Festumzüge, Markttreiben und noch viel mehr gehören zum Programm. ►

Borgo S. Giorgio

DIE REGION UND IHRE MENSCHEN

Eine ungeahnte Karriere hat das Allgäu gemacht: von einem rauen Bergland, das seine Bewohner mehr schlecht als recht ernährte und das man möglichst mied, zu einem der beliebtesten und meistbesuchten Ferienziele Deutschlands.

Vom Land der Weiden zum Land der Vielfalt

Es dauerte viele Jahrhunderte, bis das Land vor und in den Bergen urbar gemacht und besiedelt war. Als wohl im 8. Jahrhundert der Name aus »Alpe« und »Geäu« entstand und etwa »Land der wasserreichen Weiden« bedeutet, war das Gebiet zwischen Scheidegg, Niedersonthofen und Oberstdorf gemeint. Bis weit ins 19. Jh. blieb das Allgäu ein Land der Bauern. Seine Lage zwischen Bayern, Schwaben, der Schweiz und Österreich sorgte für einen bescheidenen Wohlstand; die Salz- und Handelsstraßen brachten Arbeit für Fuhrknechte, Wirte und Schmiede. Hinzu kamen die Pferde- und Viehzucht, die Leinenherstellung (ein wichtiges zweites Standbein für die Bauern) und eine kleine Eisenindustrie am Grünten und im Hintersteiner Tal. Erst der Bau der Eisenbahn Mitte des 19. Jh.s und der Ausbau der Viehwirtschaft mit neuen Produkten und Absatzmärkten brachten neue Verdienstmöglichkeiten und eine Öffnung nach außen.
Wenig später wurde dann das so wichtige **Kapital des Allgäus** entdeckt: seine wunderbare, abwechslungsreiche Landschaft, die es zu einem der beliebtesten deutschen Urlaubsziele macht. Kühn aufragendes, zerklüftetes Gebirge im Oberallgäu kontrastiert mit sanften, von Wald und kleinen Seen durchsetzten Wiesen, die das Westallgäu zum Bodensee und nach Oberschwaben hin prägen; noch weiter ist der Horizont im flacheren Ost- und Unterallgäu. Die Möglichkeiten, einen gleichzeitig geruhsamen und aktiven Urlaub zu verbringen, sind ohne Zahl: vor herrlichem Bergpanorama über bucklige Weiden und durch melancholische Moore wandern, an großen und kleinen Seen relaxen, staunen über die verschwenderische Pracht barocker Residenzen und Kirchen, in gemütlichen Gasthöfen eine bodenständige Küche genießen, nach allen Regeln der Kunst kuren (Kneipp und Schroth waren hier zu Hause) und – wer's kann oder lernen will – Berg- und Klettertouren unternehmen. Entspannung und Freude bieten vielerlei kulturelle Veranstaltungen in wunderschöner Umgebung, seien es Serenaden in 2000 m Höhe beim Oberstdorfer Musiksommer, klassische Konzerte in der Basilika Ottobeuren oder Groovendes beim Kemptener Jazzfrühling. Und nicht zuletzt: Für Fa-

milien wird hervorragend gesorgt, von den Ferienwohnungen auf dem Bauernhof (mit entsprechendem »Abenteuerspielplatz« im Stall) bis zum vielfältigen Angebot an Aktivitäten für Kinder.

Natur und Umwelt

Die landschaftliche Schönheit des Allgäus ist unübertroffen – ganz gleich ob dramatische Hochalpen, stilles Moor oder schroffe Tobel. Was hat sie geformt? Was blüht, kreucht und fleucht? Und welche Wetterkapriolen erwarten den Feriengast?

Das Allgäu – was gehört dazu?

Wie viele Landschaften hat das Allgäu **keine klaren Grenzen**. Seit der alemannischen Besiedlung hat sich der Begriff »Allgäu« immer wieder geändert, sodass J. v. Stichaner 1815 schreiben konnte: »Nicht leicht sind in und über einen District so mancherley Begriffe im Umlauf, als man über das Allgäu selbst unter seinen Bewohnern findet.« Dies gilt heute genauso; so sind sich etwa die Memminger im Landkreis Unterallgäu uneinig, ob sie sich zu den Allgäuern oder den Schwaben rech-

Unbewaldete Anhöhen wie hier die Kreuzleshöhe bei Buchenberg sind in der Adelegg eher die Ausnahme. Der größte Teil der Berglandschaft ist von Wald bedeckt.

nen sollen. Andererseits sehen sich die Lindauer als (bayerische) Schwaben, während man im 18 km entfernten Scheidegg eindeutig im Allgäu ist. In dem Gebiet, das heute als Allgäu gilt, fühlen sich die »Oberländer« als die richtigen Allgäuer, die auf die im »Unterland« ein wenig herabschauen – auch im wörtlichen Sinn. Beim **»Allgäuer Tor«**, bekannt durch die Raststätte an der A 7, hat man von Memmingen kommend zum ersten Mal das Panorama der Allgäuer Alpen vor sich. Davor hat die Autobahn eine Endmoräne erklommen, nur etwa 50 m hoch, aber hoch genug, dass sie eine Art Wetterscheide bildet: im Winter die Grenze zwischen dem Nebel im Unterland und Sonnenschein im Oberland.

Auf jeden Fall ist das Allgäu seit je ein landschaftliches Gebilde, das sich weder nach politischen noch nach wirtschaftlichen oder sprachlichen Grenzen richtet(e). Im engsten Sinn kann als »Allgäu« das Gebiet innerhalb folgender Grenzen gelten: im Westen vom Ostrand des Bodensees (Pfänder) nördlich über Wolfegg, dann der Bahnlinie Memmingen – Mindelheim – Buchloe folgend östlich bis zum Lech, diesen aufwärts nach Schwangau bzw. zum Säuling, nun westlich in etwa entlang dem Kamm der Allgäuer Alpen wieder zum Pfänder. Groß ist das Allgäu nicht, vom nördlichen bis zum südlichen Rand erstreckt es sich etwa über 80 Kilometer, etwa so groß ist die Ausdehnung in ost-westlicher Richtung. Da am Rand dieses Gebiets einige hervorragende Attraktionen liegen, **beschreibt dieser Reiseführer** auch Lindau, Bregenz, Ravensburg und Bad Wurzach, Memmingen mit dem Illerwinkel und Ottobeuren, Mindelheim, Bad Wörishofen, Steingaden mit der Wieskirche sowie das Kleinwalsertal, das zum österreichischen Vorarlberg gehört und nur von Oberstdorf her zugänglich ist.

Ein Ausflug in die Erdgeschichte

Entstehung der Alpen

Wo heute die Alpen liegen, breitete sich in grauer Vorzeit ein Arm des Tethysmeers aus, in dem sich vor 250–50 Mio. Jahren – im Wesentlichen während der Perioden Trias, Jura und Kreide – eine große Zahl unterschiedlichster Gesteine ablagerte. Als sich gegen Ende der Kreidezeit und zu Beginn des Alttertiärs, **vor ca. 100 bis 40 Mio. Jahren**, die Afrikanische bzw. Adriatische Platte nordwärts gegen die Europäische Platte bewegte, wurden diese Gesteinsschichten in vielfältigster Form zusammengeschoben, angehoben, gefaltet, zerbrochen und z. T. über mehrere Hundert Kilometer übereinandergeschoben. Gleichzeitig sorgten Verwitterung und Erosion für den Abbau des entstehenden Gebirges, das heute sonst wohl an die 14 km hoch wäre. Das abgetragene Material lagerte sich nördlich der Alpen ab und formte dort als schmalen Streifen die **Flyschzone** und das große

Einödsbach mit Trettachspitze, Mädelegabel und Hochfrottspitze (von links)

Molassebecken (vom lateinischen Wort »molere«, »mahlen«), das etwa bis zur Donau reicht. Der Flysch und der südlichste Bereich der Molasse wurden später selbst noch von der Faltung erfasst und bilden die Allgäuer Vorberge.

Die Eiszeiten

Außer der »alpidischen Gebirgsbildung« ist ein weiterer Faktor für das Allgäuer Landschaftsbild verantwortlich: die Eiszeiten. Im Quartär – **vor ca. 1 Mio. bis 10 000 Jahren** – gab es mehrere Kalt- bzw. Eiszeiten, während derer die Alpen bis auf die höchsten Gipfel unter einem Eispanzer lagen und sich große Eisströme aus den Tälern weit in die Ebenen vorschoben. Im Bereich von Oberschwaben und Allgäu waren dies (von Westen) der Rhein-Bodensee-, der Iller- und der Wertach-Lech-Gletscher, die in fünf Perioden – Donau-, Günz-, Mindel-, Riß- und Würm-Eiszeit – das Vorland bedeckten. Welche Geländeformen auf sie zurückgehen, ist auf S. 243 f. erläutert. Auch die Alpen selbst wurden in den Eiszeiten teilweise überformt. Gipfel, die aus den Eismassen herausragten, blieben als schroffe Pyramiden (z. B. Säuling, Widderstein) und Kämme (Allgäuer Hauptkamm mit Mädelegabelgruppe) erhalten. Auch im Vorland wurden höhere Berge vom Eis umflossen, wie der Pfänder, der Grünten und die Adelegg. Gletscher hobelten Kare in die Bergflanken, die heute zum Teil herrliche **Seen** enthalten (z. B. Rappensee, Seealpsee, Geisalpseen). Ehemals V-förmige Flusstäler wie das obere Illertal wurden zu Trogtälern mit U-förmigem Querschnitt geweitet, seitlich einmündende Täler wurden dadurch zu »Hängetälern«, die erst hoch über dem Grund des Haupttals ansetzen: So liegt der Boden des Dietersbachtals bei Gerstruben gut 200 m über dem Trettachtal. Oft haben dort die Bäche **enge Tobel** in den Steilabsatz gesägt oder bilden hohe Wasserfälle (z. B. Traufbach- und Hölltobel, Stuibenfall, alle bei Oberstdorf). Trogtäler können großartige Schlüsse in Form eines weiten, steilwandigen Kessels aufweisen, etwa das Traufbachtal oder das Ostrachtal. Heute besitzen die Allgäuer Alpen nur mehr einen kleinen **Gletscher**, den Schwarzmilzferner südlich des Mädelegabel-Gipfels. Auch er ist, bedingt durch den Klimawandel, auf dem besten Weg zu verschwinden.

Das Allgäu in Bewegung

Der Umbau der Erdoberfläche geht in »geologischen Zeiträumen« vor sich, die man eher in Jahrmillionen als Jahrtausenden misst. Dennoch sind Veränderungen fast noch innerhalb eines Menschenlebens feststellbar. So soll man Ende des 19. Jh.s vom Blasenberg aus, dem Aussichtspunkt in Scheidegg, nur Turm und Dach der Kirche von Oberreute gesehen haben, heute ist sie fast ganz zu sehen. Und am Hochvogel bei Oberstdorf droht der Feldgipfel auseinanderzubrechen: Ein sich seit 50 Jahren entwickelnder Riss ist inzwischen mit 40 m Länge, 8 m Tiefe und 3 m Breite so massiv, dass 260 000 m^3 Fels ins Tal stürzen könnten.

Die Allgäuer Alpen

Nicht zufällig gehören die Allgäuer Berge zu den beliebtesten Tourengebieten der Alpen: Die außergewöhnliche geologische Vielfalt hat ein sehr abwechslungsreiches Landschaftsbild zur Folge und darüber hinaus eine prachtvolle, vielfältige Flora. Einzigartig im Alpenraum sind die **Grasberge**, auch Steilgrasberge oder Grasschrofen genannt, deren Flanken bis zu 70° geneigt und sehr schwierig zu begehen sind. Sie bestehen aus sog. Fleckenmergeln und Aptychenkalken aus dem Jura, berühmte Vertreter sind der bizarr geformte Schneck (2268 m) und die Zacken der Höfats (2258 m) südöstlich von Oberstdorf. Als schönstes Molasse-Gebirge der Alpen zwischen Genf und Wien gilt die **Nagelfluhkette** im westlichen Oberallgäu mit Hochgrat und Stuiben (seit 2008 grenzübergreifender Naturpark mit ca. 400 km² Fläche). Als (die) »Nagelfluh« bezeichnet man ein fast betonhartes Konglomerat aus Flusskieseln, die mit Kalk und Sand verkittet wurden. Aus Molasse-Gestein bestehen z. B. auch der Pfänder am Ostufer des Bodensees, die Adelegg bei Isny und der Auerberg nahe Marktoberdorf. Die südlich an die Nagelfluhkette anschließende Gruppe der **Hörner** (Riedberger Horn, 1787 m) mit

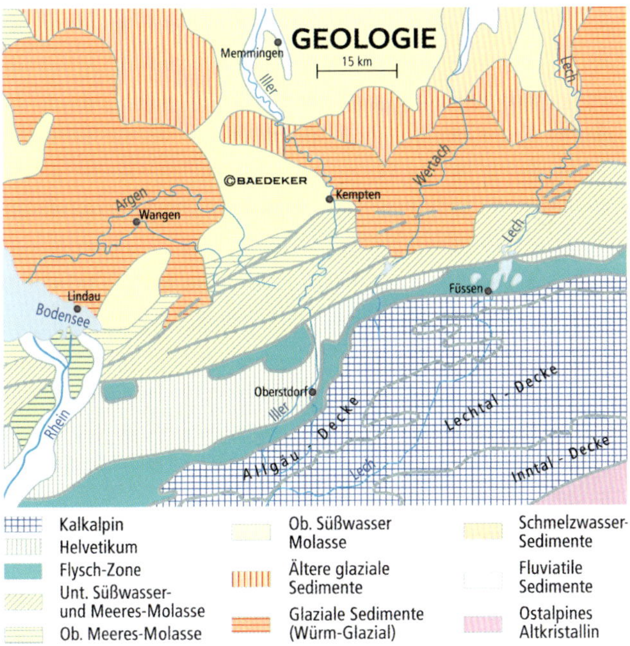

ihren sanft-runden Formen besteht aus leicht verwitterndem Flysch, der aus schieferigen Schichten aus Mergeln, Ton und Sandstein gebildet wird. Der Ostschweizer Begriff »Flysch« (gesprochen »fliesch«) bedeutet so viel wie »fließend«. Ein ganz anderes Bild bieten hingegen die scharfkantig-zerklüfteten **Schrattenkalke** der Kreidezeit (Helvetikum): etwa der Grünten bei Sonthofen, der Besler und vor allem der Hohe Ifen mit dem Gottesackerplateau westlich von Oberstdorf. Diese Karststöcke enthalten auch Höhlen, darunter die einzige Schauhöhle des Allgäus (Sturmannshöhle bei Obermaiselstein). Ein hochalpines Felsgebirge schließlich ist der aus hartem Hauptdolomit bestehende **Allgäuer Hauptkamm** in seinem östlich-südöstlichen Teil, zwischen dem Schrofenpass im Süden und Oberjoch im Norden. Hier ragen die majestätischen **höchsten Gipfel** des Allgäus auf: Großer Krottenkopf (2657 m), Hohes Licht (2651 m), Hochfrottspitze (2648 m), Mädelegabel (2645 m), Biberkopf (2599 m), Trettachspitze (2595 m) und Hochvogel (2593 m). Der andere Hauptfelsbildner der bayerischen Alpen, der widerstandsfähige **Wettersteinkalk** aus der Mittleren Trias – der seinen Namen vom Wettersteinmassiv mit der Zugspitze hat –, ist im Allgäu nur im Osten anzutreffen, wo er steile Gipfel mit glatten Felswänden bildet: Säuling, Gimpel, Hoher Straußberg, Hochplatte; auch ein Teil des Falkensteins gehört dazu.

Höhenstufen

Auf der Alpennordseite unterscheidet man verschiedene Höhenstufen mit je nach kleinklimatischen Verhältnissen variierenden Grenzen:
- die Hügelstufe (bis 600 m ü. d. M.) mit Acker- und Obstanbau
- die Bergstufe bis zur Laubwaldgrenze (1200 m) mit Laubmischwald (Buche, Eiche, Ahorn) und Weidewirtschaft
- die Untere Alpenstufe bis zur Baumgrenze (1800 m) mit Nadelwald (Fichten, Weißtannen, Föhren)
- die Obere Alpenstufe bis zur Schneegrenze (bis 2300 m) mit Sommerweiden, Einzelbäumen (Lärchen, Arven), Legföhren (Latschen) und einer besonders reichhaltigen, prächtigen Blumenflora
- die Schneestufe (über 2300 m) mit Schutt- und Geröllhalden, Schneefeldern und Gletschern.

Pflanzen

Besonders artenreich ist die Flora der Oberen Alpenstufe (1800 bis 2300 m), die z. T. unter schwierigsten Verhältnissen gedeiht. In der kurzen Vegetationszeit kann intensive Sonne über 40 °C erwärmen, nachts kann auch im Sommer Frost auftreten; das Biotop kann wüstenartig oder auch sumpfig-nass sein. Zu den typischen Arten – die meisten stehen unter Naturschutz – zählen v. a. die **Alpenrose**, die ganze Buschflächen bilden kann, **Enziane**, Alpenveilchen, Primeln, Türkenbund, Trollblumen, Alpenmohn, Silberdistel und Eisenhut. In der Schneestufe leben hauptsächlich Moose, Flechten und Algen; zu den wenigen Blütenpflanzen dort gehört das seltene Edelweiß.

Tiere

Einige Vertreter der Tierwelt: In den höheren Bergregionen sind putzige **Murmeltiere** zu sehen, die bei Gefahr mit gellendem Pfiff in ihrem Bau verschwinden. Als gewandte, kühne Flieger zeigen sich die kleinen schwarzen Alpendohlen. Ab und zu sind **Steinadler** zu entdecken. Meist nur mit dem Fernglas kann man Rotwild sowie Gemsen und Steinböcke beobachten, die leichtfüßig an den Felswänden herumkraxeln. Selten geworden sind Schneehase, Schnee-, Birk- und Auerhuhn sowie der schwarze Alpensalamander. Wer genauer wissen will, was ihm am Wegesrand alles begegnet, findet im Buchhandel eine Reihe geeigneter Bestimmungsführer (► S. 347).

Das Vorland

Moränenlandschaften

Mit dem vielfachen Wechsel von buckligen Wiesen, Wald, Mooren und Seen, die nach Norden in die Ebene auslaufen, gehört dieser Teil des Allgäus zu den schönsten Landschaften Deutschlands. Die wunderbare Szenerie des Alpenvorlands ist ein Produkt der eiszeitlichen Gletscher. Das vom Eis transportierte Gesteinsmaterial aus den Alpen lagerte sich an den Rändern der Gletscher als **Seiten- und Endmoränen** ab; heute grasen auf dem wellig-hügeligen Grünland die Milchkühe. Aus Molassemergeln und Moränenschutt bestehen die eigentümlichen **Drumlins**, kleine längliche Hügel, deren Form noch die Fließrichtung des Eises erkennen lässt. Sie treten in großen Feldern auf und erzeugen besonders reizvolle Landschaften: im Hinterland von Lindau etwa bis Ravensburg und Wangen, links und rechts der Iller um Kempten, nördlich der Linie Nesselwang – Füssen bis auf die Höhe des Auerbergs. Am Ende der Eiszeit blieben **Gletscherseen** zurück, deren Reste als Alpsee, Niedersonthofener See u. a. erhalten blieben; viele wurden bald von den Schmelzwasserflüssen mit Schotter und Ton aufgefüllt und bilden heute z. T. moorige Ebenen. Das Becken unmittelbar westlich von Isny nimmt ein System von Hoch- und Niedermooren ein, das als Bodenmöser bezeichnet wird: ein typisches Voralpen-Moorgebiet und mit 10 km² Fläche eines der größten im Allgäu (ca. 60 % stehen unter Naturschutz). Der künstlich gestaute Forggensee liegt im Bereich des einstigen Füssener Sees, der durch einen Moränenwall (Illasberg) im Norden abgeschlossen und durch die Illasschlucht bei Roßhaupten entwässert wurde. Eine Reihe von kleinen Seen und Weihern, wie Hopfensee, Weißensee, die Weiher bei Seeg und der Öschlesee bei Durach, sind **Toteisseen**: Sie gehen auf Eisblöcke zurück, die am Ende der Eiszeit zurückblieben und nur langsam abschmolzen. Besonders bekannt ist das Allgäu für seine riesigen Felsblöcke, sog. **Findlinge**, die von den Gletschern an ihren heutigen Platz verfrachtet wurden. Beeindruckende Exemplare finden sich im Kempter Wald (Dengelstein, Baltenstein), südlich von Sulzberg, bei Weiler, im Ellhofer Moos und bei Bodelsberg.

Die Flüsse und der Bodensee

Lech Der Lech, der nördlich von Schongau heute noch recht deutlich die Grenze zwischen dem Schwäbischen und dem Bairischen markiert, entspringt in der Nähe von Lech am Arlberg und tritt bei Füssen in deutsches Gebiet. Sein Name rührt vom lateinischen »licus« bzw. keltischen »Lik« (»der Reißende«), das glasartig-smaragdgrüne Aussehen seines Wassers von der niedrigen Temperatur und dem hohen Kalkgehalt. Ist der Fluss in Österreich ein ungezähmtes Wildwasser, so wird er in Deutschland bis zur Grenze des Möglichen zur Energiegewinnung genutzt; allein auf den 100 km zwischen Füssen und Landsberg liegen 15 Kraftwerke. Den Auftakt bildet der **Forggensee**, Bayerns fünftgrößter See; der Stausee fasst 150 Mio. m^3 und wurde 1954 in Betrieb genommen, wobei der Weiler Forggen unterging. Der Lech-Höhenweg (▶S. 304) folgt dem windungsreichen Lauf des Flusses und erschließt eine eindrucksvolle Landschaft. Die **Litzauer Schleife** bei Burggen, der letzte unverbaute Abschnitt des Lechs, steht unter Naturschutz.

Wertach Im Gebiet von Hindelang, zwischen Ober- und Unterjoch, fließen in 1078 m Höhe zwei Bäche zur Wertach zusammen, die 151 km später in Augsburg in den Lech mündet. Ihr Name stammt aus keltischer Zeit und bedeutet so viel wie »die kräftig sich vorwärts Bewegende«.

Am Hegratrieder See nördlich von Schwangau

Nahe Oy-Mittelberg ist sie zum **Grüntensee** aufgestaut, einem beliebten Freizeitgewässer. Dann windet sie sich naturbelassen durch eine romantische Landschaft mit einigen Höhepunkten: zwischen Maria Rain und Görisried, bei Kaltenbrunn sowie zwischen Görisried und Leuterschach (▶Nesselwang, S. 189; ▶Marktoberdorf, S. 139). Ab Marktoberdorf ist es mit der Romantik weitgehend vorbei: Ende des 19. Jh.s wurde die Wertach begradigt, einige Staustufen dienen der Energiegewinnung.

Iller

Nördlich von Oberstdorf vereinen sich Breitach (s. u.), Trettach und Stillach zur Iller, die bei Immenstadt aus den Allgäuer Alpen ins tertiäre Hügel- bzw. Schotterland tritt und nach 147 km bei Ulm in die Donau mündet. Ihr Name ist im 8. Jh. lateinisch als »Hilaria« dokumentiert; er soll auf ein keltisches Wort für »eilig« zurückgehen. Trotz einiger Kraftwerke zeigt der Fluss mit seinem Kiesbett bis zur Mündung einen »alpinen« Charakter. Die interessantesten Teile des Mittellaufs sind der **Durchbruch bei Altusried** (▶Kempten, S. 101) und der folgende malerische Illerwinkel südlich von Memmingen. Radwanderer können dem 145 km langen Iller-Radweg von Ulm bis nach Oberstdorf folgen. Die **Breitach**, die bei Baad im Kleinwalsertal aus drei Bächen entsteht, ist für ihre spektakuläre Klamm berühmt.

Argen

Für Wanderer und Naturfreunde besonders interessant ist das System der Argen im Westallgäu, mit Oberer und Unterer Argen. Anders als die anderen Allgäuer Flüsse fließt sie westlich in den Bodensee und ist damit ein Nebenfluss des Rheins. Ihre Quellgebiete liegen nahe beieinander: Die **Obere Argen** entspringt bei Oberstaufen, die **Untere Argen** bei Missen-Wilhams; beide machen einen mehr oder weniger weiten Bogen in nordwestlicher Richtung und vereinen sich unterhalb von Wangen, bei Neuravensburg, zur Argen; bei Kressbronn mündet sie in den Bodensee. Die natürlichen oder naturnahen Flussläufe – die Verbauungen am Unterlauf werden allmählich rückgängig gemacht – bieten überaus abwechslungsreiche Szenerien, dazu Lebensraum für seltene oder gefährdete Pflanzen und Tiere. Im **Eistobel** bei Grünenbach bildet die Obere Argen eine der großen Naturschönheiten des Allgäus. Auch die vielen Brücken sind interessant, von der 56 m hohen Argentobel-(Eistobel-)brücke über die gedeckten Holzbrücken bei Hiltensweiler und Neuravensburg – beide 1790 durch das Kloster St. Gallen erstellt – bis zu den Hängebrücken bzw. -stegen über den Unterlauf, die den Wanderern und Radlern zur Verfügung stehen.

Bodensee

Einige Fakten zum Bodensee: Bei 536 km² Fläche ist er 67 km lang, 251 m tief und max. 14 km breit. Von den 173 km deutscher Küste gehören 18 km zu Bayern. Mit ca. 48 km³ Fassungsvermögen versorgt er ca. 4,5 Mio. Menschen mit Trinkwasser; größter Zufluss ist der Alpenrhein, dessen Wasser in ca. zwei Monaten den See durchfließt.

Naturschutzgebiete

Von den 2017 km², die in Bayern als Naturschutzgebiete ausgewiesen sind, liegen ca. 355 km² in den vier Allgäuer Landkreisen. Dazu kommen im württembergischen Allgäu ca. 35 km². Das bedeutendste und größte bayerische Naturschutzgebiet sind die **Allgäuer Hochalpen** mit 207 km², der Hohe Ifen (24 km²) und der Westteil des Ammergebirges bei Schwangau. Der nächstwichtige Typ sind die **Moore**, die sich im bayerischen Teil auf ca. 8,3 km² Gesamtfläche summieren; hier sind v. a. die Hochmoore im Kempter Wald (3 km²), das Breitenmoos im Oberallgäu, das Schornmoos im Ostallgäu und das Degermoos im Lindauer Hinterland zu nennen. Im württembergischen Allgäu stellen Moore den Hauptteil der Naturschutzgebiete (ca. 31 km²), allen voran das Wurzacher Moos mit 18 km²; nennenswert sind auch das Bodenmöser, das Gründlenried und das Taufach-Fetzach-Moos. Hervorragende Biotope bieten die eindrucksvollen **Tobel** des Vorlands: Eistobel, Rohrachschlucht bei Scheidegg, der Hölzlers-Tobel, der Rohrbachtobel bei Buchenberg. Desgleichen stehen einige **Seen** unter Naturschutz: Bannwaldsee, Attlesee, Stockenweiler Weiher, Widdumer Weiher, Bichlweiher, Rohrsee bei Bad Wurzach; dazu Uferpartien am Bodensee. An der **Argen** (s. o.) sind etwa 16 km² als Landschaftsschutzgebiet ausgewiesen, davon knapp 3 km² als Naturschutzgebiet. Dazu kommen eindrucksvolle Einzelobjekte wie die uralten Eiben bei Balderschwang und auf der Oberen Lauchalpe bei Steibis. Ein Hinweis für den Umgang mit der Natur: Bitte informieren Sie sich vor Ort über die Regeln der Naturschutzgesetze.

Klima

Das atlantisch geprägte Klima des Allgäus hat mehrere Ursachen: die West-Ost-Lage, die Höhe über dem Meer, die Nähe der Alpen oder größere Seen. Generell gilt: Je näher man den Bergen kommt, desto größer werden die jährlichen Niederschläge und die Temperaturunterschiede zwischen Sommer und Winter sowie zwischen Tag und Nacht.

Sonnenschein

Die höheren, meist nebelfreien Lagen des Allgäus erfreuen sich besonders im Winter oft strahlender Sonne: Wenn in Herbst und Winter über den Tälern eine zähe Nebeldecke liegt, gibt's nur eines: hinauf auf den Berg! Die »Inversions-Wetterlage« sorgt dafür, dass über dem Kältesee die Sonne scheint; auf dem Nebelhorn (!) ist es dann oft wärmer als im Vorland. Wer zweifelt, informiert sich auf www.allgaeu-cam.de. Im Sommer ist das Bild etwas anders: In Lindau zählt man Juni – August zwischen 220 und 250 Sonnenstunden/Monat, in Lindenberg/Scheidegg 220, in Hindelang 155 – 185.

Auf dem Premiumwanderweg »Luftiger Grat« vom Imberg zum Staufner Haus

Niederschläge

Die von Nordwesten kommenden atlantischen Luftmassen steigen am Alpenwall an und weil kältere Luft weniger Wasser speichern kann als warme, geben sie dort ihre Feuchtigkeit ab. Von Lindau nehmen die Niederschläge in nordöstlicher Richtung rasch zu und die Durchschnittstemperaturen ab. Dasselbe Bild ergibt der Vergleich von Memmingen mit Kempten und Oberstdorf. Die niederschlagreichsten Monate sind überall Juni, Juli und August – Regenkleidung und -schirm gehören also immer ins Gepäck. Je näher man an den Bergen dran ist, desto geringer werden jedoch die jahreszeitlichen Unterschiede.

Schnee

Seit Ende der 1980er-Jahre macht sich die Klimaerwärmung bemerkbar, die milde, schneearme Winter verursacht. Beschneiungsanlagen werden weiterhin installiert, das Skigebiet Oberstdorf-Kleinwalsertal wird schon zu 70 % künstlich beschneit. Wenn allerdings, wie in den letzten Wintern, Temperaturen von deutlich unter 0 °C ausbleiben, nützen auch die Schneekanonen nichts. Einigermaßen schneesicher sind inzwischen erst Regionen in über 1600 m Höhe.

BAEDEKER WISSEN

Allgäu

West-Ost-Ausdehnung: 102 km
Nord-Süd-Ausdehnung: 107 km
Fläche: Bayerisches Allgäu: 4649 km²
Württembergisches Allgäu: 965 km²

Bevölkerung

Bayerisches Allgäu: **ca. 669 000**
Württembergisches Allgäu: **ca. 125 000**

Nach dem Zweiten Weltkrieg wuchs die Bevölkerung um ein Drittel durch heimatvertriebene Schlesier und Sudetendeutsche.

Nach der Wiedervereinigung zogen rund 500 000 Menschen aus den Neuen Bundesländern ins Allgäu.

Religionszugehörigkeit:
Überwiegend sind die Bewohner katholisch, nur in den ehemals freien Reichsstädten Lindau, Memmingen, Kaufbeuren und Kempten, die die Reformation annahmen, lebt auch heute noch eine nennenswerte protestantische Minderheit.

Verwaltung

Bundesländer und Landkreise:

Bayern
A Lindau
B Oberallgäu
C Ostallgäu (Teil)
D Unterallgäu (Teil)

Baden-Württemberg
E Ravensburg
(Teil, bis 1973 Kreis Wangen)

Kreisfreie Städte
F Kaufbeuren
G Kempten
H Memmingen

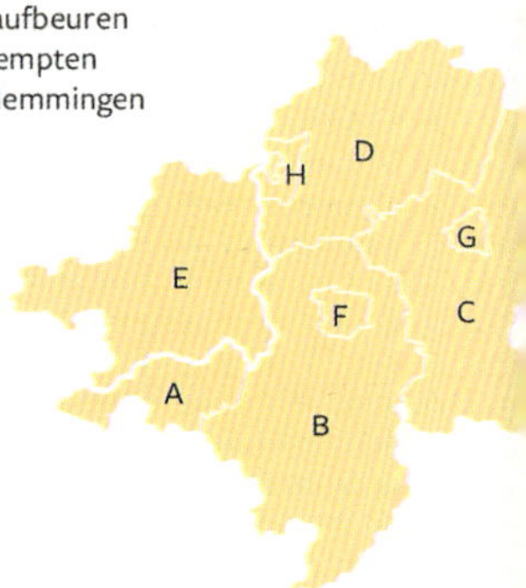

Tourismus

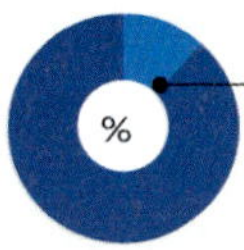

4 Mio. Gäste (2019)
davon 350 000 aus dem Ausland

Rund 13,6 Mio. Übernachtungen insgesamt

Wirtschaft

BIP: 27,3 Mio. € (2018)
Arbeitslosenquote: 3,2 % (2019)

Beschäftigungsstruktur:

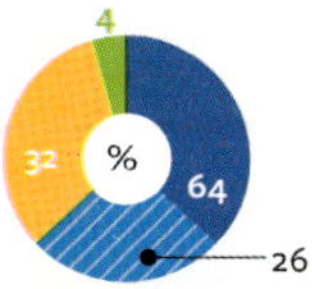

Anteil der Branchen am BIP:

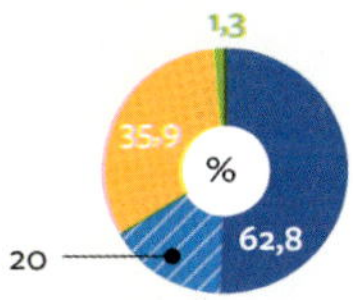

- **Dienstleistung**
- (davon Gastgewerbe, Handel, Verkehr)
- **Produzierendes Gewerbe**
- **Baugewerbe**
- **Forst- und Fischereiwirtschaft**

Klimastation Kempten

Durchschnittstemperaturen

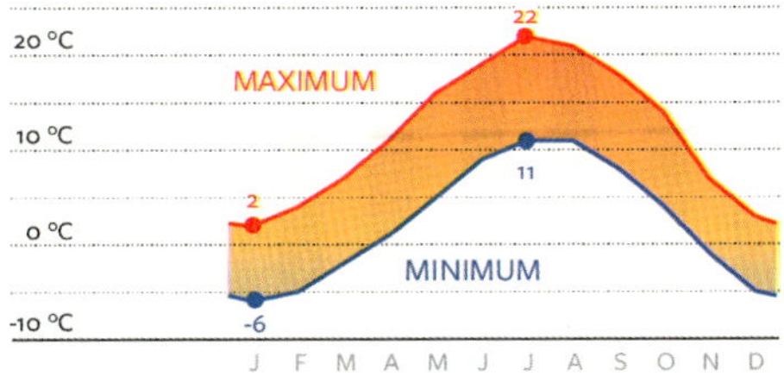

Niederschlag

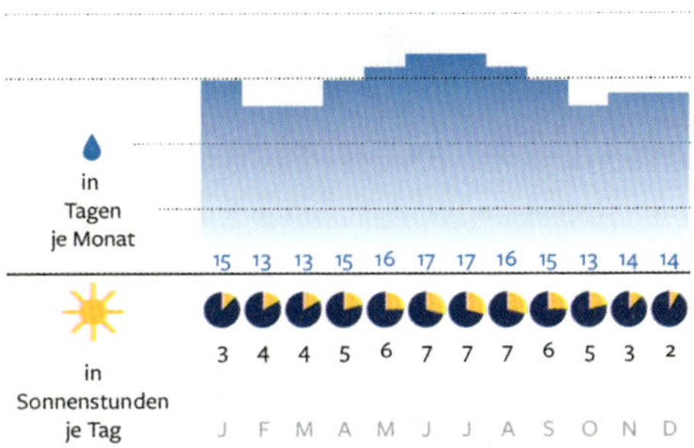

Radeln auf der Römerstraße

Die unter Kaiser Augustus angelegte **Via Claudia Augusta** war eine der wichtigsten Heer- und Handelsstraßen zwischen Süddeutschland und Norditalien und führte von der Adria über den Reschenpass bis nach Augsburg.
Mitte der 1990er-Jahre wurde die historische Route für Wanderer und Radfahrer ausgebaut und markiert. Nicht ganz 30 km verlaufen im Allgäu zwischen Lechbruck und Füssen überwiegend am Forggensee entlang. Detaillierte Infos unter www.viaclaudia.org

Offizielles Logo der Via Claudia Augusta

Heilklima

Die teils starken Temperaturschwankungen wirken als Reizklima, in höheren Lagen kommen die intensive Sonneneinstrahlung und die saubere Luft hinzu. Höhen von über 1500 m sind eine Zuflucht für Pollengeplagte und andere Allergiker; in dieser Hinsicht hat Bad Hindelang einen besonders guten Ruf. In den Tälern und am Alpenrand gibt es fast keinen Ort, der sich nicht mit dem Etikett »Luftkurort« schmückt. Strenger Überwachung durch den Deutschen Wetterdienst unterliegt hingegen das Prädikat »Heilklimatischer Kurort«, das Bad Hindelang, Fischen, Isny, Oberstaufen, Oberstdorf, Scheidegg und Schwangau tragen.

Berg- und Talwind

Kennzeichnend für das Bergklima ist an schönen Tagen der regelmäßige Wechsel von Berg- und Talwind. Tagsüber wirken die erwärmten Berghänge wie ein Schornstein: Die Luft strömt an ihnen talaufwärts und löst die Wolken auf; nachts strömt die kalte Luft ins Tal und weit ins Vorland hinaus – ein willkommener Effekt in sommerlichen Schönwetterperioden.

Föhn

Den einen bringt er Kopfschmerzen, die andern macht er »high«: der Föhn, der mit bis zu 100 km/h heftig durchs Land fegt. Großräumige Luftdruckunterschiede lassen feuchtwarme Luft an der Alpensüdseite aufsteigen, wobei sie sich abkühlt; die Feuchtigkeit kondensiert und regnet ab. Aufgrund der frei werdenden Kondensationswärme kühlt sich die Luft beim Aufsteigen weniger ab, als sie sich jenseits des Alpenkamms wieder erwärmt – mit dem Ergebnis, dass sie bei uns warm und trocken ankommt. Zu den eindrucksvollen sichtbaren Effekten des Föhns gehören die **»Föhnmauer«** (eine Wolkenbank über dem Alpenkamm), linsenförmige Wolken (»Föhnfische«) über dem Vorland, die Aufheiterung und die gute Fernsicht.

Bevölkerung

Typisch Allgäu – das gibt es eigentlich nicht, denn immerhin treffen hier mit Schwaben, Oberschwaben und Oberbayern gleich drei politische Einheiten und mit Alemannen und Schwaben zwei Gründungsvölker aufeinander, die ihre Traditionen stolz pflegen. Eines allerdings eint die »Allgäuer«: ihre Emsigkeit. Wirtschaftlich stehen sie im Bayernland bestens da.

Das Allgäu zwischen Schwaben und Bayern

Zum Allgäu zählt man häufig auch die österreichischen Exklaven Kleinwalsertal und Jungholz, die mit Vorarlberg bzw. Tirol keine Straßenverbindung besitzen. Im 6.–8. Jh. n. Chr. wurde dieses Gebiet von Nordwesten her alemannisch besiedelt (mit Ausnahme des Kleinwalsertals, in dem sich erst im 13. Jh. Alemannen aus dem Wallis niederließen), und so ist die Identität des Allgäus immer noch alemannisch geprägt – nicht schwäbisch (im engeren Sinn) und nicht bayerisch. Denn erst seit rund 200 Jahren, seitdem Napoleon Europas politische Landkarte neu gestaltete und die bayerischen Kurfürsten und württembergischen Herzöge zu Königen machte, gehört das Allgäu zu Bayern bzw. zu Württemberg, und man legt heute noch Wert auf die **eigene Art und Kultur**. Die ist jedoch Gefahren ausgesetzt. Neben dem Traditionsverlust wird – nicht erst in unseren Zeiten grenzenloser Mobilität und Kommunikation – oft die zunehmende »Bajuwarisierung« beklagt. Wer sich wundert, dass bei einem »Heimatabend« ein bayerischer Schuhplattler vorgeführt wird, sei daran erinnert, dass

BAEDEKER MAGISCHE MOMENTE

ALPSOMMER

Die Arbeit der Alpsennen beginnt in aller Herrgottsfrühe. Sie melken die Kühe, rühren und filtern die Milch, die zu Käse werden soll, und pflegen die Laibe, bis sie die richtige Reife haben. Überdies sehen sie nach den Tieren und machen Reparaturen am Haus. Für gestresste Großstädter ist so ein Morgen auf der Alp ein unvergessliches Erlebnis. Einige Sennen im Allgäu bieten Übernachtungen an: www.sennalpen.de

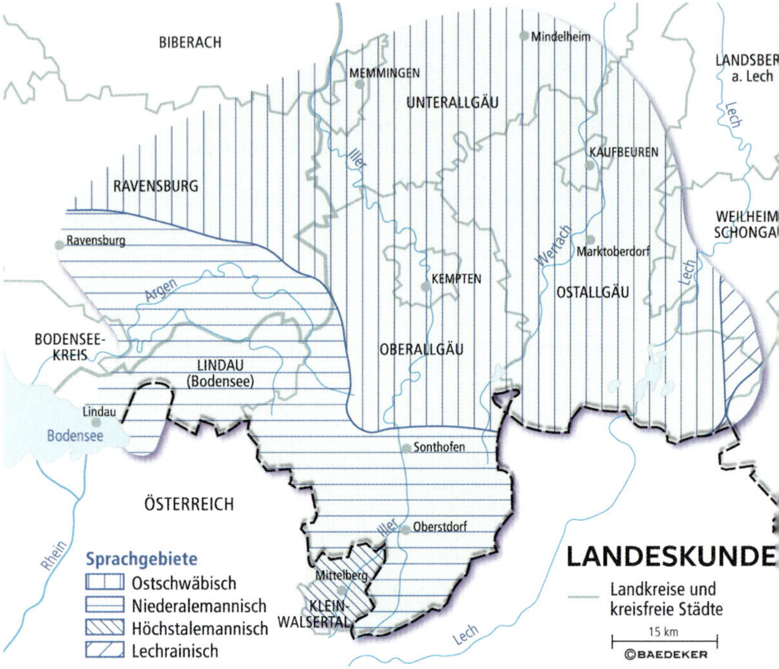

dieser Tanz schon vor über hundert Jahren importiert wurde, auch die Knödel sind auf Allgäuer Speisekarten längst genauso heimisch wie die schwäbischen Spätzle. Weitere Beispiele gibt es zuhauf, von den Verkleinerungsformen »-erl«, wo es »-le« heißen müsste (Stüberl/Stüble), bis zur »Alp«, die durch die bairische »Alm« verdrängt wird.

Ein wenig Sprachkunde

Die Sprache ist überall ein zentrales Element der kulturellen Identität. Und im Allgäu spricht man anders als in Oberbayern, anders als in Württemberg. Auch für weniger geübte Ohren hat das **Allgäuische** (nicht »Allgäuerische«) leicht erkennbare Merkmale: neben dem allgemein-schwäbischen »sch« für »s« die ausgeprägten, gerollten Laute »l« und »r«, die für die lokale Färbung sorgen, selbst wenn ein Allgäuer sonst Hochdeutsch spricht. Ein wenig Erfahrung ist aber nötig, um die Unterschiede zwischen den Allgäuer Regionen zu erkennen. Das Kerngebiet teilt sich in das **Ostschwäbische** und das **Niederalemannische**; im Kleinwalsertal mit seiner eigenen Siedlungsgeschichte wird höchstalemannisch gesprochen, und im Osten geht das Schwäbische allmählich, mit diversen Mischformen, ins Bairische über (►Grafik). Die Grenze zwischen Alemannisch und

Schwäbisch wird als »Wiib-Weib-Linie« definiert: Im Spätmittelalter trennten sich die Sprachgruppen; die eine blieb bei den alten Langvokalen (alemannisch: Wiib, Ziit), die andere machte die »Diphthongierung« mit (schwäbisch: Weib, Zeit). Natürlich gibt es eine Unzahl weiterer Eigenheiten, die das Allgäuische bestimmen und differenzieren, so die Formen für »gewesen«: westallgäuisch »gsi«, ober-/ostallgäuisch »gwäa«. Als Beispiel sei hier ein bekannter, auch landeskundlich interessanter Satz zitiert: »S Allgai fengt do a, wo d'Schumpa scheaner sind wia d'Fähla« (»Das Allgäu beginnt dort, wo die jungen Rinder schöner sind als die Mädchen«). Das Wort »Föhl« oder »Fähl« für »Mädchen« stammt übrigens noch aus römischer Zeit – es kommt von lateinisch »filia«.

»Reigschmeckte«

Dieses schwäbische Wort bezeichnet Menschen von woandersher. Nicht nur in grauer Vorzeit kamen Menschen ins Land: Kelten, Römer, Alemannen, sogar (Nieder-)Sachsen, die Karl der Große um 790 ansiedelte (Sachsenried bei Schongau). Im 19. Jh. verdingten sich »Itaker« als billige Arbeitskräfte, eine Tradition, die seit den 1950er-Jahren mit weitreichenden Folgen wieder aufgenommen wurde. Ende des Zweiten Weltkriegs kamen Tausende Flüchtlinge, in den Jahren danach etwa 1,7 Mio. Vertriebene aus Böhmen und Schlesien nach Oberbayern und ins Allgäu. Seit der deutschen Wiedervereinigung zog es über eine halbe Million aus den neuen Bundesländern ins Alpenvorland. Gegenwärtig weist die Statistik für Oberbayern 24 % Menschen mit Migrationshintergrund aus, für Schwaben 20 %, die bzw. deren Nachkommen dort zu Hause sind oder sein werden.

Wirtschaft

Landwirtschaft

Das Allgäu ist Bauernland, ein Land der Vieh- und Milchwirtschaft (▶ Baedeker Wissen S. 16, 106, 136). Doch so wichtig die grünen Wiesen und die grasenden Kühe für das Heimatgefühl und die Attraktivität als Urlaubsland sind, so marginal ist ihr Anteil am Bruttoinlandsprodukt. Etwa 4 % der Erwerbstätigen im Allgäu arbeiten in der Landwirtschaft, im bayerischen Durchschnitt sind es weniger als 3 % – hier fällt das **Höfesterben** etwas weniger heftig aus als anderswo. Dennoch ist die Tendenz klar; unter dem Druck der EU-Gesetze, der Großabnehmer und der Exportbeschränkungen machen gegenwärtig pro Jahr etwa 3 % der Bauern ihre Stalltür zu. Dafür hat sich die Zahl der Betriebe mit über 50 ha Land z. B. im Oberallgäu in den letzten 15 Jahren mehr als verdoppelt. Selbst Betriebe mit 80 Stück Vieh und mehr wirtschaften am Rand der Rentabilität; im Unterallgäu findet man hochtechnisierte Betriebe mit 500 und mehr Rindern. Verständlich, wenn die Bauern einen »fairen« Milchpreis fordern und viele ihren Hof im Nebenerwerb führen (im Ober- und im Unterallgäu ca. 40 %). Auch wenn die bayerische Regierung und der Deutsche Bauernverband in Berlin und Brüssel die Interessen der Bauern zu wahren versuchen, sieht es nicht gut aus. Vielleicht wird das Allgäu, das erst im 19. Jh. vom blauen Flachsland zum grünen Grasland wurde, bald gelb und grün sein: als Produzent von Raps und Mais für die Treibstoff- bzw. Energieversorgung.

Industrie

Dass es im Allgäu eine beachtliche Industrie gibt, ist wenig bekannt. Ca. 36 % des BIP erwirtschaftet das produzierende Gewerbe inkl. Handwerk. Auch hier ist seit 1945 der Strukturwandel weg vom »rückständigen« Bauernland zu verzeichnen. Wie in einst armen, klimatisch benachteiligten Gegenden öfter anzutreffen, war man immer darauf aus, die karge bäuerliche Lebensgrundlage zu ergänzen. So entwickelte sich eine bedeutende Leinenindustrie, die sich auf Heimarbeit stützte, ebenso wie die Hutfabrikation in Lindenberg. Im Bereich des Grüntens verarbeitete man Eisenerz, und im Nesselwanger Tal tüftelte man an Präzisions- und Messgeräten. Einige **bekannte Firmen** seien stellvertretend genannt: In Immenstadt produziert Bosch ABS-Systeme, dort ist auch die Strumpffabrik Kunert zu Hause. Die BHS Sonthofen stellt Maschinen für die Misch- und Filter-Grob in Mindelheim baut nur Fertigungsstraßen für den Maschinenbau und Fendt in Marktoberdorf ist europäischer Marktführer für Traktoren und Landmaschinen.

Alle Welt will und muss Neuschwanstein gesehen haben.

Tourismus

Nicht nur das Image beteffend, sondern auch in harter Münze floriert das Tourismusgewerbe; das bayerische Alpenvorland rangiert in der Beliebtheit noch vor der Nord- und Ostseeküste. Gegenwärtig zählt man in Bayern insgesamt pro Jahr etwa 37 Millionen Gäste, davon entfallen auf das Allgäu ca. 4 Millionen. Unter den ausländischen Gästen nehmen die Schweizer mit knapp 50 % die Spitzenposition ein. Zu den größten Attraktionen Europas zählt Schloss Neuschwanstein im Ostallgäu; die meisten Besucher sind allerdings **Tagesausflügler und Bustouristen** auf Sightseeing-Tour, die wenig »Geld liegen lassen«.
Die Beliebtheit als Urlaubsziel hat ihre **Schattenseiten**. Die Idylle, mit der in den Prospekten geworben wird, ist vor allem in größeren Orten nur noch zum Teil anzutreffen. Auch hier muss man sich mit massivem Autoverkehr, Häusern im alpenländischen Einheitsstil (»Jodelstil«), Fußgängerzonen mit Beton-Blumenkübeln, den weltweit identischen Plastikstühlen und den Super- und Baumärkten an den Ortsrändern anfreunden. Das schöne schindelverkleidete Westallgäuer Haus ist selten geworden. Allerdings mehren sich die Stimmen, die sagen, dass das Heil nicht in der Ausweitung des Tourismus liegt, sondern vielmehr in der Zusammenarbeit mit den Bauern in Richtung Landschaftsschutz und -pflege, in Richtung hochwertiger Produkte und deren lokaler Vermarktung. Immerhin hat das Allgäu heute die größte Dichte ökologisch arbeitender Betriebe in Bayern.

GESCHICHTE

Woher kamen die Menschen, die das bergige Land urbar machten, wer waren die »Freien im Allgäu«? Was hat es mit der »Vereinödung« auf sich, und warum ist das Allgäu heute auf Bayern und Baden-Württemberg aufgeteilt? Stationen des Allgäus von einer rauen Bergregion zum Tourismusmagneten.

Vor- und Frühgeschichte

Steinzeit

Gegen Ende der letzten Eiszeit, vor 15 000 bis 11 000 Jahren, haben Menschen in Oberschwaben Pferde und Rentiere gejagt, wie bei Schussenried gefundene Spuren bezeugen. Etwa 11 500 Jahre alt sind die Steinwerkzeuge vom Weißenseeberg bei Füssen. An zahlreichen Plätzen fanden sich Werkzeuge und Siedlungsspuren aus der Mittelsteinzeit (um 8000 v. Chr.), so im Füssener Raum auf den Höhen um den damaligen Füssener See (wo sich heute der Forggensee ausbreitet), im Raum Leutkirch/Kißlegg und um Oberstdorf. Dort

EPOCHEN

VOR- UND FRÜHGESCHICHTE

um 8000 v. Chr.	Erste Siedlungsspuren von Jägern und Sammlern
um 1200 v. Chr.	Illyrer kommen nach Schwaben
5. Jh. v. Chr.	Keltische Besiedlung

RÖMISCHE ZEIT

ab 15 v. Chr.	Besetzung des Alpenvorlands durch die Römer Gründung der Provinz Raetia
3./4. Jh. n. Chr.	Eindringen der Alemannen
5. Jh. n. Chr.	Rückzug der Römer aus den Donauprovinzen

FRÜH- UND HOCHMITTELALTER

536/537	Einrichtung alemannischer Herzogtümer
um 750	Missionstätigkeit St. Galler Mönche; Gründung der Klöster Füssen, Kempten und Ottobeuren
817	Erste Erwähnung des Namens »Allgäu«
ab 839	Aufstieg der Welfen
1079 – 1268	Herrschaft der Staufer in Schwaben

SPÄTMITTELALTER · FRÜHE NEUZEIT

1488	Gründung des Schwäbischen Bunds
1525	Bauernkrieg
1618 – 1648	Dreißigjähriger Krieg

19. JAHRHUNDERT

1803/1806	Geistliche und weltliche Territorien werden aufgehoben und den neuen Königreichen Bayern und Württemberg zugeschlagen.
1810	Bayern und Württemberg legen ihre heute noch gültige gemeinsame Grenze fest.
ab 1827	Aufstieg der Milchwirtschaft und Käseproduktion zum wichtigsten Wirtschaftsfaktor
1848	Aufhebung der Grundherrschaft in Bayern
1852 – 1854	Eröffnung der Bahnlinie Kaufbeuren – Lindau

20./21. JAHRHUNDERT

1921	Gründung der Allgäuer Butter- und Käsebörse
ab 1934	KdF-Urlaubsreisen ins Allgäu
1945	Das Allgäu wird von US-Truppen besetzt, der Landkreis Lindau von den Franzosen.
1972	Verwaltungsreform: Bildung der Landkreise Oberallgäu, Ostallgäu, Unterallgäu
2021	Vielerorts werden 200 Jahre Kneipp gefeiert.

liegen einige Fundstellen über 1800 m hoch – Zeugnisse der **»ersten Bergler«!** In der Jungsteinzeit (3500–ca. 2000 v. Chr.) werden die Menschen als Bauern sesshaft. Siedlungen sind in klimatisch begünstigten, fruchtbaren Randzonen des Allgäus nachgewiesen, so am Bodensee und in Mittelschwaben; im höheren Alpenvorland lassen nur Einzelfunde auf die Anwesenheit des Menschen schließen.

Bronze- und Eisenzeit

In der Bronzezeit (1800 – 1200 v. Chr.) dringt die Siedlungstätigkeit allmählich in gebirgsnahe Gegenden vor, wie auch viele Einzelfunde von Geräten bis hinauf nach Einödsbach (1700 m) zeigen. Um 1200 v. Chr. lassen sich **Illyrer** aus der Ungarischen Tiefebene in Schwaben nieder, die die Technik der Eisenverarbeitung kennen. Den Übergang von der Bronze- zur Eisenzeit (ab 8. Jh. v. Chr.) bringt die **Hallstattkultur** mit Neuerungen in Siedlung, Bestattung, Gebrauchsgeräten (Töpferscheibe) und Schmuckformen (Zierfibeln), die aus dem Mittelmeerraum übernommen werden. Um 600 v. Chr. hat sich im Allgäu die Verhüttung des heimischen Eisenerzes etabliert. Eine bedeutende Rolle spielt auch der Handel, insbesondere von Salz. Aus illyrischer Zeit stammen u. a. die Namen der Flüsse Iller und Argen sowie der Ortsname Foetibus, das mit Füssen identifiziert wird. Im 5. Jh. v. Chr. dringen von Westen die **Kelten** der Latènezeit ein, die ersten Bewohner des bayerischen Raums, die in antiken Quellen genannt werden. Sie bilden das beherrschende Bevölkerungselement der Gegend: Vindeliker im Alpenvorland bis zur Donau, Raeter im Alpenraum. Münzen, Bronzefibeln und Glasschmuck, die Reste von Befestigungen (u. a. auf dem Auerberg bei Marktoberdorf, auf der Schöllanger Burg, auf dem Menschenstein bei Weiler) zeugen von ihrer Kultur. Sprachliche Spuren haben sich in Namen wie Wertach, Lech, Inn und Kempten erhalten.

Römische Zeit

Römische Zeit – frühe und mittlere Kaiserzeit

Unter dem römischen Kaiser Augustus beginnt 15 v. Chr. die Eroberung des Alpenraums. In diesem Jahr stoßen die Feldherrn Tiberius vom Bodensee her und Drusus über den Fernpass ins Allgäu vor. Dabei schlägt Tiberius die Brigantier. Die keltischen Gebiete bis zur Donau werden dem Römischen Reich einverleibt und bilden die **Provinz Raetia** mit der Hauptstadt Augusta Vindelicorum (Augsburg). Die keltische Festung auf dem Auerberg wird zum römischen Militärposten, Straßen werden gebaut und gesichert, v. a. zwischen Bregenz und Kempten (über Heimenkirch – Wengen – Buchenberg) und die Via Claudia Augusta, die von Rom über Reschen- und Fernpass nach Augsburg führt. Neue Ansiedlungen werden gegründet, bestehende wie Bregenz (Brigantium) und **Kempten** (Cambodunum) ausgebaut. Bereits 18 n. Chr. erwähnt der griechische Historiker Strabo in

Hier badeten einst die Römer: »Kleine Therme« in Cambodunum/Kempten

seiner »Geographica« Kempten als »Cambodunon«, ein keltischer Name, der so viel wie »befestigter Ort an der Flussbiegung« heißt. Die keltische Bevölkerung vermischt sich allmählich mit den Eroberern, der mit keltischen Elementen angereicherte römische Kultus setzt sich durch, bevor er ab dem 4. Jh. vom Christentum abgelöst wird.

Spätantike Verstärkte Einfälle germanischer Völker (Alemannen, Franken) ab dem 3. Jh. läuten das Ende der römischen Herrschaft ein. Nach ersten Angriffen 213 fällt der Limes 233 zu großen Teilen. **Alemannen** dringen 233 und 250 nach Cambodunum vor, das sie teilweise zerstören, bevor sie ab 259 die Provinz Raetia allmählich in Besitz nehmen. Die Absetzung des Kaisers Romulus Augustulus durch den germanischen Heerführer Odoaker 476 bedeutet das Ende des Weströmischen Reichs; die Donauprovinzen werden geräumt, Teile der römischen Bevölkerung kehren nach Italien zurück. Zwischen dem Bayerischen Wald, dem Lech und den Alpen lassen sich ab Ende des 5. Jh.s Ostgermanen nieder, hauptsächlich aus Böhmen, wovon die spätere Bezeichnung **Bajuwaren** für die östlichen Nachbarn abgeleitet ist.

Früh- und Hochmittelalter

Fränkische Herrschaft und Christianisierung

Ab Ende des 5. Jh.s geraten die Alemannen zunehmend in Konflikt mit den Franken. 536 fällt Letzteren der ganze alemannisch-bayerische Raum zu. Sie setzen **Stammesherzöge** ein, die relativ unabhängig regieren; auch behalten die Alemannen ihr eigenes Recht. Das Verhältnis bleibt aber immer gespannt, und 746 eliminiert Karlmann die alemannische Führungselite; Schwaben wird Eigentum des fränkischen Königs und durch **Gaugrafen** verwaltet. Aus dem 7. Jh. sind im Oberallgäu nur in Sonthofen, Altstädten, Fischen und Oberstdorf Siedlungsreste bekannt. Die frühalemannische Landnahme hatte ihren Südrand in dem weiten Bogen von Lindau über Leutkirch, Memmingen und Kaufbeuren bis Füssen. Im 8. Jh. schreitet die Besiedlung nach Süden voran (Orte auf -ingen, -hofen, -beuren, -wang). Einen wichtigen Beitrag zur Zivilisation des Landes leistet die **Kirche**, organisiert in den Bistümern Augsburg, das im 3. Jh. entstand, und Konstanz, gegründet Ende des 6./Anfang des 7. Jh.s. Mönche aus St. Gallen, vor allem der »Apostel des Allgäus«, der hl. Magnus, sind um die Mitte des 8. Jh.s missionierend tätig; aus ihren Zellen entstehen die Klöster Füssen und Kempten. 764 stiftet ein fränkischer Graf das Kloster Ottobeuren, das mit Reichenauer und St. Galler Mönchen besetzt wird. 817 wird in einer St. Galler Urkunde zum ersten Mal das **»Allgäu«** genannt, als »pagus albigaugensis«, womit der Bereich etwa zwischen Scheidegg, Niedersonthofen und Oberstdorf gemeint ist. Die **Klöster** werden Zentren der Kultur. Literatur, Buchmalerei und Kunsthandwerk erleben dort eine hohe Blüte. Mit dieser Rolle der Klöster werden Traditionen begründet, die Land und Leute bis zur Säkularisation prägen sollten.

Welfen und Staufer

Als die fränkische Zentralgewalt bröckelt, kann im Jahr 839 der in Oberschwaben ansässige Zweig der **Welfen** die Udalrichinger als Gaugrafen ablösen. Welf IV. wird 1070 mit der bayerischen Herzogswürde belehnt; in der Folge dehnt das Geschlecht seinen Besitz bis nach Südtirol aus. In den Wirren um den päpstlichen Bann über König Heinrich IV. stellen sich die Welfen auf die Seite des Gegenkönigs Rudolf von Rheinfelden. Nachdem Heinrich Schwaben und das Allgäu blutig zurückerobert hat, macht er 1079 **Friedrich von Staufen** zum Herzog von Schwaben. 1138 wird Konrad von Staufen König, 1155 Friedrich I. Barbarossa Kaiser. In Schwaben geht der zerstörerische Konflikt zwischen den Welfen und den Staufern bis 1191 weiter, als Welf VI. stirbt und sein schwäbischer Besitz, den er aufgrund seiner Verschwendungssucht den Staufern verpfändet hat, an den Erzfeind fällt. Mit weiteren Erwerbungen verfügen die Staufer nun über ein relativ geschlossenes Eigengebiet, das sie aber nicht lange halten können: Nach dem Tod des letzten Staufers Konradin 1268 zerbricht es in **weltliche und geistliche Territorien sowie Freie Reichsstädte** wie Lindau und Kempten. Die politische Karte des 14.–18. Jh.s zeigt für Oberschwaben und das Allgäu einen bunten Flickenteppich, in dem das Hochstift Augsburg und das Fürststift Kempten größere Flächen einnehmen; über nennenswerte Territorien verfügen auch das Kloster Ottobeuren, die Truchsessen von Waldburg und die Grafen von Montfort (Montfort-Rothenfels u. a.). Im Westen sichern sich die württembergischen Herzöge große Teile des Gebiets. Im östlich benachbarten Bayern können sich ab 1180 die **Wittelsbacher Herzöge** – trotz wiederholter Teilung – ein großes Herrschaftsgebiet aufbauen und erhalten.

Freie Reichsstädte

In einer Reihe von Orten entsteht schon im frühen Mittelalter eine wohlhabende, einflussreiche Schicht von Handwerkern und Kaufleuten, die naturgemäß auch politisches Selbstbewusstein entwickelt. Um sie sich gewogen zu machen, gewähren Könige und Kaiser ihnen Privilegien, die Stadtrechte (v. a. im 13. Jh.) und später den Status der **Freien Reichsstadt**, womit sie sich neben weltlichen und kirchlichen Territorien als dritte Kraft etablieren. Diese Städte – Lindau, Wangen, Isny, Leutkirch, Memmingen, Kempten, Kaufbeuren – liegen außerhalb des Gebiets, das zu dieser Zeit als »Allgäu« gilt und als raues Bauernland keine städtischen Strukturen ausbildet.

... und freie Bauern

Zwei bemerkenswerte Sonderfälle weist die Geschichte des Allgäus auf: die Freien von Eglofs und die Freien auf der Leutkircher Heide. 1243 kauft Friedrich II. die »Grafschaft im Albgau mit der Burg Eglofs« und besiedelt sie mit Bauern, denen er persönliche Freiheit, Eigentum an ihren Gütern und weitere wichtige Privilegien gewährt. Diese Bauern sind nicht arm, denn ein Viertel der Kaufsumme bringen sie selbst auf. 1282 bekommt Eglofs gar das Stadtrecht, eine für das Heilige Römische Reich einzigartige Stellung. Das Siedlungsgebiet der Eglofser Freien entspricht dabei, mit einigen Ausweitungen, dem »Ur-Allgäu«, dem alten **»pagus albigaugensis«**. Die ähnlich privilegierten Freien auf der Leutkircher Heide, im alten Nibelgau, gehen auf den Kauf der Grafschaft Zeil durch Friedrich II. um 1240 zurück (bei Hundhöfe an der B 18 südwestlich von Leutkirch erinnern Findlinge an sie). Beide Gruppen haben als »Freie im Allgäu« wesentlichen Anteil am Überleben des Namens »Allgäu«.

Besiedlung und Ortsnamen

Einige häufige Typen von Ortsnamen rühren aus der Siedlungstätigkeit im Mittelalter. So lassen die Namen auf »-weiler« erkennen, dass Einzelhöfe und kleine Hofgruppen schon vor der Vereinödung (► S. 263) existierten. Die fortschreitende Urbarmachung durch Rodung signalisieren Namen auf »-ried«, »-reut«, »-schwend« und ähnliche. Eine echte Allgäuer Besonderheit sind die sog. elliptischen oder genitivischen Ortsnamen, abgeleitet von einem Personennamen: z. B. Siebers, Eglofs, Metzlers, Diepolz (von Diepolt), Eckarts. Meist wird ein »-ried« oder ein »-weiler« ergänzt.

Spätmittelalter · Frühe Neuzeit

Reichsritter und Schwäbischer Bund

Was wenig bekannt ist: Das Allgäu war ein Land der Burgen, über hundert sollen es gewesen sein. Auf ihnen sitzen einstige Dienstmannen und Ministerialen, die sich aus den Lehensbeziehungen großenteils gelöst haben. Zum Schutz vor den Landesherren gründen sie schon im 14. Jh. Rittergesellschaften, die 1407 in der **Reichsritterschaft mit St.-Jörgen-Schild** aufgehen. Anlass für deren Gründung ist die Bedrohung durch die Appenzeller Bauern, die sich gegen den St. Galler Abt und Habsburg erfolgreich erhoben haben, ins Allgäu einmarschieren und für Aufruhr sorgen. Als sie 1408 Bregenz bedrohen, können die Ritter sie zurückschlagen. Um den Landfrieden zu bewahren – d. h. die Wittelsbacher an der Expansion nach Westen zu hindern –, veranlasst Kaiser Fiedrich III. 1488 die Städte und Stände zum Zusammenschluss im Schwäbischen Bund.

Bauernkrieg und Reformation

Nachdem die stiftskemptischen Bauern schon 1491 den Widerstand geprobt haben, erheben sich unter dem Einfluss der Reformation 1524/1525 die schwäbischen Bauern und ihre Standesgenossen zwischen Bern und Thüringen gegen die Feudalherren. Im **Bauernkrieg**

Die »Zwölf Artikel«, erstmals 1525 in Memmingen formuliert, gelten als frühes Postulat der Menschenrechte. Daran erinnert das Wanbild am Kamerzunfthaus.

tritt das Allgäu zum einzigen Mal in den Blick der großen Geschichte: Die **»Zwölf Artikel«**, die auf der Grundlage evangelisch-christlicher Vorstellungen am 15. März 1525 in Memmingen formuliert werden, gelten als frühes Manifest der Menschenrechte.

Unmittelbare Not ist nur zu einem geringen Teil Anlass; allerdings sind die feudalen Lasten – Zinsen, Zehnte, Frondienste – drückend, und als besonders negativ werden die fortschreitende Entrechtung, die Willkür und Erpressung durch die Grundherren vermerkt. Im oberschwäbisch-allgäuischen Raum formieren sich drei große Gruppen, der Baltringer Haufen, der Seehaufen und der **Allgäuer Haufen** (Letzterer mit 13 Einzelhaufen). Die vor allem auf Rechtssicherheit zielenden Zwölf Artikel bleiben wirkungslos. Den folgenden Aufstand schlägt der Heerführer des Schwäbischen Bundes, **Georg Truchsess von Waldburg** (»Bauernjörg«), grausam nieder. Man schätzt, dass der Aufstand 75 000 Bauern im ganzen Reich das Leben gekostet hat. Viele haben alles verloren, ihr Widerstandsgeist ist gebrochen.

Bis zum Augsburger Religionsfrieden 1555, auf dem die Maxime »cuius regio, eius religio«, d. h. »Der Landesherr bestimmt die Konfession«, angenommen wird, setzt sich die **Lehre Luthers** in den schwäbischen Territorien zum Teil und in den meisten Freien Reichsstädten durch, nicht ohne massive katholische Repressalien und protestantische Märtyrer. Aufgrund der Beziehungen der schwäbischen Reichsstädte zur Schweiz ist der Einfluss Zwinglis stark. In einigen Städten praktiziert man eine Koexistenz, die bis in die politische Verwaltung reicht. Demgegenüber stellen sich die Wittelsbacher östlich des Lechs auf die Seite des Katholizismus und des Papsttums; Bayern wird zur führenden Macht der **Gegenreformation**. Der Konflikt zwischen den Konfessionen wird bis weit ins 18. Jh. weiterwirken.

Dreißigjähriger Krieg

Die Gegensätze zwischen Katholiken und Protestanten spalten auch die Territorien in Schwaben. Zwischen 1618 und 1648 leidet das Land unter dem Hin und Her der Feldzüge, bei denen sich die Söldner beider Lager an Grausamkeit zu übertrumpfen versuchen, dazu kommt 1630 – 1632 die Pest. Im Juni 1630 macht **Wallenstein** Memmingen zum Hauptquartier; jedoch wird er im Oktober als Oberbefehlshaber des kaiserlichen Heers entlassen. Ab 1632 tobt im Allgäu der Kampf zwischen den **Schweden und den Kaiserlichen**. Besonders übel geht es in Kempten zu, das in katholisches Stift und protestantische Stadt gespalten ist. Am Ende des Kriegs 1648 ist die Bevölkerung des Allgäus auf etwa ein Drittel geschrumpft, diejenige Kemptens gar auf ein Zehntel.

Zeit des Absolutismus

Nach dem Westfälischen Frieden hat das Allgäu etwa 50 Jahre Zeit zur Erholung. Erstaunlicherweise kann der Fürstabt zu Kempten schon 1651 mit dem Bau der neuen prächtigen Residenz beginnen. Auch die **Klöster** in Irsee (ab 1699), Füssen (1701) und insbesonde-

Kempten in einem Merian-Stich von 1640

re Ottobeuren (1711) sowie Weingarten (1715) entstehen unter großem Aufwand neu, nicht zu vergessen einige Schlösser; eine große Zahl von Gotteshäusern wird barock umgestaltet. Ansonsten ist das Allgäu im 18. Jh. Spielball der großen Politik, was für seine Bewohner viel Ungemach bedeutet. Im **Spanischen Erbfolgekrieg** (1701 – 1714), den der bayerische Kurfürst Max Emanuel mit Frankreich gegen Habsburg führt, werden besonders Memmingen und Kempten, aber auch das Westallgäu bis nach Oberschwaben hinein in Mitleidenschaft gezogen. Weitere Lasten bringen der Österreichische Erbfolgekrieg 1740 – 1748 und dann die **Napoleonischen Kriege** zwischen 1796 und 1810, in denen das Allgäu von allen Kontrahenten geplündert wird und Schauplatz regionaler Aufstände gegen die Franzosen ist. Das Mittelalter – so könnte man sagen – endet im Allgäu im Jahr 1775, als in Kempten zum letzten Mal in Deutschland eine »Hexe« enthauptet und verbrannt wird.

Vereinödung

Was wäre die reizvolle Allgäuer Landschaft ohne die vielen **einzeln stehenden Bauernhöfe?** Zwar ist die Siedlung in verstreuten Höfen und Weilern schon im Mittelalter üblich – 1627 schreibt ein Kemptener Pfarrer von der Alleinherrschaft des Allgäuers auf seinem Einödhof –, doch haben wir hier im Wesentlichen das Ergebnis einer Aktivität vor uns, die v. a. in die Jahre 1769 – 1802 fällt. Während die erste bekannte Vereinödung für 1550 dokumentiert ist, werden in diesen

Jahren – von insgesamt ca. 1200 – etwa 500 vorgenommen. Zur Vereinödung gehören die Zusammenlegung zu kleinen Parzellen (Flurbereinigung), Aufhebung des Flurzwangs und (nicht immer) die Aussiedlung aus dem Dorf, der »Ausbau«. Die Bewegung, die sich vom stiftskemptischen Gebiet aus westlich über fast ganz Oberschwaben ausbreitet, gründet nicht auf obrigkeitlicher Anweisung, sondern auf eigener Initiative; erst 1791 erlässt der Kemptener Fürstabt eine regulierende Verordnung. Wenn einmal der Beschluss in einem Dorf gefasst ist, werden z. T. innerhalb weniger Wochen (!) die Grundstücke neu verteilt und gegebenenfalls Höfe abgebrochen und neu aufgebaut, wobei es bemerkenswert wenig Streitfälle gibt. Diese Neuordnung rechtlich-betriebswirtschaftlicher Verhältnisse sorgt für eine Verbesserung der bäuerlichen Einkommen und ist auch für den Aufstieg der Milchwirtschaft ab 1827 von großer Bedeutung.

Milchtransport auf der Willersalpe – im Jahr 1937 war das noch eine Knochenarbeit.

19. Jahrhundert

Politische Neuordnung

Das 19. Jh. bringt dem Allgäu von Beginn an tiefgreifende Umwälzungen. Nachdem schon 1796 das französische Revolutionsheer bis nach Bayern vorgedrungen ist, schlagen am 3. Dez. 1800 Napoleonische Truppen das bayerisch-österreichische Heer beim oberbayerischen Hohenlinden. Im Reichsdeputationshauptschluss 1803 verlieren Reichsstädte und Hunderte kleiner weltlicher und geistlicher Territorien ihre Unabhängigkeit (Mediatisierung und Säkularisation). Der größte Teil des Allgäus kommt mit Ostschwaben zu Bayern, der kleinere Teil – v. a. die Besitzungen der Fürsten von Waldburg, Isny und Eglofs, dazu 1809 Wangen – zu Württemberg; das Kleinwalsertal wird auf dem Wiener Kongress 1815 Österreich zugeschlagen. Am 1. Jan. 1806 werden das Kurfürstentum Baiern (ab 1825 »Bayern« geschrieben) und das Herzogtum Württemberg von Napoleon zu Königtümern erhoben. Auf diese Weise ist nun **das alemannische Allgäu gespalten** und zum größeren Teil Bestandteil eines Staats, der politisch und kulturell eine andere Geschichte hat. Damals heißt es weithin: »Wir sind also bayrisch – Gott gnade uns allen!« Im übermächtigen, auf den Münchner Hof zentrierten bayerischen Staat spielt das Allgäu nur eine periphere Rolle.

Das neue Bayern

Unter dem bayerischen König Maximilian I. (1806 – 1825) und seinem Minister Maximilian Joseph Graf von Montgelas – dem Schöpfer des modernen bayerischen Staats – wird das Land in einer »Revolution von oben« reformiert: Abschaffung von Adelsprivilegien, Rechtsgleichheit, Gleichstellung der christlichen Konfessionen. 1818 fixiert der Monarch in einer der ersten deutschen Verfassungen die bürgerlichen Grundrechte; 1848 wird die Grundherrschaft abgeschafft, die Bauern werden Herren ihres Landes. Allerdings bewirkt die Aufhebung von Fürstentümern und Klöstern eine Provinzialisierung des Landes, das seiner Bildungs- und Kulturzentren beraubt wird. Gerade in bäuerlich geprägten Gebieten wie dem Allgäu hatte der Klerus wichtige Funktionen in puncto Volksbildung und sozialer Fürsorge erfüllt. Die kirchlichen Ländereien helfen nun der Staatskasse auf, Kunstschätze werden verschleppt, wertvolle Bibliotheksbestände nach München geschafft oder als Altpapier verhökert.

Vom »blauen« zum »grünen« Allgäu

Andererseits bereitet die Neuorganisation des Staatswesens den Boden für die großen wirtschaftlichen Umwälzungen im Allgäu des 19. Jh.s, das zunehmend auch von internationalen Einflüssen abhängig wird. Bisher umfasst die Landwirtschaft v. a. eine Viehzucht, die ihre Produkte bis nach Italien verkauft, und den Ackerbau zur Selbstversorgung, der Getreide (Hafer, Dinkel, Gerste), Hülsenfrüchte und Kraut liefert, außerdem Flachs, seit dem Mittelalter Grundlage für eine florierende **Leinenindustrie**; kaum ein Bauernhaus gibt es, in dem nicht Männer, Frauen und Kinder Garn spinnen und Stoffe weben. Der blau blühende Flachs ist so verbreitet, dass man vom »blauen Allgäu« spricht. Milch und Käse stellt man nur für den Eigenbedarf her. Seit dem Spätmittelalter haben sich aber die klimatischen Bedingungen für den Ackerbau verschlechtert, dazu ist die Konkurrenz durch die englische Baumwollindustrie übermächtig; Armut und Not sind die Folge. In dieser Situation sorgen tatkräftige Männer für den neuen Erwerbszweig, der das Bild und den Ruf des Allgäus bis heute prägt: die **Produktion von Milch und Käse** (▶ Das ist das Allgäu, S. 16 sowie Baedeker Wissen, S. 106 und 136). Der rasche, große Erfolg beruht auch auf der Gründung des Deutschen Zollvereins 1834 und dem Ausbau der Infrastruktur, v. a. der Bahnlinie Kaufbeuren – Lindau, die zwischen 1852 und 1854 in Betrieb geht. Die Industrialisierung beschränkt sich auf wenige größere Orte, anknüpfend vor allem an die bisherige Textilproduktion und die kleine Metallindustrie im Raum Sonthofen. Viele Bewohner wandern in die Industriezentren nördlich der Donau oder in die USA aus.

Touristen kommen ins Allgäu

Zur selben Zeit bahnt sich die Entdeckung des Allgäus als Ferienland an. Schon 1782 hat sich der Augsburger Fürstbischof Clemens Wenzeslaus in einer Sänfte auf den Grünten tragen lassen – mit seinem Tross von Hofschranzen und über 50 Bauern als Träger. Auch die Wittelsbacher schätzen die malerische Landschaft: Kronprinz Maximilian, später König Max II., lässt sich ab 1832 das Schloss Hohenschwangau bei Füssen als Wohnsitz erstellen; **Prinz Luitpold**, passionierter Jäger und später Prinzregent, macht ab 1851 Oberstdorf zu seiner zweiten Heimat; König Ludwig II. gibt dem bayerischen Alpenvorland mit dem 1869 – 1886 erbauten Schloss Neuschwanstein das berühmteste Wahrzeichen. Bald kommen mit der Bahn die ersten Sommerfrischler, die sich auf die bequemen Täler beschränken. Nachdem 1818 bei der bayerischen Landvermessung Signalstangen auf über 50 Gipfeln gepflanzt worden waren, schlägt 1869 die Geburtsstunde des alpinen Tourismus im Allgäu: In diesem Jahr besteigt der junge Rechtspraktikant **Hermann von Barth** 44 Gipfel! Das Wegenetz, das dem Normalverbraucher schöne Bergerlebnisse ermöglicht, initiiert A. Spiehler, unterstützt vom 1869 gegründeten Deutschen Alpenverein. Zwischen 1875 (Waltenberger-Haus) und 1929 (Landsberger Hütte) werden die wichtigen Stützpunkte erbaut. 1897 bezwingen F. X. Euringer und M. Madlener auf Skiern den Stuiben, die ersten Wintersportler kommen 1905 nach Oberstdorf: Der Siegeszug des »weißen Sports« ist nicht mehr aufzuhalten. Für die Entwicklung geruhsamerer Urlaubsformen sorgte besonders der Geistliche **Sebastian Kneipp** ab 1855 in Wörishofen im Unterallgäu – mit seiner heute weltweit berühmten Kaltwasserkur.

20./21. Jahrhundert

Von 1914 bis 1945

Der Erste Weltkrieg bereitet einer prosperierenden Zeit unter dem Prinzregenten Luitpold (1886–1912) ein jähes Ende. Über 900 000 bayerische Soldaten ziehen in den Krieg, etwa 180 000 kehren nicht mehr heim. Auf Initiative des Kemptener Oberbürgermeisters Otto Merkt – der sich auch in der Heimatpflege große Verdienste erwirbt – wird dort 1921 die **Allgäuer Butter- und Käsebörse** gegründet, seit 1950 Süddeutsche Butter- und Käsebörse, die heute in Baden-Württemberg, Bayern und Sachsen Angebot und Nachfrage für Butter und Käse ermittelt und so die Grundlage für die Notierung bildet. Das Jahr 1922 sieht ein zweites wichtiges Ereignis in puncto Käse: In Wangen wird der erste Schmelzkäse hergestellt. Der **Tourismus** wird in der benachteiligten Wirtschaftsregion Allgäu zu einem unverzichtbaren Standbein. In den Jahren der Inflation verzeichnen die Hütten des Deutschen Alpenvereins einen Gästeboom, und 1934 kommen die ersten »Kraft-durch-Freu-

Alte und neue Zeit treffen am Oberstdorfer Bahnhof aufeinander: 1930 wurde die Buslinie ins Kleinwalsertal eröffnet.

EIN EWIG RÄTSEL

Ein schlichtes Holzkreuz nahe dem Ufer markiert im Starnberger See die Stelle, an der am 13. Juni 1886 das Leben König Ludwigs II. zu Ende ging. Unter welchen Umständen er und sein Arzt Dr. von Gudden umkamen, ist bis heute nicht geklärt. Doch hält gerade der mysteriöse Tod des »Kini« seine Anziehungskraft weit über Bayern hinaus aufrecht.

Ludwig ließ wunderschöne Schlösser bauen, die heute zu den größten Attraktionen Bayerns zählen und einen ganzen Wirtschaftszweig unterhalten. Er war schön wie der sprichwörtliche Märchenprinz. Aber schon mit knapp vierzig Jahren war er dick und aufgeschwemmt, litt fürchterlich unter verfaulenden Zähnen, saß einsam in seinen Schlössern und jagte nächtens im elektrisch beleuchteten Schlitten durch verschneite Wälder.

Nein, märchenhaft war sein Leben nicht, und dabei hatte alles so verheißungsvoll begonnen. Just am Geburtstag des Großvaters König Ludwig I., am 25. August 1845, kam im **Schloss Nymphenburg** der lang ersehnte Thronerbe zur Welt. Schon früh entwickelte der kleine Ludwig eine lebhafte Fantasie, ließ sich gerne Geschichten erzählen oder erfand welche, erfreute sich am Theaterspielen und konstruierte mit seinen Bauklötzen kunstvolle Gebäude. Besonders angetan hatten es ihm die prachtvollen Sagengemälde auf **Schloss Hohenschwangau**, wo er und sein Bruder Otto, der später als geisteskrank galt, den größten Teil der Kindheit verbrachten. Stundenlang saß er in seinem Zimmer und flüchtete vor der strengen Erziehung in die Welt seines Lieblingshelden, des Schwanenritters Lohengrin. Denn weder zu seinem Vater noch zu seiner Mutter hatte er ein gutes Verhältnis – vermutlich begann damals schon sein innerer Rückzug.

Schöner junger König

Gut 18 Jahre alt war Ludwig erst, als er die Nachfolge seines Vaters antreten musste. Ein strahlend schöner junger Mann mit dunklen Locken und tiefblauen Augen, der mit seinen Einsneunzig alle überragte, schritt hinter dem Sarg einher. Hingerissen jubelte ihm das Volk zu, voll Eifer stürzte er sich in die Regierungsarbeit. Doch wohl nur er selbst kannte seine Angst und Unerfahrenheit; bald schon langweilte ihn alles, widerten ihn die Staatsgeschäfte an, die mehr einem König spielen denn einem echten Regieren glichen. Eine der wichtigsten Ursachen für diesen Rückzug mag der **Krieg von 1866** gewesen sein, zu dem man den König zwingen musste. Das Ergebnis war ein Bündnis mit Preußen, wonach im Kriegsfall der preußische König Oberbefehlshaber der bayerischen Truppen wurde – für Ludwig eine Verletzung seiner Souveränität, die nur vier Jahre später im Deutsch-Französischen Krieg zur Realität wurde.

Der Rückzug

Aus der Welt, in der er nicht mehr König sein konnte, zog er sich zurück in eine andere: Kein König der Kriege, ein **König der Kunst** wollte er sein. Er begann mit dem geradezu hektischen Bau von Schlössern, sodass innerhalb weniger Jahre wahre Architekturwunder

entstanden: Neu-Hohenschwangau (Neuschwanstein) als Gralsburg aus Wagners »Lohengrin«, Herrenchiemsee und – als einziger Bau zu seinen Lebzeiten vollendet – Linderhof mit der berühmten Grotte und dem See mit Wellenmaschine, auf dem sich der König nachts in einem Muschelkahn herumrudern ließ. Lange hat man in den Schlössern großartige Leistungen des Kunsthandwerks gesehen und Ludwig als Förderer und Auftraggeber, inzwischen weiß man, dass er bei fast allen Arbeiten selbst mit am Werk war.
Ein anderes bleibendes Verdienst des Königs ist die 20 Jahre dauernde Protektion **Richard Wagners**. Als 15-Jähriger hatte Ludwig in München tief ergriffen den »Lohengrin« erlebt und war in grenzenlose Schwärmerei für den Komponisten verfallen. Schon einige Monate nach Regierungsantritt schickte er seinen Staatssekretär Pfistermeyer aus, den Meister, in den er regelrecht verliebt war, nach München zu holen. Ludwig überschüttete den »erhabenen, göttlichen Freund« mit Gunst und Geld, doch die Minister teilten die königliche Begeisterung mitnichten, zumal sich Wagner auch in politische Angelegenheiten einmischte. Für Ludwig brach dann eine Welt zusammen, als er feststellen musste, dass Wagners angebliche Arbeitsbeziehung zu Cosima von Bülow eindeutig erotischer Art war. Tief enttäuscht von diesem Verrat zog er sich von Wagners Person zurück, hielt aber seiner Musik die Treue und half ihm auch finanziell. Die Schwärmerei für Wagners Musik war es auch zunächst, die Ludwig mit **Herzogin Sophie in Bayern** zusammenführte. Doch die am 22. Januar 1867 geschlossene Verlobung währte nicht lange, denn bald wurde Ludwig klar, dass es mit Sophie über die Musik hinaus keine

Ludwig II., 1864 – 1886 König von Bayern, in Generalsuniform. Gemälde von F. Piloty, 1865

tieferen Gemeinsamkeiten gab. Als die Entlobung bekanntgegeben wurde, war die Verwandtschaft verstimmt und das Volk enttäuscht, der König aber atmete auf.
Es gab nur eine Frau in seinem Leben, der er tief verbunden war: Sophies ältere Schwester **Elisabeth, später Kaiserin von Österreich**, die berühmte Sisi. Beider Verhältnis war kein erotisches; Ludwigs Homosexualität war ein Tabu und stürzte ihn selbst in Konflikte. Die tiefe Verehrung, die er seiner acht Jahre älteren Cousine entgegenbrachte, lag in ihrer Wesensähnlichkeit. Auch Sisi war schön und exzentrisch, schwärmerisch und fantasievoll, litt wie er unter der Last der

»Nächtliche Schlittenfahrt König Ludwigs II. im Ammergebirge« von Rudolf Wenig, um 1860

Krone. War Ludwig für den Zeitgeschmack zu weich oder gar zu weibisch geraten, galt Elisabeth als zu männlich und zu emanzipiert. Beide kamen mit den Konventionen ihrer Zeit und ihrer Stellung nicht zurecht und schufen sich ihre Refugien. Wann immer sie konnten, trafen sie sich auf der **Roseninsel im Starnberger See** oder schrieben sich Briefe, in denen sie sich »Adler« und »Taube« nannten. In den letzten Jahren seiner Regierung wurde Ludwig immer mehr zum Einsiedler. Immer häufiger stürzte er sich in Affären mit Schauspielern und Reitknechten, lebte praktisch nur noch nachts, sah mehrmals in der Woche im gespenstisch leeren Münchner Residenztheater eigens für ihn gespielte Aufführungen. Immer manischer betrieb er den Schlösserbau, bis ihm schließlich der Landtag weitere Gelder verweigerte.

Das Ende

In Absprache mit Ludwigs Onkel, dem Prinzen Luitpold, ließ Ministerpräsident Lutz den König entmündigen und in **Schloss Berg** arretieren. Der weitere Fortgang ist bekannt: Ludwigs Drohung »Und wenn ich nicht mehr bauen kann, will ich nicht mehr leben« wurde innerhalb von Stunden bittere Wahrheit. Die Spekulationen über den 13. Juni 1886 reißen bis heute nicht ab. Für die letzten Stunden des Königs und den Spaziergang im Schlosspark gibt es keine Zeugen. War es Selbstmord? Hat Dr. von Gudden ihn zu retten versucht oder einen Fluchtversuch vereiteln wollen? War es ein politisch motivierter Mord? Diese Fragen sind immer noch offen, und so hat Ludwig II. eines mit Sicherheit erreicht: »Ein ewig Rätsel will ich bleiben, mir und den anderen.«

de«-Urlauber. Auch das KdF-Programm wird bewusst zur Wirtschaftsförderung eingesetzt. 1937 eröffnet Adolf Hitler in Sonthofen die Ordensburg, eine Kaderschule der NSDAP (heute Bundeswehrkaserne). In den letzten Wochen des Zweiten Weltkriegs soll das Allgäu Teil der **»Alpenfestung«** werden, eine Propagandablase, die dazu führt, dass die US-Truppen nicht nach Berlin marschieren, sondern den Süden Deutschlands einnehmen.

Von 1945 bis heute

Der bayerische Teil des Allgäus wird 1945 amerikanisch besetzt, der württembergische französisch. Eine Sonderstellung nimmt der Landkreis Lindau ein, der als einziger in Bayern zur französischen Besatzungszone gehört und politisch quasi selbstständig ist; erst 1955/1956 wird er wieder Bayern eingegliedert.
Eine große Leistung ist die Aufnahme vieler Tausend **Flüchtlinge und Vertriebener** (in Bayern ca. 1,9 Mio.), durch die die Bevölkerung des Allgäus um fast ein Drittel wächst; im neuen Kaufbeurer Stadtteil Neugablonz werden ca. 18 000 Menschen aus dem Sudetenland angesiedelt.
Die wirtschaftliche Entwicklung des Allgäus nach dem Zweiten Weltkrieg ist vom raschen **Schrumpfen der Landwirtschaft** – ebenso in der Anzahl der Höfe wie der Beschäftigten – gekennzeichnet, wenn auch in geringerem Maß als im deutschen Durchschnitt. Parallel dazu geht die Zahl der Milch verarbeitenden Betriebe drastisch zurück, die sich dafür zu Industrieanlagen entwickeln. Aufgefangen werden die Arbeitskräfte vom wachsenden Tourismus und der mittelständischen Industrie, die in Nachfolge der frühen Allgäuer Tüftler insbesondere mit High-Tech glänzt. Gegen Ende des Jahrtausends entsteht am Forggensee bei Füssen ein riesiges Musicaltheater mit 1400 Plätzen, das nicht rentabel arbeitet. Der Oberstdorfer Streit um die Zukunft des Orts – in Zeiten des Klimawandels wurden noch in den 2000er-Jahren 23 Mio. € in neue Wintersportanlagen investiert mit hohen Folgekosten für die Gemeinde – zeigt, wohin **die Tourismuswirtschaft im Filz von Lokalpolitikern, Sportfunktionären und privaten Geldgebern gelangen kann.** Ein weiteres Beispiel, die am Riedberger Horn im Naturschutzgebiet geplante Skischaukel, erfährt nach jahrelangem Streit und Planung ihr Aus durch den neuen bayerischen Ministerpräsidenten Markus Söder (CSU; ► Das ist das Allgäu, S. 22). 2018 eröffnet außerdem ein gigantischer Ferien-und Freizeitpark des internationalen Investors Center Parks bei Leutkirch. Demgegenüber setzt etwa Bad Hindelang mit dem »Ökomodell Natur & Kultur« auf den sanften Tourismus; dem drohenden Verfall der Kulturlandschaft und den Existenzproblemen der Bauern will man vor allem mit ökologischer Landwirtschaft und der Direktvermarktung ihrer hochwertigen Produkte entgegenwirken.

KUNST UND KULTUR

Barock allüberall – kein anderer Kunststil hat die Bauten im Allgäu so nachhaltig geprägt. Er passt ja auch wunderbar zu dieser sanft gewellten und majestätisch-herrischen Landschaft! Unter seinem üppigen Gewand können sich aber durchaus noch Schlichtheit und Strenge von Romanik und Gotik behaupten. Die Neuzeit hingegen kehrt zu den klaren Formen traditionellen ländlichen Bauens zurück.

Zwei Hochphasen

Die bildende Kunst des Allgäus ist, wie die des ganzen deutschen Alpenvorlands, vor allem von zwei Hochphasen geprägt: dem Übergang vom Spätmittelalter zur Renaissance und der Epoche des Barocks. Augenfällig sind dabei in früherer Zeit die Verbindungen zu den Kunstzentren des nördlich und westlich angrenzenden Schwabens, später zum östlich gelegenen Oberbayern. Zahlreiche ältere Kunstwerke finden sich heute in einem barocken Rahmen, denn viele ältere Bauwerke wurden in späterer Zeit umgestaltet; da und dort lassen z. B. romanische Turmgeschosse und gotische Wandmalereien den älteren Bestand noch erahnen – meist blieben die Gebäude dann unverändert, wenn für einen Neubau kein Geld da war und der gebirgsnahe Süden war seit alter Zeit schwach besiedelt und sehr arm.

Antike und frühes Mittelalter

Römer, Kelten, Christianisierung

Spuren aus keltischer oder römischer Zeit sind nicht oder kaum erhalten. Anschauliches Zeugnis römischer Architektur und Kunst lassen die Ausgrabungen in **Cambodunum** (Kempten), ein Verwaltungszentrum der Provinz Raetia, erkennen. Die Grundmauern von Forum, Basilika und Statthalterpalast mit Thermen sind im Archäologischen Park Cambodunum konserviert.

In nachrömischer Zeit legten die im 6. Jh. begonnene alemannische Landnahme und die Christianisierung im 7./8. Jh. die Basis für die kulturelle Entwicklung im westlichen Voralpenland. Das Kloster St. Gallen sandte Mönche aus, die Kirchen gründeten. Ein anschauliches Beispiel der von der Klosterinsel Reichenau im Bodensee inspirierten Architektur und Kunst bildet die Ostkrypta von **St. Mang in Füssen**, in der sich ottonische Wandmalereien des späten 10. Jh.s erhalten haben, die in der starken Gestik der dargestellten Missionare Magnus und Gallus mit der Malerei der Reichenau verwandt sind. Die Umgangskrypta entstand, als eine nun schon dem hl. Mang geweihte Kirche am Platz der ersten Zelle des Magnus errichtet wurde. Die Krypta besitzt einen tonnengewölbten Hallenraum mit Pfeilern und Trapezkapitellen, der mit der Westkrypta des Augsburger Doms vergleichbar ist.

Ottonische Fresken in St. Mang, Füssen

Romanische Kunst

Sakralkunst

Die aus der Romanik überlieferten Werke geben Einblick in die Kultur der Zeit. **Lindau** besitzt eine Reihe von Zeugnissen aus romanischer Zeit. Die ehemalige Stiftskirche Mariä Himmelfahrt geht auf eine um 1100 entstandene hirsauische Säulenbasilika mit Westturm, Querhaus und Rechteckchor zurück. An der ehemaligen Kirche St. Peter sind im Osten noch Bauteile von der Mitte des 12. Jh.s erhalten. Ein um 1200 entstandenes Relief mit einem Seeungeheuer befindet sich an St. Stephan. Auch der alte Lindauer Leuchtturm, der Mangturm, entstammt der Romanik. In einigen wenigen Orten des Allgäus datieren Kirchen aus dieser Epoche. In **Kaufbeuren** besitzt St. Martin noch das romanische Hauptportal. Andere Orte wie Füssen und das

Kloster Isny besaßen bedeutende romanische Bauwerke, die jedoch nicht erhalten sind. Im östlichen Randbereich des Allgäus existiert mit dem 1147 von Herzog Welf VI. gegründeten Prämonstratenserkloster **Steingaden** ein barockisierter Kirchenbau, dessen romanischer Ursprung, eine dreischiffige, querhauslose Pfeilerbasilika, noch gut zu erkennen ist. Die etwas weiter nördlich gelegene Basilika St. Michael in **Altenstadt**, um 1200 erbaut, ist mit ihrer östlichen Turmfront nicht nur eines der schönsten und geschlossensten romanischen Bauwerke der ganzen Region, sie ist auch eines der ältesten Beispiele für einen vollständig mit Kreuzgratgewölben versehenen Kirchenbau in Bayern. Architektur und Ornamentik verweisen hier auf lombardische Einflüsse. Mit dem zu einer Triumphkreuzgruppe gehörenden großen Kruzifixus (»Großer Gott von Altenstadt«) und dem Taufbecken sind in der Kirche bedeutende Ausstattungsstücke aus dem frühen 13. Jh. erhalten.

Gotische Architektur

Wehrhaft

Auffallende Bauten aus der Gotik sind vor allem die Burgen und die Wehranlagen der Städte. Das Hohe Schloss in **Füssen** wurde ab 1290 unter dem bayerischen Herzog Ludwig begonnen und gegen Ende des 15. Jh.s von den Augsburger Bischöfen repräsentativ ausgebaut. Die Burg Sulzberg (▶S. 103), deren imposante Ruine als größte im Allgäu gilt, datiert in die Mitte des 12. Jh.s. Später treten auch die Stadtbefestigungen architektonisch hervor, künden zugleich von der Macht der aufstrebenden Städte. Am Übergang von der Hoch- zur Spätgotik steht das Kemptner Tor in **Memmingen**, das 1393 vollendet wurde. Als Wahrzeichen von **Kaufbeuren** erhebt sich in der Stadtmauer der Fünfknopfturm, der 100 Jahre jünger ist. Die in der Mitte des 12. Jh.s in der Ile-de-France entstandene Gotik kam etwa 80 Jahre später nach Deutschland. Eines der frühesten Zeugnisse in Süddeutschland ist die Dominikanerkirche in Regensburg (um 1230–1300), die das gotische System ganz flächig abwickelt und auf ein Querhaus verzichtet. An diesem schlichten Bautyp der Bettelordenskirche halten die Stadtkirchen des Allgäus und Oberschwabens fest, die dreischiffig, im Langhaus öfter flach gedeckt und entlang der Wände weitgehend ohne Bauzier ausgestattet sind. Die St. Martin geweihten Pfarrkirchen in Kaufbeuren und Memmingen aus dem 15. Jh. sind dafür prominente Beispiele. Höheren Anspruch verkörpert der Chor der Memminger Martinskirche, der unter dem Ulmer Münsterbaumeister Matthäus Böblinger kurz vor 1500 mit spätgotischem Netzgewölbe erbaut wurde. Als qualität- und anspruchsvoller spätgotischer Bau des 15. Jh.s präsentiert sich die Blasiuskirche an der Stadtmauer von Kaufbeuren. Die besterhaltene spätgotische Burg, erbaut 1418 – 1432, ist die Ruine Hohenfreyberg bei Eisenberg.

Zwischen Spätgotik und Renaissance

Bildende Kunst

Erst im 15. und im beginnenden 16. Jh. tritt die Allgäuer Kunst klarer vor Augen. Meister, die in den Freien Reichsstädten wie Memmingen und Kaufbeuren ansässig waren, pflegten eigene Stile. Um 1420 entstand die überlebensgroße Ton-Madonna in der Buxheimer Pfarrkirche, die als ostschwäbische, vielleicht augsburgische Arbeit gilt und den »Weichen Stil« repräsentiert. Im Allgäu selbst vertrat **Hans Strigel d. Ä.** den fließenden Weichen Stil mit zartem Kolorit (Verkündigung und Kreuzigung in St. Martin in Memmingen, 1430 bzw. 1445; Schreinaltar in St. Bartholomäus in Zell bei Oberstaufen, 1442). St. Leonhard in Berghofen (bei Sonthofen) besitzt einen vermutlich von

Einer der Kunstschätze im Allgäu: der Maria-Krönungs-Altar des Kaufbeurer Meisters Jörg Lederer in St. Jodokus in Bad Oberdorf

Der Dreikönigsaltar von Bernhard Strigel im Memminger Strigel-Museum

ihm geschaffenen Schreinaltar (1438). Schon in den 1420er-Jahren fertigte der in Reichenhofen bei Leutkirch geborene **Hans Multscher** seine ersten Arbeiten, ehe er 1427 nach Ulm ging. Multscher kannte die frankoflämische Kunst und war mit seinem realistischeren Stil der einflussreichste Bildhauer seiner Zeit in Süddeutschland. Einige Schnitzer wie der Meister des Füssener Hochaltars (St. Mang, Madonna auf dem südlichen Tabernakel) oder der **Meister des Imberger Altars** gingen vermutlich aus der Werkstatt Multschers hervor. Um 1475/1480 schuf der Ulmer Michel Erhart den Hochaltar für die Kaufbeurer St. Martinskirche, von dem vier große Schnitzfiguren in der Kirche blieben. Gegen 1500 erlebte die Kunst im Allgäu ihre bis dahin größte Blüte. Zu den hier tätigen Meistern gehörte der in Füssen und Kaufbeuren nachweisbare Bildschnitzer **Jörg Lederer**, dessen Altäre bis nach Tirol geliefert wurden. Von ihm stammen wohl die figürlichen Schnitzereien der Kassettendecke im Rittersaal des Hohen Schlosses von Füssen und Teile des Choraltars der Kaufbeurer Blasiuskirche. Sein 1519 für die Pfarrkirche von Hindelang geschaffener Hochaltar (heute in Bad Oberdorf) ist mit seiner klar komponierten und tief empfundenen Darstellung der Krönung Mariens das Hauptwerk der Allgäuer Skulptur der Zeit. Dort befindet sich auch das qualitätvolle Gemälde einer Madonna von der Hand des Augsburgers **Hans Holbein d. Ä.** Zur gleichen Zeit wie Lederer war **Hans Kels d. Ä.** in Kaufbeuren tätig. Ihm werden die Figuren der Muttergottes und der hll. Coloman und Apollonia in der Kirche St. Coloman bei Schwangau zugeschrieben, die um 1520 den Ausklang der Spätgotik im Allgäu markieren. Über mehrere Generationen hinweg war in Memmingen die Malerfamilie Strigel ansässig (s. o. Hans Strigel d. Ä.). Ihr bedeutendster Meister war **Bernhard Strigel**, der v. a. als Altarmaler und Porträtist tätig war. Werke der Strigels sind in Memmingen in den Kirchen St. Martin und Unser Frauen sowie im Strigel-Museum zu sehen. Die Martinskirche besitzt zudem ein großartiges, bald nach 1500 geschaffenes Chorgestühl mit Wangenbüsten, die Memminger Bürger als lebendig charakterisieren. Möglicherweise aus Memmingen stammte der **Meister von Ottobeuren**, benannt nach den Reliefs im einzigartigen, eigentümlichen »Parallelfaltenstil«, die im Ottobeurer Klostermuseum gezeigt werden. Er wird mit dem 1514 –1525 in Memmingen nachweisbaren Hans Thoman identifiziert.

Kunst der Renaissance

Architektur

Vom künstlerischen Reichtum der Renaissance kündet das Rathaus in **Memmingen**, das 1522 erweitert wurde und 1589 die Fassade mit den drei anmutigen Erkern erhielt (Rokokodekor von 1765). Das alte Rathaus in **Lindau** wurde im 16. Jh. ebenfalls umgebaut und durch einen Erker zur Stadtseite hin aufgewertet. Der neue Stil verbreitete sich auch auf den zahlreichen schwäbischen **Adelssitzen**. Um 1580 ließen die Schellenberger das Alte Schloss in Kißlegg durch einen Treppengiebel und Rundtürme erweitern. In der Zeit um 1600 wurde bei Leutkirch das Schloss Zeil der Truchsessen von Waldburg als mächtige Vierflügelanlage gebaut. Als neuer Kirchentyp kommt in der Reformation die **Predigtkirche** ohne Chor auf. Als frühester protestantischer Kirchenbau im württembergischen Allgäu wurde die Dreifaltigkeitskirche in Leutkirch von Daniel Schopf errichtet (1615).

Bildende Kunst

Ein interessantes Phänomen der beginnenden Neuzeit ist die Verbreitung des Werks wichtiger Künstler dank neuer Druckverfahren.

Ein Kleinod an der ehemaligen Salzstraße: St. Stephan in Genhofen

Der aus Kaufbeuren stammende **Daniel Hopfer** (um 1470 bis 1536) stellte die Technik des Waffenätzens in den Dienst der Druckgrafik; mit seinen Ätzradierungen auf Eisenplatten hatte er entscheidenden Anteil an der Verbreitung der neuen Bildwelten von Dürer, Urs Graf, Hans Burgkmair und Lukas Cranach, aber auch des Italieners Mantegna. Zudem fertigte er Ornamentblätter, die den neuen Stil der italienischen Renaissance bekannt machten. Die Kapelle St. Anna in **Rohrmoos** bei Oberstdorf, die älteste Holzkapelle Bayerns (1568), besitzt einen Altar nach Holzschnitten Dürers und Malerei nach einem Stich von Marten van Heemskerck. Auch in **Genhofen** zeigt der Altar (außer spätgotischen Schnitzfiguren in der Art von Jörg Syrlin d. Ä.) auf der Rückseite eine Schmerzensmutter und einen Schmerzensmann nach Dürers Kupferstich B3.

Barock und Rokoko

Architektur Im 17. und besonders im 18. Jh. entstand eine große Zahl an Kirchen- und Klosterbauten, die aus dem Bild des Allgäus nicht wegzudenken sind. Selbst kleine Dörfer, wie Seeg nördlich von Pfronten, besitzen echte Juwele. Den großartigen und kunsthistorisch bedeutenden Auftakt bildete die **Kemptener Reichsabtei**, die im Dreißigjährigen Krieg von schwedischen Truppen und protestantischen Bürgern zerstört worden war: 1652 begann man mit dem Neubau der Stiftskirche. Erster Architekt war der Vorarlberger Michael Beer, von 1654 bis 1670 hatte der Graubündner Johann Serro die Bauleitung. Der beeindruckendste Teil der Kirche ist der achteckige Chorbau mit seinem vierstöckigen Kuppelschacht. Neben den Gestaltungselementen der italienischen Renaissance ist im Langhaus das sog. **Vorarlberger Münsterschema** zu erkennen, das den ganzen süddeutschen Barock prägte. Es ist im Kern bestimmt durch ein einschiffiges, tonnengewölbtes Langhaus, in dem mehr oder weniger tiefe Wandpfeiler Kapellen abtrennen. Im Bereich des Allgäus folgen diesem Typ u. a. die Klosterkirche in Irsee (Franz Beer, ab 1699), die Dominikanerinnenkirche Wörishofen (Franz und Michael Beer, 1723), die Stiftskirche in Lindau (Johann Caspar Bagnato, 1752) und die Benediktinerkirche in Ottobeuren (v. a. Johann Michael Fischer, 1756). In Letzterer wird, wie schon in Kempten, ein weiterer für die Vorarlberger Schule wichtiger Gedanke tragend, die Verbindung von Längs- und Zentralbau (s. u.). Eine Rarität ist die 1661 –1664 erbaute Benediktinerklosterkirche St. Georg und St. Jakob in **Isny**: Sie hat die Form einer Hallenkirche. Ihre zierliche Innendekoration entstand erst hundert Jahre später. In **Füssen** beauftragte man 1701 den aus Sameister bei Roßhaupten stammenden Johann Jakob Herkomer mit dem Neubau der Kirche St. Mang, wobei er sich am mittelalterlichen Grundriss zu orientieren hatte. Im eher kühl anmutenden Kirchenraum erkennt man in den flachen Kuppeln, den Pfeiler- und Fensterformen Herkomers Schulung an der venezianischen Architektur. Repräsentativer für die Kunstlandschaft Schwabens sind Bauten wie die Klosterkirche in Irsee und die einfallsreich gestaltete Wallfahrtskirche **Maria Steinbach** (1754) im Illerwinkel bei Memmingen. Höhepunkt und Vollendung der süddeutschen Barockbaukunst bildet die unter den Äbten Rupert Neß und Anselm Erb zwischen 1711 und 1766 erbaute Klosteranlage von **Ottobeuren**. Die Kirche wurde im Wesentlichen von Johann Michael Fischer aus München gestaltet. Das von einer Kuppelfolge geprägte Innere stellt eine wunderbare Verbindung von Längs- und Zentralbau dar. Die harmonisch abgestimmte Ausstattung mit farbigem Stuck, Fresken und Altären verleiht dem weiten Raum eine überwältigende Pracht.

Wessobrunner Stuck

Für das Entstehen eines barocken »Gesamtkunstwerks« mussten Architekt, Stuckateur, Maler und Bildhauer eng zusammenarbeiten. Dekor und Ausstattung bestimmen wesentlich die Ausstrahlung der Kirchenräume. Viele Allgäuer Bauten wurden in den Gewölben und an den Wänden von Meistern aus **Wessobrunn** stuckiert. Aus dem nahe dem Lech gelegenen oberbayerischen Ort stammte eine große

Zahl von Stuckateuren, Baumeistern und Malern. Aus einer weit verzweigten Künstlerfamilie stammte Joseph Schmuzer, der 1702/1703 in der Klosterkirche Irsee arbeitete. Feinteiliger noch als dieser dekorierte Matthias Stiller 1709 die Kreuzherrnkirche in Memmingen. In Kempten ließ der 1728–1748 amtierende Fürstabt von Reichlin-Meldegg seine Residenz durch Johann Schütz und andere in prunkvollem Rokoko gestalten. Schwungvollen Rocaillestuck führte Johann Michael Feichtmayr gegen 1760 in der Ottobeurer Klosterkirche aus.

Malerei und Bildhauerei

Mehr noch als die Architektur war die süddeutsche Malerei italienischen Vorbildern verpflichtet. Für besonders wichtige Aufträge rief man gelegentlich italienische Meister oder in Italien ausgebildete Künstler wie den in Kempten geborenen Maler **Franz Georg Hermann**. Von ihm stammen u. a. Altarbilder in Füssen (St. Mang), Deckengemälde im Thronsaal der Kemptener Residenz und in Maria Steinbach. Ein überaus bedeutender Auftrag war die Ausmalung der Kuppeln in der Ottobeurer Klosterkirche, die die Tiroler Brüder **Johann Jakob und Franz Anton Zeiller** ausführten. Die vielfigurigen und in illusionistischer Untersicht gemalten Fresken zählen zu den Hauptwerken barocker Deckenmalerei in Süddeutschland. Unter den Bildhauern ist der aus dem Oberinntal stammende und in Füssen ansässige **Anton Sturm** von Interesse, da er als einer der wenigen Meister hierzulande auch Figuren aus Marmor fertigte. Um 1717 entstanden seine vom oberitalienischen Barock angeregten Bildwerke in der Magnuskapelle von St. Mang in Füssen. Wenige Jahre später schnitzte der einheimische **Thomas Seitz** die leuchtertragenden Drachenfiguren im Chor von St. Mang. In den 1740er-Jahren fertigte der Niederländer **Aegidius Verhelst**, von dem u. a. die Hochaltarstatuen der Wieskirche stammen, mehrere Allegoriefiguren für den Thronsaal der Kemptener Residenz. Seiner Kunst steht auch die grazil bewegte Immaculata in der Pfarrkirche von Deuchelried bei Wangen nahe. Für die Ottobeurer Klosterkirche schufen **Joseph Christian** und **Johann Michael Feichtmayr** kurz nach 1760 bedeutende Skulpturen, darunter die Taufgruppe über dem Taufstein.

Klassizismus

Der Klassizismus entstand ab 1770 im Gegensatz zum illusionistischen Barock als Rückgriff auf die klare Formenwelt der Antike. Die kleinere Pfarrkirche von **Bad Wurzach** (1777) zeigt, wie schnell sich der Klassizismus in Schwaben verbreitete. Ein Profanbau des Klassizismus ist in **Kempten** das Zumsteinhaus von 1802, in dem das Kempten Museum untergebracht ist. Werke der klassizistischen Malerei sind eine »Geburt Christi« von Anton Raphael Mengs (um 1760/1770) in der Pfarrkirche von Oberstdorf und ein Angelika Kauffmann zugeschriebener Gekreuzigter in der Pfarrkirche von Opfenbach.

Romantik und Historismus

Herrschaftliches Bauen

1803 fiel das Allgäu zu weiten Teilen an das Königtum Bayern. König Ludwig I. förderte die Künste, und der romantische Stil der Nazarener hielt verspätet auch im Allgäu Einzug. Zu nennen sind hier die aus Oberstdorf stammenden Brüder **Johann Baptist und Claudius Schraudolph**; im Allgäu sind sie v. a. in Oberstdorf vertreten (Pfarrkirche St. Johannes, Kapellen in der Birgsau). Zu den größten Attraktionen gehören aber die Schlossbauten der bayerischen Könige, die eine Vorliebe für Ritterburgen und alte Sagen besaßen. Der spätere König Maximilian II. ließ in den 1830er-Jahren die Ruine **Hohenschwangau** von seinem Zeichenlehrer Domenico Quaglio im englischen Tudorstil ausbauen und mit Szenen aus alten Sagen ausgestalten. Der Rückgriff auf das Mittelalter fand seinen märchenhaften Höhepunkt im benachbarten Schloss **Neuschwanstein**, das grandios landschaftsbeherrschend auf steilem Felsen aufragt. König Ludwig II. ließ es ab 1868 im Stil einer spätromanischen Burg erbauen. In der Zeit um 1880 wurde auch in den Städten im historisierenden Stil gebaut. Eine fantasievolle Neorenaissance zeigt der Treppengiebel des Rathauses von **Lindau,** entworfen von Friedrich von Thiersch, der auch sonst viel in der Bodenseestadt baute. Das Rathaus in **Kaufbeuren** gestaltete Georg Hauberrisser im Neorenaissance-Stil. Wie die beiden Architekten kamen auch die Maler oft aus der Landeshauptstadt München.

Deckengemälde von Claudius Schraudolph in der Kapelle Maria Loretto in Oberstdorf

20./21. Jahrhundert

Bis 1945 Einerseits wirkte Anfang des 20. Jh.s der **Historismus** fort (z. B. mit den neobarocken Kirchen St. Andreas in Nesselwang, 1906, und St. Peter und Paul in Lindenberg, 1914), andererseits versuchte man sich vom Überlieferten zu lösen. Der an Pflanzenformen orientierte **Jugendstil** findet sich etwa am Brunnen vor St. Mang in Kempten (Georg Wrba, 1905) und in der Kaufbeurer Dreifaltigkeitskirche, die ab 1901 von Albert Schmidt (Stuck) und Kunz Meyer (Fresken) umgestaltet wurde. In den 1920er-Jahren entstanden etliche Privatvillen im Stil der **klassischen Moderne**. In ihrer Nachfolge steht das Hindelanger Terrassenhotel am Oberjoch (Lois Welzenbacher, 1937), das ein älteres Bauernhaus um zwei Terrassengeschosse erweiterte. Im Dritten Reich erbaute Hermann Giesler in Sonthofen von 1934 bis 1941 die Ordensburg, eine monumentale Ausbildungsstätte für Eliteeinheiten, aus mit Naturstein verkleidetem Stahlbeton.

Gegenwart Nach dem Zweiten Weltkrieg entstanden wieder neue Sakralbauten. Ein Beispiel ist die Kartause Marienau bei Bad Wurzach (E. Steffan/ G. Hülsmann, 1964); Zellen und Kreuzgang sind in einer einfachen, mittelalterlich anmutenden Bauweise vereint. Die Wallfahrtskirche in Wigratzbad bei Opfenbach, die sich wie die Stahl-Glas-Version einer Zeltstadt ausnimmt, ist das Werk von **Gottfried Böhm** (1972), ei-

Neu und Alt sensibel zusammengefügt beim Ravensburger Kunstmuseum

nem der wichtigsten deutschen Architekten nach 1945. In den 1970er-, 1980er-Jahren hatte der bedeutende Designer **Otl Aicher** (u. a. Gestaltung der Olympischen Spiele München 1972) sein Atelier in Rotis bei Legau; dort entwickelte er 1988 die gleichnamige Schriftfamilie, die v. a. in der Werbung häufig verwendet wird.
Seit einigen Jahren ist im Allgäu eine **Wiederentdeckung des Holzbaus** zu verzeichnen, teils in Anlehnung an die Bauhaus-Ästhetik, teils unter Aufnahme traditioneller Formen, so bei den aufsehenerregenden Wohnhäusern von SoHo Architektur Memmingen oder becker architekten Kempten, der Fachoberschule Memmingen (Mahler Günster Fuchs, Stuttgart), den Firmengebäuden Sirch in Böhen und Altenried in Hergatz (die beiden Letzteren entworfen von Baumschlager & Eberle, Lochau/Vorarlberg) und das spektakuläre Verwaltungsgebäude der Firma Geiger in Oberstdorf (Carlos Zwick Architekten, Berlin). Das AlpSeeHaus in Immenstadt ist ein gelungenes Beispiel für die Wahrung des Orts- und Landschaftsbezugs, für den Einklang von Tradition und Moderne. Auch die Bergstationen der Hörnerbahn (Bolsterlang), der Kanzelwandbahn (Kleinwalsertal) und der Nebelhornbahn (Oberstdorf) übertragen lokale Traditionen in eine »Zweite Moderne«. Wie man Neues zeitgemäß und sensibel in historisch geprägte Stadtviertel integriert, zeigt Ravensburg mit seinem 2013 eröffneten Kunstmuseum und Marktoberdorf mit dem Künstlerhaus (2001).

TRADITIONEN

Eine traditionelle Reiterwallfahrt, ein ausgelassenes Kirchweihfest oder gar das gruselige Klausentreiben – solche Festlichkeiten zeigen althergebrachtes Brauchtum in seiner innigsten Form. Nutzen Sie die Gelegenheit, ihre Gastgeber von einer ganz anderen Seite kennenzulernen!

Trachten

Tracht gestern und heute

Zum Bild des Ferienlandes Allgäu, wie es auch die Werbeprospekte verbreiten, gehört die Tracht, wenn auch weniger ausgeprägt als im benachbarten Oberbayern. Um 1870 schrieb der Fischinger Pfarrer und Reichstagsabgeordnete Joseph Schelbert: »Das Allgäuer Volk hat weder im allgemeinen, noch in einzelnen Tälern eine solche Kleidung, daß man sagen könnte, sie sei ihm eigentümlich ... Die Schutztüchtigkeit und Bequemlichkeit bleibt ... die Haupteigenschaft der Kleidung.« Dass im ganzen deutschen Alpenvorland Trachten »hoffähig« wurden und auch heute zu politischen und festlichen Anlässen getragen werden, geht in besonderem Maß auf **König Max II.** zurück, der in den 1840er-Jahren »zur Hebung des Nationalgefühls« eine Kampagne zur Stärkung der Traditionen startete; u. a. wies er 1853 Amtsträger an, die Bevölkerung bei Anlässen wie Hochzeiten, Wallfahrten oder Schulprüfungen zur Tracht anzuhalten. Der **erste Allgäuer Trachtenverein** wurde 1898 in Immenstadt ins Leben gerufen. Heute sorgen etwa 100 Allgäuer Trachtenvereine mit ca. 15 000 Mitgliedern dafür, dass die jeweilige Kleiderordnung penibel eingehalten wird.

Allgäuer Tracht zwischen Bayern und Schwaben

Im Allgäu trifft man auf zwei Grundtypen. Die **Schwabentracht** präsentiert sich in Rot und Weiß, den angestammten Farben Schwabens: für Männer über dem weißen Hemd eine rote Weste (»Leible« genannt, hochgeschlossen, mit 16 oder 18 Silberknöpfen), dazu Bund- oder lange Hosen aus dunklem Stoff. Die aus Oberbayern übernommene **Gebirgstracht** kopiert weitgehend die Miesbacher Tracht, mit der grauen Lodenjoppe, der (im Allgäu auffällig knappen) kurzen oder knielangen Lederhose, wobei die Hosenträger mit Edelweißen bestickt sind, und dem Hut mit prachtvollem Gamsbart. Die Frauen tragen entsprechende Dirndl: oberbayerisch mit dunklem Mieder (mit Schnürkette und Blumenschmuck) sowie Schürze in unterschiedlichen Farben; die »schwäbischen« sind einfacher und überwiegend in Rot und Weiß gehalten.

Allgäuer Bauernhäuser

Praktisch und schlicht

Während im inneralpinen Bereich aufgrund der Geländebedingungen die Mehrhausanlage vorherrscht, ist an der Alpennordseite der **Einfirsthof** typisch: Wohntrakt, Stall und Scheune sind unter einem durchgehenden Dach vereint, was sich in den strengen Wintern bewährte. Die Höfe, v. a. die frei stehenden, sind fast immer mit der Scheune nach Westen ausgerichtet, der Hauptwetterseite. Lüftlmalerei und eindrucksvolle Balkone mit üppigem Blumenschmuck, wie sie das benachbarte Oberbayern prägen, sind selten – im Allgäu hielt man es schlichter. Das flache Satteldach war früher mit Legschindeln gedeckt, 15 – 20 mm dicken Holzbrettchen in mehreren Lagen und mit Steinen beschwert. Ab etwa 1860, nach der Erfindung des Falzziegels, bekamen die Häuser steilere Dächer. Die diversen Varianten des Allgäuer Bauernhauses wurden fast ausschließlich aus Holz errichtet, und zwar im sog. Strickbau, d. h. aus Balken mit verzahnten Eckverbindungen.

Der Riegel- oder Fachwerkbau verbreitete sich im 18. Jh. v. a. im **Unterallgäu**. Sein Erdgeschoss ist gemauert oder ebenfalls in Strickbauweise ausgeführt; sein Dach steht ringsum viel weiter über. Be-

BAEDEKER ÜBERRASCHENDES

6X TYPISCH

Dafür fährt man ins Allgäu.

1. ALPHORNKURS

Einst bedienten sich die Allgäuer Älpler des Alphorns, um Nachrichten zu senden. Heute macht man damit Musik, und wer das lernen möchte, ist beim Alphorn-Kurs im **Landhotel Alphorn** genau richtig. (▶ **S. 290**)

2. MÜHLEN-ROMANTIK

Gleich kommt Hans im Glück um die Ecke – der Film von 1949 wurde nicht umsonst in der **Katzbrui-Mühle** in Apfeltrach gedreht, denn hier ist alles noch so wie anno dazumal. Der Mühlbach rauscht, das Bier schmeckt, und der Liebe Gott ist ein guter Mann. (▶ **S. 163**)

3. ALLGÄUER SCHICK

Ein Albtraum sind sie nicht, die T-Shirts, Hoodies, Skijacken, etc. von **ALPTRAUM** in Oberstdorf. Vielmehr schick, funktional und einfach cool. Allgäu eben. (▶ **S. 172**)

4. ALLGÄUER GENÜSSE

Der **Kässpatzenabend** jeden Donnerstag im Gasthof »Zum lustigen Hirschen« in Akams ist Kult! Zubereitet wird die Allgäuer Spezialität in der Gaststube. Wer mag, darf selbst hobeln und danach so viel davon essen, wie er kann. (▶ **S. 74**)

5. ALLGÄUER SEELEN

Eine oberschwäbische Spezialität, aber im gesamten Allgäu verbreitet ist die Seele, ein **Mini-Baguette aus Dinkelmehl**, das es in vielen Varianten gibt. Jeden Tag eine andere Seele – das wäre doch ein guter Vorsatz für den Allgäu-Urlaub.

6. ALLGÄUER BAUERNHAUS

Uriger geht's kaum: Im **Holzhaus Besler** erleben Sie, wie es früher im Allgäu war. Das 200 Jahre alte Haus hat nicht viel Komfort. Geheizt wird mit Holz. (▶ **S. 45**)

ALLGÄUER BAUERNHÄUSER

Die Grundform des Allgäuer Bauernhauses ist der Einfirsthof. Er entspricht den Geländebedingungen und dem rauen Klima im Voralpen- und Alpenland. Sie entstanden aus den Häusern der Alemannen, die das Allgäu im 3. Jh. n. Chr. besiedelten. Sie waren etwa 30 m lang und vereinten bereits Wohnen, Stall und Vorratsspeicher unter einem Dach.

Einfirsthof

Der Einfirsthof vereint Wohnhaus, Tenne und Stall unter einem Dach. Beim Betreten stand man oft sofort in der Küche. Meist ist der Wirtschaftstrakt nach Westen, der Hauptwetterseite, gerichtet.

Fensterlose Scheune nach Westen ausgerichtet

Flaches Satteldach. Erst nach Einführung des Falzziegels 1860 bekamen die Häuser steilere Dächer.

Große Überstände spenden im Sommer Schatten und schützen im Winter vor Kälte.

Grundriss Einfirsthof

Einfaches Rechteck, durch den Hausgang in einen Wohn- und einen Wirtschaftstrakt geteilt.

»Schopf« steht für Schuppen, während die **»Tenne«** das Bindeglied zwischen dem Wirtschafts- und Wohnbereich ist, in dem das Korn gedroschen wurde.

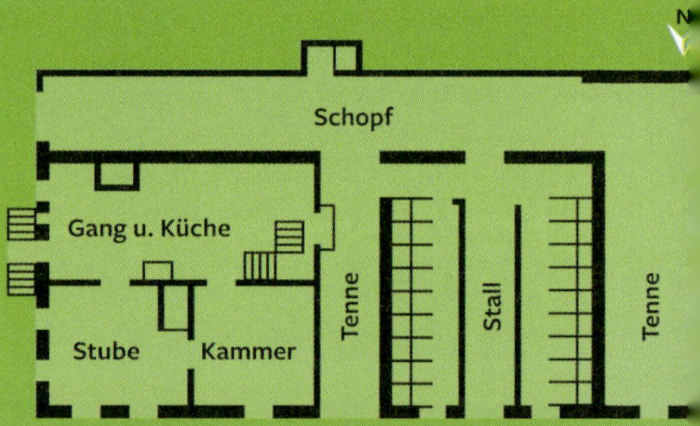

useen

nige Orte im Allgäu besitzen ein Museum, as Einblick gibt in das frühere Handwerks- nd Landwirtschaftsleben, in die bäuerliche rchitektur und in die historische Entwick- ng des Orts.

Museumsdorf

Bauernhausmuseum

Sehenswerte Heimatmuseen (Auswahl)

aus mit Wiederkehr

nde 19., Anfang 20. Jh. wurde aus dem Ha- enschopfhaus (mit rechtwinklig angebautem hopf) das Haus mit einem Wiederkehr. Dieser esaß ein ausgebautes Obergeschoss, einen eige- n Giebel und eine Hoch(ein)fahrt für größere eräte und Fahrzeuge sowie zum Heustock.

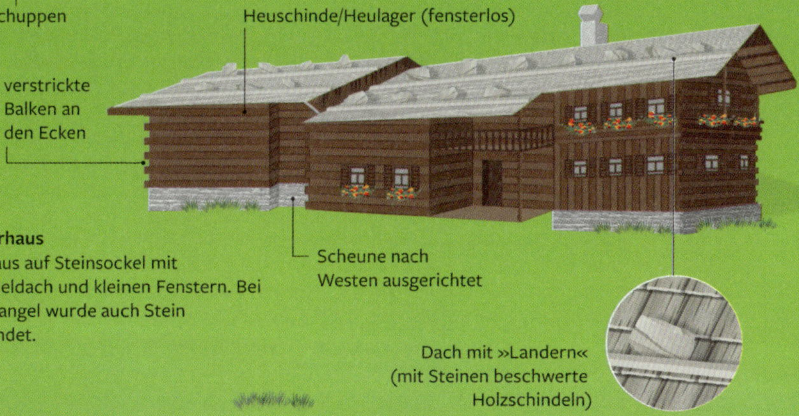

alserhaus

olzhaus auf Steinsockel mit hindeldach und kleinen Fenstern. Bei olzmangel wurde auch Stein rwendet.

sonderheiten weist auch das **Westallgäuer Haus** auf: Sein Wohnteil ist mit Schindeln verkleidet und seine Fenster liegen unter geschweiften Wandvorsprüngen. Im ganzen Allgäu, v. a. im **Oberallgäu**, lässt sich der wachsende Raumbedarf im 19. Jh. aufgrund der Umstellung auf Grünlandwirtschaft an charakteristischen Veränderungen ablesen. Alte Grundform ist ein einfaches Rechteck, das durch den Hausgang in Wohn- und Wirtschaftstrakt geteilt wird. Dann wurde südlich an den Wirtschaftstrakt der Hakenschopf (Schopf = Schuppen) angebaut, später kam diagonal gegenüber, am Wohntrakt, der Wagenschopf hinzu. Etwa ab 1870 wurde der Wirtschaftstrakt um den sog. Wiederkehr vergrößert, einen quer zum Hauptfirst orientierten Scheunenbau, entweder einseitig nach Süden abgewinkelt oder zweiseitig. Um auch den Raum unter seinem Dach nutzen zu können, bekam er häufig ein Obergeschoss (Hoch- oder Obertenne), das über die »Hoch(ein)fahrt« zu erreichen ist. Heute muss man genauer hinschauen, um unter der mehr oder weniger geschmackvollen Einheitsarchitektur im alpinen »Jodelstil« Beispiele echter alter Baukunst oder gute moderne Weiterentwicklungen zu finden (in dieser Hinsicht lohnt sich ein Ausflug in den Bregenzerwald). Das Museumsdorf Gerstruben bei Oberstdorf, die Bauernhausmuseen Illerbeuren, Wolfegg, Knechtenhofen bei Oberstaufen und Diepolz bei Immenstadt sowie einige Heimatmuseen, dazu die Katzbrui-Mühle bei Apfeltrach zeigen, wie's früher aussah.

Bräuche und Feste

Die traditionellen Termine des bäuerlichen Lebens und des Kirchenjahrs haben auch heute noch, bei aller Vereinnahmung oder gar Verfälschung als Touristenattraktion oder kommerzielle Freizeitaktivität, große Bedeutung. Mindestens in demselben Maß dienen sie seit je auch ganz irdischen Freuden (► S. 323 ff.).

Frühjahr

Bevor der Frühling kommen kann, muss der **Winter ausgetrieben** werden. Wie im ganzen alemannischen Raum gehört die **Fastnacht** (Fasnacht, Fasnet) zu den großen Ereignissen des Jahres; in Scheidegg treffen sich hin und wieder Tausende Narren aus dem weiteren Umkreis. Gefeiert wird im fantasievollen »Häs« (Kostüm) und mit grotesken Holzmasken; zunehmend beliebt sind die aus der Schweiz importierten Guggenmusiken. Die hohe Zeit dauert vom »Unsinnigen/Gumpigen/Schmutzigen Donnerstag« bis Fastnachtsdienstag, dann gibt's auch auf den Skipisten Mummenschanz. Am ersten Fastensonntag, dem Funkensonntag, werden Hexen aus Stroh in großen Feuern verbrannt, auch dies ein heidnischer Brauch, der Böses abwenden und Fruchtbarkeit fürs neue Jahr bringen soll. Dazu werden in Schmalz ausgebackene »Funkakiachle« verspeist. Die **Karwoche**

Anfang Juli ziehen beim Ulrichsritt festlich geschmückte Pferde, Reiter und Musiker zur Heilig-Kreuz-Kirche südlich von Steingaden.

von Palmsonntag bis Ostersonntag wird feierlich begangen, von der Weihe der Palmbuschen und den Palmeselprozessionen über das Verteilen »geweihten Feuers« am Karfreitag bis zu diversen Osterbräuchen. Richtig Frühling ist es, wenn am **1. Mai** oder am Tag vorher der Maibaum aufgestellt wird, ein bayerischer Brauch, der auch im Allgäu Fuß gefasst hat. Der Baum ist weiß-blau bemalt oder mit Tannengrün umwunden, mit Gewerbesymbolen und Trachtenfiguren geschmückt und mit einem Kranz bekrönt. Als »Marienmonat« ist der Mai auch die wichtigste Wallfahrtszeit.

Von Pfingsten bis Sommer

Fronleichnam am 2. Donnerstag nach Pfingsten ist eines der prachtvollsten Feste des Jahres. Prozessionen ziehen durch Städte und Fluren, vorbei an blumengeschmückten Altären. Das Fest des Leibes Christi geht auf ein Blutwunder im italienischen Bolsena zurück und wurde 1264 offiziell angeordnet, neun Jahre später fand in Benediktbeuern die erste Prozession in Bayern statt. Die heidnischen Sonnwendfeuer sind wieder im Schwang, verpackt als **Johannisfeuer** am 14. Juni. Der Juli ist kein Festmonat, jedenfalls nicht im bäuerlichen Umkreis (in Oberstdorf tanzen jedoch alle paar Jahre die Wilden Mändle). Dafür finden in den einstigen Freien Reichsstädten wie Lindau, Wangen und Kaufbeuren **traditionsreiche Kinderfeste** statt, anderswo – wie in Memmingen mit dem Wallensteinfest und dem Fischertag – wird mit Stadt- und Volksfesten Unterhaltung geboten.

VON ALPHORN UND SCHERRZITHER

Es war fast gänzlich aus der Allgäuer Musiklandschaft verschwunden, das Alphorn, scherzhaft auch »Alpen-Telefon« genannt. Doch mit dem Wiederaufleben alten Brauchtums und alter Trachten feiert es seine Renaissance. Nicht nur in der traditionellen Volksmusik, sondern auch auf hippen Festivals.

Die ganze Vielfalt der Allgäuer Volksmusik erfährt man bei den vielen Veranstaltungen, im Bierzelt bei Dorf- und Vereinsfesten ebenso wie bei Brauchtumsabenden und beim Marien- oder Adventssingen.

Einflüsse

Was ist das Besondere an der Allgäuer Musik? Wegen der Offenheit der geografischen und gesellschaftlichen Grenzen zeigt die Allgäuer Volksmusik ein besonders interessantes Profil. Immer wieder sind Einflüsse der benachbarten Regionen festzustellen, aus Oberbayern und Tirol, Vorarlberg und der Schweiz, wodurch aber doch wieder Eigenes entsteht. Und sie ist stark von Einzelpersonen geprägt. Ob nun ganz traditionell oder auf neuen Wegen, wie sie etwa die »Kerber Brothers Alpenfusion« mit ihrem Stilmix oder der Lindenberger Liedermacher Werner Specht gehen, in ihrer Musik kommen Heimatverbundenheit und erdige Kraft ihrer Bewohner zum Ausdruck.

Das Alphorn

Das **alte Hirteninstrument** hat im Allgäu eine über 400-jährige Tradition, was eine Darstellung aus dem Jahr 1568 in der Annakapelle in Rohrmoos bei Oberstdorf belegt. Offenbar kamen die Hirten und Älpler aber allmählich von diesem urtümlichen Instrument ab – das einst als »Alpen-Telefon« diente –, sodass es einer Wiederbelebung bedurfte: Nach langer Zeit wurde im Allgäu 1958 zum ersten Mal wieder das Alphorn geblasen. Die Initiative dazu ging insbesondere – wie in vielen anderen Dingen – vom Heimatpfleger Dr. Dr. Alfred Weitnauer und von **Michael Bredl** (1916 – 1999) aus, der aus dem Bayerischen Wald stammte und zeit seines Lebens mit Kiem Pauli (s. u.) befreundet war; er war Lehrer in Hindelang und später verdienstvoller Volksmusikpfleger für Schwaben. Seither ist das Alphorn zu einem Markenzeichen des Allgäus geworden, und am letzten August-Sonntag wird an wechselnden Orten das »Allgäuer Alphornbläsertreffen« mit über 200 Teilnehmern abgehalten (www.euregio-via-salina.de). Übrigens hat das Alphorn, teils elektrisch verstärkt, längst auch in der Popmusik Eingang gefunden. Die Schweizerin Eliana Burki bläst darauf alles von Indie bis Reggae, und auch bei der oberbayerischen »La Brass Banda« ist es unverzichtbarer Bestandteil der Show. Wer Alphornblasen ausprobieren oder lernen will, kann das z. B. im Ofterschwanger Hotel Alphorn tun (www.landhotel-alphorn.de).

Bewusste Pflege

Im östlichen Alpenraum, in Österreich und Oberbayern, begann man schon in

Konzert der Alphornbläser auf dem Fellhorn

der ersten Hälfte des 19. Jh.s, die Lieder und Musik der Einheimischen bewusst zu pflegen, oft initiiert von Adligen wie Herzog Max in Bayern – dem »Zithermaxl«, bekannt auch als Vater der österreichischen Kaiserin Elisabeth (»Sisi«). Im Allgäu sind solche sammlerischen Tätigkeiten, die den Blick auf in der Region ursprünglich Beheimatetes richten, zur gleichen Zeit so gut wie nicht auszumachen. Ein Kennzeichen zahlreicher Allgäuer Lieder, wie man sie heute kennt, ist daher ihre »Jugend«, sie sind meist kaum älter als 80 Jahre, und sowohl Komponist als auch Textdichter sind bekannt.

Instrumentalmusik

Die Neubelebung der instrumentalen Volksmusik setzte im großen Ganzen nach dem Zweiten Weltkrieg ein und verlief ähnlich wie in anderen Gebieten Bayerns. Die Saiteninstrumente (chromatisches) Hackbrett, Zither, Gitarre und Harfe erlebten einen Aufschwung, viele **»Stubenmusiken«** entstanden. Diese Art des »alpenländischen« Musizierens ist seither auch im Allgäu weit verbreitet. In dieser Tradition steht das weithin bekannte Kerber-Ensemble aus Oberstaufen, das sich durch viele Eigenkompositionen ein »Allgäuer« Profil schuf.

Ein typisches Instrument der Allgäuer Volksmusik ist die **Scherrzither**, die mit Plektron gespielt wird. Die Besaitung besteht in der Regel aus drei Griffsaiten und unterschiedlich vielen frei schwingenden (Bordun-)Saiten. Mit dieser Vorläuferin der Zither ist eine besonders »rassige« Spielweise möglich: durch das »Scherren« (Scharren) mit dem Plektron. Eine weitere, jüngere Eigenart im Allgäu stellt die **Trio-Besetzung** dar, wie sie seit ca. 1950 (etwa beim Oberstdorfer Trettach-Trio) zu erleben ist: Harmonika, Gitarre, Kontrabass. Die Begleitgitarre wird dabei – in traditionellen Volksmusikkreisen sonst nicht üblich – nicht gezupft, sondern »geschlagen«. Im Oberallgäu finden sich auch Musikanten, die das Spiel auf dem **Schweizer Örgele** beherrschen, einer Variante des diatonischen Akkordeons. Viele Trios zeichnen sich dazu durch ihre Gesangs- und Jodelkünste und ihre Vielseitigkeit aus und sind in der Region sehr beliebt.

Jodeln

Die Verbindungen zum alemannischen Nachbarland Schweiz zeigen sich nicht nur im Alphorn und im »Schwyzer Örgeli«, sondern auch in Bedeutung und Art des Jodelns, was aufgrund der eng verwandten Mundart naheliegt. Um 1920 wurde die erste Jodlergruppe in Hindelang gegründet. Seit 1949 kommen einmal im Jahr, meist am ersten Oktober-Sonntag, beim **Allgäuer Lieder- und Jodlertag** an wechselnden Orten Musiker – über 200 Sänger vom Duo bis zur großen »Johlargruppe« – zusammen, um sich in einem Wertungssingen der Jury und dem großen Publikum zu präsentieren. Charakteristisch ist im Allgäu die Größe der Jodlergruppen: Nicht selten sind da bis zu 16 gestandene Mannsbilder vereint, die vierstimmig singen (oft a cappella) und unter denen ein oder zwei Solisten herausragen, ähnlich wie in der Schweiz. Diese »Großform« ist fast eine reine Männerdomäne. Doch hin und wieder werden die Solojodler durch eine Frauenstimme unterstützt – was akustisch und auch optisch einen willkommenen zusätzlichen Reiz bietet. Wer im Urlaub jodeln lernen möchte, kann dies beispielsweise bei Hedwig Roth (www.jodula-roth.com) tun.

Hedwig Roth bietet Jodelkurse, Workshops und Freies Singen an.

Am 15. August, zum Höhepunkt des Sommers, ist wieder ein Marientag zu feiern: Zu **Mariä Himmelfahrt** werden »Kräuterbuschen« gesammelt und geweiht. Viele Wallfahrtskirchen feiern ihr Marien-Patrozinium, etwa Maria Trost bei Nesselwang.

Herbst

Im September geht der dreimonatige Sommer auf den Alpen zu Ende. Blieb alles Vieh wohlbehalten, werden die Kühe mit prächtigem Kopfschmuck und Schellen ins Tal getrieben und auf dem »Scheidplatz« an ihre Besitzer verteilt. Meist findet der **Viehscheid** an traditionellen Terminen zwischen dem 10. und 24. Sept. statt (heute allerdings z. T. auf das Wochenende verlegt). Besonders schön ist der Viehscheid in Hindelang und in Gunzesried. Am 1. Sonntag im Oktober wird Erntedank da und dort mit festlichen Gottesdiensten gefeiert. **Kirchweih**, das seit 1868 am 3. Sonntag im Oktober begangen wird, ist im Grund ein Dankfest, an dem sich Familien und Sippen bei Speis' & Trank, Musik & Tanz treffen; religiöse Dinge sind zweitrangig vor der Frage, wie die Kirchweihgans gerät. An Martini (11. Nov.) langte man in früheren Zeiten vor dem Adventsfasten bei der Martinsgans noch einmal richtig zu.

Winter

Advent wird gern als besinnliche Zeit apostrophiert, der Weihnachtsrummel, die inflationären Christkindlesmärkte und kommerziellen Weihnachtskonzerte lassen davon jedoch wenig übrig. Ein **Adventssingen** in einer Dorfkirche sollte man sich aber nicht entgehen lassen. Wie überall ist am 6. Dez. der hl. **Nikolaus** unterwegs, wobei er im Bereich der Alpen von schreckerregenden Höllengeistern begleitet wird: Am 5./6. Dez. treiben die **Klausen** ihr (Un-)Wesen; schon am 4. Dez., dem Barbaratag, finden Mädchen und Frauen beim **Bärbeletreiben** Gelegenheit zu entsprechendem Tun. Unvorsichtige Zuschauer können dabei durchaus ein paar Rutenhiebe abbekommen.

INTERESSANTE MENSCHEN

Pionier und Flugzeugbauer: Claude Dornier

1884–1969
Maschinenbauingenieur

Neben Ernst Heinkel und Willy Messerschmitt war der in Kempten geborene Claude Dornier der bedeutendste deutsche Flugzeugbauer des 20. Jh.s. Als Maschinenbauingenieur begann er 1910 in der Versuchsabteilung der Zeppelin GmbH in Friedrichshafen, 1917 wurde

Das Schwimmflugzeug Dornier Do-X 1929 beim Probestart auf dem Bodensee

seine Abteilung eine eigenständige Gesellschaft im Zeppelin-Konzern. Nach dem Ersten Weltkrieg wich Dornier wegen des alliierten Verbots, Flugzeuge zu bauen, zunächst nach Marina di Pisa in Italien aus. 1922 flog der Dornier-»Wal« – mit dem Roald Amundsen 1926 den Nordpol überquerte – zum ersten Mal, 1928 das riesige zwölfmotorige **Flugboot Do-X**; mit solchen Flugbooten wurde der Post- und Passagierverkehr über den Nord- und Südatlantik erschlossen. Für den Zweiten Weltkrieg baute Dornier, der 1940 in die NSDAP eintrat und »Wehrwirtschaftsführer« wurde, in Friedrichshafen-Manzell verschiedene Kampfflugzeugtypen. Nach dem Krieg begann man im Lindauer Stadtteil Rickenbach – da der Flugzeugbau wieder verboten war – mit Entwicklung und Bau von Webstühlen, die heute Weltgeltung besitzen. Die Flugzeugproduktion wurde 1956 in München-Neuaubing und Oberpfaffenhofen aufgenommen; hier entstanden bekannte Typen wie die einmotorige Do 27 und das Senkrechtstarter-Transportflugzeug Do 31. Claude Dornier schied 1962 aus dem Unternehmen aus. Heute ist der Name Dornier, nach Managementfehlern und heftigen Kämpfen unter den Erben, aus dem Flugzeugbau verschwunden.

Klassiker der Gegenwartsliteratur: Hans Magnus Enzensberger

Geboren 1929
Schriftsteller

Neben Sophie von La Roche und Ludwig Ganghofer ist Enzensberger die dritte Literaturgröße aus Kaufbeuren. Der Sohn eines Ingenieurs studierte Literaturwissenschaft und Philosophie, 1955 promovierte er mit einer Arbeit über die Poetik des Romantikers Clemens Brentano. Bis 1957 war er Hörfunkredakteur in Stuttgart, und als er 1963 mit dem renommiertesten deutschen Literaturpreis geehrt wurde, dem Georg-Büchner-Preis, hatte er sich schon als Lyriker, Essayist, Hörspielautor und Übersetzer einen Namen gemacht; später war er auch für Theater, Oper und Fernsehen tätig. Von 1965 bis 1975 gab Enzensberger die Zeitschrift **»Kursbuch«** heraus, die im geistig-politischen Aufbruch der 1968er-Generation eine große Rolle spielte, von 1985 bis 2007 **»Die Andere Bibliothek«**, die bald als »die schönste Buchreihe der Welt« galt. Bis heute ist sein Werk von einer unglaublichen Fülle und Bandbreite, sowohl in der Thematik wie im Genre: Hermetisch-esoterische Lyrik und Reflexionen über das Verhältnis von Literatur und Politik finden sich ebenso wie die pointierte Kritik an Kultur und Politik, erotische Erzählungen ebenso wie ein hochgelobtes Kinderbuch über Mathematik. Sein erster Gedichtband wurde als Werk eines »zornigen jungen Mannes« apostrophiert, und immer noch zeichnet den streitbaren Dichter die Lust an der Provokation aus.

Kriegsunternehmer: Georg von Frundsberg

1473 – 1528
Soldat und Landsknechtführer

In der Kriegstaktik endete das Mittelalter, könnte man sagen, mit dem Niedergang der gepanzerten Ritter und dem Aufkommen der viel wendigeren, schlagkräftigen Landsknechte. An diesem Wandel war Georg von Frundsberg, der 1473 auf der Mindelburg geboren wurde, wesentlich beteiligt. Sein aus dem tirolischen Schwaz stammender Vater Ulrich, Hauptmann des Schwäbischen Bundes, hatte 1467 Stadt und Herrschaft Mindelheim gekauft. Georg machte sich als **Feldhauptmann unter Kaiser Maximilian I.** und seinem Nachfolger Karl V. einen großen Namen. Er formte (nach Schweizer Vorbild) die lanzentragende Infanterie zu einer den Rittern überlegenen Truppe, mit der er entscheidenden Anteil am Sieg Kaiser Karls V. über das französische Heer bei Pavia im Jahr 1525 hatte. Den schrecklichen »Sacco di Roma«, die Plünderung Roms im Jahr 1527 durch die Landsknechte, die seit Pavia nicht mehr regelmäßig bezahlt worden waren, konnte er nicht verhindern. Er erlitt einen Schlaganfall, kehrte nach Hause zurück und starb ein Jahr später.

Heimatdichter: Ludwig Ganghofer

1855 – 1920
Roman-schiftsteller

»Wenn ich a Büchl lies, möcht ich mei' Freud dran haben! Daß ich's ganze Sauleben drüber vergessen kann!« Dieser Satz aus einem seiner berühmtesten Romane, dem »Schweigen im Walde«, begründet

Ganghofers einzigartigen Erfolg ebenso wie das Verdikt seiner Kritiker: Trivial-sentimentale, naiv-gemütvolle Heimatromane habe er geschrieben, die mit ihrer Verklärung des kraftvollen Bergbauerntums das Muster reaktionärer Kritik der modernen Gesellschaft liefere. In Kaufbeuren geboren, lebte Ganghofer ab 1882 in Wien, ab 1893 in München; nach einer Tätigkeit als Kriegsberichterstatter zog er 1919 nach Tegernsee, bestattet ist er in Rottach-Egern. Überraschend und nicht unbedeutend ist, dass er seinen Durchbruch mit dem **»Herrgottschnitzer von Ammergau«** in Berlin erlebte. Er wurde einer der erfolgreichsten Schriftsteller des wilhelminischen Deutschlands und einer der meistverfilmten Autoren, und wie wenige andere prägte er das Bild von den südbayerischen Landen. Für den Heimatfilm der 1950er-Jahre waren seine Romane ideale Vorlagen. Von Vorteil war dabei, dass er seine Figuren in einem diffusen Kunstdialekt mit oberbayerischen und schwäbischen Elementen reden ließ, was bei einem breiten nichtbayerischen Publikum für Verständlichkeit und ein angenehm exotisches Flair sorgte. Trotz alldem sollte man sich einmal einen oder mehrere Romane zu Gemüte führen: Denn immerhin schildert er auch das »Sauleben«.

Barockkünstler: Johann Jakob Herkomer

1652–1717
Baumeister und Maler

Schon zu Lebzeiten galt der in Sameister bei Roßhaupten geborene Johann Jakob Herkomer als »vollkommner Baumeister und Fresco-Maler«, tatsächlich hat der schwäbische Barockkünstler die Architekturlandschaft seiner Heimat sehr geprägt. Nach der Ausbildung in Augsburg zog es ihn für einige Jahre nach Venedig. Nach der Rückkehr baute er in seinem Heimatort eine Kapelle, bei der er sein Talent als Architekt, Freskenmaler und Stuckateur beweisen konnte. Ab 1701 war er mit dem Umbau des Magnus-Klosters in Füssen beschäftigt. Herkomer war hier auch für die verschwenderische Marmorausstattung, die Stuckdekoration und die illusionistischen Freskomalereien verantwortlich. Letztere sorgten für großes Aufsehen und zahlreiche Folgeaufträge, u. a. in Weingarten, Ottobeuren, Innsbruck, Kempten, Seeg, Vils und Füssen. Eine besonders große Wirkung hatte er als Lehrer des späteren Erbauers der Wieskirche, Dominikus Zimmermann.

Schöpfer des »grünen« Allgäus: Carl Hirnbein

1807–1871
Bauer und Unternehmer

Dass das Allgäu nicht seit je, sozusagen von Natur aus, ein grünes Land mit Kühen und Weiden war, kann man sich kaum vorstellen. Ebenso wenig, dass es hier keinen Romadur gibt, diesen herzhaften kleinen Käse. Und doch geht dies auf einen Unternehmer zurück, der

OBEN: Ludwig Ganghofer, der bayerische Heimatdichter, an seinem Schreibtisch um 1900

UNTEN: Der Seelsorger und Wasserdoktor Sebastian Kneipp im Jahr 1891

vor 200 Jahren in Wilhams nahe Immenstadt geboren wurde: Carl Hirnbein, genannt der »Patriarch des Allgäus«, der **»Notwender, Zwingherr und Alpkönig«**, wie der Priester und Heimatdichter Peter Dörfler die drei Bände seiner Hirnbein-Biografie betitelte (erschienen 1934 – 1936). Damals lebte man vor allem von der Produktion hochwertiger Leinwand – blühender Flachs färbte das Allgäu im Sommer blau –, die sehr mühsam und langwierig war und längst nicht mehr das Auskommen sicherte. Hirnbein, ein Großbauer mit 1000 ha Grundbesitz und später Landtagsabgeordneter, der mit den Ideen der 1848er-Revolution sympathisierte, lernte in den Niederlanden die Weichkäseproduktion kennen und stellte 1830 in Wilhams den ersten Limburger aus Allgäuer Milch her. Dazu holte er Fachleute aus Belgien und begründete ein Vertriebssystem mit Niederlassungen in Mannheim, Kassel und Stuttgart. 1844 besaß er nicht nur 100 Sennereien, sondern auch fast den ganzen Grünten. Vom Schweizer Tourismus inspiriert, baute er dort 1852 das erste Berghotel der deutschen Alpen, das Grüntenhaus, und er druckte auch den ersten Prospekt mit Allgäu-Werbung – er war also sowohl ein Initiator der Allgäuer Milch- und Käsewirtschaft als auch des Allgäu-Tourismus.

Der Wasserpfarrer: Sebastian Kneipp

1821 –1897
Pfarrer

Sebastian Kneipp, der den Kurtourismus nicht nur im Allgäu nachhaltig prägen sollte, lernte als Sohn bitterarmer Weber aus dem Allgäu früh sich durchzubeißen. »Mit zwölf Jahren musste ich täglich fünf Ellen Leinwand weben wozu ich von morgens früh bis abends brauchte«, schreibt er in seinen Erinnerungen. Bevor er als 23-Jähriger das Gymnasium besuchen konnte, arbeitete er als Knecht. Als man ihm später immer wieder die »Kurpfuscherei« austreiben wollte, beeindruckte ihn das wenig. Während seines Theologiestudiums in München an Tuberkulose erkrankt, kurierte er sich mit Bädern in der eiskalten Isar, auch einem Kommilitonen half er so. Inspiriert hatte ihn dazu die Lehre von J. S. Hahn, der als Begründer der Wassertherapie gilt. Ab 1855 Pfarrer des Dominikanerinnenklosters in Wörishofen, stellte er nicht nur dessen Betrieb auf eine feste wirtschaftliche Basis, er behandelte auch die zunehmende Zahl der Gäste, die zur Sommerfrische kamen. Kneipp beschrieb sein **Konzept einer gesunden Lebensführung** – ausgewogene Ernährung, körperliche Tätigkeit und seelische Ordnung, ergänzt durch die Heilkraft von kaltem Wasser und Kräutern – in den Büchern »Meine Wasserkur« (1886) und »So sollt ihr leben« (1889), die Millionenauflagen erlebten und seiner Kur weltweite Anerkennung verschafften. Er wurde 1893 mit dem Titel eines Päpstlichen Geheimkämmerers geehrt und starb 1897 an einem Bauchtumor, den er nicht operieren ließ (► Das ist das Allgäu, S. 12).

Prinzregent, Jäger und Lederhosenfan: Prinz Luitpold von Bayern

1821–1912
Nachgeborener Prinz und Regent

Der mit dem Allgäu am engsten verbundene Angehörige des bayerischen Königshauses war Prinz Luitpold, der – als fünftes Kind König Ludwigs I. geboren – keine Thronambitionen hatte und auch sonst dem Leben bei Hofe wenig abgewann. Er ging lieber auf die Jagd. 1851 wurde er Jagdherr im Hintersteiner und im Oberstdorfer Revier; in seinen letzten Jahren hatte er etwa 750 km² allein im Allgäu zu seiner Verfügung, v. a. im Allgäuer Hauptkamm bis nach Rettenberg. Als Oberstdorf 1865 in Schutt und Asche fiel, unterstützte er den Wiederaufbau, und wenn er zur Jagd kam, brachte er seinen Gehilfen Lederhosen mit – so kam die bayerische Tracht ins Allgäu. Der junge Prinz durchlief eine Militärzeit, war später Reichsrat und vertrat seinen menschenscheuen Neffen Ludwig II. bei offiziellen Anlässen. **Im Rentenalter**, mit 65, fiel ihm als ältestem männlichen Mitglied der Königsfamilie zu, nach dem mysteriösen Tod Ludwigs II. »des Königreiches Bayern Verweser« zu werden. Es dauerte seine Zeit, bis er nicht mehr als Königsmörder galt; mit seiner bescheidenen, leutseligen Art erwarb er sich große Sympathien, und als er am denkwürdigen Datum des 12.12.1912 starb, trauerte das Land aufrichtig.

Darwin des 20. Jahrhunderts: Ernst Mayr

1904–2005
Biologe und Evolutionsforscher

Wirklich berühmt ist der Name Ernst Mayr nicht. Doch von der Fachwelt wird der gebürtige Kemptener rundweg als der »Darwin des 20. Jh.s« gefeiert. Schon als Kind sehr an der lebendigen Natur interessiert, studierte er in Berlin zunächst Medizin; rasch aber wechselte er zur Zoologie, genauer zur Vogelkunde. Den grundlegenden Anstoß für seine Forscherlaufbahn gaben 1928 bis 1930 Reisen nach Neuguinea und zu den Salomonen, die der vielversprechende Ornithologe für Lord Walter Rothschild und das Berliner Museum für Naturkunde unternahm. Die dort gesammelten Erkenntnisse waren die Basis für die Weiterentwicklung der darwinschen Evolutionslehre: Wo Darwin bei Thesen geblieben war und Fragen offen gelassen hatte, kläre Mayr an vielen Beispielen die Mechanismen der Evolution. 1942 erschien sein Hauptwerk, »Systematics and the Origin of Species«, das in einer **»synthetischen Theorie der Evolution«** Befunde aus Genetik, Paläontologie, Zoologie und Systematik vereinte. Seit 1931 arbeitete er für das American Museum of Natural History in New York, 1953 wechselte er an das Museum for Comparative Zoology an der Universität Harvard. Im Alter von 101 Jahren starb er 2005 in Bedford (Massachusetts).

Sportgrößen aus dem Allgäu

Die Zahl der Sportler, die sich im Allgäu ihre Sporen verdienten, ist Legende. Verständlicherweise ist die Liste der bekannten Namen aus dem Wintersport – Skifahren, Skispringen, Eislauf, Eishockey – besonders lang, aber auch Fußballer und Rennfahrer sind vertreten. Einige sollen hier erwähnt werden. Überraschend zahlreich sind bei den Wintersportlern die Skiläuferinnen, beginnend bei der legendären **Christl Cranz** (1914–2004). Mit zwölf Weltmeistertiteln und der Goldmedaille bei den Olympischen Spielen 1936 in der Kombination gilt sie als erfolgreichste Skifahrerin aller Zeiten. 24 Jahre nach Christl Cranz landete ein 19-jähriges Mädchen aus Oberstaufen seinen Coup bei der Abfahrt der Olympischen Spiele in Squaw Valley: **Heidi Biebl**. Zu ihrer Erfolgsbilanz zählen 15 deutsche Meistertitel und 30 Weltcup-Siege. **Franz Keller** (geb. 1945 in Nesselwang) holte 1968 olympisches Gold in der Nordischen Kombination. **Pamela Behr** (geb. 1956 in Hindelang) und die Schwestern **Irene** und **Maria Epple** (geb. 1957 bzw. 1959 in Seeg) holten ebenfalls Medaillen bei internationalen Skiwettbewerben, die Schwestern aus Seeg fuhren sogar Olympiamedaillen und Weltcup-Siege ein. Der Füssener **Michael Greis** (geb. 1976) gewann drei olympische Goldmedaillen sowie 12 Medaillen bei Weltmeisterschaften im Biathlon. 2018 holte der Oberstdorfer **Johannes Rydzek** olympisches Gold auf der Großschanze und vergrößerte damit die Sammlung seiner Medallien

Eine Ausnahme-Sportlerin: Heidi Biebl beim Training Ende der 1950er-Jahre

für sechs Weltmeistertitel in der Nordischen Kombination. Unter den Skispringern machten **Katharina Althaus** und **Karl Geiger** (beide aus Oberstdorf und Olympia-Zweite in Südkorea) Furore.
Es geht aber auch ohen Schhnee: Unvergessen ist der »schnelle Henne«, **Ernst Jakob Henne** aus Weiler (1904–2005), Motorrad- und Autorennfahrer der 1920er- und 1930er-Jahre, der 76 Geschwindigkeitsweltrekorde aufstellte und 1928 die Targa Florio gewann. Ein Weltklassefußballer war **Karl-Heinz Riedle** (geb. 1965 in Weiler), der mit Werder Bremen und Borussia Dortmund mehrmals deutscher Meister sowie 1990 Weltmeister wurde.

Der Erfinder des Reiseführers: Karl Baedeker

1801–1859
Verleger

Als Buchhändler kommt Karl Baedeker viel herum, und überall ärgert er sich über die »Lohnbedienten«, die die Neuankömmlinge gegen Trinkgeld in den erstbesten Gasthof schleppen. Nur: Wie soll man sonst wissen, wo man übernachten kann und was es anzuschauen gibt? In seiner Buchhandlung hat er zwar Fahrpläne, Reiseberichte und gelehrte Abhandlungen über Kunstsammlungen. Aber will man das mit sich herumschleppen? Wie wäre es denn, wenn man all das zusammenfasst? Gedacht, getan: Zwar hat er sein erstes Reisebuch, die 1832 erschienene »Rheinreise«, nicht einmal selbst geschrieben. Aber er entwickelt es von Auflage zu Auflage weiter. Mit der Einteilung in »Allgemein Wissenswertes«, »Praktisches« und »Beschreibung der Merk-(Sehens-)würdigkeiten« findet er die klassische Gliederung des Reiseführers, die bis heute ihre Gültigkeit hat. Bald sind immer mehr Menschen unterwegs mit seinen »Handbüchlein für Reisende, die sich selbst leicht und schnell zurechtfinden wollen«. Die Reisenden haben sich befreit, und sie verdanken es bis heute Karl Baedeker. Das Allgäu beschreibt er erstmals im 1842 erschienenen »Reisehandbuch für Deutschland und den Österreichischen Kaiserstaat«.

»
Der Fussreisende in Gebirgsgegenden, überhaupt Jeder, der gern billig reist, möge sich nach Landes Art und Sitte richten und den Anschein des Fremden möglichst vermeiden.
«

Baedeker's Süd-Baiern, Tirol, Salzburg, 24. Auflage 1890

E

ERLEBEN & GENIESSEN

Überraschend, stimulierend, bereichernd

Mit unseren Ideen erleben und genießen Sie das Allgäu.

Auch die Allgäuer Wiesen sind – frei nach Sebastian Kneipp – Rohstoff für das Leben. ►

BEWEGEN UND ENSTPANNEN

Wandern ambitioniert oder ganz gemütlich, Landschaften und schöne Orte per Fahrrad erleben, nur mit Muskelkraft oder mit elektrischer Unterstützung, Winterfreuden auf Brettern, Kufen oder Schneeschuhen, Sommerfrische im See oder Weiher genießen, ein Moorbad nehmen, durch kühles Wasser waten und in der Therme entspannen, reiten, angeln – Urlaub im Allgäu, das heißt vor allem, aktiv zu sein in schönster Natur und Körper und Geist Gutes tun.

Wandern und Klettern

Nebelhorn, Fellhorn, Trettachspitze, Mädelegabel, Höfats, Hoher Ifen und Gottesackerplateau – lauter klangvolle Namen, die die Herzen von Bergfexen höherschlagen lassen. Die bekanntesten Berge und Wanderziele des Allgäus liegen in seinem südlichsten Zipfel rund um Oberstdorf und im österreichischen Kleinwalsertal, das zur Region Oberstdorf gerechnet wird. Aber auch anderswo im Allgäu gibt es zauberhafte Wanderreviere mit leicht zu meisternden oder auch schwierigeren Pfaden, die durch schmale Tobel zu grünen Seen, rauschenden Wasserfällen oder auf Gipfel mit grandiosem Panorama führen. Zu ihnen gehören etwa der Grünten, das Riedberger Horn und der Hauchenberg bei Immenstadt. Zu den beliebtesten Wanderzielen im Ostallgäu zählt der Tegelberg, der sich ebenfalls auf vielen Wegen erklimmen und erleben lässt.

Weitwanderwege

Das ganze Allgäu erschließt die in jüngster Zeit eingerichtete **Wandertrilogie** (www.wandertrilogie-allgaeu.de) mit drei von Norden nach Süden angeordneten, z. T. identischen Rundwegen: »Wiesengänger« (387 km), »Wasserläufer« (377 km) und »Himmelsstürmer« (338 km). Ein echter Königsweg ist der **Maximiliansweg** (360 km) von Lindau zum Königssee, benannt nach Kronprinz Maximilian, der im Jahr 1858 etwa auf dieser Route den Südteil seines Reichs kennenlernte. Von Augsburg kommend durchquert der **Schwäbisch-Allgäuer Wanderweg** das Gebiet (dieses Führers) vom Kloster Irsee bis Sonthofen (100 km). Der ca. 230 km lange **Oberallgäuer Rundwanderweg** führt in zehn Etappen durch die Mitte des Allgäus. Naturschönheiten genießt man auch auf dem **Lech-Höhenweg** (115 km), der von Zollhaus bei Landsberg am Lech entlang nach Füssen führt. Auf dem **Crescentia-Pilgerweg** wandelt man auf den Spuren der Heiligen (Kaufbeuren–Ottobeuren–Mindelheim–Kaufbeuren, 90 km). Der Name des **Prälatenwegs** spricht für sich: Zwischen Marktoberdorf und Kochel am See (140 km) verläuft er durch den Pfaffenwinkel mit den herrlichsten Klöstern und Kirchen. Der

Münchner Jakobsweg (250 km) verbindet die bayerische Landeshauptstadt über das Fünf-Seen-Land, den Pfaffenwinkel und das Allgäu mit Lindau am Bodensee.
Darüber hinaus gibt es eine unübersehbare Zahl kürzerer, lokaler oder regionaler Wanderwege. Informationen geben die Tourismusbüros und die Seite www.allgaeu-ausfluege.de (über 600 Vorschläge für Ausflüge und Wanderungen, mit Fotos). Oberstdorf bietet seinen Gästen einen digitalen Alpinberater. Auf www.oberstdorf.de/alpin be ratung gibt es die neuesten Informationen, vom Wetter über die Begehbarkeit einzelner Streckenabschnitte und GPS-Daten-Downloads bis zum Liveticker mit aktuellen Tipps von Hüttenwirten und Bergführern. Wer lieber in Begleitung von Profis unterwegs sein möchte, kann Touren bei der Alpinschule Oberstdorf buchen. Sie bietet auch Bergwanderungen für Familien an, bei denen man eine Woche lang von Hütte zu Hütte geht (www.alpinschule-oberstdorf.de).

Klettersteig für Neulinge

Mit Helm, Klettergurt und Sicherung unterwegs im steilen, sonnenwarmen Fels, bei großartigem Fern- und schwindelerregendem Tiefblick – wer davon träumt, kann auf einer geführten Schnuppertour am **Hindelanger Klettersteig** (einer der berühmtesten Klassiker seiner Art) testen, ob diese Art des Bergerlebnisses etwas für ihn ist.

Klettern ist – mit der richtigen Ausrüstung, Unterweisung und Begleitung – auch etwas für junge Menschen.

ÜBER BERG UND TAL

Das Allgäu besteht nicht nur aus Bergen. Es gibt auch einsame Täler, dunkelgrüne Seen, enge Tobel, rauschende Wasserfälle, liebevoll restaurierte mittelalterliche Burgen, berühmte Schlösser, Kirchen, alte Städte, hübsche Dörfer und viele Gründe mehr, dorthin zu reisen.

Eine besonders schöne Art, die Region in Deutschlands äußerstem Süden kennenzulernen, ist sie zu erwandern. Hier drei interessante Vorschläge mit Einkehradressen.

Familienwanderung

Eine der beliebten Wanderungen um Oberstdorf führt zum Christlessee, einem Kleinod der Allgäuer Alpen, dann durch den Hölltobel, den sich der Dietersbach auf seinem Weg zur Trettach geschaffen hat, hinauf nach **Gerstruben** (1150 m), einem malerischen Museumsdorf vor der imposanten Kulisse der 2259 m hohen Höfats, und auf dem Rautweg wieder hinab ins Tal. Für den Rückweg empfehlen wir die Variante über die historische Säge. Dafür geht man ein kurzes Stück Richtung Dietersbachtal und folgt dann einem rechts abzweigenden Feldweg. Hinter der Säge führt ein Waldweg aufwärts, eine Viertelstunde später erreicht man eine große Wiese, auf der die Alphütte Raut steht. Von hier aus hat man die wohl schönste Aussicht auf Gerstruben.
Der folgende Abstieg durch den Wald ist harmonisch angelegt und führt sanft ins Tal zurück.
Ausgangsort, Zeitaufwand: Oberstdorf, Parkplatz Renksteg, etwa 5 Std. Einfache Wege; Kompass -Wanderkarte WK 03, »Oberstdorf–Kleinwalsertal«; **Einkehr**: Berggasthof Gerstruben (Tel. 08322 95 92 90, www.gerstruben.de, gemütliche Gaststube), Restaurant Café Christlessee (Tel. 08322 60 60 90, www.christlessee.de) und Hotel elements (Tel. 08322 60 66 90, www.hotel-elements-oberstdorf.com).

Auf den Grünten

Er ist der erste »richtige« Berg, wenn man von Norden ins Allgäu kommt. Mit 1738 m gehört er zwar nicht zu den höchsten Gipfeln, aber von oben hat man eine **grandiose Panoramasicht**, die zwischen Säntis (Schweiz), Zugspitze und Donau rund 140 km weit reicht. Am Gipfelgrat stehen zwei Bauten: der 97 m hohe Sendemast des Bayerischen Rundfunks und das 1924 zu Ehren gefallener Gebirgsjäger errichtete Denkmal. Zwei Routen führen hinauf.
Vom Norden aus Rettenberg oder Kranzegg kommend beginnt der Fußmarsch am Parkplatz unterhalb der Alphütte von Kammeregg. An der Alpe (1200 m) verlässt man den Alpweg und folgt einem Pfad über Weiden aufwärts, der weit oben, beim »Kalten Brunnen«, auf den Ostgrat des Grüntens trifft.
Man kann aber auch auf dem Alpweg bleiben und über die Grüntenhütte zum »Kalten Brunnen« gelangen, was etwas länger dauert. Vom Brunnen führt der Weg über die Skipiste steil hinauf, an der Bergstation des Lifts vorbei und im Zickzack dem Gipfel entgegen. Die kleine Treppe am Schluss entschärft eine Felsenstelle.
Vom Süden aus erreicht man den Grünten meist von Burgberg. Startpunkt der Wanderung ist der Parkplatz unterhalb

Natur mit bäuerlicher Kultur im Museumsdorf Gerstruben kombiniert die Familienwanderung.

des Gasthauses Alpenblick. Den Schildern folgend geht es über einen Alpweg bis zur Alpe Kehr, wo ein Pfad abbiegt, der nun über Weideflächen aufwärts zur bald sichtbaren Alpe Obere Schwande führt. Kurz dahinter taucht der Weg in den Wald, den er am Südwestgrat des Bergs wieder verlässt. Man erreicht das Grüntenhaus und stößt auf einen Weg, der links aus Richtung Burgberg kommt. Dem folgt man hinauf zum Sendemast und erreicht bald das Denkmal für die Gebirgsjäger.
Ausgangsort, Zeitaufwand: Rettenberg, Parkplatz der Alpe Kammeregg (1 1/2 Std.) oder Burgberg, Parkplatz Gasthof Alpenblick (2.30 Std.); einfache Wege; Kompass-Wanderkarte WK 04 »Tannheimer Tal«.

Einkehr: Alpe Kammeregg (Tel. 08327 10 49, www.alpe-kammer egg.de), Grüntenhütte (Tel. 08327 74 74, www.gruentenhuette.de), Grüntenhaus (Tel. 08321 33 72, www.gruentenhaus.de), Berggasthof Alpenblick (Tel. 08321 33 54, www.alpenblick-burgberg.de).

Riedberger Horn

Die Tour auf das 1787 m hohe Riedberger Horn ist leicht, da die **Bolsterlanger Hörnerbahn** den Wanderfreund in kurzer Zeit auf den 1540 m hohen Horngrat bringt. Von hier folgt man zunächst dem Fahrweg zum Berghaus Schwaben, das man schon nach einer halben Stunde erreicht. Dann zieht sich der Weg Richtung des west-

Begegnung am Grünten

lich liegenden Riedberger Horns, biegt bald rechts ab, erklimmt die sichtbare Hangkante und folgt dem Nordostgrat des Riedberger Horns. Immer wieder wird er von kleinen Felsstufen unterbrochen, die jedoch gut zu überwinden sind, um auf dem Gipfel des Riedberger Horns zu enden. Von hier genießt man eine grandiose Aussicht: nach Westen über Balderschwang zum Bregenzer Wald in Vorarlberg und nach Süden über den nahen Besler auf die gezackte Kette der Allgäuer Hochalpen. Auch der Blick auf die Nagelfluhberge nördlich und die das Illertal begleitenden Bergzüge im Osten sind den Aufstieg wert. Eine weitere empfehlenswerte Route beginnt auf dem Parkplatz in Grasgehren. Auf der Südseite des Bergs führt ein Wanderweg durch Weideland auf den sichtbaren Grat und diesem weiter folgend zum Gipfel. Diese Tour ist auch als Rundweg machbar: Dazu steigt man vom Riedberger-Horn-Gipfel in Richtung Berghaus Schwaben ab (ausgeschildert). Unterhalb des Gipfelaufbaus biegt man nach rechts ab und folgt dem Weg zum weiter oben erwähnten Grat; von hier geht es auf dem bereits bekannten Wanderweg zum Grasgehren-Parkplatz.

Ausgangsort, Zeitaufwand: Bolsterlang, Talstation der Hörnerbahn (2 Std.) oder Parkplatz Grasgehren (1 1/2 Std.); leichte Wanderungen, Wandderschuhe sind zu empfehlen. Kompass Wanderkarte Nr. 02 (»Oberstaufen – Immenstadt«) oder WK 03 (»Oberstdorf – Kleinwalsertal«);
Einkehr: Berghaus Schwaben (Tel. 08326 438 www.berghaus-schwaben.de) und Berghütte Grasgehren (Tel. 08326 77 73, www.berghuette-grasgehren.de).

Der Klettersteig verläuft vom Gipfelkamm des Nebelhorns (2224 m), den man mit der Seilbahn erreichen kann, über den westlichen und östlichen Wengenkopf (2236/2206 m), über die Zacken der Zwiebelstränge bis kurz vor den Großen Daumen (2280 m). Im Sommer bietet die Alpinschule Oberstdorf Kennenlerntouren auf dem ersten Teil der Route an. Ein Profi zeigt Einsteigern, wie man sich sicher und kräftesparend auf einem Klettersteig bewegt. Außerdem hat die Alpinschule viele weitere Touren und Kurse im Programm, u. a. die Allgäuer Klettersteigsafari, Kletterkurse für Erwachsene und Kinder, Wasserfallklettern und winterliche Unternehmungen auf Ski oder Schneeschuhen.

Wanderrouten

Verlage, Tourismusbüros und verschiedene Webseiten wie www.outdooractive.com sowie der DAV bieten Routenbeschreibungen mit Kartenausschnitten an, die auf dem **Smartphone** abgerufen werden können. Das ist bequem und informativ, man sollte aber bedenken, dass die Beschreibung lücken- oder fehlerhaft sein kann, was zu großen Problemen führen könnte (abgesehen von Funklöchern und leerem Akku). Auf dem Tourenportal des DAV (www.alpenvereinaktiv.com, teils gebührenpflichtig) sind ca. 15 000 Wanderungen in den Ostalpen gespeichert, die noch nicht alle vom DAV geprüft wurden. Also: Info abrufen, aber die Tour selbst richtig planen und immer eine genaue Karte mitnehmen.

Sicherheit in den Bergen

Bergwandern und Klettern liegen »voll im Trend«, vor allem auch junge Leute entdecken die Alpen. Allerdings hat auch die Zahl der Unfälle stark zugenommen, wobei jedoch weniger die objektiven Schwierigkeiten des Geländes den Ausschlag geben, sondern ungenügende Kondition, Unerfahrenheit und Selbstüberschätzung. Wer sich in die Berge begibt, sollte sich daher durch Training und Einholung von Informationen darauf einstellen. Besonders Anfänger sollten es vorsichtig angehen lassen; sehr sinnvoll ist es, beim Deutschen Alpenverein oder einer Bergschule einen Grundkurs im Bergwandern bzw. Klettern zu absolvieren.

Alpines Notsignal

Das Alpine Notsignal ist auch in Zeiten des Mobiltelefons wichtig: Der Hilfesuchende gibt in einer Minute sechsmal hintereinander ein hörbares oder sichtbares Signal und wiederholt diesen Vorgang nach einer Minute Pause, bis er Antwort erhält. Die Rettungsmannschaft antwortet mit drei Zeichen innerhalb einer Minute.

Ausrüstung

Auch bei leichten Bergwanderungen gilt für die Ausrüstung ein Mindeststandard. Die unverzichtbare »Basis« sind richtige Bergstiefel mit steifer Profilsohle. Als Schutz vor Wind, Kälte, Sonne, Regen und Schnee – das Wetter kann im Gebirge schnell umschlagen, selbst im Hochsommer kann es schneien – sind Anorak, Pullover, Mütze und Handschuhe notwendig. Auch der Sonnenschutz ist wichtig: Hut oder Mütze, Sonnencreme mit hohem Schutzfaktor (Sunblocker), hochwertige Sonnenbrille, unter Umständen Handschuhe. Mindestens 1 l Wasser und etwas Proviant gehören in den Rucksack, dazu Karte, Erste-Hilfe-Apotheke und Handy.

Bergschulen

Bergschulen vermitteln die notwendigen Kenntnisse und veranstalten Wander- und Klettertouren für alle Bedürfnisse. Die Adressen von Schulen und Bergführern im Allgäu erfährt man über den Verband deutscher Berg- und Skiführer und die Tourismusbüros.

»Herzschlag bis obe na«

Atemberaubende Erfahrungen kann man in den **Hochseilgärten** machen, die sich großer Beliebtheit erfreuen. Gut gesichert über Seilbrücken turnen, den Schritt über den Abgrund tun oder sich ins Seil fallen lassen – wo kann man das? In Immenstadt (Tel. 08323 96 80 50, kletterwald-baerenfalle.de), am Grüntensee (Tel. 08323 96 80 50, kletterwald-gruentensee.de) und in Pfronten (Tel. 08363 925 98 96, waldseilgarten-hoellschlucht.de).

Radfahren

Das Allgäu bietet für jeden Geschmack das richtige Gelände, von gemütlichen Genusstouren bis zu schweißtreibenden Bergstrecken. und adrenalinlastigen Downhill-Pisten. Die regionalen und örtlichen Tourismusbüros informieren über schöne Routen. Der Allgemeine Deutsche Fahrradclub (ADFC) zertifiziert radlerfreundliche Hotels

Paradies für Wanderer und Mountainbiker: das Kleinwalsertal

und Gasthäuser (»Bett & Bike«) und gibt viele wichtige Tipps, »Bed & Bike«-Gastgeber bieten vom Flickzeug bis zum Power-Frühstück speziellen Service an. Fahrräder für unterschiedliche Ansprüche kann man in vielen Ferienorten mieten. Info für die **Fahrradmitnahme im Zug** findet man unter www.bahn.de/fahrrad-bayern.

Fernradwege

Die landschaftlichen und kulturellen Schätze lassen sich auf diversen Fernrouten »er-fahren«. Die **Radrunde Allgäu**, ein 450 km langer ausgeschilderter Rundkurs, führt um die ganze Region. Die Allgäu GmbH (www.allgaeu.de) bietet eine kostenlose Broschüre mit Übersichtskarte, Etappenbeschreibungen und Höhenprofilen, auch zum Download. Zwei große Achsen schneiden diesen Kreis – west-östlich der **Allgäu-Radweg** Isny–Marktoberdorf (75 km) und nord-südlich der **Iller-Radweg** Memmingen–Oberstdorf (100 km) – sodass verschiedene Tourenvarianten möglich sind. Den Süden der Region durchquert der attraktive **Bodensee-Königssee-Radweg** auf 130 km Länge (Lindau–Schwangau, www.bodensee-koenigssee-radweg.de). **Regionale Radwanderwege** führen z. B. um den Forggensee, von Kaufbeuren über Schongau und Marktoberdorf zurück nach Kaufbeuren (»Dampflokrunde«, 80 km), von Bad Wörishofen nach Bad Grönenbach (Kneippradweg, 50 km) und von Füssen nach Schongau (Via Claudia Augusta, 50 – 60 km; www.viaclaudia.org).
Einen Überblick mit Übersichtskarten und Tourenplaner bietet das **Bayernnetz für Radler** (www.bayerninfo.de/rad) auch als App. Im Buchhandel sind außerdem verschiedene Radtourenführer erhältlich.

Mit Elektro-Power

Elektro-Räder eröffnen auch Untrainierten neue Tourenmöglichkeiten. Im Allgäu ist ein Netz von Verleih- und Akkuwechselstationen entstanden, das fast uneingeschränkte Mobilität garantiert. Eine Übersicht der Stationen und entsprechend ausgestatteten Gastgeber findet man im Internet auf www.ebike-holiday.com/allgaeu. .

Wintersport

Der größte und bekannteste Wintersportort im Allgäu ist **Oberstdorf** mit dem Nebelhorn (Talabfahrt 7,5 km) und Fellhorn/Kanzelwand, der mit dem **Kleinwalsertal** eine attraktive 2-Länder-Skiregion mit gemeinsamem Skipass bildet. **Oberstaufen** besitzt ein gutes Skigebiet an Hündle, Imberg und vor allem am Hochgrat (Talabfahrt 6 km). Beide Zentren sind auch für die lebhafte Après-Ski-Szene bekannt. Die weiteren Wintersportregionen – v. a. Hindelang-Oberjoch, Balderschwang, Fischen, Grünten und Nesselwang (Breitenberg) – eignen sich besonders gut für Familienferien. **Langläufer** finden in den langen, idyllischen Tälern vorzügliche Reviere: Oberstdorf im Illertal mit Loipen zwischen Sonthofen und Spielmannsau, die 50 km lange Superloipe Alpsee – Lindenberg, Balderschwanger Tal, Hintersteiner Tal, Grüntensee, Schwangau u. a. m. Gemütliche oder rasante **Rodelbahnen** finden sich in großer Zahl, und auf den Seen und Weihern frönt man dem Eisstockschießen.

DEM HIMMEL SO NAH

Am Abend regnet es noch in Strömen, aber Helmut Scheuerle, leidenschaftlicher Ballonfahrer beim Ballonsportclub Voralpenland e.V., ist sich sicher: Morgen wird das Wetter nicht nur gut, sondern geradezu perfekt für einen Ausflug in die Lüfte sein.

Leichter Wind beim Start, kaum Thermik. Ein paar Wolkenschleier, ein kühler, aber sonniger Tag. Als wir in aller Frühe zum verabredeten Treffpunkt fahren, überzieht die Maisonne tatsächlich die Wiesen und die waldigen Hügel mit goldenem Glanz. Vereinzelt steigen Nebelschwaden aus den Tälern auf. Punkt sechs treffen wir Scheuerle und die anderen beiden Gäste, die heute mit ihm in die Luft steigen wollen, auf dem Dorfplatz von Eglofs. Der erfahrene Luftschiffer schmunzelt belustigt, als wir unsere gestrige Skepsis bezüglich seiner Wetterprognose ansprechen. »Ballonfahrer fragen beim Deutschen Wetterdienst sehr viel mehr und detailliertere Daten ab als beispielsweise Radiostationen«, klärt er uns auf. »Und wer diese Daten richtig interpretieren kann, weiß 24 Stunden vorher sehr genau, welche Witterung und welche Winde ihn erwarten.«

Aufstieg und Fahrt

Mit dem Kleinbus fahren wir ein paar Kilometer, hinter dem Bus der Hänger, der den Korb, Gasflaschen, Brenner und die 30 Meter lange Ballonhülle transportiert. Auf einer schmalen Feldstraße geht es zu der Wiese, die Scheuerle als einen für diesen Tag idealen Startplatz ausgesucht hat. Etwa eine halbe Stunde dauert es, bis all die Leinen am Korbrand verankert sind, bis die bunte Nylonhülle aufgeblasen und die Luft darin aufgeheizt ist, bis also der Ballon startklar ist und wir in den Korb klettern dürfen. Ganz sachte heben wir vom Boden ab. Häuser, Kirchtürme, abgelegene Höfe, Straßen mit wenigen Autos – bald ist alles spielzeugklein. **»Und jetzt wird's mystisch«**, kündigt unser Luftschiffer an. Kurz darauf verschwindet die Welt unter uns. Wir schweben durch die feuchten Wolkenschleier. Dann bricht der Korb durch die Wolkendecke. Sonne pur und ein überwältigendes Panorama: Majestätisch ragen am Horizont die schneebedeckten Gipfel der Alpen aus dem Wolkenmeer hervor. »Schaut mal dort, das ist die Zugspitze«, sagt Scheuerle. Und dann gelingt ihm ein beeindruckendes Manöver. Durch Zufuhr von Wärme lässt er den Ballon weiter steigen, dann wieder sinken, geschickt nutzt er die unterschiedlichen Winde in den verschiedenen Höhenzonen – und plötzlich steht der Schatten unseres Ballons genau unter dem kleinen Regenbogen, der sich auf der strahlend weißen Wolkendecke zeigt. Ein toller Anblick. Ein grandioses Fotomotiv. Kurze Zeit später bietet sich ein nicht weniger spektakuläres Bild: Aus den Wolken fallen Schneeflocken, und weil wir gerade wieder sinken, sieht es aus, als würden die funkelnden Flöckchen gen Himmel streben ... Mit bis zu 50 km/h treibt uns der Wind an diesem Tag durch die Lüfte. Als Passagier merkt man davon fast nichts. Ganz ruhig scheint der Korb zwischen Himmel und Erde zu stehen, nur das Panorama ändert sich. Eben noch waren wir dem Bodensee so nah, nun ist er nur noch

als glitzerndes Fleckchen in der Ferne zu sehen. Ein paar Augenblicke später schweben wir schon über die Gipfel der Adelegg, die waldbedeckten Nordausläufer der Alpen. Mit seinen abwechslungsreichen Landschaften gehört das Allgäu zu Deutschlands schönsten Revieren für Ballonfahrer, schwärmt Scheuerle. Der Landstrich kann sich zudem mit dem **ersten Ballonstart in Deutschland** rühmen. Bereits 1784 stieg Ullrich Schiegg – Benediktinerpater, Mathematiker, Astronom und Landvermesser in Ottobeuren – mit einem Heißluftballon auf.
Ob die weidenden Kühe dem fliegenden Pater seinerzeit große Aufmerksamkeit gezollt haben, ist nicht überliefert. Unserem Ballon jedenfalls folgen die Braunen im Trab, bis sie von Zäunen oder Hecken gestoppt werden und dem schwindenden Objekt nur noch verdutzt nachschauen.

Landung und Taufe

Wäre es nicht so kalt an den Füßen, würden wir gern noch lange weiterschweben, mal 2000 Meter hoch über dem Meeresspiegel, mal nur ein paar Dutzend Meter über dem Grund. Nach etwa zwei Stunden Fahrt sieht sich Scheuerle nach einem Landeplatz um. »Für Leute, die von A nach B wollen, ist die Ballonfahrerei nichts«, sagt er. »Für diesen Sport muss man flexibel sein. Du kannst ja nur ungefähr, aber nie genau bestimmen, wohin die Reise geht.« Unsere Reise endet etwa **70 Kilometer vom Startplatz** entfernt. »Festhalten und leicht in die Hocke gehen«, instruiert uns der Ballonfahrer noch. Dann setzt der Korb auf, kippt auf die Seite, hebt wieder ein Stück vom Boden ab, setzt auf, hebt leicht ab ... bis die Hülle endlich schlaff am Boden liegt – genau am Rand eines Feldwegs. Perfekt. So kann das schwere Equipment ohne allzu große Strapazen auf das Transportfahrzeug geladen werden, das unser über Funk verständigter »Verfolger« am Boden zur Landestelle bringt. Als alles eingeladen ist, steuern wir einen Dorfgasthof an. Etwas Heißes zu trinken tut jetzt gut. Zum Abschied lässt uns Scheuerle niederknien, beträufelt unsere Köpfe mit Sekt, lässt etwas Erde darauf rieseln, pustet diese weg, sengt mit dem Streichholz ein paar Haarspitzen an. Das muss sein. Die Huldigung an die vier Elemente – Wasser, Erde, Luft und Feuer – ist die »Taufzeremonie«, mit der Neulinge in den »Adelsstand der Ballonfahrer« erhoben werden.

Traumrevier für Ballonfahrer: Über Hügel, Seen und Wälder schweben, und am Horizont ragen Alpengipfel auf.

Baden in Seen und Flüssen Viele idyllische **Seen und Weiher** laden zum Baden. Ein großer Teil wird vom Bayerischen Landesamt für Gesundheit nach EU-Richtlinien überwacht. Trotz (bzw. bei sommerlicher Hitze wegen) der niedrigen Wassertemperatur sind auch die **Flüsse** beliebte Badeplätze. Einigermaßen bedenkenlos kann man aber nur ihre oberen, gebirgsnahen Abschnitte nutzen, da sie im weiteren Verlauf als Vorfluter für Kläranlagen dienen und durch die Landwirtschaft belastet werden. Die Wasserqualität ist problematischer als bei den Seen; auch sollte man nach starken Regenfällen auf ein Bad verzichten. Badeverbote sind unbedingt zu beachten.

Segeln, Windsurfen Die größeren Gewässer – Alpsee, Niedersonthofener See, Rottachsee, Grüntensee, Hopfen- und Forggensee – sind beliebte Segel- und Windsurf-Reviere. Es gibt Sportschulen und Boots- bzw. Board-Verleih. Dasselbe gilt natürlich für den Bodensee.

Angeln Das Allgäu verfügt über fischreiche Bäche und Flüsse, Weiher und Seen. Zum Angeln benötigt man den staatlichen Fischereischein und einen Erlaubnisschein für das betreffende Gewässer, den man meist bei den Tourismusbüros erhält. Diese informieren auch über die Fischbestände, Fangzeiten und weitere Vorschriften.

Kajakfahren, Rafting Die **Flüsse** der Allgäuer Alpen – v. a. Iller, Ostrach, Weißach, Breitach, Lech –, aber auch Strecken im Vorland stellen ausgezeichnete Reviere für Abenteuer im Kajak oder Schlauchboot dar. Genaue Infos gibt der DKV-Gewässerführer für Süd-Bayern (www.kanu-verlag.de). Wildwasser hautnah erleben kann man auch beim **Rafting**; mehrere Outdoor-Spezialisten bieten derlei Aktivitäten mit fachkundiger Begleitung an (z.B. www.waybe yond.de, www.raftingzentrum.de).

Golfen In traumhaft schöner Landschaft zu spielen macht doppelt Spaß. Im Alpenvorland, in den Tälern und sogar auf Bergeshöhen liegt eine große Zahl schöner Plätze, der höchstgelegene Deutschlands bei Wiggensbach (1011 m). Eine Übersicht bietet das Golf-Journal-Spezialheft »Golf in Bayern« (erscheint jährlich), die »40 schönsten« stellt der GolfGuide Bayern vor (Verlag c/c/c), online sind die Greens auf www.golfurlaub-allgaeu.de und www.golfparadies-allgaeu.com beschrieben. »Oberstaufen PLUS Golf« ist eine Initiative Oberstaufener Hotels, bei denen die Nutzung der Golfplätze inklusive ist.

Drachen- und Gleitschirmfliegen Die Gipfel am Nordrand der Alpen bieten herrlichste Startplätze, die meist mit Bergbahnen zu erreichen sind. Zu den beliebtesten zählen Hochgrat (Oberstaufen), Salmaser Höhe (Thalkirchdorf), Mittag (Immenstadt), Grünten (Rettenberg), Weiherkopf (Bolsterlang), Nebelhorn (Oberstdorf), Hirschberg (Bad Hindelang), Alpspitz (Nesselwang), Breitenberg (Pfronten) und Tegelberg (Schwangau). Wer einmal als Passagier durch die Lüfte gleiten oder selbst fliegen lernen möchte, kann unter vielen Veranstaltern und Schulen wählen. Tandemflüge am Gleitschirm bietet u. a. die Oberallgäuer Drachen- und Gleitsegelschule an (https://flugschule-milz.de).

Ballonfahren

Über den Allgäuer Bergen und Seen zu schweben ist immer ein eindrückliches Erlebnis (▶ Baedeker Wissen, S. 312). Zwischen Lindau und Füssen gibt es eine große Zahl von Anbietern, darunter in Sonthofen Ballonsport Alpin (www.ballonsport-alpin.de) und in Eglofs den Ballonsportclub Voralpenland (www.bsc-voralpenland.de).

ESSEN UND TRINKEN

Kässpatzen, Maultaschen, Krautkrapfen – die Allgäuer Küche hat einiges in petto, was – gut gemacht – eine Wohltat für Leib und Seele ist. Erfreulicherweise setzen immer mehr Gastronomen auf die regionale Küche mit Produkten lokaler Erzeuger statt auf internationales Allerlei. Einige der kreativsten Köche haben die heimischen Kräuter für ihre Küche entdeckt und vereinen Käse, Fleisch oder Mehlspeisen mit aromatischen Blättern und Blüten zu ungewöhnlichem Gaumenkitzel und herzerfreuendem Augenschmaus.

»aus wenig sparsam vielerloi«

Wie jede traditionelle regionale Küche weist die Allgäuer Küche nur eine kleine Zahl typischer Gerichte auf. Ihren Charakter bestimmen die einfachen Zutaten, die immer vorrätig waren und die nötige Kalorienzufuhr sicherten: Mehl, Eier, Milch, Butter und Käse, dazu ein paar Gemüsesorten, die in dem Land mit mehr oder weniger rauem Klima gediehen. Fleisch wurde erst mit dem Wachsen des allgemeinen Wohlstands in neuerer Zeit wichtig. Verblüffend ist, in wie vielen Varianten die simplen Zutaten zu herzerwärmenden Köstlichkeiten verarbeitet werden – »aus wenig sparsam vielerloi, des isch d'schwäbisch Kocherei«. In den 200 Jahren bayerischer Herrschaft haben aber auch die bekannten »Schmankerln« von jenseits des Lechs auf dem Allgäuer Speisezettel Einzug gehalten.

Aus der Mehltruhe

Im Mehl hat die Allgäuer Küche – als eine Spielart der schwäbischen – ihr Zentrum; die Mehltruhe, so heißt es, ist das Schatzkästlein der schwäbischen Kochkunst. Allgegenwärtig sind die **Knöpfle** (klein und rund) bzw. **Spätzle** (wurmförmig und mehr oder weniger groß). Traditionell kamen in den Teig, der kaugummiartig zäh sein muss, keine Eier; heute nimmt man doch ein paar Eier aufs Pfund Mehl. Man kann den Teig variieren (z. B. mit Spinat) oder die fertigen Spätzle kombi-

OBEN: Ob feinere Küche wie im Gasthof Obere Mühle in Bad Hindelang oder eine einfache Brotzeit mit Käse und selbst gebackenem Brot auf einer Alpe – das Allgäu ist Genussregion.

UNTEN: Bei Axel Kulmus vom Rössle in Stiefenhofen stehen die Kräuter im Mittelpunkt.

nieren: zum Allgäuer Nationalgericht schlechthin, den **Kässpatzen**, mit viel geraffeltem Käse (am besten würziger Bergkäse oder je zur Hälfte Emmentaler und Romadur, für viele nur echt mit Weißlacker) und viel geschmorten Zwiebeln, oder zu **Krautspatzen** mit Sauerkraut. Die Kombination von dünn ausgewelltem Nudelteig und Kraut gibt's als **Krautkrapfen** (mit begehrter Kruste); eine Füllung aus Brät, Spinat und Zwiebeln ergibt die **schwäbischen Maultaschen**, die in Brühe, gebraten mit Ei oder mit Käse überbacken serviert werden. Als die Kartoffeln ins Land kamen, erweiterte das den Speisezettel beträchtlich. Vereint man etwa gekochte Kartoffeln und Mehl, macht man daraus **Buabaspitzle**. Sie gibt es meist angebraten als Beilage, aber auch solo mit einem grünen Salat sind sie ein Gedicht. Da und dort bekommt man sogar wieder den **Brenntar**: ein Mus aus Hafer- oder Dinkelmehl, als »Rallemues« mit Zwiebeln und Käse.

Die Brotzeit

Abgesehen vom Käse (▶S. 16, 106, 136) wird das Brotzeitbrett von den allgemeinbayerischen »Schmankerln« beherrscht. Die berühmte Münchner **Weißwurst**, die 1857 das Licht der Welt erblickte, besteht aus Kalbsbrät und Schweinespeck, gewürzt mit Pfeffer, Zwiebeln, Zitrone und Petersilie. Dazu gehören Brezen und süßer Senf. Der **Leberkäs** enthält weder Leber noch Käse, sondern Rinder- und Schweinebrät, Speck und Zwiebeln. Er wird gebacken, sodass er eine schöne braune Kruste erhält, und wenn er gerade frisch aus dem Ofen kommt, ist das ein Fest. Den **Wurstsalat** (mit Zwiebeln, Öl und Essig) macht man meist aus Fleischwurst; kommt Emmentaler dazu, heißt er Schweizer Wurstsalat. Den **Presssack** aus Schweinefleisch und Schwarten gibt's in Weiß und Rot (Letzterer mit Blut). Ebenfalls aus Oberbayern stammt der **Obatzda** – zu hochdeutsch »zu Matsch Angerührte« – aus reifem Camembert und einem ordentlichen Quantum Butter, gewürzt mit Zwiebeln, Paprika und Kümmel.

Suppen

Beliebte Vorspeise ist eine Fleischbrühe mit Einlage: mit Flädle (Pfannkuchenstreifen), mit Leberknödel oder -spätzle, mit Grießknödeln und/oder Käse.

Fleisch

Fleisch bereicherte den Speisezettel erst mit wachsendem Wohlstan. Rind- und Schweinefleisch fehlen heute natürlich auf keiner Speisekarte. Fleisch von Tieren, die auf den Wiesen des Allgäus und Oberschwabens aufgewachsen sind, kommt besonders in den **»LandZunge«**-Betrieben auf den Tisch, die ihr Rind- und Schweinefleisch, aber auch Getränke, Milchprodukte etc. ausschließlich von heimischen Erzeugern beziehen (www.landzunge.info).
Was die Köche im Allgäu aus diesen Zutaten machen, stammt zum Teil aus alten oberbayerischen Rezeptbüchern. So gehören die bayerischen Nationalgerichte **Schweinsbraten und Haxe** – mit knuspriger Schwarte – auch im Allgäu zum kulinarischen Repertoire. Die

BLUMEN IN DER SUPPE

Gegen Ende Mai erlebt das Allgäu einen Goldrausch – dann blüht vom Lech bis zum Bodensee und den Alpen der Löwenzahn.

Karl Mayr, Hotelier in Oy-Mittelberg, hat die zarten Blätter und die goldgelben Blüten für seine Küche entdeckt. Die Gäste seines Hotels Mittelburg (www.hotel-mittelburg-allgaeu.de) wandern mit ihm zu entlegenen und, wie Mayr versichert, garantiert ungedüngten Wiesen und füllen Körbe mit den Blütenköpfen. In der Hotelküche zeigt der Chef des Hauses dann, was man mit den Blüten so alles machen kann. **Löwenzahnsirup** zum Beispiel. Der schmeckt auf dem Butterbrot, eignet sich zum Glasieren eines Krustenbratens und gibt der Vinaigrette eine besondere, leicht nussige Note. Als der Allgäuer Hotelier vor vielen Jahren anfing, Blüten zum Kochen ins Haus zu holen, wurde er im Ort belächelt. »Für viele hier war ich der Unkrautjäger, der Hasenfuttersammler.« Auch heute ist mancher Gast zunächst irritiert, wenn ihm in Mayrs Restaurant ein mit Löwenzahnblüten dekoriertes Süppchen serviert wird. Ob man »sowas« überhaupt essen könne, wird der Wirt immer wieder gefragt. Doch spätestens das Carpaccio mit **Löwenzahnpesto** lässt jeden Zweifel auf der Zunge zergehen.

Kräuterküche

Mayr ist längst nicht mehr der Einzige, der den Rohstoff von der Wiese für die Küche und das wild sprießende Kraut als Marketinginstrument entdeckt hat. Seit den 1990er-Jahren setzen Allgäuer Gastronomen auf kreative Kräuterküche. Axel Kulmus, Besitzer des Gasthofs »Rössle« (www.roessle.net) im Westallgäuer Dörfchen Stiefenhofen, ist der bekannteste unter ihnen. Hopfen, Bergminze, Kampfer, Ysop, wilder Majoran und Dutzende andere (Un-)Kräuter wachsen in seinem Gasthausgarten. Irgendwann landen sie alle auf dem Teller – oder im Glas. Zum Auftakt eines Kräutermenüs schickt Kulmus gern einen Schaumwein mit aromatischem Wildblütensirup aus der Küche, dazu knuspriges Brot mit Löwenzahnbutter. Beim nächsten Gang kommt die kulinarische Offenbarung beispielsweise in Gestalt eines auf frische Kräuter gebetteten Alp-Ziegenkäses, gefolgt von einer Rahmsuppe aus Bergwiesenheu. Lavendel hat es Kulmus besonders angetan; die violetten Blüten verarbeitet er zum Beispiel zu heißer Lavendel-Tomaten-Butter, die das Schweinefilet im Speckmantel auf Brennnessel-Blattspinat begleitet. Zum Dessert kann man sich Kreationen wie Ringelblumen-Estragon- und Rosenblüten-Parfait mit rotem Curry-Limetten-Sorbet schmecken lassen. Axel Kulmus veranstaltet auch Kochkurse.

Kräuterdörfer

Altes Wissen über die gesundheitsfördernden Eigenschaften wild wachsender Pflanzen wiederzubeleben und die Vielfalt heimischer Wildkräuter zum Wohl von Mensch und Natur zu erhalten, dieses Ziel hat sich der Verein **Allgäuer Kräuterland** (www.allgaeuer-kraeuterland.de) auf die Fahne geschrieben. Zu der im Jahr 2000 gegründeten Initiative gehört eine Reihe von Kräuterhöfen, die sich auf www.all

Der »Löwenzahn-Koch« Karl Mayr, Hotelier in Oy-Mittelberg

gaeuer-kraeuterland-hoefe.de/ vorstellen. Einige Dörfer machen als zertifizierte »Kräuterdörfer« bei dem Projekt mit, neben dem Kräutertal Gunzesried trägt auch Niedersonthofen diesen Titel. In diesen Orten gibt es kundige Menschen, die ihr Wissen über Heil- und Gewürzpflanzen bei Gartenführungen und Kräuterwanderungen gern an Interessierte weitergeben. Wildkräuterführungen werden im Sommer auch in Ofterschwang angeboten.
Eine ganz besondere Institution ist **Artemisia** (▶ S. 164), der Allgäuer Kräutergarten, den Tilman Schlosser seit 1997 in Hopfen (5 km von Stiefenhofen) betreibt. Artemisia ist der lateinische Gattungsname für rund 500 Korbblütler-Arten, zu denen auch der Beifuß gehört. Der Name geht auf die griechische Göttin Artemis zurück, die lebenspendende Erdmutter. Schon in der Antike wurden viele Artemisia-Arten als Heilpflanzen genutzt. Dass Schlosser seinen Hof »Artemisia« genannt hat, zeigt auch, dass es ihm um mehr geht als nur um die biologische Gärtnerei. Schlosser, der über 300 Kräuterarten von Hand pflanzt, pflegt und erntet, will das Bewusstsein seiner Zeitgenossen für die Einheit von Erde, Pflanzen, Tier und Mensch stärken, für das »lebendige Gesamtkunstwerk«, das ihn so fasziniert.

GUTES UND TYPISCHES AUS DER ALLGÄUER KÜCHE

Auf der Zutatenliste ganz oben stehen Milch- und Käseprodukte. Verfeinert wurden diese immer schon mit verschiedensten Kräutern. In jüngerer Zeit haben die an Bedeutung noch weiter gewonnen: Hier ein paar Anregungen zum Nachkochen.

Mittelburger Löwenzahnsirup
Zutaten: ca. 200 g Löwenzahnblüten, 1 l Wasser, 1/2 Biozitrone, 1/2 Vanilleschote, 1 kg Zucker
So wird's gemacht: Alle Zutaten außer dem Zucker aufkochen und bei kleiner Hitze etwa 2 Std. ziehen lassen. Über Nacht abkühlen lassen, dann durch ein feines Tuch abseihen. Den Saft mit dem Zucker aufkochen und auf kleiner Hitze etwa auf die Hälfte reduzieren, abkühlen lassen und in kleine Gläser füllen. Schmeckt als Brotaufstrich, eignet sich aber auch zum Marinieren von Braten, zum Abschmecken herzhafter Gerichte und zum Aromatisieren einer Vinaigrette.

Mittelburger Löwenzahnpesto
Zutaten: 100 g zarte, 6 – 8 cm lange Löwenzahnblätter, ½ Zwiebel, 1 EL geröstete Sonnenblumenkerne, 30 g getrocknete Tomaten, etwas frischer Chili, Knoblauch nach Geschmack (eine Zehe oder mehr), 60–70 ml Olivenöl, Salz, schwarzer Pfeffer aus der Mühle, 1–2 EL Löwenzahnsirup
So wird's gemacht: Löwenzahnblätter blanchieren und sehr fein hacken. Zwiebel, Tomaten, Chili und Knoblauch sehr fein würfeln und in einer Pfanne in Olivenöl anschwitzen, zum Schluss die Löwenzahnblätter und Sonnenblumenkerne unterheben, mit dem Sirup und den Gewürzen abschmecken. In ein Glas füllen und kühl aufbewahren. Schmeckt hervorragend zu Fleisch und/oder Nudeln.

Kässpatzen finden sich im Allgäu auf jeder Speisekarte. Dabei hat jeder Koch seine Tricks und Variationen, sodass sie in jedem Gasthof ein wenig anders schmecken. Ingo Burger vom Braugasthof Schäffler in Missen verrät, wie er seine Kässpatzen macht:
Zutaten: 3 – 4 Zwiebeln
Für die Spätzle: 1 kg Spätzlemehl, 10 Eier, 1/2 l Bier, Salz, Muskat, schwarzer Pfeffer, Wasser
Für den Käse: 200 g Allgäuer Bergkäse, 200 g Emmentaler, 100 g Limburger oder Romadur
So wird's gemacht: 3–4 Zwiebeln längs vierteln und in sehr dünne Scheiben schneiden, mit 250 g Butter in einem Topf bei geringer Hitze langsam hellbraun schmoren. Die Spätzlezutaten mit einem Kochlöffel verrühren und nur so viel Wasser langsam zugeben, bis ein glatter Teig (zäh-geschmeidig) entstanden ist. Dann kräftig durchschlagen, bis der Teig Blasen wirft. Eine große Schüssel im Ofen erwärmen. Reichlich Wasser zum Kochen bringen. Den Teig in einen Spätzlehobel füllen und in das kochende Wasser hobeln. Aufkochen lassen, mit einer Schaumkelle in Schichten mit der Käsemischung und den Gewürzen abwechselnd in die Schüssel füllen. Zuletzt die geschmälzten Zwiebeln auf die Kässpatzen geben. Dazu am besten einen grünen Salat mit Essig-Öl-Soße.

Krautkrapfen
Zutaten: für den Teig 500 g Mehl, 2 Eier, Salz, 1 TL Öl, 1/8 l Wasser
Für das Sauerkraut: 1 kg Sauerkraut, 150 g geräucherter Bauchspeck, 1 Zwiebel, 80 g Schweine- oder Butterschmalz, Kümmel, Salz
So wird‘s gemacht: Teigzutaten glatt verkneten, den Teig 20 Min. ruhen lassen, in 2 Teilen dünn auswellen. Das Sauerkraut ggf. ausdrücken. Bauchspeck und Zwiebel fein würfeln und im Fett anrösten. Das Sauerkraut dazugeben, mit Kümmel und Salz würzen und kurz durchschmoren, etwas abkühlen lassen. Sauerkraut dünn auf den Teigplatten verteilen, zum Strudel zusammenrollen. In 6–8 cm lange Stücke schneiden. Fett in einer Bratreine zerlassen, die Krapfen in die Reine setzen, etwas leicht gesalzenes Wasser zugießen und bei mittlerer Hitze im Ofen backen.

Schweine- oder Kalbshaxen werden im Ofen gebraten oder gegrillt und, wie der Schweinebraten, mit Knödeln und Krautsalat serviert. Aus dem Schwabenland kommen Filettöpfle, meist Schweine-, Kalbs- und Rinderfilet in cremiger Soße, serviert mit Spätzle. Das edelste Stück der Allgäuer Fleischküche ist das Böfflamott, das Bœuf à la mode französischer Besatzungszeiten: Rindfleisch, das in Wein eingelegt und mit Wurzelwerk geschmort wird. Für den **Tafelspitz** wird das gleichnamige Stück vom Rind gesotten, in Scheiben geschnitten und mit frischem Meerrettich serviert. Die **Fleischküchle** kennt man in nördlicheren Regionen als Buletten oder Frikadellen, sie schmecken am besten mit Kartoffelsalat. Kenner schätzen das **Saure Lüngerl** (auch Voressen) mit Semmelknödel und das ähnliche **Beuschel**; außer Lunge enthält es noch Herz und Milz. Aus der schwäbischen Küche wiederum kommen die **Kutteln** (fein geschnittener Rindermagen in säuerlich abgeschmeckter Soße). Zu den Winterfreuden gehört die **Schlachtschüssel** mit gekochtem Schweinebauch, Leber- und Blutwurst sowie Zunge, dazu – wie zu erwarten – Sauerkraut, Spätzle oder Schupfnudeln. Nicht zu vergessen **Wild und Geflügel**: ob als Hirschgulasch, Rehragout, Gamskeule oder als Gans zur Kirchweih erfreuen sie sich größter Beliebtheit.

Fische Dass eine Region mit so vielen Seen, Flüssen und Bächen eine gute Fischküche besitzt, liegt auf der Hand. Beliebtester Speisefisch ist die Forelle bzw. ihr Verwandter aus dem Bodensee, der Felchen. Auch Huchen und Hechte werden in größeren Flüssen wie der Iller gefangen. Die Fische meist in Butter gebraten, manchmal auch gegrillt oder gedämpft. Geräuchert ergeben sie eine feine Brotzeit oder Vorspeise.

Süßes Für **Dampfnudeln** werden Hefeteigklöße in einem Milch-Fußbad gedämpft (besonders begehrt ist die karamellig-knusprige Kruste, im Allgäu »Schuepet« genannt), dazu gibt's Vanillesauce oder ein Dörrobstkompott. Bäckt man die Hefeteigklöße, entstehen **Rohrnudeln**. **Schmalzgebackenes** ist beliebt: als feine Nonnafürzle aus Brandteig, als Versoffene Jungfern aus Mehl-Eier-Teig, die mit heißem Most oder Wein übergossen werden, als Krapfen, traditionell mit Marmelade gefüllt, oder als Funkaküachle bzw. Pfosen: Für sie wird ein Stück Hefeteig so stark auseinandergezogen, dass es in der Mitte papierdünn wird. In der Adventszeit – aber nicht nur dann – locken **Springerle** in den Auslagen der Konditoreien, das sind anisgewürzte Eierteigplätzchen, die in speziellen Formen zu wahren Kunstwerken heranbacken.

Das Bier Bayern ist Bierland – das Allgäu ist da keine Ausnahme, Bier brauen und Bier trinken haben auch hier eine lange Tradition. Im 14. Jh. entstanden Brauereien, die meist von Klöstern und Herrschaften betrieben wurden; die älteste Allgäuer Brauerei, die noch heute besteht, wurde 1447 in Rettenberg gegründet (heute Zötler). Auch das Kloster Irsee bei

Kaufbeuren zählt zu den alten Brauereien Deutschlands. Vorzügliches Bier wird von kleinen und ganz kleinen, meist inhabergeführten Brauereien erzeugt, zum Beispiel im Löwenbräu Meckatz, in den Postbrauereien in Weiler und Nesselwang, beim Kösselbräu in Speiden und bei Schäffler in Missen, bei Zötler, im Engelbräu und bei Bernardi in Rettenberg. Auch Craft-Beer-Brauer sind im Allgäu auf dem Vormarsch, so die Brau-Manufactur aus Nesselwang, die die Schwestern Kathrin und Stephanie Meyer betreiben. Interessantes aus der Kunst des Brauens erfährt man bei Führungen, auch die Brauereigasthöfe geben Gelegenheit, die Spezialitäten des Hauses kennenzulernen.

Wein

Am Bodensee wird schon seit der Römerzeit Wein angebaut. Die Klöster haben diese Tradition seit dem 7. Jh. fortgeführt. Heute produzieren im Landkreis Lindau, dem westlichsten Zipfel Bayerns – der weinbautechnisch zu Württemberg zählt! – 12 Winzer vor allem frische, spritzige Weißweine aus der Sorte Müller-Thurgau, der klassischen Rebe der Bodenseeregion, und einen leichten Spätburgunder. In den Rädlewirtschaften, wie dort die Besen-/Straußwirtschaften genannt werden, kann man den Bodensee-Wein bei einer deftigen oder feinen Brotzeit probieren. Eine gute Gelegenheit sind auch die Weinfeste und der Tag der offenen Weingüter, der unter dem Motto »Komm & See« alljährlich Anfang Juli veranstaltet wird. Info und Termine unter www.lindau.de und www.nonnenhorn.de.

FEIERN

Prozessionen, Wallfahrten, Kirchweih – viele Feste im Allgäu sind religiöser Natur. Andere wie Erntefeste, Alpabtrieb und Viehscheid gehören zur bäuerlichen Kultur. Das närrische Fastnachtstreiben geht auf alemannische Bräuche zurück. Um historische Persönlichkeiten und Begebenheiten, die sich oft mit Legenden mischen, ranken sich die aufwendigen, prunkvollen Mittelalter-, Stadt- und Kinderfeste. Daneben lädt die keineswegs provinzielle Kulturszene rund ums Jahr mit hochkarätigen Veranstaltungen und Festivals ein. Zum Feiern gibt es im Allgäu also fast immer einen Grund.

Prozessionen zu Fuß und hoch zu Ross

Weniger verbreitet als in Oberbayern, dennoch sehr prächtig sind die Pferde- bzw. Reiterprozessionen. Der **hl. Georg**, Schutzpatron der Pferde, wird Ende April in Bodelsberg (Gemeinde Durach, 4 km südlich von Kempten) und auf dem Auerberg bei Stötten gefeiert. Rösser und Reiter spielen auch die Hauptrolle, wenn am zweiten Freitag

Asia-Restaura

im Juli in Bad Wurzach das **Heilig-Blut-Fest** begangen wird. Über 1700 Reiter ziehen dann in der (nach Weingarten) zweitgrößten Reiterprozession Mitteleuropas zur Heilig-Kreuz-Kirche auf dem Gottesberg, um eine Reliquie zu verehren. Rund 15000 Wallfahrer tun es ihnen gleich. Anfang Oktober versammeln sich rund 200 in schwarze Tracht gekleidete Männer und Frauen in Schwangau, um auf prächtig geschmückten Pferden zur Kirche **St. Coloman** zu reiten. Zu Ehren des **hl. Wendelin**, Schutzpatron der Hirten, finden ebenfalls im Oktober Reiterprozessionen statt, u. a. in Scheidegg und Fischen. Im November ziehen beim **Martiniritt** in Blaichach festlich dekorierte Pferde, Wagen und Gespanne durch den Ort. Erinnert wird damit an das Ende einer Pferdeseuche, die den Ort 1652 heimgesucht hat.

Närrische Zeit

Mit furchterregenden Masken und viel Lärm wollten schon die Alemannen den Winter vertreiben. Noch heute poltern und toben bunt kostümierte Narren mit hölzernen Masken durch die Gassen, wenn man im Allgäu **Fastnacht** (Fasnacht) feiert. Ausgelassenes Treiben gibt es zum Beispiel beim Scheidegger Fastnachtsumzug, in dem die »Käsmolle« ihr Unwesen treiben; ihr Kostüm besteht aus Kniebundhose, Schürze und einem grotesken Käselaibkopf mit Kuhgesicht. In Wangen und Umgebung kann man Gestalten wie dem »Spindelnarr« und dem »Schellenweiblein« beim Narrensprung zusehen. Das Sonthofener **Egga-Spiel** gehört ebenfalls zum uralten Fastnachtsbrauchtum der Region. Alle drei Jahre (wieder 2022) versammeln sich die maskierten Akteure und zeigen in ihrem pantomimischen Spiel, wie die »Hexe« – Symbol für das unberechenbare, unheilvolle Schicksal – auf bäuerlichen Anwesen ihr Unwesen treibt.

Funkenfeuer

Am Abend des ersten Sonntags nach Fastnacht werden auf den Hügeln des Allgäuer Voralpenlandes Funkenfeuer entzündet. Auch damit wollten die Altvorderen den Winter vertreiben und das Ende der dunklen Jahreszeit feiern. Heute versammeln sich Alt und Jung an den Feuern und sehen bei Glühwein und »Funkenkiachle« zu, wie die »Funkenhexe«, eine mit Schießpulver gefüllte Strohpuppe, angezündet wird und explodiert. Vom Funkenfeuer versprach man sich Hinweise auf den weiteren Jahresverlauf: Je höher und heller die Funken stieben, desto besser sei es um die Ernte und somit um das Wohl aller bestellt.

Maibaum, Kirchweih, Klausentreiben

Auch der längste Allgäuer Winter ist im Mai vorbei (wobei es in höheren Lagen durchaus noch mal Neuschnee geben kann). In jedem Dorf, das etwas auf sich hält, wird Ende April ein **Maibaum** vorbereitet, den es gut zu bewachen gilt. Fällt er »Dieben« aus dem Nachbarort in die Hände, ist die Schmach groß. Dann muss das gute Stück mit

Närrische Pyramide in Isny, einer der Fastnachtshochburgen im Allgäu

einem Fass Bier ausgelöst werden, damit er am ersten Maitag doch noch aufgestellt und rundherum ein feuchtfröhliches Fest veranstaltet werden kann. Am 1. Sonntag im Oktober begehen die Menschen im Allgäu **Erntedank** mit Gottesdiensten. Auch die am 3. Oktober gefeierte **Kirchweih** ist ein Dankfest mit Speis' und Trank, Musik und Tanz. In der Adventszeit gibt es an vielen Orten **Christkindles-** oder **Weihnachtsmärkte** – oft verdrängt der kommerzielle Rummel die viel zitierte Besinnlichkeit. Feierliche Stimmung dagegen kommt beim Adventssingen in einer Dorfkirche auf. Der **hl. Nikolaus** ist – wie überall – zur Freude der Jüngsten in der Nacht vom 5. auf den 6. Dezember unterwegs, in der Alpenregion wird er von Höllengeistern begleitet. Diese »Klausen« mit Stierhörnern, Hirschgeweih und Kuhschellengurten marschieren durch die Gassen und ziehen schaulustigen Passanten ab und zu eins mit der Rute über.

Viehscheid

Rund 100 Tage genießen die Allgäuer Kühe die Sommerfrische auf den Bergwiesen. Im September geht der Alpsommer zu Ende, das Vieh wird in die Täler getrieben. Wenn alle Tiere der Herde den Sommer unbeschadet überstanden haben, wenn keines auf Abwege geraten und abgestürzt ist, wird das **Kranzrind**, das schönste und kräftigste von allen, mit einem üppigen Gebinde aus Seidenblumen und Silberdisteln geschmückt. Auch die übrigen Tiere sind zur Freude der Zuschauer und Fotografen im Tal hübsch herausgeputzt. Ohrenbetäubend ist das Glocken- und Schellengeläut, wenn das Vieh – manchmal mehr als 1000 Tiere – durch den Ort trottet oder auch tobt. Auf dem zentralen Platz trennen (scheiden) die Hirten ihre Herde, geben jedem Bauer die Kühe zurück, die er ihnen im Frühjahr anvertraut hat. Anschließend treffen sich Hirten, Bauern und Gäste im Festzelt, wo mit Bier vom Fass, Brotzeit und Blasmusik bis tief in die Nacht der Viehscheid gefeiert wird – ein Spektakel, das längst zu den beliebten Touristenattraktionen im Allgäu zählt.

Historienfeste

Kaufbeuren feiert alljährlich am vorletzten Wochenende vor den Sommerferien (Ende Juli) das **Tänzelfest**. Auch wenn sich seine Ursprünge nicht völlig klären lassen, gilt es als ältestes historisches Kinderfest Bayerns. Über 1600 Kinder werden dafür aus dem Kostümfundus der Stadt eingekleidet. Stilecht gewandet spielen sie Szenen aus der Geschichte ihrer Stadt, von der Karolinger- bis zur Biedermeierzeit. Höhepunkte sind die großen Umzüge am Sonntag und Montag, an dem es für alle schon vor Ferienbeginn schulfrei gibt. Das Begleitprogramm mit Wochenmarkt, Musik und Unterhaltung im Festzelt sorgt dafür, dass sich während des 12 Tage dauernden Events auch die Erwachsenen amüsieren.
Kurz vor Beginn der Sommerferien lohnt ein Ausflug nach Memmingen: Der **Fischertag** erinnert an die alte Sitte, den Stadtbach auszufischen, bevor es ans große Bachputzen ging. Alle vier Jahre (wieder

Der Fischertag in Memmingen – eine ziemlich turbulente Angelegenheit

2022) hält **Wallenstein** Einzug in Memmingen, begleitet von Adel, Hofstaat und Bettlern, von seinen dänischen Leibgardisten und den Pappenheimern.
Zum **Frundsbergfest** kehrt die Stadt Mindelheim alle drei Jahre (wieder 2022) elf Tage lang ins Mittelalter zurück und feiert mit Festzügen, Spielen und vielen anderen Attraktionen. Spaß haben dabei nicht nur die 2000 Mitwirkenden; wer neugierig ist, taucht ein in das Historienspektakel und lässt sich über Historienschauplätze, Hinterhoftheater und den bunten Bauernmarkt treiben.

Musik und Theater

Blaskapellen sind immer dabei, wenn im Allgäu ein Fest gefeiert wird. Daneben gibt es aber auch ein überaus breit gefächertes Angebot an Konzertreihen und Festivals, die Klassik, Oper oder Jazz gewidmet sind. Klöster, Kirchen und Schlösser sind prädestinierte Orte für Ereignisse dieser Art. Ein Magnet sind die **Ottobeurer Konzerte**, bei denen Klassik in der Barockbasilika und im Kaisersaal erklingt. Die junge musikalische Weltelite trifft sich beim **Festival der Nationen** in Bad Wörishofen. Namhafte Solisten und Nachwuchstalente geben sich beim **Oberstdorfer Musiksommer** ein Stelldichein, wobei die Gipfelkonzerte in 2000 m Höhe gleich in doppeltem Sinn die Highlights sind. Opern und Musicals bringen die **Bregenzer Festspiele** vor zauberhafter Kulisse auf die Seebühne im Bodensee. Dramatische Episoden aus der Bibel werden in Waal bei den **Passions- und Heiligenspielen** auf die Bühne gebracht. In **Altusried** inszeniert man alle drei bis fünf Jahre Historienspiele mit über 500 Mitwirkenden. Die Spielstätte, die Allgäuer Freilichtbühne, zählt zu den schönsten Open-Air-Theatern in Deutschland. Dort finden überdies regelmäßig Konzerte für populäre Musik aller Art statt. Musik für Groß und Klein, Varieté, Clownerie, Poetry Slam und Kasperltheater sind die Themen beim **Theaterfestival Isny**. Wer selbst aktiv sein will, kann während der Festivaltage einen Workshop belegen und mit den Profis Flamenco, Improvisation oder das Zaubern üben. Zum Ikarus-Festival Anfang Juni kommen bekannte Electro- und Indie-Bands auf den Allgäu Airport bei Memmingen.

VERANSTALTUNGSKALENDER

FEIERTAGE

1. Jan.: Neujahr
6. Jan.: Heilige Drei Könige
Karfreitag, Ostermontag
1. Mai: Tag der Arbeit
Christi Himmelfahrt
Pfingstmontag
Fronleichnam
15. Aug.: Mariä Himmelfahrt
3. Okt.: Tag der Deutschen Einheit
1. Nov.: Allerheiligen
25./26. Dez.: Weihnachten

FEBRUAR

Fastnacht mit Umzügen an vielen Orten, u. a. in Lindau, Scheidegg (dort auch manchmal großes Narrentreffen), Oberstaufen, Isny, Bad Wurzach, Mindelheim, Marktoberdorf, Schwangau. Am Fastnachtssamstag »Hornerrennen« mit alten »Schalenggen« (Hörnerschlitten) in Gunzesried, Pfronten, Sulzberg und Wengen. Am Sonntag nach dem Aschermittwoch »Egga-Spiel« in Sonthofen (etwa alle 3 Jahre, wieder 2022).

FEBRUAR/MÄRZ

Der 1. Fasten-Sonntag ist v. a. im Oberallgäu »Funkensonntag«. Besonders spektakulär ist der »Funken« in Hirschegg im Kleinwalsertal.

APRIL

Georgimarkt in Isny. Am 23. April oder am folgenden Sonntag Georgiritt auf den Auerberg; letzter So. im April Georgiritt in Bodelsberg bei Durach. Maibaum-Aufstellen und Tanz in den Mai am 30. April, u. a. in Immenstadt und Lindenberg.

MAI

1. Mai Maibaum-Aufstellen. Fronleichnam: Prozessionen an vielen Orten. Anfang des Monats großer Huttag in Lindenberg. Bodensee-Festival in Lindau.

JUNI

Immenstadt: Anfang Juni Iller-marathon. Am Vorabend des 24. Juni Johannisfeuer auf vielen Bergen, u. a. bei Nesselwang und besonders »feurig« in Hirschberg (Kleinwalsertal). Stadtfeste in Memmingen und Sonthofen.

JULI

Große Kinderfeste in Lindau, Isny, Wangen und Kaufbeuren (Tänzelfest). Historische Feste in Memmingen (Wallensteinspiele, Ende Juli, alle vier Jahre, wieder 2022) und Mindelheim (Frundsbergfest, 10 Tage Anfang Juli, alle drei Jahre, wieder 2022). Fischertag in Memmingen (Ende Juli). Nesselwang: Fest am Attlesee. Bad Wurzach: am 2. Fr. Heilig-Blut-Fest (Wallfahrt, Reiterprozession). Immenstadt: Seenachtsfest am Alpsee (letzter Juli-Samstag). Ulrichsritt auf den Kreuzberg bei Steingaden. Oberstdorf: Bergfest zur Alpenrosenblüte Anfang Juli, Berglar-Kirbe auf dem Fellhorn, Wilde-Mändle-Tanz (Juli–Sept., alle fünf Jahre, wieder 2025).

AUGUST

Wangen: Anfang Aug. Burgfest Neuravensburg. Mariä Himmelfahrt (15. Aug.) wird an vielen Orten mit Palm- und Kräuterbuschen gefeiert. Kloster Irsee: 1. oder 2. Sa. im Monat Schwäbischer Kunstsommer mit Kunstnacht zum Abschluss. Füssen: Mitte Aug. Stadtfest. Kempten: ab Mitte Aug. Allgäuer Festwoche (größte Wirtschaftsausstellung und größtes Sommerfest der Region). Internationales Käsefest in Lindenberg, Bauern- und Käsemarkt in Immenstadt (beide gegen Ende des Monats). Isny: Theaterfestival (Kleinkunst, Musik).

SEPTEMBER

Anfang Sept., an wechselnden Orten: Allgäuer Lieder- und Jodlertag; Burgfest in Sulzberg. Michaeli-Markt in Immenstadt, Matthäus-Markt in Wangen. In Weiler: Kunsthandwerker- markt (2. So.).
In der 2. und 3. Woche Alpabtrieb und **Viehscheid** in Bad Hindelang, Balderschwang, Bolsterlang, Buching, Eisenberg-Zell, Gunzesried, Immenstadt, Jungholz, Kranzegg, Maierhöfen, Missen, Nesselwang, Obermaiselstein, Oberstaufen, Oberstdorf, Oy-Mittelberg-Haslach, Pfronten, Riezlern, Schöllang, Schwangau, Seeg, Thalkirchdorf, Unterjoch, Weitnau, Wengen, Wertach (►S. 109)

OKTOBER

2. So. Colomansfest (Reiterprozession) in Schwangau. 3. So.: Kirchweihfeste überall. Wendelinsritte u. a. in Scheidegg und Fischen. Michaelimarkt in Isny, Gallusmarkt in Sonthofen, Oberstdorf, Leutkirch und anderen Orten, Simonmarkt in Lindenberg, Kathreinemarkt in Kempten.

NOVEMBER

Anfang Nov. Martinimarkt u. a. in Bad Wurzach, Ottobeuren, Wangen, Isny, Kaufbeuren. Sonntag vor dem 11. Nov.: Martinusritt in Blaichach bei Sonthofen.

DEZEMBER

5./6. Dez. Bärbele– und Klausentreiben an vielen Orten, u. a. in Immenstadt, Sonthofen, Oberstdorf und Bad Hindelang. Christkindlesmärkte in vielen Orten. Auftaktspringen der Vierschanzentournee in Oberstdorf (Ende Dez.). Silvester-Fackellauf in Jungholz.

KONZERTE & FESTIVALS

BAAD IM KLEINWALSERTAL

Internationale Alphorntage (Mitte Sept.)

BAD HINDELANG

»Ein Ort wird Musik« (Mitte Okt., eine Woche)

BAD WÖRISHOFEN

Festival der Nationen (Ende Sept. – Anf. Okt.), Jazz goes to Kur (Blues & Jazz, ab Mitte Okt.)

BREGENZ

Bregenzer Festspiele (Juli/Aug.) auf der Seebühne

Der See spielt in Bregenz immer mit – auch bei der »Carmen«-Inszenierung 2017

FISCHEN
Fischinger Kulturzeit (Kultur und Brauchtum, März–Mai und Okt. bis Dez.)

FÜSSEN
Orgelsommer, Kaisersaalkonzerte (Juni – Aug.), Festival »vielsaitig« (Ende Aug./Anfang Sept.)

ISNY
Opernfestival (2. Juni-Hälfte)

KEMPTEN
Jazz-Frühling (Ende April/Anf. Mai), APC-Sommer (Anfang Juni – Sept.), Internationales Burghaldenfest (2. Juli-Wochenende)

MARKTOBERDORF
Kammerchor-Wettbewerb (Pfingsten, ungerade Jahre), Musica Sacra International (Pfingsten, gerade Jahre), Jugend jazzt (Anf. Dez.)

MEMMINGEN
Kulturfestival »Memminger Meile« (Mai/Juni, u. a. Folk Music Festival Mitte Juni), Ikarus-Festival (Electro, Indie) Anfang Juni

MINDELHEIM
»Jazz isch« (Jazzfestival, März)

OBERSTDORF
Musiksommer (Klassik, Ende Juli bis Mitte Aug.)

OTTOBEUREN
Konzerte in der Basilika und im Kaisersaal (Klassik, Mai – Okt.)

STEINGADEN
Konzerte im Welfenmünster und in der Wieskirche

WOLFEGG
Internationale Wolfegger Konzerte (um den 20. Juni), Konzerte der

Ludwigsburger Schlossfestspiele (um den 10. Sept.), Wintermusik (um die Jahreswende)

FREILICHT- UND LAIENTHEATER

ALTUSRIED
Allgäuer Freilichtbühne
Tel. 08373 92 20-0, www.altusried.de

EGLOFS
Dorfstadel/Stiller Winkel
Tel. 07566 90 77 23
www.theater-eglofs.de

KAUFBEUREN-KEMNAT
Theaterstadel Großkemnat
www.burgspiele.de

WAAL (BEI BUCHLOE)
Passions- und Heiligenspiele in mehrjährigen Abständen (zuletzt 2018)
www.passion-waal.de

SHOPPING

Bergwiesen mit all ihren Blumen, Gräsern und Kräutern erfreuen nicht nur das Auge, sie schmecken auch: als Tee oder Würzmischungen, zu Honig verarbeitet und natürlich in einem herzhaften Stück Käse.

Neben den kulinarischen gibt es auch jede Menge »handfeste« Souvenirs. Wie wäre es mit einem Hut aus dem Allgäu, einer Lederhose, einem Trachtenjanker, einem Kräuterkissen oder einem Teppich aus Schurwolle? Mitbringsel für alle, die Spaß am Herd haben, sind solide Eisenpfannen aus der Hindelanger Schmiede. In Modeschmuck schwelgt man in Kaufbeuren-Neugablonz, wo Schmuckmacher Zauberhaftes aus Glassteinen und -perlen kreieren.

Käse

Das Allgäu ist Käseland (► Baedeker Wissen, S. 106 u. 136). Das bekannteste Produkt ist der Allgäuer Emmentaler mit den kirschgroßen Löchern. Zu den traditionellen Käsesorten gehören auch der Romadur und der Limburger, Weichkäse mit Rotschmiere und intensivem Aroma. Gekrönt wird die Palette – auch hinsichtlich des fordernden Dufts – vom Weißlacker, dem einzigen »echten« Allgäuer. Viele Kleinsennereien haben sich erfolgreich in ihrer Nische etabliert – sie bieten den kleinen Bergkäse und den großen Emmentaler an, handwerklich hergestellt. Einige Biobauern liefern ihre Milch an Käser, die nur Biomilch verarbeiten. Käse von Dorfsennereien oder Sennalpen wird fast ausschließlich direkt vermarktet. Den oder die Favoriten kann man natürlich nur auf eine Art ausfindig machen: durch fleißiges Probieren! Sennereien und ihr Angebot werden unter www.oberallgaeu.de (»Erleben«), www.alpgenuss.de, www.dein-allgaeu.de (»Region, Allgäuer Spezialitäten«), www.die-allgaeuseiten.de/sennereien-im-allgaeu.html und auf www.sennalpen.de vorgestellt.

Noch mehr Kulinarisches Auch ein Glas Alpenkräuterhonig, Birnenbrot, Marmelade, Gelee, Säfte, Salatkräuter oder Kräutersalze sind schöne Mitbringsel, die den Gaumen erfreuen und in der heimischen Küche die Erinnerung an die Schönheiten des Allgäus wachhalten.

Hochprozentiges Die »Kräuteralp Hörmoos«, der Alpenkräutergarten und das Wohnhaus von Michael Schneider liegen auf der sonnenverwöhnten, gleichnamigen Alpe oberhalb von Steibis in 1300 m Höhe. Dorthin gelangt man entweder in etwa 2 1/2 Std. von der Hochgrat-Bergstation aus oder in etwa einer Stunde von der Bergstation der Imbergbahn. Das raue Klima und die kurze Vegetationszeit, reine Luft, reichlich Sonne und sauberes Quellwasser sorgen dafür, dass sich die Wirk- und Geschmacksstoffe von Pflanzen wie Vogelbeere und Meisterwurz intensiv entfalten. Nach der Brennereiführung und der Probe kann man kaufen, was Gaumen und Magen gutgetan hat.

Hüte, Mode fürs Bein und vieles mehr Lindenberg ist der traditionelle Hutmacherort des Allgäus. Die bekannte Hutfabrik **Mayser** hat noch einen Laden, auch das Hutmuseum hält eine kleine Auswahl bereit. Die Strumpffabrik **Kunert** hat ihren Stammsitz in Immenstadt; im dortigen AlpseeOutlet (▶ S. 74) und im Outlet Mindelheim ist Feines für die Beine bis zu 70 % billiger zu erstehen. In Marktoberdorf ist die Firma **Rösle** ansässig, die für ihr »schickes« Küchengerät bekannt ist; im Fabrikverkauf kann man unter nicht weniger als 700 Produkten wählen (▶ S. 141). In Bad Oberdorf fertigt die **Hammerschmiede Neßler** Eisenpfannen – das richtige Geschenk für alle Freunde von Steaks & Co. (▶ S. 44). Eine der letzten **Handwebereien** Deutschlands stellt in Thalkirchdorf Teppiche aus Schafschurwolle her: warme, weiche Unikate.

Kunsthandwerk Wie im ganzen Alpenraum sind auch im Allgäu **Holzschnitzereien** beliebt. Lokaltypisch sind z. B. die kunstvollen Hexenmasken für das Egga-Spiel, ein alemannisches Fastnachtsspektakel mit heidnischen Wurzeln, das in Sonthofen hochgehalten wird. Martin Adomat in Lengenwang-Bethlehem südlich von Marktoberdorf stellt aus Zirbelkieferholz mit Liebe und Sorgfalt edle Schalen und andere schöne Dinge her (und gibt sein Wissen in Kursen weiter). Auch Christoph Finkel aus Vorderhindelang arbeitet mit Holz: Seine Schalen aus umgestürzten Bäumen, die er in den Bergwäldern findet, sind grandiose Kunstwerke Ein großer **Kunsthandwerkermarkt**, auf dem vom Goldschmied über den Töpfer bis zum Kunstmaler alles vertreten ist, findet (nicht jedes Jahr) Mitte Mai auf dem Kaufbeurer Kirchplatz statt.

Glas- und Perlenschmuck Neugablonz bei Kaufbeuren ist ein Zentrum für Schmuckwaren aller Art: Armbänder, Ohrclips, Ringe, Colliers und Gürtel mit Glasperlen und bunten Schmucksteinen – die Gablonzer Betriebe produzieren Zartes und Dekoratives, Funkelndes und Trendiges in unglaublicher

OBEN: Im Glasmacherdorf Schmidsfelden ist die Tradition des Glasblasens wieder lebendig.

UNTEN: in der Werkstatt von Konrad Lipp in Hinterstein bei Hindelang

DIRNDL, JANKER & CO.

Zugegeben, ein Trachtenanzug, eine Lederhose oder ein Dirndl passen nicht zu jedem und schon gar nicht überallhin. Außerhalb Bayerns wirkt so ein Outfit meist ziemlich exotisch.

Doch wer öfter in Bayern ist, wer die traditionellen Feste der Urlaubsregion mitfeiern will, kann probieren, wie ihm oder ihr so ein alpenländisches Kleidungsstück steht.
Ganz billig sind die natürlich nicht. Für **ein Qualitätsdirndl** von der Stange muss man rund 400 € anlegen – zumindest wenn es aus Leinen ist; Schürze und Bluse kommen oft noch dazu. Günstiger zu haben sind die kurzen, feschen Dirndl, wie sie meist die ganz jungen Allgäuerinnen zum Viehscheid (▶ Feste) tragen. Trachtenabteilungen mit großer Auswahl gibt es in vielen Kaufhäusern. Kompetente Beratung ist die Spezialität kleiner Fachgeschäfte.

Gehört eine Schneiderei dazu, kann man sich das Wunsch-Dirndl oder den perfekten Janker auch nach Maß anfertigen lassen. In diesem Fall muss man sich aber meist ein paar Wochen gedulden, bis das gute Stück abgeholt werden kann oder nach Hause geliefert wird. Die Preise für individuell gefertigte Dirndl beginnen bei etwa 500 €, je nach Material und Aufwand kann es auch das Dreifache werden.
Ob die **Bänder** einer Dirndlschürze auf der linken oder rechten Seite zur Schleife gebunden werden, hängt übrigens vom Familienstand der Trägerin ab. **Ledige binden links, Verheiratete rechts** – zumindest in früheren Zeiten mag dies ein praktischer Hinweis gewesen sein, welcher Frau »Mann« bei Dorffesten und ähnlichen Gelegenheiten den Hof machen durfte und welcher Schönheit er besser nicht zu nahe kam.

Tracht ist nicht gleich Tracht

Bis über die Mitte des 19. Jh.s hinaus trugen die Menschen in den bäuerlichen Regionen eine ä**ußerst einfache traditionelle Kleidung**, allenfalls für ein Festtagsgewand wendete man Geld und vor allem Zeit auf, denn meist wurde es selbst gefertigt. Doch als die Eisenbahn die Städter und Mode aus der großen weiten Welt in alle Winkel brachte, legten auch die Allgäuer ihre althergebrachten Gewänder in die Truhe, die als nicht mehr modern galten. Gegen Ende des 19. Jh.s wurden die ersten Trachtenvereine gegründet, um

Die unverwüstliche Lederhose kam aus Oberbayern ins Allgäu.

die Kultur und Bräuche vor dem Vergessen zu bewahren. Die einen orientierten sich am oberbayerischen Kulturkreis (was seine Gründe hatte), die anderen am schwäbischen, und nach heftigen Debatten darüber, wie eine »authentische« Allgäuer Kluft auszusehen hätte, verzeichnet man eine friedliche Koexistenz mit Crossover-Phänomenen. Trachten im strengen Sinn werden heute vornehmlich für die vielen Heimat- und Trachtenvereine gefertigt.

EINIGE ADRESSEN

ALPENSTYLE
Allgäuer Str. 26, 87459 Pfronten
Tel. 08363 81 71
www.alpenstyle.de
In dem Fachgeschäft für alpin bzw. bajuwarisch angehauchte Markenkleidung gibt es auch Modisches, das frau durchaus in Frankfurt, Hamburg, Berlin oder anderswo ausführen kann. In der Schneiderei näht Andrea Geiger Dirndl nach individuellen Wünschen.

ALLGÄUER TRACHTENSCHNEIDEREI
Laubgarten 8, 87448 Waltenhofen
Tel. 08303 70 32
www.allgaeuer-trachtenschneiderei.de
Christina Carle fertigt Trachten nach alten Vorbildern ebenso wie modische Varianten, auch kann man bei ihr selbst ein Dirndl nähen.

TRACHTENMODEN STRELE
Rainwaldstraße 1
87534 Oberstaufen
Tel. 08386 96 96 20 und
Bachstraße 7
87561 Oberstdorf
www.trachtenmoden-strele.de
Ramona und Bernd Strele schneidern Freunden der traditionellen Kluft Hirschlederhosen und Mieder auf den Leib. Außerdem kann man unter Trachtenmode bekannter Marken wählen.

Zur Viehscheid sind nicht nur die Kranzkühe geschmückt, auch die Buben tragen ihre Feiertags-Lederhosen.

Vielfalt. Einige veranstalten Führungen und bieten Direktverkauf. In der **Erlebnisausstellung** der Gablonzer Industrie erhalten Sie einen Überblick über die breit gefächerte Produktpalette der Neugablonzer Hersteller. Viele der ausgestellten Stücke kann man auch erstehen.

AUSGEWÄHLTE SHOPPINGADRESSEN

KÄSKÜCHE ISNY
Maierhöfener Str. 78, 88316 Isny
Tel. 07562 91 27 00
Führung Fr. 10.30 Uhr (gratis)
www.kaeskueche-isny.de

HOFKÄSEREI BOSCHENHOF
Boschen 4, 88299 Leutkirch
Tel. 07567 5 84
Führung auf Anfrage
www.kaeserei-boschenhof.de

BIOKÄSEREI ZURWIES
Zurwies 11, 88239 Wangen
Tel. 07522 55 81
Di.nachmittag & So. geschl.
www.zurwies.de

KÄSEREI VOGLER
Simon-Göser-Straße 11, 88410 Bad Wurzach, Tel. 07564 35 83
Tgl. geöffnet, Führungen April–Okt. Do. 14.30 Uhr (gratis)
www.kaeserei-vogler.de

SENNEREI RUTZHOFEN
Rutzhofen 7, 88167 Stiefenhofen
Tel. 08384 5 80
Tgl. geöffnet
www.sennerei-rutzhofen.de

KRÄUTERALPE HÖRMOOS
Hochprozentiges, Öl und Essig aus oder mit Kräutern
Alpe Hörmoos
87534 Oberstaufen-Steibis
Tel. 08386 98 05 51
www.kraeuteralp.de

MAYSER HÜTE
Bismarckstr. 2
88161 Lindenberg
Tel. 08381 507-0,
www.mayser-kopfbedeckungen.de

STRUMPFFABRIK KUNERT
AlpseeOutlet Immenstadt
Julius-Kunert-Straße 44
87509 Immenstadt
www.alpseeoutlet.de
Outlet Mindelheim
Trettachstr.

ALLGÄUER HANDWEBEREIEN ARNFRIED HENSE & CO
Salzstr. 7–11, 87534 Thalkirchdorf , Tel. 08325 922-26
Mit Wirtschaft (Di./Mi. geschl.).
www.allgaeuerteppichmanufaktur.de

DRECHSLEREI MARTIN ADOMAT
Bethlehem 11
87663 Lengenwang
Tel. 08364 60 90
www.drechsel-design.de

ERLEBNISAUSSTELLUNG DER GABLONZER INDUSTRIE
▶ S.90

RÖSLE SHOP ALLGÄU
87616 Marktoberdorf
Johann-Georg-Fendt-Str. 38
Tel. 08342 91 22 11
Mo.–Fr. 10–18, Sa. bis 14 Uhr
www.roesle.com

CHRISTOPH FINKEL
Hauptstr. 16
87541 Bad Hindelang
www.finkel-bowls.com

ÜBERNACHTEN

Wie wäre es mit einem Schlafplatz der ungewöhnlicheren Art? Mit einem Bett im Baumhaus oder mit einem im Baum hängenden Schwebebett? Mit einer Nacht an der Felswand, im Iglu oder im Schmetterlingsgarten? Romantiker, Kletterfans und Sportbegeisterte mit Abenteuersinn finden im Allgäu tolle Quartiere für eine unvergessliche Nacht. Und natürlich bieten die Allgäuer Gastgeber vom schlichten Landgasthof bis zum 5-Sterne-Hotel mit allem Komfort für jeden Geschmack und jeden Geldbeutel das Passende.

Hotels und Gasthöfe

Das Angebot an Übernachtungsmöglichkeiten lässt keine Wünsche offen. Es reicht vom Privatzimmer über den einfachen Landgasthof bis zum Fünf-Sterne-Wellness-Verwöhnhotel. Dabei findet man »Wellnessoasen« längst nicht nur in Häusern der gehobenen Kategorien, auch zahlreiche Landgasthöfe und Ferienbauernhöfe bieten »Alpenwellness« mit Sauna, Kräuterdampfbad und Kneippanlage, teilweise auch mit Physiotherapie- und Kosmetik-Behandlungen.
Die **Preise** – die wie in allen Feriengebieten nach Saison variieren – haben in den letzten Jahren stark angezogen, ein Hotelzimmer unter 80 € ist nurmehr selten zu finden. In vielen Häusern wird ab zwei oder drei Übernachtungen ein Nachlass gewährt, viele bieten preis-

Ganz nah an der Natur: Baumhaus-Hotel Allgäu bei Kempten (► S. 96)

GANZ BESONDERE SCHLAFPLÄTZE

Die Schlossangeralp ist berühmt für die hervorragende Küche von Barbara Schlachter-Ebert. Trotzdem nehmen wir Verpflegung mit: herzhaften Käse, knuspriges Brot, Wasser und eine gute Flasche Wein. Im Restaurant kann man schließlich immer mal essen – aber ein Häuschen im Baumwipfel mit kleiner Terrasse und einem herrlichen Panoramablick bezieht man schließlich nicht alle Tage.

Im Baumhaus

An der Rezeption des Landhotels bekommen wir den Schlüssel und eine Taschenlampe – um bei nächtlichen Auf- und Abstiegen die Treppe zu beleuchten, die zu dem kleinen Holzhaus führt. Es thront in 6,50 m Höhe im Baumwipfel am Rand eines Wäldchens, **zu Füßen der Burgruine Falkenstein**. Anstatt bei lauer Luft auf der »Terrasse« veranstalten wir unser kleines Abendessen im Baumhaus- Stübchen, was bei Kerzenschein und Heizstrahler aber auch ungemein gemütlich ist. Das Baumhaus der Schlossangeralp bei Pfronten gehört zu den Adressen, die sich für romantische Gemüter ebenso empfehlen wie für jeden, der seinem Kind – oder dem Kind in sich – einen Herzenswunsch erfüllen möchte (www.schloss angeralp.de).

Frei schwebend

Weit weniger komfortabel als in der kuscheligen Baumhauskoje ist die Nacht in einem »Portaledge«, dafür noch abenteuerlicher. Portaledges sind Schwebebetten, wie sie Bergsteiger nutzen, wenn sie in der Felswand ein Nachtlager aufschlagen. Im **Waldseilgarten Höllschlucht** werden solche Schwebebetten an den dicken Ästen frei stehender Bäume befestigt. Die Gäste müssen keine Kletterkenntnisse haben, Auf- und Abstieg ins baumelnde Bett sind aber nur mit fachkundiger Seilhilfe möglich. Wer es noch extremer möchte, kann im Portaledge an einer senkrechten oder überhängenden Felswand nach Manier der Bigwall-Bezwinger schlafen. Bigwalls sind riesige Felswände mit 1000–2000 m Höhe, bei deren Durchsteigung Biwaks nötig werden. Simulieren kann man so ein Erlebnis mit den Waldseilgarten-Experten auch mit einer Schlafstelle, die an einer 100–300 m hohen Wand hängt (www.waldseilgarten-hoellschlucht.de).

Im Iglu

Ein winterliches Abenteuer verspricht eine Nacht im Iglu. Die beginnt mit der **Seilbahnfahrt aufs Nebelhorn**, wo es an der Bergstation Höfatsblick ernst wird: Ca. 200 m durch den Schnee (oder am Flying Fox hängend) sind es bis zur Iglu-Lodge mit Iglu-Restaurant und Whirlpool. Nach der hoffentlich ehaglichen Nacht im kuschelig-warmen Schlafsack und mit viel Glühwein geht's am folgenden Morgen wieder hinunter ins Tal (www.iglu-lodge.de).

OBEN: Wie wäre es mit einer Nacht im schwebenden Bett?
UNTEN: Es geht aber auch am Berghang, Schwndelfreiheit vorausgesetz.

günstige Pauschalarrangements mit Sport-, Gesundheits- oder Kulturprogramm. In den Kurorten kommt zum Übernachtungspreis eine **Kurtaxe** hinzu, mit der Einrichtungen wie Bibliotheken, Wanderwege und Buslinien unterhalten werden, die mit der Gästekarte gratis oder zu ermäßigten Preisen zu benutzen sind. An vielen Orten veranstalten die Hoteliers für ihre Gäste Unternehmungen wie Ausflüge zur eigenen Sennerei, Kräuterwanderungen, Kochkurse etc. Rund 80 Hotels der Kategorien 3–5 Sterne haben sich zur Gruppe der »Allgäu Top-Hotels« (allgaeu-top-hotels.de) zusammengeschlossen. Mit ihren Angeboten wenden sie sich an besonde-

EIN BETT IM HEU ...

... hatten früher viele. Ist jetzt aber selten geworden, und während es früher umsonst war, kostet es heute etwas, denn es ist unverzichtbarer Bestandteil von Alpenwellness. Aromastoffe und die ätherischen Öle der Wiesenkräuter haben entschlackende Wirkung. Also hineinlegen, tief durchatmen und Augen zu (z. B. in Schüle's Gesundheitsresort, www.schueles.com)!

re Zielgruppen wie Familien, Gourmets oder Kur-Urlauber. Speziell für eine jüngere, sportbegeisterte Klientel empfiehlt sich das preisgünstige Explorer Hotel Oberstdorf mit modern gestylten Zimmern, Sportgeräteservice und »Happy-Time«-Tarifen außerhalb der Saison.

Ferienwohnungen und Privatzimmer

Sehr groß ist das Angebot an preiswerten Ferienwohnungen und Privatzimmern, die Häuser werden in den Broschüren und Websites der regionalen Tourismusorganisationen (▶ Praktische Informationen, Auskunft) und der örtlichen Tourismusbüros sowie auf www.allgaeu-ferienwohnung.org vorgestellt. Frühzeitige Buchung ist immer ratsam, besonders natürlich für die Ferienzeiten.

Ferien auf dem Bauernhof

Besonders Familien mit Kindern fühlen sich auf einem Bauernhof wohl. Diese Urlaubsform ist nicht nur preiswert, sie bietet auch viel mehr Freiheit und meist einen intensiveren Kontakt zur Natur und zu den Menschen, bei denen man zu Gast ist. Angeboten werden sowohl Zimmer als auch Wohnungen verschiedenen Zuschnitts. Manchmal sind auch Camper willkommen. Informationen geben die Tourismusbüros, die Verbände »Bauernhof- und Landurlaub in Bayern« und »Urlaub auf dem Bauernhof in Baden-Württemberg«.
www.bauernhofurlaub.de | www.allgaeu-urlaubaufdembauernhof.de
www.urlaub-bauernhof.de

Berghütten

Der Natur besonders nah ist man hoch oben in den Bergen, in einer mehr oder weniger urigen Hütte. Bei der Suche nach der richtigen Hütte helfen Internetportale. Unter www.berghuetten-allgaeu.de findet man Links zu allen Hütten, Heimen, Jugendherbergen und ähnlichen Häusern im Allgäu. Unter www.alpenverein.de sind die Hütten des Deutschen Alpenvereins detailliert beschrieben, mit Lage, Zugängen etc.

Campingplätze

Zahlreiche Campingplätze liegen an landschaftlich schönen Stellen, viele haben Plätze für Dauercamper. Je nach Geschmack kann man einen Platz wählen, der Ruhe und Erholung, Gelegenheit zum Baden und/oder viel Unterhaltung bietet. Informationen geben die Campingführer des ADAC und des ACSI (Hallwag-Verlag).

Jugendherbergen

Fürs kleine Budget ideal sind die Jugendherbergen, im Gebiet dieses Reiseführers in Lindau, Oberstdorf, Füssen, Ottobeuren und Ravensburg (www.jugendherberge.de). Sie bieten nicht nur preiswerte Übernachtung, sondern auch ein großes Programm an Aktivitäten. Einchecken kann jeder (ggf. erwirbt man einen Jugendherbergsausweis). Erwachsene ab dem 27. Lebensjahr werden nur einzeln und nur dann aufgenommen, wenn genug Platz ist.

P

PRAKTISCHE INFOS

Wichtig, hilfreich präzise

Unsere Praktischen Infos helfen in allen Situationen im Allgäu weiter.

KURZ & BÜNDIG

POLIZEI
Tel. 110

NOTARZT / FEUERWEHR / BERGRETTUNG
Tel. 112

ADAC-PANNENDIENST
Tel. 01802 22 22 22
Mobil Tel. 22 22 22

ACE-PANNENDIENST
Tel. 0711 530 34 35 36

AVD-PANNENDIENST
Tel. 0800 9 90 99 09 (gebührenfrei)

SPERRUNG VON BANK- UND KREDITKARTEN
Zentraler Notruf
Tel. 116 116 (gebührenfrei)
www.sperr-notruf.de

ANREISE · REISEPLANUNG

Auf der Straße Das »Autobahn-Rückgrat« für den Zugang zum Allgäu ist die A 96 München – Lindau. Von Memmingen führt die von Ulm kommende A 7 nach Kempten/Nesselwang und weiter nach Füssen. Hauptverkehrsadern sind auch die Bundesstraßen B 17 (»Romantische Straße« Landsberg am Lech – Schongau – Füssen), B 12 (Buchloe – Kaufbeuren – Kempten – Isny – Lindau), B 16 (Mindelheim – Marktoberdorf – Füssen) sowie die B 308/310 (Deutsche Alpenstraße) von Lindau über Immenstadt und Bad Hindelang nach Füssen.
Mit **Fernbussen** sind größere Orte entlang der A 96 und an der Achse A 7 – Immenstadt – Füssen/Oberstdorf zu erreichen.

Auf der Schiene Die Hauptverteiler für die Anreise per Bahn sind München, Augsburg, Ulm und Lindau, die mit ICE, IC und EC zu erreichen sind. Regionalzüge bringen dann weiter, und zwar meist im Stundentakt. Direkte ICs nach Oberstdorf fahren von Hamburg-Altona (über Hannover – Würzburg) und von Bielefeld (über Dortmund – Köln – Mannheim – Stuttgart). Viele Orte bieten mit der DB Pauschalarrangements an. Autoreisezüge fahren nur noch von Hamburg-Altona und Düsseldorf nach München-Ost. Die **Mitnahme von Fahrrädern** in Fern- und Regionalzügen ist kostenpflichtig, man kann das Rad auch mit dem Gepäckservice verschicken. Weitere Informationen zum Thema ▶ Verkehr, S. 352.

NÜTZLICHE ADRESSEN

FERNBUSSE
www.busliniensuche.de

FLUGHAFEN FRIEDRICHSHAFEN
Infoschalter Tel. 07541 28 40
www.bodensee-airport.eu
www.allgaeu-walser-express.de

FLUGHAFEN MÜNCHEN
Tel. 089 975-00
www.munich-airport.de

DEUTSCHE BAHN
Reiseservice
Tel. *01806 99 66 33
Automatische Fahrplanauskunft
Tel. 0800 1 50 70 90
(kostenlos)
www.bahn.de
www.bahnland-bayern.de

ÖSTERREICHISCHE BUNDESBAHNEN
Tel. (+43) *05 1717
www.oebb.at

SCHWEIZERISCHE BUNDESBAHNEN
Rail Service
Tel. (+41) * 0848 44 66 88
www.sbb.ch

Mit dem Flugzeug

Der **Flughafen München**, ca. 35 km nordöstlich der Landeshauptstadt gelegen, ist aus dem In- und Ausland hervorragend erreichbar. Die S-Bahn verbindet ihn mit dem Münchner Hauptbahnhof (Fahrzeit ca. 40 Min.).
Der **Allgäu Airport Memmingen** wird von Flughäfen in Deutschland, Österreich oder der Schweiz nicht planmäßig angeflogen (www.allgaeu-airport.de). Zum **Flughafen Friedrichshafen** gibt es Flüge von Frankfurt und Düsseldorf (www.bodensee-airport.eu). Er verfügt über einen Bahnhaltepunkt. Der private »Allgäu-Walser-Express« sorgt für den Bustransfer zum Hotel im Oberallgäu und im Kleinwalsertal (Buchung spätestens 2 Tage vor der Reise, Tel. 08382 2 73 58 80, www.allgaeu-walser-express.com).

AUSKUNFT

Im beliebten Urlaubsland Allgäu ist das System der Tourismusorganisationen auf regionaler und lokaler Ebene bestens ausgebaut. Ihre Prospekte, Websites und Telefondienste lassen fast keine Frage unbeantwortet. Auch das Internet ist eine fast unerschöpfliche Informationsquelle, es gibt kaum einen Punkt des Landes, ein Verkehrsmittel, einen Reiseveranstalter, ein Museum, ein Event oder eine Übernachtungsmöglichkeit, die nicht vertreten wäre.

NÜTZLICHE ADRESSEN

ALLGÄU GMBH
Allgäuer Str. 1
87435 Kempten
Tel. 08323 80 25 93-1
www.allgaeu.de

REGIONEN

DEUTSCHE BODENSEE TOURISMUS GMBH
Karlstraße 13
88045 Friedrichshafen
Tel. 0800 723 60 33
(gebührenfrei)
www.echt-bodensee.de

OBERSCHWABEN-TOURISMUS
Neues Kloster 1
88427 Bad Schussenried
Tel. 07583 9 26 38-0
www.oberschwaben-tourismus.de

WESTALLGÄU TOURISMUS
Museumsplatz 1
88161 Lindenberg
Tel. 08382 27 04 33
www.westallgaeu.de

FERIENREGION ALLGÄU – BODENSEE
Gästeamt Wangen
Bindstr. 10
88239 Wangen im Allgäu
Tel. 07522 7 42 11
www.ferienregion-allgaeu.de

OBERALLGÄU TOURISMUS
Jahnstr. 6
87509 Immenstadt
Tel. 08323 99 49-0
www.oberallgaeu.de

TOURISMUS OSTALLGÄU
Schwabenstr. 11
87616 Marktoberdorf
Tel. 08342 911-506
www.ostallgaeu.de

TOURISMUSGEMEINSCHAFT SÜDLICHES ALLGÄU
Hauptstraße 33, 87637 Seeg
Tel. 08364 98 73 20
www.suedliches-allgaeu.de

KNEIPPLAND UNTERALLGÄU
Bad Wörishofer Str. 33
87719 Mindelheim, Tel. 08261 99 53 75, www.unterallgaeu.de

TOURISMUSVERBAND PFAFFENWINKEL
Bauerngasse 5, 86956 Schongau
Tel. 08861 2 11-3200
www.pfaffen-winkel.de

WEITERE INTERNET-INFO

WWW.DEIN-ALLGAEU.DE
Ausgezeichnetes, schier unerschöpfliches Portal mit vielen interessanten Informationen, Fotos und Links
www.allgaeuerurlaubs portal.de
Infos und Buchungen

WWW.OBERALLGAEU.INFO
Marketing-Portale, ebenfalls mit vielen wertvollen Infos und Links, mit Schwergewicht auf kommerziellen Anbietern

WWW.ALL-IN.DE
WWW.SZON.DE
WWW.WESTALLGAEUER-ZEITUNG.DE
Die Websites der Allgäuer Zeitung, der Schwäbischen Zeitung und des Westallgäuers. Nachrichten, Tipps, Termine und Links.

WWW.SENNALPEN.DE
WWW.ALPGENUSS.DE
Ersteres ein Führer zu 31 über 1000 m hoch gelegenen Alpbetrieben, die Käse, Butter etc. herstellen, noch mehr beschreibt die zweite Website.

LESETIPPS

Einige der genannten Bücher gibt es nur noch antiquarisch oder zur Ausleihe in Bibliotheken.

Land und Leute

Lala Aufsberg: Historische Bilder aus dem Allgäu. Verlag Hephaistos/Edition Allgäu, Immenstadt 2010. Ein Allgäu-Porträt in Schwarz-Weiß-Fotos von Lala Aufsberg (1907–1976) aus Sonthofen, eine der bedeutendsten deutschen Fotografinnen des 20. Jahrhunderts.
Maria Beig: Rabenkrächzen. Eine Chronik aus Oberschwaben. Berlin 2019. Chronik vom Zuschnitt einer griechischen Tragödie, unverzichtbar zum Verständnis des Allgäus, auch wenn die Höfe, deren Geschichte erzählt wird, westlich der Argen liegen.
Oliver Hilmes: Ludwig II.: Der unzeitgemäße König. München 2015.
Heinz Häfner: Ein König wird beseitigt. München 2010. Zwei Bücher für alle, die mehr über den Märchenkönig, seine Seelenwelt und seine äußere Realität wissen wollen.
Frank und Katrin Hecker: Tiere und Pflanzen der Alpen. Franckh-Kosmos, Stuttgart 2007. Rucksacktauglicher Naturführer, der die wichtigsten Dinge am Wegesrand erklärt, auch Gesteine und Mineralien.
Alfred Weitnauer: Die Allgäuer Rasse. Kempten 1978. Sehr amüsante kleine Erkundung des Homo algoius.
Rudi Holzberger und Manfred Thierer: Die Adelegg: das dunkle Herz des Allgäus. Biberach 2009. Eine liebevolle Annäherung an die Adelegg und schöne Anregungen für Wanderungen. www.rudiholzberger.de
G. Grübel, K. Gietinger und M. Röhrl: Chapeau – Das Westallgäu behütet die Welt, Kunstverlag Fink, Lindenberg 2015. Geschichte der Hutproduktion in Lindenberg und Umgebung.

Bildbände

DuMont Bildatlas Allgäu: Liebevoll gezeichnetes Porträt in Text und Bild. DuMont Reiseverlag, Ostfildern 2021.
Adi Geisegger: Einfach oben. Edition Allgäu, Immenstadt 2016. Faszinierende Aufnahmen des Allgäus aus der Vogelperspektive.
Christian Heumader: Hondweark. Bilder und Texte aus dem Ostrachtal. Edition Allgäu, Immenstadt 2008. Wunderbare Schwarzweißaufnahmen traditioneller Handwerksbetriebe und -arbeiten.

Architekturführer

Architekturforum : Kempten: Architektur im Allgäu, 1990 – 2005. Kunstverlag Josef Fink, Lindenberg 2006. Herausragende Beispiele des regionalen Bauschaffens in jüngerer Zeit.

Inside Klufti: Kluftiger-Führungen in Altusried

Krimis

Auch im Allgäu gibt es Mord, Totschlag, Drogen – zumindest in literarischer Form. Die Allgäu-Krimis haben eine große Fangemeinde. Orts- und Heimatkunde werden hier einmal anders vermittelt, ebenso spannend und erhellend wie vergnüglich. Die bekanntesten Autoren sind **Volker Klüpfel und Michael Kobr**, ihre Geschichten wie »Milchgeld«, »Erntedank«, »Seegrund«, »Laienspiel«, »Rauhnacht«, »Schutzpatron« und »Herzblut« sind um den kässpatzensüchtigen **Kommissar Kluftinger** gestrickt. In »Funkenmord«, dem 11. Band der Bestsellerreihe, muss der Kommissar einen 30Jahre zurückliegenden Mord aufklären.

Gerhard Weinzirl, der »Schimanski« des Voralpenlands, und seine alte Schulfreundin Jo, Direktorin des Tourismusverbands Immenstädter Oberland, sind die Hauptfiguren der Reisejournalistin **Nicola Förg**. Zu ihren bekanntesten Krimis gehören »Schussfahrt«, »Funkensonntag« und »Kuhhandel«.

Der Rettenberger Landeskundler **Peter Nowotny** titulierte seine Krimis plakativ »Grünten-Mord«, »Klausentreiben«, »Mörderische Rätsel«, »Ifenfeuer« und » Höllenschlucht«.

Allgäuer Küche

Aegidius Kolb, Leonhard Lidel: D'schwäbisch Kuche. Altusried 2017. **Ortwin Adam**: Allgäuer Käseküche. Altusried 2007. **Geassa wiard dahoim**: Das Kochbuch Allgäuer Landfrauen, Cadolzburg 2010. **Barbara Schlachter-Ebert:** Eisblüten (2007), Sommerfrische (2008), Herbstzeitlose (2009): In ihrem dreibändigen Kochbuch präsentiert die Pfrontener Spitzenköchin neu interpretierte regionale Rezepte für alle Jahreszeiten.

Wander- und Erlebnisführer

Dieter Buck: Burgen und Ruinen im Allgäu. 33 Ausflüge auf den Spuren der Ritter. Theiss, Stuttgart 2002
KOMPASS Wanderführer: WF 5456 »Allgäu, Allgäuer Alpen«, WF 5420 » Oberallgäu,«, WF 5422 » Wandertrilogie Allgäu«**Michael Sänger:** Wandertrilogie Allgäu. Wanderführer mit 84 Touren und GPX-Daten zum Download. Kompass Verlag, Innsbruck 2018.
Eberhard und Ruth Jirzik: Allgäuer Landpartien, Wandern, Radfahren, Langlaufen, Einkehren. Biberacher Verlagsdruckerei 2013. 39 ganz unterschiedliche Touren, von der klassischen Sommerwanderung bis zu Radtouren, Vorschlägen zum Baden oder Langlaufen mitsamt Empfehlungen für Hotels

MEDIEN

Zeitungen

Im Allgäu beherrschen zwei Blätter mit ihren lokalen Ausgaben die Szene: die zur Augsburger Allgemeinen gehörende **Allgäuer Zeitung** mit Sitz in Kempten (www.all-in.de) und die in Leutkirch erscheinende **Schwäbische Zeitung** (www.szon.de), ein Ableger der Letzteren ist die **Lindauer Zeitung** (www.schwaebische.de). Alle Zeitungen bringen, vor allem zum Wochenende, Informationen wie Kinoprogramme, Veranstaltungshinweise und Ausflugstipps. Teils kann man die Artikel auch online einsehen.

Zeitschriften

Mehr über das Allgäu, seine Geschichte und Kultur erfährt man in den Zeitschriften **Das schöne Allgäu** (www.das-schoene-allgaeu-online.de) und **Heimat Allgäu**, das »Blättle« des Heimatbunds Allgäu (www.heimatbund-allgaeu.de, www.heimat-allgaeu.info). Sie geben auch viele Freizeit-, Genuss- und Tourentipps und sind in Buchhandlungen und an Kiosken der Region zu bekommen.

Internet

Die Internet-Abdeckung in größeren Orten und entlang der Hauptverkehrsachsen ist gut; in kleineren Orten, abgelegenen Tälern und auch im Gebirge ist sie nicht flächendeckend. Kostenloses WLAN bieten mittlerweile so gut wie alle Touristeninformationsstellen und Unterkünfte an; häufig hat man auch in Restaurants und Geschäften die Möglichkeit, sich ins lokale Netz einzuloggen. Einige der größeren Fremdenverkehrsgemeinden wie etwa Oberstdorf sowie Skigebiete wie »Superschnee« stellen kostenlose Apps mit ihrem Angebot zur Verfügung.

PREISE UND VERGÜNSTIGUNGEN

Allgäu-Walser-Card

Die kostenlose Gästekarte des Oberallgäus und des Kleinwalsertals – Oberstdorf gibt eine »Premium«-Version heraus, Oberstaufen die »Oberstaufen Plus« – umfasst eine große Zahl von Gratisleistungen und Ermäßigungen. Zusätzlich buchbar sind die Benutzung von Bus, Bahn und Bergbahnen. Die Gäste im Westallgäu (dem »oberen« Teil des Landkreises Lindau und seinen Nachbarorten) benutzen die Regionalbusse schon mit der Gratis-Grundversion kostenlos. Zu bekommen bei den Gastgebern und den Tourismusbüros, Info unter Tel. 08323 9 94 91 50, www.allgaeu-walser-card.com

Superschnee

Wintersportfans können mit dem Superschnee-Skipass 8 Skiregionen im Allgäu, in Vorarlberg und in Tirol mit über 550 km Pisten und 220 Liftanlagen nutzen. Sie gilt bis ca. Ende April. Info und Kauf unter www.superschnee.com und bei den Bergbahnen.

Bodensee-Erlebniskarte

Wer seinen Allgäu-Urlaub auf den Bodensee ausweiten will, sollte den Kauf der Bodensee-Erlebniskarte erwägen, die es mit 3, 7 und 14 Tagen Geltungsdauer sowie mit oder ohne Benutzung der Schiffe gibt. Man bekommt sie u. a. bei den Tourismusbüros der Region. Info unter Tel. 07531 90 94 84 und www.bodensee.eu.

REISEZEIT

Ein Ziel für alle Jahreszeiten

Das Allgäu hat fast immer Saison. Im **Frühling**, wenn das Wetter einigermaßen stabil und sonnig ist, kann man im Alpenvorland wandern und Rad fahren. »Erst in der Mitte des Mai ist der Winter vorbei«, diese alte Allgäuer Weisheit dürfte in Zeiten des Klimawandels überholt sein: Ende April, Anfang Mai ist im Allgäu eine besonders schöne Zeit, wenn die saftig grünen Wiesen vor dem ersten Schnitt im warmen Gelb des Löwenzahns leuchten und am Bodensee die Obstbäume blühen. Im Juni wird es auch in höheren Lagen Frühling. Für alpine Bergwanderungen muss man jedoch bis in den **Sommer** (Juli) warten; die beste Zeit für Bergfreunde ist August bis Oktober. Die Monate Juli bis September sind natürlich die Ferien- und Hauptreisezeit, auf den Bergen, in den Tälern und an den Seen geht es dann sehr lebhaft zu. Die **Herbstwochen** ab Mitte September – die meisten

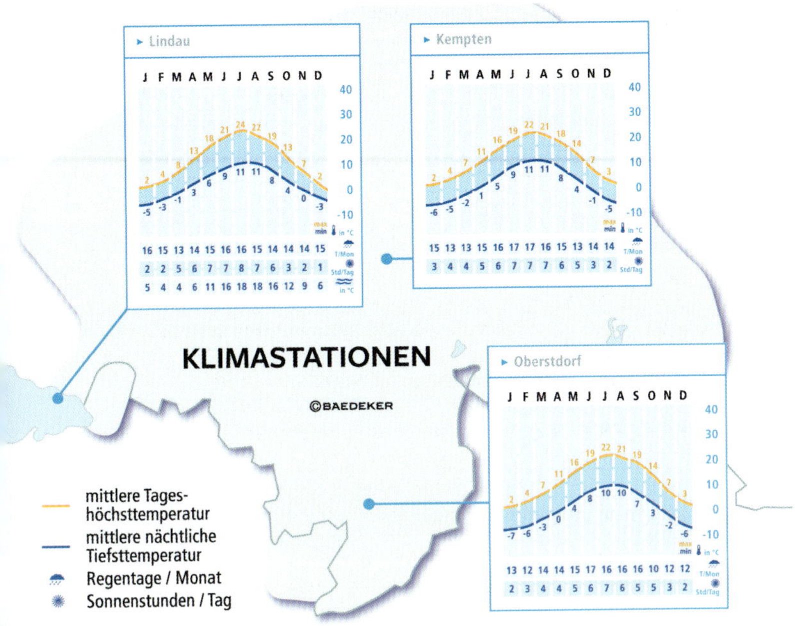

Gäste sind nun zu Hause – eignen sich mit beständig gutem Wetter, bester Fernsicht und zauberhaften Farben besonders für Wander- und Radtouren, ebenso prächtig sind die Kühe beim Viehscheid geschmückt. Allerdings kann es auch schon recht kühl werden, und weiße Berggipfel kündigen den **Winter** an. Dessen Saison dauert etwa von Weihnachten bis in den März, als schneesicherster Monat in den bayerischen Alpen gilt der Februar. In der Zwischensaison ist es besonders ruhig; viele Hotels bieten dann preiswerte Pauschalen an, ideal für Menschen, die ausspannen und etwas für die Gesundheit tun wollen.

VERKEHR

Straßenverkehr

Die Autobahnen und Bundesstraßen im Raum Kempten/Sonthofen/Füssen sind besonders zu Urlaubszeiten und an den Wochenenden stark frequentiert.

NÜTZLICH INFORMATIONEN

BAHNEN
DEUTSCHE BAHN
www.bahn.de

BUSSE
REGIONALBUS AUGSBURG (RBA)
Tel. 0821 5 02 15-0
Fahrplanauskunft
Tel. 0180 6 72 22 67
www.rba-bus.de

BODENSEE-OBERSCHWABEN VERKEHRSVERBUND (BODO)
Ravensburg
Tel. 0751 3 61 41 41
www.bodo.de

REGIONALVERKEHR ALLGÄU (RVA)
Oberstdorf
Tel. 08322 96 77-0
Füssen
Tel. 08362 9 39 05 05
www.rvo-bus.de

WALSERBUS
Hirschegg (A)
Tel. +43 5517 5114-0
www.kleinwalsertal.com

VERKEHRSVERBUND MITTELSCHWABEN
Hans-Lingl-Str. 1
Krumbach
Tel. 08282 82 87 00
www.vvm-online.de

SCHIFFE
FORGGENSEESCHIFFFAHRT
Füssen
Weidachstraße 74
Tel. 08362 92 13 63
www.forggensee-schifffahrt.de

BODENSEE-SCHIFFSBETRIEBE
Lindau
Hafenplatz 4
Tel. 07531 3 64 00
www.bsb.de

Parken
In den bekannten Urlaubsorten – sofern nicht ganz für den Verkehr gesperrt – ist Parkraum knapp bzw. nur in teuren Parkhäusern zu finden. Oft wurden große Parkflächen an den Ortsrändern angelegt.

Bahnverkehr
Von der Hauptstrecke München – Buchloe – Memmingen – Lindau (über Leutkirch oder auf der landschaftlich besonders schönen Südtrasse Kempten – Immenstadt – Oberstaufen) zweigen die Regionalstrecken Buchloe – Kempten/Füssen, Kempten – Oberstdorf und Kempten – Pfronten – Reutte i. T. – Garmisch-Partenkirchen ab, Letztere mit der reizvollen Außerfernbahn über österreichisches Gebiet. Die Regionalzüge verkehren größtenteils im Stundentakt mit optimierten Umsteigemöglichkeiten. Preiswerte Pauschalfahrkarten: Das **Bayern-Ticket** für 1–5 Personen gilt einen Tag lang in ganz Bayern in Nahverkehrszügen und Regionalbussen, Mo.– Fr. von 9 bis 3 Uhr des Folgetags, Sa./So./Fei. ab 24 Uhr. Das **Oberallgäu-Ticket** für Nahverkehrszüge und Busse wird als Urlaubskarte oder Tageskarte angeboten. Erstere ist an den Besitz der Allgäu-Walser-Card gebun-

den (▶S. 350) und gilt für den südlichen Landkreis Oberallgäu, Letztere gilt in einem von drei Teilnetzen. Die **Fahrradmitnahme** ist im Allgäu immer gebührenpflichtig (»Fahrradtageskarte«).

Busverkehr

Orte ohne Bahnanschluss werden von den Bussen der Regionalverkehrsgesellschaften Regionalbus Augsburg (www.rba-bus.de) und Regionalverkehr Allgäu (www.rvo-bus.de) versorgt. Die mona, Mobilitätsgesellschaft für den Nahverkehr im Allgäu, unterhält ein einheitliches Verkehrs- und Tarifnetz im Ost- und Oberallgäu (www.mona-allgaeu.de). Busse und andere Verkehrsmittel im Landkreis Ravensburg und im Bodenseekreis sind im Verkehrsverbund Bodensee-Oberschwaben (www.bodo.de) zusammengefasst, im Unterallgäu zum Verkehrsverbund Mittelschwaben (www.vvm-online.de).

Schiffsverkehr

In der schönen Jahreszeit bieten die Schiffsbetriebe auf Boden- und Forggensee außer ihrem Linienverkehr diverse Sonderfahrten an: Mondschein-, Tanz-, König-Ludwig-, Gourmetfahrten etc. Auf dem Forggensee macht man von Mitte Okt. bis Anf. Juni Winterpause (www.forggensee-schifffahrt.de), auf dem Bodensee von Mitte Okt. bis Ende März (www.bsb.de).

REGISTER

A

Achberg (Schloss) **130**, **231**
Adelegg **84**
Aktiv im Urlaub **304**
Alatsee **70**
Allgäu
- Grenzen **237, 239**
- Ur-Allgäu **259**
Allgäu Airport **345**
Allgäuer Alpen **241**
Allgäuer Bergbauern-museum Diepolz **78**
Allgäuer Braunvieh **106**, **107**
Allgäuer Butter- und Käsebörse **267**
Allgäuer Freilichtspiele **101**
Allgäuer Hauptkamm **242**
Allgäuer Käse **16, 106**
Allgäuer Käsestraße **18, 138**
Allgäuer Kräuterland **318**
Allgäuer Küche **315**
Allgäuer Tor **239**
Allgäu-Radweg **311**
Allgäu-Skyline-Park **53**
Allgäu-Walser-Card **350**
Alpabtrieb **109**
Alp, Alpwirtschaft **106**
Alpen **106**, **239**, **241**
Alpenrosenblüten-Fest **329**
Alpenwildpark (Pfänder) **63**
Alpgundkopf **179**
Alphorn **290**
Alpines Notsignal **309**
Alpsee Bergwelt **77**
Alpsee (Immenstadt) **77**
Alpsee (Schwangau) **206**
Alpspitz **189**
AlpspitzKICK (Nessel-wang) **189**
Altdorf **140**
Altenstadt **202**
Althaus, Johann **106, 220**
Althaus, Katharina **301**
Altstädten **216**
Alttrauchburg **84**
Altusried **101**
Altusrieder Freilicht-bühne **328**
Anreise **344**
Archäologischer Park Cambodunum **97**
Argen **130**, **245**
Argenbühl **85**
Argensee **118**
Artemisia (Kräuter-garten) **319**
Attlesee **189**
Auerberg **142**
Auskunft **345**
Außerfernbahn **352**

B

Baad **112**
Baad (A) **110**
Bad Faulenbach **70**
Bad Grönenbach **154**
Bad Hindelang **42**
Bad Oberdorf **42**
Bad Schachen **129**
Badsee in Beuren **118**
Bad Wörishofen **15**, **48**
Bad Wurzach **54**
Bacher Loch **179**
Badegewässer **314**
Baden **314**
Bahnverkehr **351**
Baldauf Käserei **164**
Balderschwang **184**
Ballonfahren **306**, **312**, **315**
Baltenstein (Burg) **102**
Bannwaldsee **206**
Bärgündele-Alpe **46**
Bärgunttal **112**
Bauernhausmuseen
Diepholz **288**
Illerbeuren **150**
Knechtenhofen **168**
Wolfegg **121**
Baumkronenpfad (Füssen) **71**
Bayerische Musikakade-mie Marktoberdorf **140**
B & B **337**
Beichelstein-Alpe **189**
Bergführer **310**
Berghofen **217**
Berghütten **341**
Berglar-Kirbe **329**
Bergschulen **310**
Bergstätte **78**
Bergsteigen **304**
Bertoldshofen **141**
Besler **184**
Betzenried **103**
Betzigau **103**
Bevölkerung **250**, **283**

Bier **322**
Birgsau **179**
Blasenberg **134**, **240**
Bleckenau **208**
Blender **101**
Bodensee **245**
Bodensee-Königssee-Radweg **311**
Bolsterlang **183**
Bolsternang **84**
Bossarts **159**
Bräuche **10, 283**
Bregenz (A) **58**
Bregenzer Ach **170**
Bregenzer Festspiele **327**
Breitach **103**, **245**
Bschießer **46**
Buchenberg **34**, **101**
Buchenegger Wasserfälle **169**
Bühl am Alpsee **77**
Buchrainer Alpe **18**
Burgberg **306**
Burggen **205**
Busverkehr **353**
Buxheim an der Iller **149**

C

Cambodunum **92**
Camping **341**
Christlessee **178**, **306**
Colomansfest **329**
Crescentia-Pilgerweg **304**

D

Dampflokrunde, **311**
Degersee **130**
Dengelstein **102**
Deuchelried **231**
Deutsche Alpenstraße **31**
Deutsche Bahn **351**
Dialekte **252**
Diepolz **78**
Dietersberg **178**
Dörfler, Peter **298**
Dornier, Claude **293**
Drachenfliegen **314**
Drumlins **130**, **232**, **243**

E

Edelsberg **189**
Edmund-Probst-Haus **180**, **183**
Eggaspiel **325**, **328**
Eglofs **85**
Eibele **170**
Einkaufen **331**
Einödsbach **178**
Eisenberg **188**
Eistobel **245**
Eiszeiten **240**
Elektro-Bikes **311**
Ellerazhofer Weiher **118**
Enschenstein **138**
Enzensberger, Hans Magnus **294**
Epple, Irene und Maria **300**
Esseratsweiler **130**

F

Falken **170**
Falkenstein (Rettenberg) **218**
Falkenstein (Pfronten) **70**, **187**
Falltobel **78**
Fastnacht **288, 323**, **325**
Faulenbachtal **70**
Faulensee **72**
Fauna **242**
Feichtmayr, Joseph Anton **117, 158, 201**
Feiertage **323**
Fellhorn **104**, **113**, **180**
Fendt, Hermann und Xaver **139**
Ferien auf dem Bauernhof **340**
Ferienwohnungen **337**
Fernradwege **310**
Feste **288**, **323, 328**
Feuersteinschlucht **143**
Findlinge **243**
Fischen **183**
Fischers **102**
Fischertag **326**
Flughäfen **345**
Flysch **239**
Föhn **250**
Forggensee **71**, **243**, **244**
Freibergsee **178**
Freie auf der Leutkircher Heide **260**
Freie von Eglofs **260**
Frundsbergfest **327**
Funkenfeuer **325**
Füssen **64**
Füssener Seenland **72**

G

Gaisalpe **173, 183**
Ganghofer, Ludwig **87, 295**

Gasthöfe **337**
Gebhardsberg (A) **63**
Geiger, Karl **301**
Geißler, Horst Wolfram **131**
Genhofen **165, 278**
Geologie **239**
Georgenberg **52**
Georg Truchsess von Waldburg-Zeil **54**
Georg von Frundsberg **295**
Gerstruben **175, 306**
Glasmacherweg **117**
Gleitschirmfliegen **314**
Gletscherseen **243**
Golf **314**
Görisried **102, 103**
Goßholz **133**
Gottesackerplateau **113**
Gottesberg **57**
Grasberge **241**
Grasgehren **308**
Grasgehren-Alpe **183, 184**
Greis, Michael **300**
Großholzleute **84**
Gruben **178**
Gründlenmoos **118**
Grünten **217, 306**
Grüntensee **189, 245**
Gschwender Horn **79**
Guggersee **179**
Gunzesried **220**
Gunzesrieder Ache **220**
Gunzesrieder Säge **80, 220**

H

Hahnschenkel (Genhofen) **168**
Halblech **71**
Halden **220**
Haldentobel **220**
Halden **220**
Haldenwanger Eck **179**
Hammerschmiede Scholl **332**
Hartenthal **52**
Hauchenberg **78**
Hausbachklamm **138**
Haustypen **284**
Hegratsrieder See **288**
Heilbronner Weg **180**
Heilig-Blut-Fest **325**
Heilklimatische Kurorte **250**
Herkomer, Johann Jakob **279**
Herlazhofen **118**
Hinanger Wasserfall **217**
Hindelanger Klettersteig **180, 305**
Hinterstein **45**
Hintersteiner Tal **46**
Hinterweiher **118**
Hirnbein, Carl **296**
Hirschegg (A) **110, 111**
Hochfrottspitze **179**
Hochgrat **170**
Hochried-Alpe **79**
Hochseilgärten **310**
Hochvogel **46**
Höfats **175**
Hohenfreyberg **188**
Hohenschwangau (Schloss) **208**
Höhenstufen **242**
Hoher Häderich **171**
Hoher Ifen **113**
Holbein d. Ä., Hans **277**
Hölltobel (Oberstdorf) **178**
Hopfen (Sennerei) **164**
Hopfen (bei Oberstaufen) **168**
Hopfen am See **72**
Hopfensee **72**
Hörmoos **171**
Hörmoos-Alpe **164**
Hörner **79**
Hörnergruppe **183, 241**
Hotels **337**
Hoyerberg **126**
Hoyren **130**
Hündeleskopfhütte **185**
Hündlekopf **168**

I

Ifen **113**
Illasbergsee **71**
Iller **245**
Illerbeuren **150**
Illerdurchbruch (Altusried) **102**
Iller-Radweg **311**
Imberger Horn **45, 221**
Imberghaus **169**
Imberg (Sonthofen) **221**
Immenstadt **73**
Immenstädter Horn **79**
Industrie **254**
Irsee (Kloster) **91**
Iseler **45**
Isny **80**

J

Jakobsweg **305**
Jochstraße **32, 42**
Jugendherbergen **341**

K

Kalden (Burgruine) **102**
Kaltenbrunn **191**
Kanzelwand **104**
Käse **16, 106, 336**
Käsküche Isny **336**
Käsestraße s. Allgäuer Käsestraße
Katzbrui **163**
Katzentobel **179**
Kaufbeuren **86**
Kauffmann, Angelika **62**
Keller, Franz **300**
Kels d. Ä., Hans **277**
Kempter Wald **102**
Kemptner Hütte **175, 180**
Kirchweih **323**
Kißlegg **118**
Klausentreiben **325**
Kletterwald Bärenfalle **72**
Kleinwalsertal (A) **103**
Klettern **305**
Klima **246**
Knechtenhofen **168**
Kneipp-Radweg **311**
Kneipp, Sebastian **14, 48, 154, 298**
Kneipp-Wanderweg **52**
Knottenried **78**
Kommissar Kluftinger **70, 101, 348**
Kräuter-Alp Hörmoos **164**
Kräuterdorf Artemisia **164**
Kräuterdörfer **318**
Kräuterküche **318**
Krebswasserfall **170**
Kressbronn **130**
Kronburg **146, 150**
Krumbacher Höhenweg **180**
Küche **315**
Kühe **106**
Kulmus, Axel **318**
Kunert **332**
Kunstgeschichte **272**
Kurtaxe **337**

L

Landschaften **237**
Landwirtschaft **253**
Landzunge-Betriebe **317**
Langlaufen **311**
Lauchalpe **170**
Laufbacher Eck **180**
Laufbichl-Alpe **46**
Lech **244**
Lech-Höhenweg **304**
Lederer, Jörg **277**
Legau **144**
Lesetipps **347**
Leuterschach **141**
Leutkirch **113**
Leutkircher Heide **260**
Lindau **122**
Lindenberg **132, 332**
Litzauer Lechschleife **205**
Loreto-Kapellen (Oberstdorf) **175**
Loreto, Kapelle Maria (am Alpsee) **77**
Luitpold von Bayern **299**

M

Madlener, Josef **149**
Mädelegabel **179**
Maierhöfen **86**
Maria Rain **190**
Maria Steinbach **154**
Maria Trost **190**
Marktoberdorf **139**
Martiniritt **325**
Maximiliansweg **304**
Mayr, Ernst **299**
Mayr, F. X. **15**
Feiertage **323**
Mayr, Karl **318**
Medien **349**
Mehlblock-Alpe **102**
Memmingen **143**
Menschenstein **138**
Milchwirtschaft **253**
Mindelheim **159**
Mindelheimer Klettersteig **180**
Mittag (Berg) **79, 171**
Mittelberg (A) **110, 112**
Molassebecken **240**
Moränenlandschaften **243**
Multscher, Hans **276**
Museumsdorf Gerstruben **175**
Museumsdörfer **288**
Musik und Theater **327**

N

Nagelfluh **170**
Nagelfluhkette **79, 170, 241**
Natur **237**
Naturraum **237**
Naturschutzgebiete **246**
Nebelhorn **180**
Nesselwang **185, 189**
Neugablonz **90**

Neugreuth-Alpe **169**
Neuschwanstein (Schloss) **209**
Niedersonthofen **78**
Niedersonthofener See **78**
Nonnenhorn **132**
Notrufe **344**

O

Oberallgäuer Rundwanderweg **304**
Obere Argen **86**, **231**, **245**
Oberjoch **42**, **45**
Oberreitnau **130**
Oberschwäbische Barockstraße **54**
Oberschwenden **134**
Oberstaufen **163**
Oberstdorf **171**
Oberstdorfer Musiksommer **327**
Ofterschwang **183**
Opfenbach **280**
Ortsnamen **260**
Öschlesee **103**
Osterdorfer Wasserfall **169**
Ostrachtal **45**
Ottobeuren **154**
Ottobeurer Konzerte **327**
Oybachtal **178**

P

Pannendienste **344**
Paradies (Oberstaufen) **164, 170**
Passions- und Heiligenspiele **328**
Peißenberg **203**
Pfaffenwinkel **205**
Pfänder (A) **63**, **138**
Pflanzen **242**
Pfronten **185**
Pilgerschrofen **208**
Politik **250**
Pöllatschlucht **208**
Prälatenweg **304**
Preise **350**
Prinz-Luitpold-Haus **46**
Privatzimmer **337**
Prozessionen **323**

R

Radfahren **310**
Radrunde Allgäu **311**
Radwege **310**
Rafting **314**
Rauhenstein **101**
Ravensburg **191**
Ravensburger Spieleland **197**
Reichenbach **180**
Reichenbachtobel **180**
Reichenhofen **276**
Reisezeit **351**
Reiterprozessionen **325**
Reizklima **250**
Rettenberg **218**
Riedberger Horn **183**, **184**, **307**
Riedbergpass **183**, **184**
Riedholz **86**
Riedholzer Kugel **86**
Riezlern (A) **110, 111**
Rindalphorn **171**
Rodeln **311**
Rohrach **31**
Rohrachschlucht **134**
Rohrdorf **84**
Rohrdorfer Tobel **84**
Rohrmoos **184**
Roßhaupten **68, 71, 219**
336
Rötseemoos **118**
Rubihorn **183**
Rundflüge (Kempten) **94**
Rydzek, Johannes **300**

S

Salmaser Höhe **168**
Salober **70**
Sameister **71**
Säuling **208**
Scheffau **138**
Scheidegg **134**
Scheidegger Wasserfälle **134**
Schiegg, Ulrich **313**
Schiffsverkehr **353**
Schilpere-Alpe **170**
Schlappold-Alpe **180**
Schleinsee **130**
Schlingen **52**
Schloss Achberg **130**, **231**
Schlossangeralp **338**
Schlosser, Tilmann **319**
Schloss Hohenschwangau **208**
Schloss Hopferau **72**
Schloss Neuschwanstein **209**
Schloss Zeil **116**
Schmidsfelden **117**
Schmutterweiher **71**
Schneeloch **179**
Schnippenkopf **217**
Schongau **202**
Schrattenkalke **242**

Schrecksee **46**
Schroth, Johann **15, 163**
Schwäbisch-Allgäuer Wanderweg **304**
Schwäbisches Bauernhofmuseum Illerbeuren **150**
Schwaltenweiher **189**
Schwangau **205**
Schwansee **70, 206**
Schwarzer Grat **84**
Schwarzmilzferner **240**
Schwarzwassertal (A) **111**
Seeg **188, 300**
Shopping **331**
Simatsgund-Alpe **170**
Sinkmoos **103**
Siplingerkopf **185**
Siplinger Nadel **185**
Skifahren **311**
Skyline-Park (Bad Wörishofen) **53**
Söllereck **113**
Sommerrodelbahnen **189** (Nesselwang), **208** (Schwangau)
Sonneck **84**
Sonnenköpfe **217**
Sonnhalde-Alpe **18**
Sonthofen **213**
Souvenirs **331**
Speiden **188**
Spielmannsau **175**
Sprache **252**
Stadler, Josef Aurel **106, 138**
Starzlachklamm **217, 218**
Starzlachtal **184**
Staufner Haus **170**
Steibis **169**
Steigbachtal **79**
Steingaden **221**
Stiefenhofen **164, 168, 319**
Stillach **245**
Stillachtal **178**
Stoffelberg **78**
Stöttwang **92**
Straßenverkehr **351**
Strausbergsattel **221**
Streitelsfingen **130**
Strigel, Künstlerfamilie (Hans d. Ä., Ivo, Hans d. J. und Bernhard **75, 87, 147, 148,160, 168, 184, 217, 277**
Stuiben **79, 171, 220**
Stuibenfall **178**
Sturmannshöhle **183**
Süddeutsche Butter- und Käsebörse **92, 93**
Sulzberg **103**

T

Tänzelfest (Kaufbeuren) **89, 326**
Thaler Höhe **80, 168, 207, 208**
Taufach-Fetzach-Moos **118**
Theater **327**
Theaterfestival Isny **328**
Tiefenbach **184**
Tiere **243**
Toteisseen **243**
Tourismus **255**
Tourismusorganisationen **345**
Trachten **283**
Trachtenmode **334**
Trettach **245**
Trettachspitze **178**
Trettachtal **175**
Typische Gerichte **320**

U

Übelhorn **218**
Übernachten **337**
Ulrichsritt **329**
Untere Argen **231, 245**
Untergammenried **52**
Urlaub aktiv **304**
Urlaub auf dem Bauernhof **341**

V

Veranstaltungskalender **328**
Vereinödung **263**
Vergünstigungen **350**
Verkehr **351**
Via Claudia Augusta **257**
Via Claudia Augusta (Radweg) **249, 311**
Viehscheid **109, 184, 189, 323, 326, 329, 334**
Volksmusik **290**
Volkstheater **331**
Vorarlberg (A) **103**
Vorarlberger Münsterschema **279**

W

Waibel, Ignaz **150**
Waldburg (Schloss) **54, 116**
Waldegg-Wiggensbach (Golfplatz) **101**
Waldseilgarten Höllschlucht **338**
Wallensteinspiele (Memmingen) **327**

Wallfahrten **323**
Walmendinger Horn **104**
Walser **110**
Walser Kulturweg **111**
Walser, Martin **131**
Waltenberger-Haus **180**
Wandern **304**
Wandertrilogie **304**
Wangen **226**
Wasserburg am Bodensee **131**
Weiler im Allgäu **138**
Wein **323**
Weingarten **198**
Weißachtal **170**
Weißenau **197**
Weißensberg **130**
Weißensberger Halde **130**
Weißensee **73**
Weißlacker (Käse) **109**
Weitnau **84**
Weitnauer, Alfred **290**
Weitwanderwege **304**
Wanderführer **349**
Wellness **13, 14**
Wengen **84**
Wertach **244**
Wertachtal **190**
Widderstein **112**, **113**
Wieskirche **223**
Wiggensbach **101**, **314**
Wilde-Mändle-Tanz (Oberstdorf) **329**
Willersalpe **46**
Winkel (A) **184**
Winkel (Berghofen) **217**
Wintersport **311**
Wirlings **34**
Wirtschaft **250**
Wolfegg **120**
Wurzacher Ried **57**
Wustbachtobel **218**

Z

Zaumberg **78**
Zeil (Schloss) **116**
Zell (Oberstaufen) **168**
Zell (Pfronten) **188**
Zipfelsalpe **45**
Zipfelsbachfälle **45**
Zirmgrat **71**

VERZEICHNIS DER KARTEN UND GRAFIKEN

Baedeker-Sterneziele U3/U4
Tourenübersicht 30
Tour 1: Deutsche Alpenstraße 31
Tour 2: Oberschwäbische Barockstraße 33
Tour 3: Im Unter- und Ostallgäu 36
Heilendes Wasser (Infografik) 50/51
Bregenz 61
Füssen 67
Immenstadt 75
Kaufbeuren 88
Kempten 95
Kempten St. Lorenz (Grundriss) 98
Lindau 124
Käseland Allgäu (Infografik) 136/137
Memmingen 145
Kloster Ottobeuren (3 D) 152/153
Kräuter (Infografik) 166/167
Ravensburg 193
Schloss Neuschwanstein (Grundriss) 209, (3D) 210/211
Wieskirche (Grundriss) 222
Wangen 227
Geologie 241
Allgäu auf einen Blick (Infografik) 248/249
Landeskunde 252
Allgäuer Bauernhäuser (Infografik) 286/287
Klima 351

Übersichtskarte Allgäu
Umschlagklappe hinten

ATMOSFAIR

nachdenken • klimabewusst reisen
atmosfair

Reisen verbindet Menschen und Kulturen. Doch wer reist, erzeugt auch CO2. Der Flugverkehr trägt mit bis zu 10% zur globalen Erwärmung bei. Wer das Klima schützen will, sollte sich nach Möglichkeit für die schonendere Reiseform entscheiden (wie z. B. die Bahn). Gibt es keine Alternative zum Fliegen, kann man mit atmosfair klimafördernde Projekte unterstützen.
atmosfair ist eine gemeinnützige Klimaschutzorganisation unter der Schirmherrschaft von Klaus Töpfer. Flugpassagiere spenden einen kilometerabhängigen Betrag und finanzieren damit Projekte in Entwicklungsländern, die den Ausstoß von Klimagasen verringern helfen. Dazu berechnet man mit dem Emissionsrechner auf **www.atmosfair.de** wieviel CO2 der Flug produziert und was es kostet, eine vergleichbare Menge Klimagase einzusparen (z. B. Berlin – London – Berlin 13 €). atmosfair garantiert die sorgfältige Verwendung Ihres Beitrags. Alle Informationen dazu auf www.atmosfair.de. Auch der Karl Baedeker Verlag fliegt mit atmosfair.

BILDNACHWEIS

akg-images 12/13, 263, 294, 297 oben
© Allgäu GmbH 69 oben, 303
Amberg 261
awl-images.com/Katja Kreder 72, 100 unten
baumhaushotel-allgaeu.de 337
Bayerische Schlösserverwaltung 269, 270
DuMont Bildarchiv 275; R. Kiedrowski 56; Sylvia Pollex, Thomas Rötting 2 und 285, 7, 15, 16/17, 19, 23, 24/25, 27, 29, 38, 91, 100 oben, 107, 108, 117, 120, 135 oben und unten, 148, 151 oben und unten, 156, 162, 169, 176/177, 181 oben und unten, 220, 230, 235, 237, 247, 254, 278, 289, 292, 307, 310, 316 oben, 333 oben, 335, 340, 348
christophfinkel.de 43
Freistaat Allgäu U6
Katja Kreder 244, 316 unten
Neidhardt 273
fotolia/kab-vision 321 oben; Marina Lohrbach 320 rechts; Andreas P 305
gettyimages/altrendo 251; Westend61 59, 64, 123
Heiko Herrmann 139, »Skulpturen«, © VG Bild-Kunst, Bonn 2021
huber-images/Gräfenhain 238; Hans Peter Huber 5, 224; Jörg Kaas 53; Manfred Mehlig 119; Hartmut Müller-St. 10; Reinhard Schmid 20/21, 69 unten, 79, 112, 128, 131, 195, 212, 219, 291,321 unten
Isny Marketing 232/233
Rasso Knoller 319
laif/Hans-Berndhard Huber 333 unten; Sophie Henkelmann 334
look photos/Andreas Strauß 110
mauritius images/imageBROKER 3 unten, 76, 216, 327, 358; Markus Lange 85; Prisma/Katja Kreder 188; Nikky 343; Volker Preusser 47; rgbfotografie 324; Bernd Römmelt 142; Westend61/Holger Spierling 196; Ernst Wrba 199, 200
Naturwunderwerk.de/Jörg Tenhündfeld 8/9
Peter Nowotny 308
picture-alliance/akg-images 297 unten; dpa 300; Arco Images GmbH 320 links; Image BROKER/Martin Siepmann 204; rtn-radio tele nord 330; Rolf Schultes 282
Schimpel, Christian 80
Schleich 281
Schneiders, Toni 3 und 41, 174
shutterstock/SusaZoom 182
Strigelmuseum Memmingen 276
Thomma, Eugen 267
tigital/Hermann Ernst 313
Universitätsbibliothek Augsburg, Slg. Groth-Schmachtenberger 264
Wagner, Hanna 155
Waldseilgarten Höllschlucht 339 oben und unten

Titelbild: look/Christoph Jorda (Viehscheid)

IMPRESSUM

Ausstattung:
128 Abbildungen, 28 Karten und grafische Darstellungen, eine große Reisekarte

Text:
Dr. Bernhard Abend
mit Beiträgen von Dr. Martin Hirsch, Johannes Hitzelberger, Dr. Peter Nowotny, Daniela Schetar-Köthe, Dorothee Kaltenbacher und Anja Schliebitz

Überarbeitung:
Daniela Schetar-Köthe

Bearbeitung:
Baedeker-Redaktion
(Anja Schliebitz)

Kartografie:
Christoph Gallus, Hohberg,
Franz Huber, München,
Klaus-Peter Lawall, Unterensingen,
MAIRDUMONT Ostfildern
(Reisekarte)

3D-Illustrationen:
jangled nerves, Stuttgart

Infografiken:
Golden Section Graphics GmbH, Berlin

Gestalterisches Konzept:
RUPA GbR, München

Chefredaktion:
Rainer Eisenschmid,
Baedeker Ostfildern

6. Auflage 2021

© MAIRDUMONT GmbH & Co KG, Ostfildern

Der Name Baedeker ist als Warenzeichen geschützt. Alle Rechte im In- und Ausland sind vorbehalten. Jegliche – auch auszugsweise – Verwertung, Wiedergabe, Vervielfältigung, Übersetzung, Adaption, Mikroverfilmung, Einspeicherung oder Verarbeitung in EDV-Systemen ausnahmslos aller Teile des Werkes bedarf der ausdrücklichen Genehmigung durch den Verlag.

Anzeigenvermarktung:
MAIRDUMONT MEDIA
Tel. +49 711 450 20
Fax +49 711 450 23 55
media@mairdumont.com
http://media.mairdumont.com

Trotz aller Sorgfalt von Redaktion und Autoren zeigt die Erfahrung, dass Fehler und Änderungen nach Drucklegung nicht ausgeschlossen werden können. Dafür kann der Verlag leider keine Haftung übernehmen. Infolge der Corona-Pandemie kann es darüber hinaus zu kurzfristigen Geschäftsschließungen und anderen Änderungen vor Ort gekommen sein.
Kritik, Berichtigungen und Verbesserungsvorschläge sind jederzeit willkommen. Schreiben Sie uns, mailen Sie oder rufen Sie an:

Baedeker-Redaktion
Postfach 3162, D-73751 Ostfildern
Tel. 0711 4502-262, www.baedeker.com
baedeker@mairdumont.com

Printed in China

MIX
Papier aus verantwortungsvollen Quellen
FSC® C124385
FSC www.fsc.org

BAEDEKER VERLAGSPROGRAMM

Viele Baedeker-Titel sind als E-Book erhältlich.

A
Ägypten
Algarve
Allgäu
Amsterdam
Andalusien
Australien

B
Bali
Baltikum
Barcelona
Belgien
Berlin · Potsdam
Bodensee
Böhmen
Bretagne
Brüssel
Budapest
Burgund

C
China

D
Dänemark
Deutsche Nordseeküste
Deutschland
Dresden
Dubai · VAE

E
Elba
Elsass · Vogesen
England

F
Finnland
Florenz
Florida
Frankreich
Fuerteventura

G
Gardasee
Golf von Neapel
Gomera
Gran Canaria
Griechenland

H
Hamburg
Harz
Hongkong · Macao

I
Indien
Irland
Island
Israel · Palästina

BAEDEKER
F
FLORIDA

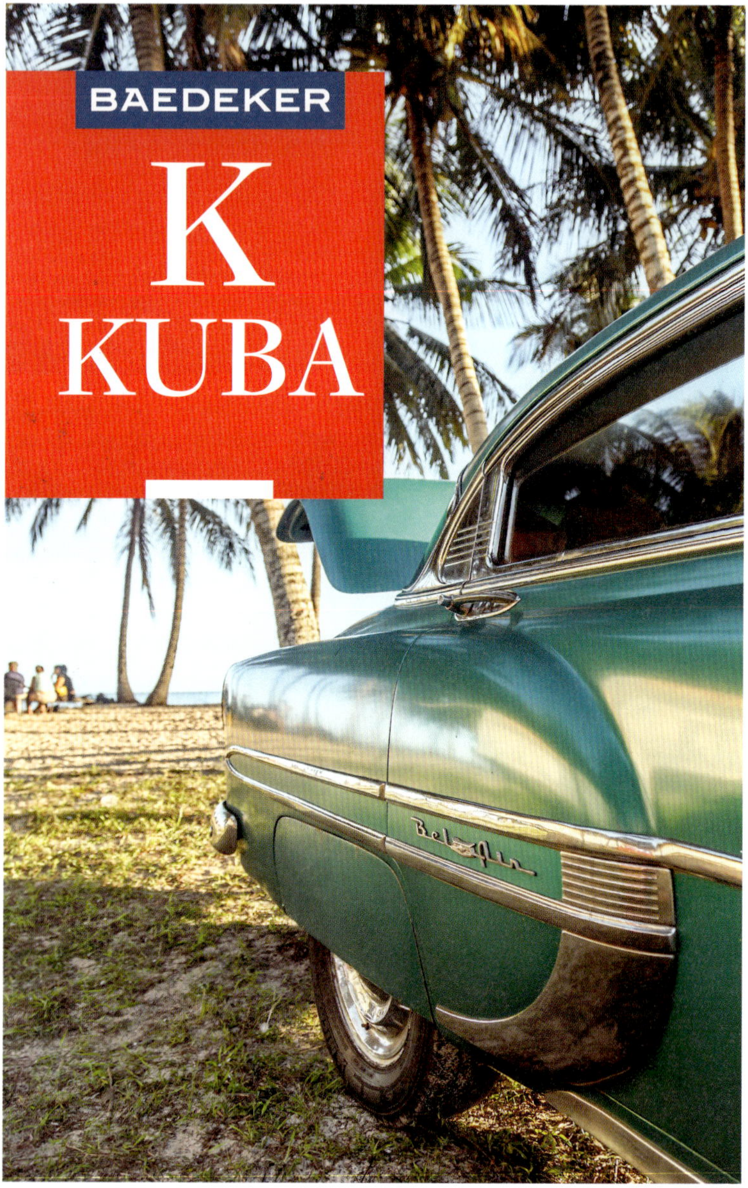
BAEDEKER
K
KUBA

Istanbul
Istrien · Kvarner Bucht
Italien

J
Japan

K
Kalifornien
Kanada · Osten
Kanada · Westen
Kanalinseln
Kapstadt · Garden Route
Kopenhagen
Korfu · Ionische Inseln
Korsika
Kos
Kreta
Kroatische Adriaküste · Dalmatien
Kuba

L
La Palma
Lanzarote
Lissabon
London

M
Madeira
Madrid
Mallorca
Malta · Gozo · Comino
Marrokko
Mecklenburg-Vorpommern
Menorca
Mexiko
München

N
Namibia
Neuseeland
New York
Niederlande
Norwegen

O
Oberbayern
Österreich

P
Paris
Polen
Polnische Ostseeküste · Danzing · Masuren
Portugal
Prag
Provence · Côte d'Azur

R
Rhodos
Rom
Rügen · Hiddensee
Rumänien

S
Sachsen
Salzburger Land
Sankt Petersburg
Sardinien
Schottland
Schwarzwald
Schweden
Schweiz
Sizilien
Skandinavien
Slowenien
Spanien
Sri Lanka
Südafrika
Südengland
Südschweden · Stockholm
Südtirol
Sylt

T
Teneriffa
Thailand
Thüringen
Toskana

U
USA
USA · Nordosten
USA · Südwesten
Usedom

V
Venedig
Vietnam

W
Wien

Z
Zypern

Meine persönlichen Notizen

Meine persönlichen Notizen

Meine persönlichen Notizen

Meine persönlichen Notizen

Federsee
Biberach a.d.R.
312
Bad Buchau
Ochsenhausen
Rot
300
Boos
Günz
7
Laub
Wallfahrtskirche
312
Riß
Erkhein
32
Baden-
Berkheim
Steinheim
Rot a.d. Rot
Bad Saulgau
Bad Schussenried
Eberhardzell
Iller
Kloster Buxheim
Memmingen
Ellwangen
Aulendorf
30
Aitrach
Klos
Altshausen
Ottobeur
465
Bad Waldsee
Bad Wurzach
Kronburg
96
Württemberg
Schloss Zeil
Bad Grönenbach
32
Bergatreute
Arnach
Legau
7
Horgenzell-Hasenweiler
Baienfurt
Iller
Leutkirch
Weingarten
Kloster
Wolfegg
Altusried
Ravensburg
Kißlegg
Taldorf
Waldburg
Schussen
Wiggensbach
Eschach
Allgäu
30
32
Kempt
Mecken-beuren
467
Schwarzer Grat
1118
Amtzell
Isny
Wangen
Wengen
Tettnang
12
12
Friedrichshafen
Maierhöfen
Waltenhofe
Eistobel
Argen
96
32
Röthenbach
Langen-argen
Kressbronn
Lindenberg
31
308
Simmerberg
19
Wasserburg
Scheidegg
Weiler-
Alpsee
Rett
308
Immenstadt
Grü
1738
Bodensee
Lindau i.B.
Pfänder
1064
Ober-staufen
Aach
Hochgrat
1833
Hin
Bregenz
Pfändertunnel
205
Sonthofen
Rorschach
Balder-schwang
19
1
Hittisau
200
Hochbrücke
St. Margrethen
Riedberg-pass
1420
Fischen
Lustenau
Bregenzer Wald
Sibrats-gfäll
Iller
Nei
Dornbirn
SCHWEIZ
190
Rappenloch-schlucht
Oberstdor
Schönenbach
Oyt
Hohen-ems
Hoher Ifen
2230
Fellhorn
2039
13
Ebnit
Schnepfau
Kleinwalsertal
Götzis
Mittelberg
Oberriet
Au
Allgäu
Baad
Hoher Freschen
2006
Mittagsspitze
2097
Schoppernau
Gr.Kr
Hochtannbergpass
1679
2599
A14
Bregenzer Ach
200
Biberkopf
13
Rhein
Rankweil
Damüls
139
Warth
Feldkirch
Fontanella
198
Steeg
LIECHTEN-STEIN
ÖSTERREICH
190
Thüringen
Lech